国家社科基金重大项目研究成果　　　　"十三五"国家重点图书出版规划项目
教育部哲学社会科学研究重大课题攻关项目研究成果　工商管理理论与中国道路研究书系

中国特色社会主义国家审计理论研究

（第二卷）
公共经济权力审计论

蔡春　刘静　韩梅芳　等　著

图书在版编目(CIP)数据

中国特色社会主义国家审计理论研究.第二卷,公共经济权力审计论/蔡春等著.—上海:立信会计出版社,2022.12
工商管理理论与中国道路研究书系
ISBN 978-7-5429-7278-1

Ⅰ.①中… Ⅱ.①蔡… Ⅲ.①政府审计-研究-中国 Ⅳ.①F239.44

中国版本图书馆 CIP 数据核字(2022)第 257730 号

策划编辑	孙　勇	
责任编辑	孙　勇	
助理编辑	胡蒙娜	
封面设计	北京任燕飞工作室	

中国特色社会主义国家审计理论研究(第二卷):公共经济权力审计论
ZHONGGUO TESE SHEHUIZHUYI GUOJIA SHENJI LILUN YANJIU DI-ER JUAN GONGGONG JINGJI QUANLI SHENJILUN

出版发行	立信会计出版社			
地　　址	上海市中山西路 2230 号	邮政编码	200235	
电　　话	(021)64411389	传　真	(021)64411325	
网　　址	www.lixinaph.com	电子邮箱	lixinaph2019@126.com	
网上书店	http://lixin.jd.com		http://lxkjcbs.tmall.com	
经　　销	各地新华书店			
印　　刷	上海盛通时代印刷有限公司			
开　　本	710 毫米×1000 毫米	1/16		
印　　张	20.75	插　页	6	
字　　数	401 千字			
版　　次	2022 年 12 月第 1 版			
印　　次	2022 年 12 月第 1 次			
书　　号	ISBN 978-7-5429-7278-1/ F			
定　　价	68.00 元			

如有印订差错,请与本社联系调换

蔡 春

西南财经大学教授（1994）、二级教授（2008）、经济学（审计学）博士（1991）、博士生导师。中国审计学会副会长、中国政府审计研究中心主任、全国先进会计工作者、财政部会计名家（2018）、中国内部审计协会学术委员、中国成本研究会常务理事。美国伊利诺大学国际会计教育与研究中心高级访问学者（1996–1997）。中国CFO好导师（2016）。被学术界誉为我国"审计领域系统研究审计理论结构第一人"。世界银行贷款资助项目、教育部哲学社会科学研究重大课题攻关项目和国家社科基金重大项目首席专家，享受国务院政府特殊津贴专家。中央军委审计署咨询专家、中央军委装备发展部财务与价格专家、审计署国家审计准则咨询专家、国务院学位委员会全国审计专业学位研究生教指委委员、中国会计学会审计专业委员会副主任委员、四川省学术和技术带头人、四川省有突出贡献的优秀专家、四川省审计学会副会长、四川省科研管理专家。教育部霍英东青年教师奖励基金经济学最高资助获得者（1996）、教育部会计学国家级教学团队负责人。担任《审计研究》《会计研究》《中国会计与财务研究》等期刊编委和《中国会计评论》理事会理事等学术职务。在《经济研究》《会计研究》《审计研究》《经济学家》和 Accounting Horizons，Managerial Auditing Journal 等期刊发表学术论文多篇。曾任西南财经大学会计学院院长和西南财经大学科研处处长等行政职务。长期致力于推动审计理论创新发展，传播审计文化。

四川师范大学商学院副研究员、硕士生导师。西南财经大学管理学博士（审计学专业）、应用经济学博士后，四川省学术和技术带头人后备人选，中国政府审计研究中心特约研究员。研究领域为审计理论与实务、公司治理等。主持国家自然科学基金青年项目、教育部人文社会科学研究青年项目、四川省哲学社会科学规划项目和四川省科技厅软科学项目等多项科研项目。在《审计研究》等期刊发表学术论文多篇。曾获审计署优秀博士学位论文奖、四川省第十八次哲学社会科学优秀成果奖二等奖、四川省第十四次哲学社会科学优秀成果奖三等奖等奖项。

刘 静

韩梅芳

重庆理工大学会计学院副教授、硕士生导师。西南财经大学管理学博士（审计学专业），中国政府审计研究中心特约研究员。主要从事国家审计理论与实务、公司治理等方面的研究。在《审计研究》《中国软科学》《财经科学》等期刊发表学术论文多篇。主持教育部人文社会科学研究一般项目、重庆市社会科学规划项目、重庆市教育委员会技术研究项目等多项省部级科研项目。参与国家社科基金重大项目、审计署重点科研课题等多项科研项目。

编写委员会

主 任

蔡 春 西南财经大学
　　　 中国政府审计研究中心

成 员

（以姓氏汉语拼音为序）

鲍瑞雪（西南财经大学）	孙　勇（立信会计出版社）
蔡　利（西南财经大学）	唐嘉尉（重庆工商大学）
陈　晔（西南财经大学）	唐凯桃（重庆理工大学）
崔　云（贵州财经大学）	王　朋（西南财经大学）
方涵若（中国建设银行乐山分行）	谢柳芳（西南政法大学）
韩梅芳（重庆理工大学）	徐　藩（西南财经大学）
何　雨（西南石油大学）	杨惠雁（西南财经大学）
黄　昊（西南财经大学）	张　筱（云南民族大学）
李江涛（中国政府审计研究中心）	张翼凌（西南财经大学）
李　明（中国政府审计研究中心）	郑开放（四川农业大学）
刘　静（四川师范大学）	郑倩雯（四川大学）
刘　雷（重庆理工大学）	郑伟宏（四川师范大学）
刘玉玉（山东财经大学）	朱　磊（西南财经大学）
马　晴（西南财经大学）	朱　荣（贵州大学）
马荔丽（西南财经大学）	周　微（成都大学）

序

蔡春同志于1988—1991年在天津财经学院攻读博士学位,师从我国著名会计审计大师李宝震教授,他是我国本土院校培养的最早毕业的审计方向的博士之一。我有幸成为蔡春同志博士学位论文的评审人之一,也见证了他从博士到著名学者的蜕变。他的博士学位论文《审计理论结构研究》于1994年和2001年由西南财经大学出版社和东北财经大学出版社分别出版,影响重大且深远,他也因此获得我国"审计领域系统研究审计理论结构第一人"的赞誉。从1988年至今的30多年时间里,蔡春同志持之以恒地坚守在推进审计理论创新发展的学术探索领域,成果丰硕卓著,堪称审计理论创新研究的大胆追求者和卓越探索者。因其在审计理论创新研究领域的突出重要贡献,蔡春同志于2014年入选财政部会计名家培养工程,2018年荣获财政部颁发的"会计名家"证书。蔡春同志已经成长为我国具有重要影响的会计审计学家。

即将呈现在读者们面前的"中国特色社会主义国家审计理论研究"是一套六卷本著作,包括《中国特色社会主义国家审计理论研究(第一卷):国家审计理论框架论》《中国特色社会主义国家审计理论研究(第二卷):公共经济权力审计论》《中国特色社会主义国家审计理论研究(第三卷):经济安全审计论》《中国特色社会主义国家审计理论研究(第四卷):民主政治审计论》《中国特色社会主义国家审计理论研究(第五卷):国家治理审计论》和《中国特色社会主义国家审计理论研究(第六卷):经济责任审计论》,共计200余万字,可谓鸿篇巨制,是系统探讨国家审计理论的创新之作和扛鼎之作。

该六卷本理论著作是蔡春同志作为首席专家承担的两个国家级重大课题——国家社科基金重大项目(13&ZD146)和教育部哲学社会科学研究重大课题攻关项目(07JZD0018)的系统化研究成果,集中展示了蔡春同志及其团队于2005—

2021年围绕推进审计理论创新研究所做的重要工作。本套著作以公共受托经济责任观和服务国家治理为研究视角,理念新颖,特色鲜明。

第一卷是对其《审计理论结构研究》的拓展,构建了包含"一个原点、四个圈层"的圈层结构式国家审计理论框架。"一个原点"是指公共受托经济责任。蔡春同志开展的国家审计理论研究是以公共受托经济责任为原点的,他认为国家审计理论研究应以公共受托经济责任为内在依据,促进和保障公共受托经济责任的全面有效履行。"四个圈层"包含"十大要素",是指:第一圈层,国家审计本质理论、国家审计假设理论、国家审计目标理论;第二圈层,国家审计行为理论、国家审计功能理论、国家审计组织理论;第三圈层,国家审计规范理论、国家审计信息理论、国家审计方法理论;第四圈层,国家审计环境理论。这种构思新颖奇妙,把国家审计理论框架的各个部分有机地联系起来。本卷的出版无疑是对国家审计基础研究的重大贡献。

第二卷深入系统地讨论分析了公共经济权力审计的内在机理与实现路径,构建了权力监督导向的审计监控体系。本卷深入地讨论了国家审计与腐败治理、权力清单审计、公共经济权力特殊领域(包括预算执行、政府采购、税收制度与政策执行、指标审批)审计问题。蔡春同志认为,经济责任的履行和经济权力的行使是一个问题的两个方面,经济责任履行与经济权力行使直接关联。自2005年以来,蔡春同志带领其团队开展"公共经济权力审计"这一新领域问题的研究,先后有多位他指导的博士生围绕"公共经济权力审计"选择研究方向并完成了博士学位论文,其本人也通过申请国家基金项目来推进这方面的研究。本卷的出版标志着蔡春同志提出并推动的"公共经济权力审计"这一审计理论创新研究的新领域正式确立,同时也为党的十六大以来党中央特别强调审计对权力制约和监督发挥重要作用,提供了重要的审计学理论解释和理论支撑。

第三卷深入系统地讨论分析了关于审计维护经济安全的一系列重要理论与实践问题,包括国家审计维护经济安全的作用机理与内在逻辑问题,金融安全审计、财政安全审计和产业安全审计问题,重大风险防控中的关键审计问题,经济安全审计监测与预警机制构建问题等。蔡春同志从2009年开始带领其团队推进"审计维护经济安全与服务风险防控问题"的研究,先后申请到多项国家级基金项目和省部级重大、重点项目支撑该项研究。他指导的几位博士生分别重点研究了审计维护金融安全、审计维护财政安全和审计维护资本市场安全的问题。本卷是对蔡春同志及其团队10余年创新研究成果的进一步系统化和升华,对学者们在新时代按照习近平总书记提出的总体国家安全观要求,研究国家审计如何服务重大风险防控、构建完善的重大风险防控机制和体系,具有特别重要的理论创新意义和实践指导价值。

第四卷深入系统地讨论分析了民主政治审计的系列理论与实践问题。"国家审计是民主政治的重要内容和推动民主政治发展的重要方式"几乎是审计学术界的共识性观点。但从理论上对审计服务民主政治的内在机理与实现方式进行探讨的研究在国内外都是缺乏的。蔡春同志带领其团队从2009年开始对这一问题的研究进行了大胆创新与深入探讨,第四卷便是研究成果之一。本卷基于中国情境,探讨国家审计如何服务中国特色社会主义民主政治的发展与完善这一重大课题。本卷基于马克思主义民主政治理论和公共受托经济责任观,系统深入地研究和探讨了国家审计服务社会主义民主政治的作用机理、内在逻辑与实现方式等重大理论与实践问题。聚焦于"维护与保障公民权利"与"制约和监督公共权力"两个维度,本卷提出并探讨了审计参与听证制度、制度合理性审计、民生审计和构建以审计为核心的问责机制等问题。我认为,本卷的出版具有特别重大的理论创新价值和实践指导作用,具有填补这一领域审计学术研究空白的意义。

第五卷全面分析了国家审计如何服务国家治理。党的十八届三中全会提出推进国家治理体系与能力现代化的总体改革目标,推动了审计学术界对国家审计服务国家治理的理论与实践问题的全面系统研究。党的十九大以来,国家治理的要求进一步提高,国家审计跃升到了国家治理体系的更高层次。新时代赋予了国家审计在国家治理中的新使命。审计学术界围绕国家审计服务国家治理的机理、机制和实现路径等重大问题的研究,推陈出新、成果丰硕。蔡春同志从2011年开始带领其团队对这一重大问题开展了大量的研究,提出了很多极具特色的思想和观点。第五卷是蔡春同志及其团队10余年研究成果的集成和深化。本卷基于公共受托经济责任观,深入系统地分析和探讨国家审计服务国家治理的机理、机制、内在逻辑和实现方式,形成了"无审计,不治理"这一核心思想和观点。区别于现有的研究,本卷主要从国家审计与依法治国、国家审计与政策措施执行、国家审计与环境治理、国家审计与责任政府建设、国家审计与经济高质量发展、国家审计与国企治理等方面探讨国家审计服务国家治理、提高治理效率的实现方式和路径等。本卷的出版有利于丰富和拓展国家审计服务国家治理这一重大研究领域的研究,具有重要的理论与实践意义。

第六卷深入讨论分析了经济责任审计的相关理论与实践问题。经济责任审计是一项极具中国特色的经济监督制度,是现代审计理论、方法、制度与中国实际相结合的重大创新,现已成为国家审计服务国家治理、领导干部考核评价、权力制约和监督、追责问责机制假设的一种必不可少的审计类型与方式。从20世纪80年代中后期算起,我国经济责任审计的实践探索、制度建设已有30多年。围绕经济责任审计理论与方法的研究成果可谓汗牛充栋。但其中一些重要的基本理论问题,包括经济责任审计的基本理论依据、领导干部经济责任履行与特定组织管理层治理层的责任履行的关系、领导干部经济责任的内涵和外延、经济责任审计运行机制、经济责任审计与其他类型审计的关系、经济责任审计评价体系的构建等一直是没有解决好的问题。蔡春同志带领其团队从2005年开始关注和推动经济责任审计问题的探索与研究,发表了多篇有影响力的论文,承担了与之相关的教育部哲学社会科学研究重大课题攻关项目和多项国家级、省部级项目。他指导的多位博士生围绕经济责任审计进行了博士学位论文选题和写作。第六卷是蔡春同志及其团队近16年的研究成果的集成与升华,主要研究了经济责任审计的功能与目标、经济责任审计的运行机制、目标经济责任确定与经济责任履行报告构建、经济责任审计评价方法与指标体系、经济责任审计报告模式与公告制度、经济责任审计与组织治理和经济责任导向审计模式等重大理论与实践问题。本卷的出版是对该研究领域的重大贡献。

据悉,本套著作还获得了国家出版基金的资助,也是"十三五"国家重点图书出版规划项目,同时还是西南财经大学"工商管理理论与中国道路研究书系"的重要成果,实在是可喜可贺!

党的二十大明确了新时代新征程中国共产党的使命任务:中国共产党的中心任务就是团结带领全国各族人民全面建成社会主义现代化强国、实现第二个百年奋斗目标,以中国式现代化全面推进中华民族伟大复兴。会计审计研究应更加聚焦于构建服务中国式现代化建设的会计审计理论与方法体系。国家审计已经成为国家治理结构中独具特色、不可或缺的重要机制,在服务中国式现代化的建设中无疑具有独特的优势。蔡春同志领衔撰写的这套著作的成功出版,必将对推动构建服务中国式现代化建设的审计理论与方法体系的研究产生重大积极的影响。在我看来,这套著作的出版本身,就代表着蔡春同志及其团队对构建服务中国式现代化建设的国家审计理论创新研究作出的重要贡献。我期待着蔡春同志为审计理论创新发展不断作出更大的贡献!

是为序!

中南财经政法大学

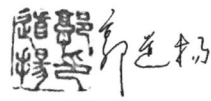

2022年12月于武汉

丛书自序

我们正处于一个需要创新理论、能够创新理论的新时代,国家审计领域的理论创新研究尤其重要、独具魅力!

一、国内外审计研究现状

我们团队以 The Accounting Review (TAR), Journal of Accounting Research (JAR), Journal of Accounting and Economics (JAE), Contemporary Accounting Research (CAR), Review of Accounting Studies (RAST), Journal of Accounting, Auditing & Finance (JAAF), Journal of Accounting and Public Policy (JAPP), Journal of Business Finance & Accounting (JBFA), Accounting Horizons (AH), Auditing: A Journal of Practice & Theory (AJPT)等国际十大代表性会计、审计期刊为考察对象,统计发现,2016—2020 年国际十大期刊发表论文 2 896 篇,其中,审计领域的论文有 303 篇,占比为 10.46%,相较以前呈现增长趋势。但以国家审计或者政府审计为主题的论文只有 49 篇,按发表年度算,历年发表量分别为 2016 年 12 篇、2017 年 7 篇、2018 年 15 篇、2019 年 6 篇、2020 年 9 篇。总体来看,与国家审计相关的论文数量较小,说明国家审计领域的研究在国际上仍不被重视。

我们团队对国内审计研究现状的调研分析发现,国内学术界对审计的研究也存在不少问题,主要表现在三个方面。

(1) 学术研究水平不够高,有待大力提升。我们基于中国知网对"十三五"时期审计领域的论文发表情况做了统计,统计发现,发文总量为 42 931 篇,其中,中文核心期刊和 CSSCI 期刊两类核心期刊共发表审计论文 3 744 篇,占比只有 8.72%[①]。这一结果说明高质量审计研究确实有待进一步提升。

---

① 中文核心期刊与 CSSCI 期刊有交叉,对同一篇论文,我们只统计一次。

从我们以往调研收集的意见来看,论文质量上存在的问题主要有:研究具体细节性问题的偏多,研究我国重大现实需求问题的偏少;跟随性研究偏多,实质性创新研究偏少。在国家审计方面,部分论文理论深度不够,存在偏重政策解读、描述经验做法的现象。

(2) 从以审计为主题的基金立项分布看,明显存在"名校"与"非名校"严重不均衡的现象。"十三五"时期,以审计为主题的国家社科基金年度项目和青年项目共53项。其中,属于"名校"科研人员的只有6项,占比为11.32%;属于"非名校"科研人员的有41项,占比为77.36%;属于其他机构科研人员的有6项,占比为11.32%。77.36%这个数据说明"非名校"具有不甘示弱、勇于争先,不断提高自身审计科研水平和研究能力的精神品质。11.32%表明一些"名校"的审计学科对国家社科基金年度项目和青年项目的投入不够,重视程度不够高。"名校"相对集聚更多优质师资,如果能有更多的教师和学者参与国家社科基金审计主题类项目的申报并获得立项,必将更有利于带动整个国家社科基金项目中审计研究水平的提高。

(3) 在国家级基金的重大项目中,审计学科的项目严重偏少。"十三五"时期,国家社科基金重大项目招标公告中没有审计立项。教育部哲学社会科学研究重大课题攻关项目中,以审计为主题的项目只有2项。这说明关于审计问题的研究确实严重偏少,与国家重大现实需求不相适应。

国内外国家审计研究现状表明,在国家审计领域,尤其是中国特色国家审计领域的创新研究存在巨大空间和机会。

即将由立信会计出版社出版的"中国特色社会主义国家审计理论研究"(六卷本)是我作为首席专家承担的两个国家级重大课题——国家社科基金重大项目(13&ZD146)和教育部哲学社会科学研究重大课题攻关项目(07JZD0018)的研究成果的总结和升华,集中展现了我带领团队在2005—2021年的16年间围绕国家审计理论创新研究所做的思考和探索。

二、本套著作的研究视角

本套著作是基于公共受托经济责任观和服务国家治理的视角展开研究的。

(1) 基于公共受托经济责任观的视角。公共受托经济责任观是贯穿本套著作的主线。公共受托经济责任观是本套著作依托的重要审计动因学说。国家审计理论框架的构建以公共受托经济责任为理论原点,公共经济权力审计研究、经济安全审计研究、民主政治审计研究、国家治理审计研究和经济责任审计研究的基本理论逻辑都基于公共受托经济责任观。

（2）基于服务国家治理的视角。从广义的视角来看，服务国家治理是公共受托经济责任内涵拓展的要求。国家治理基于公共受托经济责任关系而开展，其核心是监控公共权力的阳光运行，促进公共资源合理有效配置，妥善处理或均衡各方的利益诉求，保证公共受托经济责任的全面有效履行。以保障和促进公共受托经济责任的全面有效履行为本质目标的国家审计是国家治理的主要机制之一。

从狭义的视角来看，服务国家治理是国家审计功能拓展后的最终目标。公共经济权力审计监控体系的重心在于关注公共经济权力的运行，公共经济权力运行所涉及的国家治理的各个领域是国家审计发挥功能的主要阵地。经济责任审计是公共经济权力审计监控体系的有效手段或方法；维护经济安全和推进社会主义民主政治发展是国家治理的两项重要内容，也是国家审计服务国家治理的两条重要实现路径。

三、本套著作的总体研究目标

本套著作的总体研究目标是：基于我国的基本国情，结合中国特色社会主义的基本特征，以国家审计功能拓展为逻辑主线，为实现国家审计服务国家治理的目标，深入研究国家审计领域的若干重要问题，以推动国家审计理论创新，同时为国家审计促进社会主义善治国家的建设提供政策参考。

《中国特色社会主义国家审计理论研究（第一卷）：国家审计理论框架论》以公共受托经济责任为理论原点，国家审计功能拓展为基础，探讨构建中国特色社会主义国家审计理论框架。

《中国特色社会主义国家审计理论研究（第二卷）：公共经济权力审计论》探讨公共经济权力审计监控机理、机制与实现方式，尝试构建公共经济权力审计监控体系。

《中国特色社会主义国家审计理论研究（第三卷）：经济安全审计论》以风险监控为基本出发点，以金融安全、财政安全和产业安全为切入点，探讨国家审计维护经济安全的内在机理、作用路径与实现方式。

《中国特色社会主义国家审计理论研究（第四卷）：民主政治审计论》基于社会主义民主政治的内涵，探讨国家审计推进社会主义民主政治发展的内在机理、作用路径及实现方式。

《中国特色社会主义国家审计理论研究(第五卷):国家治理审计论》讨论国家审计服务国家治理的内在机理与作用路径,探讨国家审计促进社会主义善治国家建设的实现方式。

《中国特色社会主义国家审计理论研究(第六卷):经济责任审计论》探讨经济责任审计的功能与目标、经济责任审计的运行机制、目标经济责任确定与经济责任履行报告构建、经济责任审计评价方法与指标体系、经济责任审计报告模式与公告制度、经济责任审计与组织治理和经济责任导向审计模式等重大理论与实践问题。

四、本套著作的研究思路

本套著作围绕公共受托经济责任内涵的拓展,按照"从国家审计功能拓展的基础(中国特色社会主义国家审计理论框架)到国家审计功能拓展的内容(经济责任审计体系、公共经济权力审计监控体系、国家审计维护经济安全、国家审计推进社会主义民主政治发展、国家审计服务国家治理)"的逻辑主线,以服务国家治理为国家审计目标,结合中国特色社会主义的基本特征,研究有关国家审计功能发挥的若干重要问题。

本套著作按如下研究思路逐层展开:

第一,探讨国家审计功能拓展的基础,构建中国特色社会主义国家审计理论框架。以公共受托经济责任观为理论基础,从国家审计理论框架的内涵及特点、构建模式、理论原点、构成要素等方面探讨并构建中国特色社会主义国家审计理论框架。

第二,围绕国家审计功能拓展的内容,分别探讨和研究公共经济权力审计监控问题、国家审计维护经济安全问题、国家审计推进社会主义民主政治发展问题、国家审计服务国家治理问题和经济责任审计问题。

五、本套著作的核心观点和主要创新贡献

在世界范围内,公认的审计基础理论及其体系尚未形成。国家审计理论研究更是非常缺乏,甚至有很多空白无人探索。现有审计教科书上的审计理论根本无法解释丰富多彩的中国特色的审计实践与制度创新。因此,推进和创新具有中国特色的审计理论特别是国家审计理论研究,构建中国特色社会主义国家审计理论体系,具有特别重大的理论和现实意义。

本套著作形成如下核心观点和原创性成果。

第一卷提出了"以公共受托经济责任为理论原点构建圈层结构式国家审计理

论框架"的原创性观点。国家审计理论框架的理论原点是公共受托经济责任。四个圈层分别是:第一圈层,国家审计本质理论、国家审计假设理论、国家审计目标理论;第二圈层,国家审计行为理论、国家审计功能理论、国家审计组织理论;第三圈层,国家审计规范理论、国家审计信息理论、国家审计方法理论;第四圈层,国家审计环境理论。本卷的研究对推进中国特色社会主义国家审计理论体系的构建具有重大意义。

第二卷原创性地提出了"公共经济权力审计"的概念并对公共经济权力审计的内在机理进行了深入讨论,重点研究了公共经济权力审计的实现路径与体系构建,包括国家审计与腐败治理、权力清单审计、公共经济权力特殊领域审计和权力导向审计监控体系的构建等。本卷的研究对党的十六大以来党中央特别强调审计对权力制约和监督发挥重要作用,提供了重要的审计学理论解释和理论支撑。

第三卷在创新性地讨论国家审计维护国家经济安全的机理和内在逻辑的基础上,重点探讨了金融安全审计、财政安全审计和产业安全审计中的关键审计问题,进一步提出了构建经济安全审计监测与预警机制的设想。本卷的研究对国家审计助力"三大攻坚战"中的"重大风险防控",探索构建完善的重大风险防控机制具有重大理论创新意义和实践指导价值。

第四卷提出了"审计特别是国家审计是民主政治的重要内容和推动民主政治发展的重要方式""健全完善的民主政治体制机制必然要求完善的国家审计体制机制与之协调配合"的鲜明观点,讨论了国家审计服务和推动民主政治发展的内在机理与内在逻辑,提出并重点讨论了国家审计服务和推动民主政治发展的实现路径,包括审计参与听证制度、制度合理性审计、民生审计和构建以审计为核心的问责机制等问题。本卷的研究对推进中国特色社会主义民主政治制度的完善具有重大的理论意义和实践价值,具有理论上的原创性。

第五卷提出了"国家审计是国家治理结构和体系中内生的必不可少的组成部分,是国家治理机制中不可或缺的一种治理机制",即"无审计,不治理"的核心观点,探讨了国家审计服务国家治理的内在机理和内在逻辑,重点讨论了国家审计服务国家治理的实现路径问题,包括国家审计与责任政府建设、政策执行效果审计、国家审计服务环境治理、国家审计服务经济高质量发展以及国家审计服务国家治理的其他特别问题。本卷的研究对从国家审计的视角推进国家治理体系和治理能力现代化,具有重大的理论意义和实践参考价值。

第六卷提出了"经济责任审计是一项具有中国特色的经济监督制度,是现代审计制度在中国的一种创新",探讨了经济责任审计的基本理论依据、目标经济责任与责任履行报告、领导干部经济责任履行与特定组织管理层治理层的责任履行的关系、领导干部经济责任的内涵和外延、经济责任审计运行机制、经济责任审计与其他类型审计的关系、经济责任审计评价体系的构建等问题。本卷总结了经济责任审计推动的十大审计理论创新,较为全面、系统地研究了经济责任审计推动审计理论创新的若干问题,对丰富和发展中国特色社会主义国家审计理论体系,指导经济责任审计实践,推进国家治理体系和治理能力现代化,均具有极其重要的理论价值与现实意义。

本套著作在立信会计出版社的大力支持下,获得了国家出版基金资助,也被新闻出版署列为"十三五"国家重点图书出版规划项目,在此,对立信会计出版社致以特别感谢。同时也要感谢西南财经大学将本套著作纳入其"工商管理理论与中国道路研究书系"中。

本套著作是以我所主持的两个国家级重大课题的研究为基础的,没有两个重大课题的支撑,就不会有本套著作的成功出版。

我要诚挚地感谢在2007年教育部哲学社会科学研究重大课题攻关项目申报和研究中给予过我大力支持的教授和专家,他们是:审计署原党组成员、副审计长孙宝厚研究员,北京大学王立彦教授,清华大学郝振平教授,审计署审计科研所原所长崔振龙研究员,审计署法规司原司长王秀明,中南财经政法大学张龙平教授,四川大学干胜道教授,西南财经大学党委书记赵德武教授,西南财经大学会计学院原院长彭韶兵教授,西南财经大学统计学院原院长(现西南财经大学党委常委、副校长)史代敏教授,西南交通大学经管学院原副院长黄登仕教授,英国赖皮尔大学高善生教授,纽约城市大学巴鲁学院叶建民教授,香港城市大学邹宏教授。在项目的申报和研究工作中作出过卓越贡献的团队成员包括:张勇博士、李江涛博士、徐荣华博士、刘更新博士、陈晓媛博士、赵莎博士、杨晓磊博士、谢赞春博士、朱荣博士、李明博士、刘雷博士、朱磊博士和博士研究生杨惠雁。在此表示衷心感谢!

特别感谢在我申报2013年国家社科基金重大项目过程中,武汉大学王永海教授、南开大学张继勋教授、西南财经大学会计学院院长马永强教授、西南财经大学会计学院副院长唐雪松教授和西南财经大学公共管理学院原院长唐兴霖教授的大力支持!该项目的研究工作历时8年之久,先后有多名团队成员参与其中并作出了卓越的贡献,他们是:蔡利博士、谢柳芳博士、张筱博士、刘静博士、唐凯桃博士、李江涛博士、李明博士、刘雷博士、田秋蓉博士、陈孝博士、董延安博士、车宣呈博士、饶翠华博士、苗连琦博士、毕铭悦博士、马可哪呐博士、郑伟宏博士、韩梅芳博士、刘玉玉博士、崔云博士、黄昊博士、郑开放博士、何雨博士、唐嘉尉博士、郑倩雯博士、周微博士、张翼凌博士、博士研究生鲍瑞雪、博士研究生陈晔、博士研究生王朋、博士研究生徐藩、博士研究生马睛、硕士研究生方涵若、硕士研究生马荔丽。他们的接续奋斗，保障了国家社科基金重大项目得以顺利完成！在此一并致以特别的敬意和万分感谢！

我还要特别感谢国际著名会计史学大师、著名会计审计学家、中南财经政法大学郭道扬教授，他欣然接受邀请为本套著作作序并给予本套著作极高的评价！

党的二十大吹响了以中国式现代化推进中华民族伟大复兴新征程的新号角！审计领域的创新研究应聚焦推动服务中国式现代化建设的审计理论与方法体系研究。中国的国家审计在全世界范围内都独具特色，在国家治理的最高层次和全过程都发挥着不可或缺、不可替代的重要作用。探讨和研究服务中国式现代化建设的国家审计理论，进一步推动国家审计理论创新研究，应当成为新时代审计学者的重大使命。本套著作的出版，既代表着我们团队对服务中国式现代化建设作出的部分审计学术贡献，也为我们继续大力推动服务中国式现代化建设的审计理论创新研究奠定了雄厚的基础。我们唯有踔厉奋发，勇毅前行，方能不负伟大时代！

西南财经大学/中国政府审计研究中心

2022 年 12 月于成都

本 卷 前 言

《中国特色社会主义国家审计理论研究(第二卷):公共经济权力审计论》深入系统地讨论分析了公共经济权力审计的内在机理与实现路径,构建了权力导向的审计监控体系。我们认为,受托经济责任的履行和经济权力的行使是一个问题的两个方面,受托经济责任履行与经济权力运用直接关联。2005年之后,我们团队开始"公共经济权力审计"这一新领域问题的研究,先后有多位博士研究生围绕"公共经济权力审计"选择博士学位论文题目并完成了论文,我们也申请到多项国家基金项目来推进这方面的研究。

本卷的出版标志着我们提出的"公共经济权力审计"这一审计理论创新研究的新领域正式确立。其同时也为党的十六大以来党中央特别强调和重视审计对权力的制约和监督提供了重要的审计学理论解释和理论支撑。

国家审计作为独立的监督机制,是国家治理的重要基石之一。国家治理目标的实现必然要求公共经济权力得到合理有效的行使。在现代社会中,国家审计已成为最重要的权力制衡力量之一。根据受托责任观,公共受托经济责任履行的过程也是公共经济权力运行的过程,促进公共受托经济责任的全面有效履行必须保证公共经济权力的正确运行。

本卷原创性地提出了公共经济权力审计的概念并对公共经济权力审计的内在机理进行了深入分析,重点研究了公共经济权力审计的体系构建与实现路径,详细地讨论了国家审计与腐败治理、权力清单审计、公共经济权力特殊领域审计问题(包括预算执行审计、政府采购制度实施情况审计、税收制度与政策执行情况审计、指标审批制度执行情况审计)。

本卷由12章和相关附录构成。

第1章是导论,主要包括研究背景、研究意义、研究思路与研究框架等。

第2章是公共经济权力审计研究综述,主要从公共经济权力审计监控的基础理论、作用机理、影响因素、衡量指标、实现方式以及经济责任审计与公共经济权力审计监控的关系等方面对现有研究进行梳理和分析，并在此基础上进行文献评述。

第3章是公共经济权力审计的内在机理与路径分析，在界定公共经济权力与公共经济权力审计内涵的基础上，阐述公共经济权力的运行机制、公共经济权力审计的内在机理，重点研究了国家审计服务公共经济权力监控的实现路径。

第4章是权力导向审计监控体系的构建，沿着确立权力运行审计监控目标、构建权力运行报告体系、构建权力导向审计评价指标体系和构建权力运行审计流程的逻辑，提出经济责任审计转型与公共经济权力监控的初步设想。

第5章是国家审计与腐败治理问题研究，从分析腐败产生的原因及构成要素出发，讨论审计监控与腐败治理的关系，深入分析国家审计发挥腐败治理功能的作用机理与实现方式。本章最后还介绍了各地推进审计反腐的重要举措。

第6章是权力清单审计问题研究，以编制权力清单为起点，分析权力清单审计的内容和重点，介绍权力清单审计的方法，并根据权力清单类型讨论如何基于风险点控制来开展权力清单审计活动。本章最后还介绍了地方政府权力清单审计的应用实践。

第7章是公共经济权力特殊领域审计问题之一——预算执行审计，主要分析了预算执行审计的内涵和目标、预算权力与权力配置、预算执行权力的运行与风险点以及预算执行审计重点，并在介绍各地预算执行审计实践探索的基础上提出基于预算执行审计强化权力监控的政策建议。

第8章是公共经济权力特殊领域审计问题之二——政府采购制度实施情况审计，主要分析了政府采购制度实施情况审计的内涵和目标、政府采购制度及其运行机制、政府采购权的运行与风险点以及政府采购制度实施情况审计重点等内容，并在介绍各地政府采购制度实施情况审计的实践探索基础上提出基于政府采购制度实施情况审计强化权力监控的政策建议。

第9章是公共经济权力特殊领域审计问题之三——税收制度与政策执行情况审计，主要分析了税收制度与政策执行情况审计的内涵和目标、税收制度与税收权力配置、税收权力的运行与异化风险点、税收制度与政策执行情况审计重点等内容，并在介绍各地税收制度与政策执行情况审计的实践探索的基础上提出基于税收制度与政策执行情况审计强化权力监控的政策建议。

第10章是公共经济权力特殊领域审计问题之四——指标审批制度执行情况审计，主要分析了指标审批制度执行情况审计的内涵和目标、指标审批与权力配置、指标审批权力的运行与风险点以及指标审批制度执行情况审计重点等内容,并在介绍各地指标审批制度执行情况审计的实践探索的基础上提出基于指标审批制度执行情况审计强化权力监控的政策建议。

第11章是公共经济权力审计问题实证研究的探索,主要对公共经济权力审计监控效果、经济责任审计运行效果、审计结果公告对审计移送处理效率的影响、权力清单审计问题等进行了实证研究探索。

第12章是美国国家审计机关服务公共经济权力监控的经验,主要以美国的财政预算审计、政府采购审计和税收征管审计领域为例,分享美国审计署服务公共经济权力审计监控的经验。

附录1至附录6是相关政策文件及资料。

本卷整体框架由蔡春、刘静和韩梅芳设计。各章责任分工为:第1章由刘静、韩梅芳负责;第2章由韩梅芳、刘静、郑倩雯共同负责;第3章、第6章、第10章由韩梅芳负责;第4章由韩梅芳、刘雷负责;第5章由刘静、何雨负责;第7章、第8章、第9章由刘静负责;第11章由刘静、韩梅芳负责;第12章由郑倩雯负责;附录由韩梅芳、刘静负责。全书由蔡春负责统稿和审定。

理论研究的复杂性和挑战性决定了本卷研究可能存在一定瑕疵和问题。敬请读者们不吝赐教、批评指正!

作者

2022年12月

目 录

1 导论 ·· 1
 1.1 公共经济权力审计的研究背景 ···································· 1
 1.2 公共经济权力审计的研究意义 ···································· 2
 1.3 公共经济权力审计的研究思路 ···································· 3
 1.4 公共经济权力审计的研究框架 ···································· 3

2 公共经济权力审计研究综述 ·· 6
 2.1 公共经济权力审计监控的基础理论研究 ······················· 6
 2.2 公共经济权力审计监控的作用机理研究 ······················· 9
 2.3 公共经济权力审计监控的影响因素研究 ······················· 12
 2.4 公共经济权力审计监控的衡量指标研究 ······················· 16
 2.5 国家审计实现公共经济权力监控的方式研究 ················ 17
 2.6 经济责任审计与公共经济权力审计监控的关系研究 ······ 22
 2.7 研究评述 ·· 24

3 公共经济权力审计的内在机理与路径分析 ································ 26
 3.1 公共经济权力与公共经济权力审计的内涵 ·················· 26
 3.2 公共经济权力的运行机制 ·· 30
 3.3 公共经济权力审计的内在机理 ···································· 35
 3.4 国家审计服务公共经济权力监控的实现路径 ··············· 38

4 权力导向审计监控体系的构建 ·· 42
 4.1 确立权力运行审计监控目标 ·· 42
 4.2 构建权力运行报告体系 ··· 45

4.3 构建权力导向审计评价指标体系 …………………………… 48
   4.4 构建权力运行审计流程 ……………………………………… 55
   4.5 经济责任审计的转型与公共经济权力的监控 ……………… 59

5 国家审计与腐败治理问题研究 …………………………………… 62
   5.1 腐败的含义、产生的原因及构成要素 ……………………… 62
   5.2 审计监控与腐败治理的关系 ………………………………… 67
   5.3 国家审计发挥腐败治理功能的作用机制与实现方式 ……… 72
   5.4 各地推进审计反腐的重要举措 ……………………………… 77

6 权力清单审计问题研究 …………………………………………… 81
   6.1 编制权力清单 ………………………………………………… 82
   6.2 权力清单审计的内容和重点 ………………………………… 92
   6.3 权力清单审计的方法 ………………………………………… 99
   6.4 基于风险点控制的权力清单审计 …………………………… 103
   6.5 地方政府权力清单审计的应用实践 ………………………… 109

7 公共经济权力特殊领域审计问题之一
   ——预算执行审计 ……………………………………………… 114
   7.1 预算执行审计的内涵和目标 ………………………………… 115
   7.2 预算权力与权力配置 ………………………………………… 118
   7.3 预算执行权力的运行与风险点 ……………………………… 119
   7.4 预算执行审计重点 …………………………………………… 124
   7.5 各地预算执行审计的实践探索 ……………………………… 131
   7.6 预算执行审计强化权力监控的政策建议 …………………… 137

8 公共经济权力特殊领域审计问题之二
   ——政府采购制度实施情况审计 ……………………………… 141
   8.1 政府采购制度实施情况审计的内涵和目标 ………………… 141
   8.2 政府采购制度及其运行机制 ………………………………… 143
   8.3 政府采购权的运行与风险点 ………………………………… 147
   8.4 政府采购制度实施情况审计重点 …………………………… 151

8.5 政府采购制度实施情况审计的实践探索 ………………………… 154
8.6 政府采购制度实施情况审计强化权力监控的政策建议 ………… 158

9 公共经济权力特殊领域审计问题之三
——税收制度与政策执行情况审计 ………………………………… 160
9.1 税收制度与政策执行情况审计的内涵和目标 …………………… 160
9.2 税收制度与税收权力配置 ………………………………………… 162
9.3 税收权力的运行与风险点 ………………………………………… 166
9.4 税收制度与政策执行情况审计重点 ……………………………… 173
9.5 各地税收制度与政策执行情况审计的实践探索 ………………… 176
9.6 税收制度与政策执行情况审计强化权力监控的政策建议 ……… 181

10 公共经济权力特殊领域审计问题之四
——指标审批制度执行情况审计 …………………………………… 182
10.1 指标审批制度执行情况审计的内涵和目标 ……………………… 182
10.2 指标审批与权力配置 ……………………………………………… 184
10.3 指标审批权力的运行与风险点 …………………………………… 191
10.4 指标审批制度执行情况审计重点 ………………………………… 193
10.5 各地指标审批制度执行情况审计的实践探索 …………………… 194
10.6 指标审批制度执行情况审计强化权力监控的政策建议 ………… 197

11 公共经济权力审计问题实证研究的探索 …………………………… 199
11.1 公共经济权力审计监控效果的实证研究探索 …………………… 199
11.2 经济责任审计运行效果的实证研究探索 ………………………… 201
11.3 审计结果公告对审计移送处理效率影响的实证研究探索 ……… 207
11.4 权力清单审计问题的实证研究探索 ……………………………… 213

12 美国国家审计机关服务公共经济权力监控的经验 ………………… 218
12.1 美国国家审计机关财政预算审计 ………………………………… 218
12.2 美国国家审计机关政府采购审计 ………………………………… 226
12.3 美国国家审计机关税收征管审计 ………………………………… 232

附录 · · · · · · 246

附录1 权力清单相关制度文件 · · · · · · 246

附录2 重庆市和四川省公布的权力清单 · · · · · · 252

附录3 中华人民共和国预算法(节选) · · · · · · 263

附录4 中华人民共和国政府采购法(节选) · · · · · · 266

附录5 中华人民共和国税收征收管理法(节选) · · · · · · 270

附录6 "十四五"国家审计工作发展规划 · · · · · · 279

参考文献 · · · · · · 294

1 导 论

纵观人类发展史可知，人类的发展离不开治理。实现国家治理目标的核心问题是保证公共权力的合理运行以及公共资源的合理分配和有效运用。国家审计作为独立的监督机制，在权力的制约和监督中发挥着重要作用。按照公共权力实施的领域和范围，公共权力包含政治权力、社会权力和经济权力。公共受托经济责任履行的过程即公共经济权力运行的过程，国家审计对公共经济权力运行的过程及结果实施监督是公共经济权力审计论内在价值的体现。如何运用国家审计制约和监督公共经济权力是中国特色社会主义国家治理需要研究的重要课题。

1.1 公共经济权力审计的研究背景

自古以来，权力推动着社会不断地前进和发展，而权力运行过程中的权力异化又会阻碍社会的进步。如何更好地规范权力运行，发挥其"助推器"的功能和作用，成为众多学者关注的焦点。现有研究中普遍的观点是，实现国家治理目标的核心问题是保证公共权力的合理运行以及公共资源的合理分配和有效运用。党的十八届四中全会提出要"强化对行政权力的制约和监督……保障依法独立行使审计监督权"，党的十八届五中全会提出要"深入推进党风廉政建设和反腐败斗争"；党的十九大报告再次强调，"坚定不移全面从严治党，不断提高党的执政能力和领导水平""健全党和国家监督体系"；《中华人民共和国国民经济和社会发展第十四个五年规划和2035年远景目标纲要》指出，"要健全党统一领导、全面覆盖、权威高效的监督体系，形成决策科学、执行坚决、监督有力的权力运行机制"。中央审计委员会办公室、审计署制定的《"十四五"国家审计工作发展规划》也强调，"着力构建全面覆盖的审计工作格局。统筹各级审计力量……确保党中央重大政策措施部署到哪里、国家利益延伸到哪里、公共资金运用到哪里、公权力行使到哪里，审计监督就跟进到哪里"，"推动形成权威高效的审计工作运行机制……坚持党政同责、同责同审，促进权力规范运行"。可见，作为党和国家监督体系的重要组成部分，国家审计要在制约和监督权力运行上发挥更大的功能与作用。

《中华人民共和国宪法》第九十一条规定："国务院设立审计机关,对国务院各部门和地方各级政府的财政收支,对国家的财政金融机构和企业事业组织的财务收支,进行审计监督。审计机关在国务院总理领导下,依照法律规定独立行使审计监督权,不受其他行政机关、社会团体和个人的干涉。"宪法赋予了审计机关独立行使审计监督权的职责。《中华人民共和国审计法》第一条明确："为了加强国家的审计监督,维护国家财政经济秩序,提高财政资金使用效益,促进廉政建设,保障国民经济和社会健康发展,根据宪法,制定本法。"审计法为加强审计监督提供了进一步的法律依据。审计实质上是国家依法用权力制约和监督权力的行为,是国家监督体系和国家治理的重要组成部分。审计控制论认为,审计是确保受托经济责任全面有效履行的一种特殊的经济控制。国家审计应是确保公共受托经济责任全面有效履行的一种专门的经济控制。国家审计功能随着公共受托经济责任内涵的演进在不断地拓展,而公共受托经济责任履行的过程恰是公共经济权力运行的过程。在新的政治经济形势下,国家审计如何制约和监督公共经济权力,更好地发挥其"经济体检"作用,提高腐败治理成效,加强党风廉政建设,提高民主政治水平,使公共受托经济责任的履行得到更有效的保障,最终实现国家治理体系和治理能力现代化,是国家审计理论研究中不可或缺的重要课题。

1.2 公共经济权力审计的研究意义

公共经济权力审计监控的重心在于关注公共经济权力的运行。公共经济权力的运行涉及国家治理的各领域,是国家审计监督的重要方面。因此,研究公共经济权力审计具有重要的理论和现实意义。

1. 理论意义

第一,公共经济权力审计监控是公共受托经济责任全面有效履行的重要保障。公共经济权力运行的过程是公共受托经济责任履行的过程,两者具有对称性和并行性。国家审计的目的是监督政府及其部门全面有效履行公共受托经济责任,对公共经济权力进行审计监控则是公共受托经济责任全面有效履行的重要保障。

第二,公共经济权力审计研究能够加深人们对公共受托经济责任内涵拓展的认识。国家审计的对象和范围随着公共受托经济责任内涵的拓展而不断扩大。在国家治理需求的推动下,公共受托经济责任的内涵不断丰富,加强公共经济权力审计研究是丰富公共受托经济责任内涵的内在要求,将进一步加深人们对公共受托经济责任内涵拓展的认识。

第三，公共经济权力审计研究丰富了国家审计理论和权力制约研究体系。公共经济权力制约体系庞大而且复杂，国家审计作为全面有效保证公共受托经济责任履行的重要手段，理应在权力制约体系中占据非常重要的位置。公共经济权力审计研究将公共经济权力审计作为直接的研究对象，既可以丰富国家审计理论，也将提升国家审计在权力制约体系中的地位。

2. 现实意义

第一，公共经济权力审计是我国实现国家治理体系和治理能力现代化的内在要求。国家治理体系和治理能力现代化在某种程度上就是公共权力的有效配置和运用。公共经济权力作为公共权力的基础，其运用效果直接决定国家治理效果。保障公共受托经济责任全面有效履行的国家治理力量——国家审计，将公共经济权力作为直接审计对象进行关注，实施公共经济权力审计监控，这是实现国家治理体系和治理能力现代化的内在要求。

第二，公共经济权力审计是制约和监督权力运行和防治腐败的重要手段。公共经济权力的运行往往涉及经济利益，权力若得不到充分的制约和监督，就有发生异化的可能，就会产生腐败问题，进而使国家治理体系受到腐蚀。因此，国家必须通过国家审计对公共受托经济责任的履行情况和公共经济权力的行使进行监控，预防和遏制腐败。

第三，公共经济权力审计有助于充分发挥国家审计的"经济体检"作用。随着中央审计委员会的成立，国家审计的权威性与独立性大大提升，国家审计在监督体系中的作用越来越突出。公共经济权力审计对公共经济权力的运行情况进行监控，通过诊断查"病"，发现权力行使过程中的异化现象，并进一步有针对性地通过"治已病"和"防未病"，促进公共经济权力的规范有效运行，发挥常态化"经济体检"作用。

1.3 公共经济权力审计的研究思路

本卷以公共经济权力分析为起点，基于受托经济责任观的理论基础，原创性地提出"公共经济权力审计"的概念，并对公共经济权力审计的内在机理进行了深入分析，重点研究公共经济权力审计的体系构建与实现路径，对权力导向审计监控体系的构建、国家审计与腐败治理、权力清单审计、公共经济权力特殊领域审计、公共经济权力审计问题的实证研究、美国国家审计机关服务公共经济权力监控的经验等重要内容进行探讨。

1.4 公共经济权力审计的研究框架

本卷共分为12章，研究框架如图1-1所示。各章主要内容如下。

第1章是导论。本章主要包括研究背景、意义、思路、框架等内容。

第2章是公共经济权力审计研究综述。本章主要从公共经济权力审计监控的基础理论、作用机理、影响因素、衡量指标、实现方式以及经济责任审计与公共经济权力审计监控的关系六个方面对现有研究进行梳理和分析，并在此基础上进行文献评述。

第3章是公共经济权力审计的内在机理与路径分析。本章在对公共经济权力的内涵与运行机制、公共经济权力审计的内涵与内在机理进行深入分析的基础上，重点研究国家审计服务公共经济权力监控的实现路径。

第4章是权力导向审计监控体系的构建。本章沿着确立权力运行审计监控目标，构建权力运行报告体系、权力导向审计评价指标体系和权力运行审计流程的逻辑，提出经济责任审计的转型和公共经济权力的监控的初步设想。

第5章是国家审计与腐败治理问题研究。本章从分析腐败的含义及腐败产生的原因出发，讨论审计监控与腐败治理的关系，深入分析国家审计发挥腐败治理功能的作用机制与实现方式，并介绍各地推进审计反腐的重要举措。

第6章是权力清单审计问题研究。本章以编制权力清单为起点，分析权力清单审计的内容、重点和方法，并根据权力清单类型讨论如何基于风险点控制来开展权力清单审计活动，并介绍地方政府权力清单审计的应用实践。

第7章是公共经济权力特殊领域审计问题之一——预算执行审计。本章主要分析预算执行审计的内涵和目标、预算权力与权力配置、预算执行权力的运行与风险点以及预算执行审计重点等内容，介绍各地预算执行审计的实践探索，并提出预算执行审计强化权力监控的政策建议。

第8章是公共经济权力特殊领域审计问题之二——政府采购制度实施情况审计。本章主要分析政府采购制度实施情况审计的内涵和目标、政府采购制度及其运行机制、政府采购权的运行与风险点以及政府采购制度实施情况审计重点等内容，介绍政府采购制度实施情况审计的实践探索，并提出政府采购制度实施情况审计强化权力监控的政策建议。

第9章是公共经济权力特殊领域审计问题之三——税收制度与政策执行情况审计。本章主要分析税收制度与政策执行情况审计的内涵和目标、税收制度与税收权力配置、税收权力的运行与异化风险点以及税收制度与政策执行情况审计重点等内容，介绍各地税收制度与政策执行情况审计的实践探索，并提出税收制度与政策执行情况审计强化权力监控的政策建议。

第10章是公共经济权力特殊领域审计问题之四——指标审批制度执行情况审计。本章主要分析指标审批制度执行情况审计的内涵和目标、指标审批与权力配置、指标审批权力的运行与风险点以及指标审批制度执行情况审计重点等内容,介绍各地指标审批制度执行情况审计的实践探索,并提出指标审批制度执行情况审计强化权力监控的政策建议。

第11章是公共经济权力审计问题实证研究的探索。本章主要对公共经济权力审计监控效果、经济责任审计运行效果、审计结果公告对审计移送处理效率的影响、权力清单审计问题等的实证研究进行探索。

第12章是美国国家审计机关服务公共经济权力监控的经验。本章以美国审计署为例,从财政预算审计、政府采购审计和税收征管审计三个特殊领域来介绍美国国家审计机关服务公共经济权力监控的措施与成效。

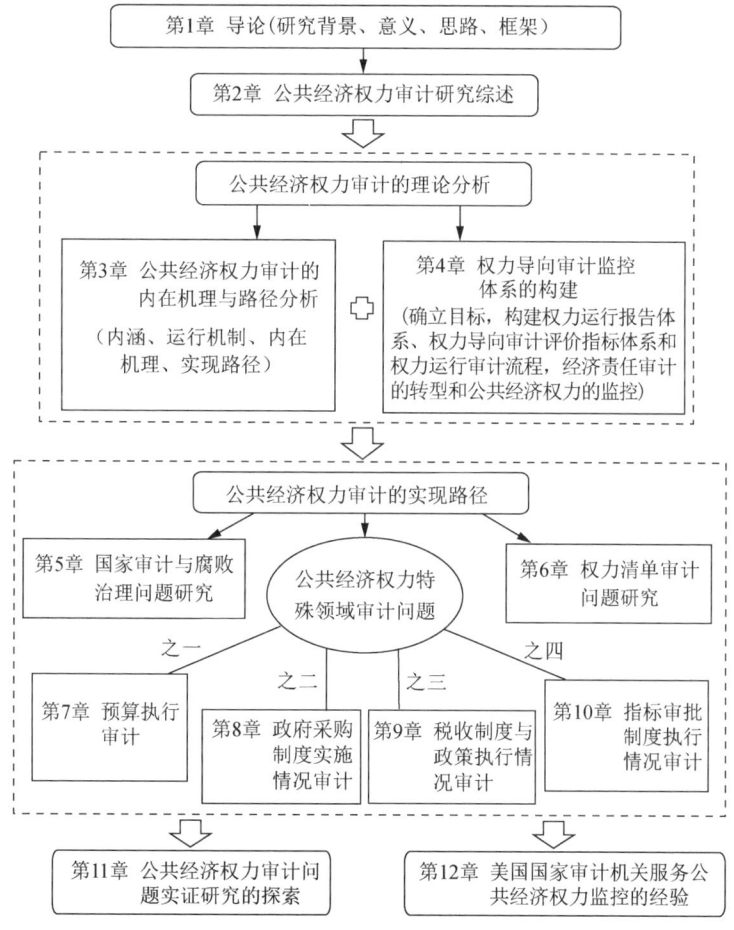

图1-1 研究框架

2 公共经济权力审计研究综述

权力运行是实现国家治理的必然手段,而对其进行制约和监督是国家治理的必然要求。党的十八大报告明确提出要"健全权力运行制约和监督体系……推进权力运行公开化、规范化"。党的十八届四中全会明确提出全面推进依法治国,强调要"依法全面履行政府职能……推进机构、职能、权限、程序、责任法定化……推行政府权力清单制度""强化对行政权力的制约和监督……完善纠错问责机制"。党的十九大报告再次强调了"坚定不移全面从严治党,不断提高党的执政能力和领导水平""健全党和国家监督体系",这对国家审计功能作用的发挥提出了更高的要求。由此可以看出,对权力的制约和监督是依法治国和强化国家治理的必然要求,而对权力运行进行制约和监督需要国家审计,国家审计作为具有独立客观特性的监控机制,应当在权力运行的制约和监督中发挥特殊的重要作用。根据受托经济责任观,公共受托经济责任履行的过程也即是公共经济权力运行的过程,国家审计理应对公共经济权力运行的过程及结果实施监控,并最终服务于国家治理。本章从公共经济权力审计监控的基础理论、作用机理、影响因素、衡量指标、实现方式以及经济责任审计与公共经济权力审计监控的关系六个方面对现有研究进行梳理和分析。

2.1 公共经济权力审计监控的基础理论研究

2.1.1 国家治理理论相关研究

在实现国家治理的过程中,人民需要对公共经济权力进行监督。国家治理的需求决定了国家审计的产生,国家治理的目标决定了国家审计的方向,国家治理的模式决定了国家审计的制度形态。国家审计的本质是国家治理系统内生的具有预防、揭示和抵御功能的"免疫系统",其核心是推动民主法治,促进国家实现良好治理,促进国家经济社会健康运行和科学发展,从而更好地保障人民的根本利益(刘家义,2012)。

公共权力是政治学的核心研究内容之一(苗丰涛和叶勇,2016)。周迪(2015)认为,公共权力能否合法有效运用,对政治制度的优劣起着至关重要的作用。随着经济发展,生产力不断提高,社会分工开始出现差异化,私有制和阶级开始出现,这时公共权力为经济上占优势地位的阶级所控制,原始的纯粹的社会自治权开始异化为凌驾于社会之上的国家权力,成为统治阶级剥削其他弱势阶级、谋求自身利益的工具。为防止公共权力异化,国家必须对其进行监控。作为国家治理的重要组成部分,国家审计是依法用权力制约和监督权力的一种制度安排(刘家义,2012)。制约和监督公共经济权力,以防止其被不当运用是国家审计的应有之义(王素梅和郭道扬,2013)。杨肃昌(2012)从政治学的角度阐述国家审计的理论基础,以受托经济责任观阐述了国家审计关注的是支配经济社会运行的公共权力及其所控制的公共资源;国家审计应服务国家治理的政治需要。陈英姿(2012)从国家审计与国家治理关系的角度指出,服务国家治理是国家审计的内在要求,国家审计通过对公共权力的制约和监督,促进国家治理机制的完善。已有研究从国家审计管理体制、国家审计运行机制、国家审计对公共权力的监督作用、国家审计对政策落实的监督作用四个方面,就国家审计在党和国家监督体系下的作用机制和路径的文献进行了系统回顾和梳理,并尝试构建国家审计研究逻辑框架。尽管关于国家审计的基础理论研究取得不少进展,但在构建新时代中国特色国家审计理论体系、深化国家审计管理体制改革、优化国家审计运行机制和提升国家审计监督作用等方面,已有研究仍存在诸多空白和不足,亟待加强(王国俊和周洁,2020)。强化国家审计对公共经济权力的监督作用,是现阶段我国深化政治体制改革、发展社会主义民主政治的必然要求。在国家治理体系和治理能力现代化进程中,国家审计至关重要(赵军锋和金太军,2019)。国家治理的过程需要国家审计的监控,国家审计是实现国家治理体系和治理能力现代化的重要手段和方式。国家要实现良治离不开审计监督。公共权力的有效运行和公共资源的合理配置是国家实现良治的有效途径,也是国家治理的目标之一。促进国家实现良治,是审计机关实施国家审计的重要任务和目标(王砚书等,2014)。董大胜(2018)从审计基本理论出发,站在国家审计服务国家治理的角度,提出审计管理体制改革应遵循有利于加强党的领导、贯彻依法治国精神、增强审计独立性、实现审计全覆盖等基本原则。

2.1.2 受托经济责任理论相关研究

基于受托经济责任理论的研究认为,国家审计需要对全面有效履行公共受托经济责任的审计对象行使公共权力的过程进行制约和监督。从信息经济学角度分析可知,公共委托代理关系是公共权力运行的基础,由于信息不对称,激励不相容,环境存在不确定性,公共权力运行的过程中必然会出现机会主义行为,国家审计有必要监督公共权力的有效运行(郑石桥,2014)。从契约论角度分析,为了保证公共部门行使受托公共权力的合法性和有效性,解决公共委托代理关系中的信息不对称问题,委托方需要委托专业机构对公共部门进行监督,而国家审计以其精湛的专业技能,接受人民以及代表其意志的人民代表大会委托,监督责任人对公共受托责任的履行,因此,公共受托责任理论成为国家审计发挥其制约和监督权力作用的理论基础(王素梅,2013)。从委托代理理论的角度分析,有的研究以公共受托责任和公共权力的关系为出发点,分析国家审计对政府行使公共权力实施监控的内在动因,进而构建国家审计监控公共权力的理论框架,探讨国家审计监控公共权力的具体运行模式,剖析影响监控效果的因素,提出提升国家审计监控公共权力有效性的政策建议(饶翠华,2012)。蔡春和李江涛(2009)认为,经济责任和经济权力具有对称性,对受托经济责任履行状况的审计,从另一个视角来看,就是对责任履行背后的权力行使情况进行考察。董延安(2007)认为,受托经济责任与经济权力之间是相互对称的,受托经济责任是国家审计对经济权力进行控制、发挥作用的内在动因,而国家和社会公众对遏制权力腐败的需求,以及建设社会主义民主等现实需要是审计对经济权力进行控制的外在动因。秦荣生(2007)提出,贯穿于现代国家审计的受托经济责任是一种公共受托经济责任,现代政府审计不但因公共受托经济责任的产生而产生,而且因公共受托经济责任的发展而发展。

在我国,各级政府按照本级人民代表大会所体现的人民意志对公共财产行使管理经营权,对人民负有公共受托经济责任,政府审计的职能就是对这种公共受托经济责任进行鉴定和评价。政府实际上是国家或社会的代理机构,承担着公共受托责任,由于"道德风险"和"逆向选择"的存在,建立一套健全的政府公共权力监控体系,有利于将公共决策中的"经济人"行为所产生的危害限制在最低程度。李嘉明和杨流(2018)认为,公共受托经济责任关系的确立是国家审计产生的前提,国家审计是保证政府公共受托经济责任全面有效履行的关键保障;当行权者没有按照要求或者原则运用公共权力经营管理公共资源和资金时,违纪腐败行为会产生;腐败的本质是权力主体对公共权力的滥用,缺乏监督的权力必然会导致腐败。王彪华(2020)提出,国家审计作为一项基本的政治制度安排,既是国家保障公共受托责任得以履行的表现,也是国家治理体系的重要组成部分,在党和国家监督体系中发挥重要作用。

2.1.3 国家审计本质论相关研究

国家审计是国家治理体系的重要组成部分,监督和评价公共经济权力的运行,为国家治理服务,是由国家审计的本质所决定的(谭劲松和宋顺林,2012)。张文秀和郑石桥(2012)从国家治理整体构造、问责机制和国家审计的逻辑路径出发,探究国家审计的本质。他们指出,国家审计的实质是国家依法用权力制约和监督权力的行为,是国家治理整体构造中政府治理主体下问责机制的重要组成部分;问责是国家审计本质的客观要求,而且国家审计的主要问责对象是政府治理系统中的任务及资源配置子系统,即国家审计问责属于经济问责。审计署科研所课题组(2003)认为,加强对权力的监督是由权力的决定性、扩张性和相对独立性的本质属性决定的,国家审计的产生源于所有权与经营权或管理权相分离所形成的受托经济责任关系,国家审计是评价和确认受托经营者、管理者是否履行了其所负经济责任的一项经济监督活动,对具有相对独立性的公共经济权力进行监督体现了国家审计的本质。王爱国(2019)从公共治理角度分析后认为,凡是涉及公共权力运行、公共政策制定和公共资源配置的公共事务性活动,都离不开系统性、制度性监督。他还认为,环境审计本质上就是国家治理体系中一种十分重要的系统性和制度性监督,环境审计关注的是支配或影响经济社会运行的公共权力及其所掌握的公共资源。换句话说,哪里有公共权力,哪里有使这种公共权力运行的公共政策,哪里有这种公共政策所调配的公共资源,哪里就需要环境审计。

2.2 公共经济权力审计监控的作用机理研究

2.2.1 权力制衡相关研究

国家审计功能的特殊性决定了其可成为一种重要的权力制衡机制。从国家审计监督权力运行的必要性来看,陈希晖和邢祥娟(2005)认为,公共经济权力实质上是一种管理公共资源的责任,如果由人民直接行使公共经济权力,交易成本过高,因此公共资源所有权与使用权发生分离。为了防止权力人滥用经济资源,国家审计需要通过以权制权和以民制权达到监督权力的目的,国家审计对经济问题的审计过程也是对权力在经济领域错用、滥用和权力腐败的确认和纠正过程。从审计监督与其他权力部门的关系来看,马志娟等(2015)认为,在决策、执行、监督相互制衡的行政运行机制下,监督部门对决策部门和执行部门权力行使情况实施有效的制衡;国家审计信息的范围应包括决策部门、执行部门的权力,以及与此相对应的责任,全面反映决策部门、执行部门的活动范围。从国家治理体系的内涵来看,监督权是国家治理中区别于立法、行政和司法权力的国家权力结构的重要组成部分，监督权制度是国家治理中制度化国家权力的重要内容；而国家审计是国家治理中制度化监督权的重要构成，是国家权力所有者监督权力行使的制度形式、国家治理主体管理问责的重要机制，也是监督国家治理体系运转落实的重要力量和确保国家治理体系持续改善的重要纠错机制(戚振东和曹小春，2018)。从审计监督与其他权力监督方式的协同作用来看，靳思昌(2020)认为，国家审计通过及时向纪检监察机关移送大量线索，为纪检监察机关和司法机关及早介入创造有利条件，缩短危害国家安全的经济犯罪潜伏期，同时借助法定权力机关限制权力的行使、规范权力的运行以及防止权力的滥用，发挥权力制衡作用，矫正政府部门的"主动创租""被动寻租"及"无意创租"行为，实现对参与国家治理的政府部门的再治理，促进国家治理现代化。

2.2.2 民主与法治的工具相关研究

国家审计对公共经济权力进行制约和监督，它是实现民主与法治的工具。从政府治理的含义看，吴军宏(2014)认为，政府治理含义的变迁体现了政府服务性的强化。政府治理的内容由原来的统治、控制和管理转变为以公共服务为核心内容的公共权力分配、公共资源使用和公共事务管理；合法型、透明型、责任型、法治型、回应型的服务型政府，即"善治"型政府为公共服务的有效供给提供了良好的政治环境。从国家审计的功能来看，桂建平(2004)认为，国家审计应适应依法治国的要求，当好民主与法治的工具，而且国家审计是民主与法治的工具，只有加强对权力的制约和监督，才能使国家审计工作的本质属性得到真正体现。高晓霞(2018)提出，党和国家监督体系中的审计监督是权力监督和权力制约的一项制度安排和制度设计，其独特的政治逻辑在于其政治权力基础、政治体制优势和民主政治动因，同时，党和国家监督体系中的审计监督作为国家治理体系的重要组成部分具有独到的治理功能，包括权力制约与法治功能、信息公开与透明功能以及民主参与和问责功能等。从国家审计的本质来看，王彪华(2020)认为，国家审计是中国共产党领导下的专门经济监督力量，具有鲜明的政治属性。从国家审计职能发展的过程来看，其实质上是政治的，是政治民主化不断发展的结果。审计监督是对公共权力的监督，具体体现为对公共资金、公共资产、公共资源的管理、分配和使用以及对领导干部履行经济责任情况的监督。

2.2.3 制约权力寻租相关研究

权力的使用不可避免地会产生寻租行为，国家审计的出现就是要抑制寻租行为。彭韶兵和周兵(2009)研究发现,委托关系的间接性和管理关系的直接性导致了"弱势委托人"与"强势代理人"的局面,进而导致权力寻租现象,在委托人弱势和代理人强势的格局不可能被打破的前提下,要防止权力异化,只有通过相对独立的审计与检察机关强化对公共权力的制约和监督。梁芬莲和方进喜(2005)从加强对权力的制约和监督,发挥司法机关、行政监察和审计等职能部门作用的角度提出,不受制约和监督的权力必然导致腐败产生,要实现政府的廉洁高效,就必须大力强化权力制约和监督的机制和力度,国家审计的作用需要从经济领域提升到完善权力运行和监督机制的政治层面。吴秋生和王婉婷(2019)通过研究发现,国家审计介入央企的程度与其控股上市公司的社会审计收费显著正相关,而与社会审计质量的相关性不显著,考虑到介入央企的国家审计普遍存在利用社会审计服务的事实,可以推定其原因为社会审计寻租,吴秋生和王婉婷也验证了党的十八大以来国家审计机关在反腐倡廉、遏制社会审计寻租方面是有效的。

2.2.4 国家审计"免疫系统"论相关研究

国家审计是国家经济运行的"免疫系统",其最高目标是在法律授权范围内监督权力运行,维护国家和人民的利益,保障国家安全,促进经济社会全面协调可持续发展(刘家义,2008)。国家审计"免疫系统"论是对审计本质理论的一种全新的认识,基于审计"免疫系统"论的相关研究认为,国家审计是国家经济运行的"免疫系统",经济的正常运行需要国家审计对公共经济权力进行制约和监督。国家审计"免疫系统"论是一种在继承经济监督(控制)论、权力制约论、民主法治论的基础上,整合管理、政治、法律途径的国家审计本质论,强调国家审计行为的"依法"及"用权力监督制约权力"(胡俊杰,2014)。国家审计部门作为专职的监督审查机关,根据法律法规赋予的职权,通过对各级政府及其部门进行事前、事中和事后的监督,保证经济社会稳定发展,保证国家安全(王素梅,2013)。我们不能简单地把国家审计发挥"免疫系统"功能理解为国家审计摒弃原有的监督、评价、鉴证功能,而是要进一步拓展和丰富国家审计现有职能体系的内涵和外延。审计的"免疫系统"功能是包含预防、揭示和抵御三位一体的功能(晏维龙等,2016)。李越冬(2018)研究发现,国家审计发挥了对腐败的揭示作用,即国家审计查出的违规金额与当地腐败程度显著正相关;国家审计发挥了对腐败的抵御作用,即纠正措施与当地的腐败程度显著负相关,说明国家审计的问责机制对腐败行为有良好的遏制作用;国家审计能显著加快各地市场化进程,市场化进程在国家审计对腐败行为遏制作用的发挥上有着明显的中介效应。

2.3 公共经济权力审计监控的影响因素研究

研究公共经济权力审计监控的影响因素是完善公共经济权力监控体系、实现权力合法有效运行的重要保证,诸多学者对公共经济权力审计监控的影响因素进行了研究,相关研究成果主要集中于国家审计的独立性、审计制度与审计方法、审计权力主体、审计外在环境四个方面。

2.3.1 国家审计的独立性研究

国家审计独立性是审计机关和人员发挥审计监控作用的前提和基础,是影响其对公共经济权力进行制约和监督的首要因素。郭志英(2012)构建了国家审计质量影响因素的分析框架,提出独立性是影响国家审计提出意见环节的核心因素,只有独立性得到保障,审计人员才能如实披露被监督对象的违规行为,并提出合理的监督意见,一旦国家审计丧失了独立性,其审计结果的客观性和公正性就会受到怀疑。蔡春和李江涛(2009)认为,独立性是国家审计的灵魂,是国家审计赖以存在并得以发展的基石,只有独立性得以维护,审计机关对公共经济权力的监控才能真正实现,从而保证和促进受托人全面有效地履行对委托人所承担的公共受托经济责任。Kayrak(2008)探讨了最高审计机关参与反腐斗争的理论框架和实践贡献,认为由宪法和法律授权和保障的最高审计机关,在财政、组织、运行、功能等方面保持独立,对于强化政府的公共受托经济责任、提高政府透明度以及实现公共财政领域的良好治理十分必要。在独立性方面,除了规范研究,实证研究也提供了经验证据的支持。例如,叶子荣和马东山(2012)基于2002—2007年我国30个省、自治区、直辖市审计质量的面板数据分析后认为,审计独立性越高,国家审计质量越高,而政府的行政干预会导致国家审计的独立性受到负面影响,抑制国家审计对公共经济权力的监督。从公共经济权力审计控制的路径来看,国家审计的独立性通过影响审计机关查出的被审计单位的违规金额占应查出的违规金额的比重和后续纠正效果,影响国家审计监控公共经济权力运行的审计质量(董延安,2008)。然而,陈希晖和邢祥娟(2005)认为,行政型审计体制下的国家审计独立性受限,缺乏独立性,客观公正的审计监督便无法实现。我国实行的省级以下审计机关人财物管理改革提升了审计机关的独立性。张琦和孙旭鹏(2021)以此为"准自然实验",运用双重差分法检验了提升政府审计独立性对地方政府公务接待行为发挥出的治理效应。他们研究发现,省级以下审计机关人财物管理改革能够显著治理地方政府公务接待行为,验证了政府审计独立性提升具有治理效应。

2.3.2 审计制度与审计方法研究

国家审计的双重管理体制、审计机构的经费来源方式、审计力量配置、审计权限等审计制度和审计方法层面的因素都会影响国家审计对公共经济权力的审计监控效果。从审计体制来看,赵劲松(2005)指出,行政型国家审计体制使政府审计具有行政属性,行政型的国家审计体制对政府审计的独立性有巨大影响,是制约政府审计质量提高的瓶颈。张源等(2014)从行政型审计体制下审计机关的财权与人事权依附行政权风险、审计实施程序选择不当的路径风险角度分析了影响经济权力审计监控效果的因素。从审计权限来看,郭志英(2012)认为,在审计监督的过程中,审计对象权、审计制裁权、审计处理处罚权的确定会从不同的路径影响公共经济权力审计监控的效果。董延安(2008)认为,国家审计权限与国家审计力量通过影响审计机关的审计任务强度、审计执行力度、信息披露力度和处理处罚力度四个方面影响国家审计的控制效果。从审计机关组织模式来看,郑石桥(2012)从规制俘获理论的研究视角分析了审计机关组织模式与审计效果的关系,研究结果表明,在纵向集权/横向集中模式下,审计主体被俘获的可能性大;在纵向集权/横向分割模式下,审计主体被俘获的可能性小。这意味着对审计立项权、审计查证权、审计审理权、审计执行权进行横向分割,具有解决信息不对称、权力分割和权力监督三个方面的效果,能够大大降低审计规制俘获,提高审计效果。从审计资源配置来看,李江涛等(2011)通过实证检验经济责任审计的运行效果发现,审计力量与审计执行力度越大,越能够预防领导干部职务犯罪。赵保卿等(2010)研究了成本预算视角下的国家审计质量控制,认为在国家审计的成本预算对审计高风险环节或重要业务环节加大审计资源倾斜,合理地配置审计资源,可以实现对整体审计项目质量的控制。王芳和周红(2010)以2005—2007年参加"全国优秀审计项目评选"的审计项目为研究样本,研究发现,政府审计的程序审计质量对结果审计质量有显著的正面影响。蔡春和李江涛(2009)从国家审计权限、力量等多个方面分析了审计制度因素对公共经济权力监控的影响,发现赋予审计机关的审计检查权、调查权和制止权越多、权力越大,审计机关行使这些权力的力度也会越大。从质量控制制度来看,张龙平和李璐(2009)在借鉴注册会计师审计质量控制理念和做法的基础上,从制度层面提出,尽快制定政府审计基本准则和具体准则,建立健全质量控制制度等改进政府审计质量的构想。从审计技术来看,蒋尧明等(2021)指出,国家审计与区块链技术结合,能够突破数据壁垒、推动反腐协作,提高信息透明度、揭示隐性腐败,保障信息真实、强化审计问责,从而进一步提升大数据反腐的效率与效果。此外,浙江省审计厅课题组(2003)对影响审计的权力制约和监督作用的因素进行剖析,该课题组认为,双重管理体制、技术方法手段、审计力量结构、审计成果运用等方面存在的不足,影响了国家审计对权力运行的监督效果。审计署长沙特派办理论研究会课题组等(2019)总结了国家审计在地方党政主要领导干部经济责任审计实践中遇到的问题,如审计能力与新时代的要求存在差距、项目组织实施存在不足、审计评价和成果运用不充分等,并从提升审计能力、构建"政策研究+数据分析+现场审计"新型审计模式、提高审计计划执行刚性、完善审计评价体系、提高审计定责质量、创新审计成果运用机制等方面提出了对策建议,以期推动新时代地方党政主要领导干部经济责任审计的创新发展。

2.3.3 审计权力主体研究

审计人员作为国家审计的具体实施主体,其专业胜任能力对审计质量有着重要影响。自身技术、教育背景、工作经验、思想认识等因素会通过影响审计人员的专业胜任能力影响国家审计对公共经济权力的审计监控效果。从独立性与专业胜任能力角度来看,南京市审计局课题组(2008)在分析了审计风险产生的主观原因后认为,审计人员的职业操守、业务素养、风险意识等会影响政府审计风险的大小。王芳和周红(2010)认为,在审计程序相同的情况下,审计人员在独立性和专业胜任能力方面的差异也会导致不同的审计结果。程莹(2015)基于当前我国审计机关的双重领导管理体制,构建了地方审计长收益模型,发现在审计人员专业胜任能力越强的地区,国家审计发现的问题也就越多,但审计人员专业胜任能力与审计执行结果之间的关系并不确定。王会金和戚振东(2013)从国家审计嵌入性治理的理论角度进行分析后认为,审计机关的审计意愿和审计能力直接影响审计工作的效率、效果,从而影响国家审计服务国家治理的程度、水平与功能。从人力资源价值来看,刘寰(2012)对国家审计人力资源价值进行了相关评估和研究,提出审计人力资源对国家审计的生存和发展至关重要,对审计人力资源价值进行评估,是充分发挥审计人力资源潜能、促进审计人力资源优化配置和提高审计机关绩效的有效手段;其在此基础上将国家审计人力资源价值划分为储备价值、现实价值和预期价值三个维度,构建了价值评估模型。从人口特征来看,尚兆燕(2011)通过采用实地调查的方法考察了国家审计中判断绩效的情况,发现国家审计人员在作出审计判断时受年龄、经验、职务、教育背景、专业、任务的复杂程度等多种因素的影响,对同一问题的判断不一致会影响判断绩效,应从强化审计人员专业知识、重视集体判断等方面改善国家审计判断绩效。从职业道德来看,张川等(2015)研究发现,国家审计人员职业道德水平受职业道德控制机制的影响;同时,审计业务复杂度对职业道德控制机制的有效性具有调节作用。当面临复杂的审计业务时,审计廉政承诺和岗位轮换对职业道德违背的抑制作用得到显著加强,但对违规处罚的作用效果并无明显差异。

2.3.4 审计外在环境研究

国家的政治体制、政府管理制度、传统文化习俗、经济发展水平、政府透明度、媒体关注度等因素均属于影响国家审计对公共经济权力监控效果的外在环境因素。已有研究从不同角度进行了分析。从政府治理状况来看,李汉江和刘更新(2014)认为,政府治理结构和状况是经济责任审计发挥治理功能所依赖的重要环境因素,政府治理状况的好坏会影响审计的独立性,进而影响经济责任审计治理功能的实现。从媒体监督来看,王慧敏和王会金(2014)以政府民生项目审计中保障性住房"安居工程"审计为切入点,梳理了政府审计与媒体监督的关系,发现媒体监督对政府审计会产生促进和阻碍的双重影响。从市场化进程来看,唐雪松等(2012)以2003—2007年我国地方政府审计机关为考察对象,研究了各地区市场化进程差异对政府审计的影响,发现政府审计机关所在地的市场化程度越高,政府审计作用的发挥程度越高。从组织设计来看,廖义刚和陈汉文(2012)从本源上对国家治理与国家审计的关系及其互动机制进行了详细剖析,认为国家的组织的设计与管理、政治制度的设计、文化与社会要素的完善有助于国家审计监控作用的发挥。从政府管理制度来看,Claudio 和 Frederico(2011)通过对巴西的市长腐败审计报告进行分析,研究了政府管理制度对政府腐败水平的影响,认为选举制度能够强化政治问责在限制腐败行为中所发挥的关键性作用。从法律体系来看,彭华彰和刘誉泽(2010)分析了我国审计权法律保障的现状和不足,认为外部法律体系健全与否会影响审计权力监督的实施效果。从经济发展水平来看,蔡春和李江涛(2009)认为,国家经济发展水平会影响公共经济权力审计的监控效果,国家经济发展水平低,经济实力弱,权力异化现象较严重,公共经济权力审计难以达到预期的监控效果;在经济发达的国家,法律相对健全完善,经济承受能力强,公共经济权力审计监控效果就会较好。郭志英(2012)强调被审计单位所属地区的经济发展水平对国家审计质量的影响,认为公共经济权力审计监控效果与被审计单位的所属地区的经济发展水平有直接的关系。南京市审计局课题组(2008)分析了政府审计风险产生的客观原因,认为审计的经济环境、政治环境、法制环境、技术环境都会影响政府审计的监督效果。从媒体监督来看,蒲丹琳和王善平(2011)研究了媒体监督政府审计对保障财政资金安全运行的影响,研究结果表明,在整个审计过程中,媒体对政府审计的关注度越高,政府审计维护财政资金有效运行的效能越好。王会金和马修林(2017)通过研究认为,政府透明度提升和媒体监督可以相互促进,以提高政府审计绩效,政府透明度越高,政府审计的揭露效果越好;媒体监督水平越高,政府审计建议的采纳绩效和整改绩效越好。池国华等(2018)探讨了媒体关注对政府审计功能的影响,研究发现,媒体关注有利于提升政府审计功能,媒体关注度越高,越有利于发挥政府审计的揭示、抵御和预防功能;相比非负面媒体关注,负面媒体关注对政府审计的揭示、抵御和预防功能的提升效果更好;在相对更好的媒介环境中,负面媒体报道能够促进政府审计预防功能的发挥。

2.4 公共经济权力审计监控的衡量指标研究

受托经济责任理论认为,审计的功能实际上是一种特殊的经济监控,目的是促进政府的受托经济责任得到有效履行。没有审计,就没有受托经济责任;没有受托经济责任,就没有控制;没有控制,国家权力就无法正常行使(董延安,2008)。公共经济权力作为一种控制权力,是由委托人授予受托人的,受托人履行经济责任的过程就是运用被授予经济权力的过程。审计对经济权力进行监控是检验受托人履行受托经济责任情况的内在要求(卢佳,2017)。经济责任审计是我国一种特殊的审计监督类型,是审计机关审查和监控公共经济权力有效运行的重要审计形式。对公共经济权力审计控制进行衡量,在一定程度上可以围绕对公共经济权力进行控制的经济责任审计开展评价(王翠琳等,2016)。围绕经济责任审计的评价指标体系构建,学者们从多维度展开了研究。王生花(2009)采用责任指标分析法评判被审计领导干部是否充分履行了所承担的经济责任,采用问题责任区分法评判领导干部履行经济责任过程中是否存在应予追究责任的情况。高前善(2010)针对有关党政领导干部经济责任审计评价指标研究采用归纳法缺乏理论基础、指标构建缺乏逻辑性等缺陷,结合现代西方产权经济学中的国家理论,采用演绎法,基于日常行政、重大决策、遵纪廉政、工作业绩四个评价模块,构建党政领导干部经济责任审计评价指标的整体框架,并在分析党政领导干部经济责任审计评价的特点和指标模块之间的逻辑关系的基础上,总结党政领导干部经济责任审计具体评价指标设置的原则。倪毅英(2012)针对国有企业内部经济责任审计评价存在的问题,结合中央企业负责人经营业绩考核办法修订内容的要求,提出以通用指标和个性指标为基础,构建财产、经营、法纪、社会责任四位一体,定量与定性指标相结合的国有企业内部经济责任审计评价体系。胡志华和吴松华(2014)将寻租理论与经济责任审计制度相结合,以进一步完善政府自身监督机制为目标,从公共寻租行为的危害性、经济责任审计对遏制权力寻租腐败的作用以及经济责任审计存在的问题三个方面进行阐述,以期更好地促进经济责任审计制度的完善,有效预防权力寻租腐败行为的产生。李汉江和刘更新(2014)研究了如何从审计监督、审计报告、审计问责、审计改善四个环节来实现经济责任审计的治理功能。韦小泉和王立彦(2015)采用层次分析法和模糊综合评价法,提出基于区域经济和社会发展状况、地方财政收支状况、重要经济决策情况、贯彻执行国家或上级党委和政府制定的政策情况以及廉政勤政五个维度的评价指标进行定量分析和综合评价,完善地方党政主要领导干部经济责任审计评价标准。谭雅妃和齐荻(2016)将模糊数学理论和层次分析法相结合,构建了经济责任审计指标体系。

随着国家对公共经济权力控制的重视,审计的"经济体检"功能也在凸显。彭华彰等(2020)提出构建审计"经济体检"指标体系,突出审计在重点领域的"治已病、防未病"的重要作用;完善审计组织与保障体系,更好发挥国家审计的"经济体检"作用。刘国常和罗佩铨(2021)指出,可以将公共经济权力审计控制能力的评价指标分为基础指标、业务指标和效能指标三个一级指标,同时,将机构设置、人员配备、经费投入和使用、社会认可度作为基础指标的二级指标,将审计业务覆盖率、审计业务完成量、应急响应和处置能力、创新发展能力作为业务指标的二级指标,将发现和披露问题、处理和抵御问题、整改和预防问题、综合成果作为效能指标的二级指标。

学者们在结合相关理论和研究方法设计经济责任审计评价指标的同时,也结合具体的案例进行了分析和探究。肖霞(2016)采用调查问卷法和专家意见法,以无锡新区主要党政领导干部作为研究对象,结合地区经济社会发展情况,经济决策和重大项目管理情况,财政财务收支的合法性、真实性和效益性情况,廉政守纪情况,构建了包括五大指标和19个具体指标的经济责任审计评价指标体系。研究发现,指标的衡量效果存在显著的差异性:经常性考核指标的反映程度强于非经常性指标;在公共经济权力控制中,权力主体对合法性责任的反映程度强于效益性责任;指标对各类支出项目减少的反映程度高于对收入项目增加的反映程度。

2.5 国家审计实现公共经济权力监控的方式研究

2.5.1 国家审计制约和监督权力运行的路径研究

国家审计是一种国家治理信息风险的控制机制,国家审计的信息权威性使其能够实现对权力的问责(张立民和崔雯雯,2014)。国家审计通过监督政府责任、评价政府效率、提高政府透明度、促进民主法治四个方面来监控权力运行,作用于国家治理(谭劲松和宋顺林,2012)。国家审计制约和监督权力运行的路径提供了国家审计实施具体监控措施的切入点,国家审计监控公共经济权力运行路径的选择,影响国家审计对公共经济权力审计监控的具体方法和手段的运用。有的学者提倡从国家审计监控经济权力的理论和实践出发,重新构建基于权力控制权力、权利控制权力、道德控制权力三大权力控制机制的、新的公共经济权力审计监控机制,具体而言,以权力控制权力为重点,强化国家审计的强制监督权,以权利控制权力和道德控制权力为侧重,凸显国家审计的信息披露机制和道德约束机制(卢佳,2017)。《中共中央关于全面深化改革若干重大问题的决定》指出,推行权力清单是国家审计制约和监督公共经济权力运行的首要一步。权力清单通过赋予公民更广泛的知情权,为公共权力的全面监管开辟新路径。在经济新常态下,国家审计通过推动行政事业单位建立健全内部控制,优化内部控制体系,强化内部控制流程管控,完善内部控制评价监督制度设计来制约和监督权力运行(唐大鹏等,2015)。国家审计是法制监督体系的组成部分之一,彭华彰等(2013)研究了国家审计推进腐败治理的路径,从法律、权力、权利和道德四个层面提出了完善国家审计治腐的体系,增强国家审计治腐的监督权力,建立国家审计治腐的公民参与机制,树立国家审计治腐的职业形象等实现国家审计监控公共权力的路径。审计机关也可以通过权力审计、审计信息共享、审计监督协作机制、审计预警机制,实现新法治环境下的腐败治理(崔云和朱荣,2015)。有的学者主张从探讨审计结果公告制度、公众参与制度以及国家审计本身独立性建设三条治理路径的可行性和适用性出发,找出最符合我国国情的国家审计服务国家治理的路径(张立民和许钊,2014)。王攀艺等(2013)结合我国公共权力制衡体系的现状,分析了我国国家审计监督制衡公共权力的机制被削弱的原因,并提出了利用信息化工具构建多部门之间长效的信息传递和共享机制,探索强化审计监督制衡公共权力的路径和对策。郑石桥(2014)在分析公共权力运行的委托代理关系和机会主义行为的基础上提出,国家审计作为应对公共权力机会主义行为的治理机制,通过其制衡机制、激励机制、监督机制和问责机制发挥作用,充分发挥国家审计在国家治理机制的揭露、监督和控制作用。国家审计也可以通过对国家财政预算执行情况的监督、政府(官员)权力的制约以及对政府治理绩效的促进实现对公共权力的监督(李坤,2012)。此外,深化经济责任审计、全面推进绩效审计、建立审计公开制度、加强重点民生资金和项目审计等也是国家审计职能的实现路径(刘博等,2014)。

受托经济责任观明确了国家审计实现公共经济权力审计的内在逻辑:从构建全新的公共受托经济责任报告体系,创新国家审计对象载体,到建立健全绩效管理制度,全面推进政府绩效审计,再到推进责任政府建立,进一步深化经济责任审计,构建并实施权力导向审计模式。国家治理与国家审计之间存在互动影响关系,国家审计通过对组织的设计与管理、政治制度的设计、文化与社会等要素的反向作用改进国家治理(廖义刚和陈汉文,2012)。有的学者主张按照法定职责将维护国家安全和促进经济协调及可持续发展作为审计工作的主要目标,加强审计体系间的业务协作(王会金和王素梅,2010)。同时,公众参与国家治理能够充分发挥舆论监督的作用,因而公众参与国家审计可以使国家审计对公共经济权力的运行起到权利制约权力和权力制约权力双重约束功能。姜迎雪(2016)在分析公众参与、国家审计以及公共经济权力三者关系的基础上,探讨了公众参与如何强化国家审计对公共经济权力的制约功能以及公众参与促进国家审计加强对公共经济权力制约的路径。公众的参与离不开国家审计信息,审计机关应促进国家审计信息从封闭向公开转变,在此基础上逐步提供国家审计信息公共服务,并建立一个科学、规范的国家审计信息公共服务长效机制,为公众提供种类更多和质量更高的国家审计信息公共服务,进而促进公众参与国家治理,实现政府与社会公众的良性互动,有效维护公众的信息权益,提升国家审计治理能力,以发挥国家审计的"免疫系统"功能,达到公众满意的善治目标(靳思昌,2021)。

2.5.2 国家审计实现公共经济权力审计监控的方式研究

当前,关于公共经济权力审计监控实现方式的研究,主要体现在审计内容和审计手段上。

1. 国家审计实现公共经济权力审计监控的审计内容

在任何一种涉及非对称信息的交易中,有信息优势的一方称为代理人,另一方称为委托人,他们之间形成经济学上所谓的委托代理关系。作为当今世界普遍民主形式的代议制民主,其运行机制反映的就是一种人民和政府之间的委托代理关系。在这种委托代理关系中,政府是人民的代理人,行政人员作为政府的公职人员,处于委托代理链条的最终一环,扮演着终极代理人的角色(郭哲和王锋,2015)。

国家审计制约和监督的权力实体是权力的执掌者特别是财权的执掌者,而对财权的制约和监督,主要是对有关公共资金的管理与使用的决策权、执行权的制约和监督,因此,应从权力与权限、决策程序、决策论证制度、决策责任制度等方面对权力进行制约和监督(许义生,2004)。国家审计从不同的审计监督方向实现对公共经济权力的审计监控。实施财政审计,主要是对财产征收权和分配权进行制约和监督;实施固定资产投资审计,主要是对资金支配权进行制约和监督;实施国有企业审计,主要是对国有资产管理权进行制约和监督;实施经济责任审计,主要是对经济决策权进行制约和监督。针对不同的审计监督领域,财政审计、固定资产投资审计、国有企业审计和经济责任审计发挥着不同的功能和效力。国家审计应从不同的维度强化对经济权力运行的监控,保证权力使用的合法合规,防止滥用权力谋取私利的行为,提高权力的运行效果(王景东,2003)。在不同类型的审计监控中,对经济决策权实施审计是对权力进行制约和监督的关键。经济责任审计是国家审计的重要组成部分,也是监督公共经济权力正确运行的现实选择和重要手段(王景东,2003;许义生,2004)。公共经济权力执行的程序与效果涉及公共经济权力行使过程的规范性以及公共经济权力的使用是否达到了预期目标。国家审计在对经济决策权实施审计的过程中要检查决策的科学化、程序化、法制化以及效益性,通过实施国家审计,使权力的行使制度化、规范化、程序化,防止滥用权力。梁平汉和高楠(2017)研究了地方政府内部利益分化和实际权力结构对政府行为的影响,构建了部门权力运行过程中的最优授权模型。他们通过该模型指出,利益分化会导致政府行为的偏差,使政策向"内部人"倾斜,出现权力异化的情形,降低资源配置效率。

2. 国家审计实现公共经济权力审计监控的审计手段

学者们对国家审计实现公共经济权力审计监控的审计手段的研究主要集中在实施不同的审计类型、强化国家审计与其他权力监督部门的协同监督、建立权力运行的责任制度环境等方面。

就实施不同的审计类型而言,赵艳红(2016)指出,权力任性必然滋生腐败,经济责任审计是从事前入手,通过审计责任人的经济责任以实现对权力运用情况的制约和监督,可以有效遏制权力腐败。权力规范运行是政府健康稳定运行的根基,权力监督与廉洁政府建设密切相关,廉洁政府建设的核心和关键在于监督权力运行,防范廉政风险。赵艳红(2016)以公共受托责任理论、寻租理论以及信息不对称理论为基础,阐明了实施经济责任审计对政府权力进行监督的理论基础及中国腐败治理现状,并以权力监督为纽带将经济责任审计和廉洁政府建设相联系,基于经济责任审计的监督视角,提出监督权力运行,建设廉洁政府的路径。崔云和朱荣(2015)从审计功能拓展的角度展开论述,认为国家审计可以通过经济责任审计、问责审计、合规性审计和绩效审计等有效治理腐败,防止权力异化。田冠军(2013)在研究了"三公经费"的控制与审计问题后指出,由于国家审计力量有限,可以采取异地交叉审计、国家审计部门和社会审计机构联合审计等方式,建立国家审计、社会审计与内部审计之间的业务协作机制。李明辉和刘笑霞(2013)基于国家审计在现代国家治理中的具体作用,提出国家审计可以通过实施绩效审计、政策执行审计等促进政府提高绩效、加强责任,从而实现良好的国家治理。王素梅(2013)认为,国家审计要实现监督公共经济权力的作用,要以财政财务收支审计为基础,落实经济责任审计,积极推进政府绩效审计,从而将审计的对象范围扩大到整个权力部门,从整体上制约和监督公共经济权力的行使,推进民主和法治社会的建设,促进公营部门向廉洁、高效和服务型的方向转变。王学龙(2012)从国家审计在国家治理中发挥作用的路径出发,提出要开展宏观经济效益审计、经济责任审计、政府绩效审计、政府投资审计、风险管理审计等多种形式的国家审计来监督权力运行,发挥国家审计助推国家实现良治的作用。陈英姿(2012)针对国家治理的治理模式和本质特征,提出国家审计要从党委、政府、公民三个层面入手,通过加强经济责任审计、政策执行审计和审计结果公告制度,推动国家治理能力的提升。赵彦锋(2009)提出,国家审计在发挥"免疫系统"作用时,对重点审计领域要着力做好促进宏观调控目标实现的审计、财政审计、民生资金审计和资源环境审计。梁芬莲和方进喜(2005)基于国家审计对权力监督的性质认为,国家审计实现对公共经济权力审计监督的形式包括日常监督、专项监督、专案监督,国家审计通过多种审计方式的结合更好地履行其在加强党风廉政建设、防止腐败方面的监督职责。总之,不同类型的审计从不同维度实现对权力运行的监控,防止权力异化。

就强化国家审计与其他权力监督部门的协同而言,苗连琦等(2016)指出,面对现实中存在的公共经济权力变异(不作为、行权过当和以权谋私)的现象,应从道德和行为两个方面加强对权力运行的监控。各部门应形成合力,深耕思想道德素养教育,并在此基础上,完善法律法规,形成权力监督的长效机制。《党政主要领导干部和国有企业领导人员经济责任审计规定实施细则》的出台,标志着经济责任审计在操作层面上全面融入国家治理,与纪检监督、司法监督和人大监督等其他国家监督形式一同形成强大的权力监督网络。王会金(2013)基于国家治理的视角认为,审计机关在提供监督服务的同时,要发挥市场、社会、公民个人等多元主体的作用,通过协作提供审计服务,实现以国家审计为中心的多中心"协同共治"。马志娟(2013)认为,当前有必要以审计机关为核心,以联席会议为纽带,将组织、人事、纪检、监察、司法、人大等力量凝聚在一起,将审计机关与其他问责主体进行整合,形成问责合力。陈荣高(2011)提出,审计机关应在同步审计的平台上大力探索审计监督、纪检监督和司法监督有机结合的实现途径。

就建立权力运行的责任制度环境而言,王素梅(2013)在分析不同类型国家审计实现公共权力监控的作用形式时指出,我国应基于受托责任观的理念,建立责任政府,确立政府公共责任的法治维度,健全国家审计结果的运用机制,对相关违法行为追究相应的法律责任、政治责任及行政责任,从而为权力运行形成良好的问责环境,将权力监控与问责机制有效结合。马志娟(2013)基于腐败治理与政府问责的密切关系,认为现阶段我国有必要针对权力异化的形式、特点和根源制定相关法律法规,明确规定经济责任审计的问责主体、客体等内容,优化相关的法律制度环境,夯实法制基础。形成基于审计结果追责的制度环境,加强问责制度建设,均是实现权力监控的重要手段和措施。国家监察与国家审计虽然分属两种不同的监督体系,但都是党和国家监督体系不可或缺的重要组成部分,可尝试将两者结合,形成监督合力(赵军锋和金太军,2020)。

2.6 经济责任审计与公共经济权力审计监控的关系研究

近年来,国家审计的职能和作用不断得到丰富,经济责任审计的重要性愈发凸显。经济责任审计作为实现公共经济权力审计监控的一种方式,一直是学术界关注的热点。

2.6.1 经济责任审计是实现公共经济权力审计监控的核心要义

保障和促进公共受托经济责任的全面有效履行,是国家审计的本质。国家审计监控的目标在于防止权力的异化。防止权力异化,必须对公共经济权力实施监控,通常的监控方式有法律监控、舆论监控和审计监控(李江涛,2009)。公共受托经济责任的有效履行有赖于公共经济权力的规范运行。经济责任审计监控自然成了审计监控中最有效的方式之一。经济责任审计是具有中国特色的审计监督类型,它融合了国家审计理论和我国国家审计实践,是实现权力合理利用、国家治理优化、经济健康发展的必要环节,是实现公共经济权力审计监控的重要措施。经济责任审计与财政收支审计、绩效审计、预决算审计、投资审计等不同,其审计对象是权力主体,重点关注领导干部的责任履行情况(王素梅,2013)。权力审计与党政领导干部的经济责任审计关系最为密切,经济责任审计是实施权力监控的关键形式(许义生,2004)。

有研究提倡依照对公共经济权力实施审计监控的内在机理,构建权力制约权力、权利制约权力、道德制约权力的公共经济权力审计监控机制。从宪政思维角度来分析,权力制约权力是核心,经济责任审计是实现权力制衡和监督的核心和关键(李向辉和张庆龙,2013)。审计机关通过由"事"到"人"、由"物"到"人"、由"人"到"事"的途径对党政领导干部进行在任、离任、任后经济责任审计,并实行经济责任审计信息公开,治理领导干部权力"期权化",以避免让"期权"变成腐败的"避风港",使在职领导干部和退休领导干部不愿、不敢以及不能腐败,从而规范公共权力运行,发挥国家审计的"免疫系统"功能,有效地服务国家治理(李笑雪,2016)。

2.6.2 经济责任审计是实现公共经济权力审计监控的重要方式

公共权力的委托方和受托方之间存在着委托代理问题,需要第三方的监控,以保障公共受托责任的有效履行,防止权力异化。公共经济权力是公共权力的一部分,由于信息不对称,激励不相容,环境存在不确定性等因素,公共经济权力行使中存在机会主义问题。在治理公共经济权力行使中的机会主义问题的机制中,事前审计是制衡机制,跟踪审计是监督机制,事后审计是问责的保障机制(郑石桥,2014)。国家审计的基本功能是鉴证,包括对公共权力主体在责任履行、资源使用、信息报告等方面实施鉴证,制约和监督公共权力主体在权力运行中的机会主义行为。

随着经济社会的发展和进步,国家审计的功能不断拓展,从国家审计服务国家治理的作用路径来看,国家审计主要通过经济责任审计、预算执行审计、绩效审计发挥功能(李坤,2012)。

一切形式的审计监督,归根结底都是对公共权力主体行为不同程度的监督,而经济责任审计是对公共权力主体的行为进行监督这一审计目标的体现(许百军,2005)。在这个目标下,各种具体审计目标之间有着内在的联系,相应的审计形式也只是实现具体审计目标的技术组合形式的反映,强化政府审计监督,提升领导干部经济责任审计的功能,既是对权力监督的权宜之举,也是提高社会资源配置效率的制度保证。经济责任审计实质上是保证和监督干部履行以经济责任为基础的综合整治责任的一种特殊的干部管理制度,是我国特有的审计类型,旨在通过审计问责,加强对公共经济权力的监管。经济责任审计是对党政领导干部所在部门在其任职期间的财务财政情况及其应负责任进行监督与评价,不仅关注领导干部的微观经济责任,也关注领导干部的宏观经济责任和社会责任(黄溶冰和乌天玥,2016)。将政府问责与经济责任审计相结合,构建以经济责任审计为基础的问责机制,有利于加强对公共权力的制约和监督(戚振东和尹平,2013)。实践中,责任界定不清晰、审计评价功能难以发挥、审计结果运用不充分等问题会影响经济责任审计作用的发挥。

人们可以将领导干部获得经济责任和履行经济责任的过程,分别看作其与委托人签订契约和执行契约的过程。经济责任审计则是对领导干部履行一系列契约情况的监督、评价和控制的过程,经济责任审计对促进领导干部尽职尽责地履行经济责任,是一项有效制度安排和监控手段(李汉江和刘更新,2014)。经济责任审计以权力运行的过程和结果为监督主线,审查领导干部的经济决策和管理活动,对审计对象的履责行为进行评价。权力清单制度在各地的推行为审计机关开展经济责任审计提供了条件。权力清单制度就是政府及其职能部门对其所掌握的各项公共权力进行全面统计、梳理,将职权目录、实施主体、法律依据、办理流程与相关部门的职责边界等各项权能进行细化,并以清单方式进行列举和图解的制度。有了权力清单后,公共权力主体在履责过程中照单执行。审计机关依据权力清单,审查权力运行轨迹和关键风险点,以权力清单为重要依据,通过揭示机制充分揭露领导干部履行职责情况和存在的问题;依据权责清单,明确权责主体、权责范围、权责类型以及权责运行过程中的关键环节和关键人员。在此基础上,审计机关对领导干部履行职责情况进行全面深入的监督。

2.7 研究评述

现有研究对公共权力运行的内涵及其科学化、法治化与规范化,以及制度绩效进行了深入和广泛的探讨,为本卷的研究提供了丰富的文献资料和理论基础。基于公共权力运行的内涵,政府要实现公共权力运行的科学化不仅需要遵循特定的逻辑和围绕特定的目标,同时还必须运用治理理念回应经济社会发展的多元需求。推进权力运行法治化是法治政府建设的关键所在。权力运行法治化就是通过法治化途径来限制权力,把权力关进制度的笼子里,规范权力运行。具体而言,一方面,要通过法治化途径明晰政府职责、设定权力边界和规范权力运行;另一方面,要注重公共权力运行的过程控制。公共权力运行的有效性是国家管理体制的重要内容,公共权力运行的有效性需要制度绩效来保障。

学者们对公共经济权力审计监控的研究虽然形成了较为丰富的研究成果,但是相关研究基本停留在为什么要确立公共经济权力审计监控的层面,缺乏相对系统的研究。已有研究对国家审计可以并且应该对公共经济权力进行审计监控这一观点达成共识,但在很多方面尚未形成一致的意见。在国家审计监控公共经济权力的审计理论基础方面,尽管主流观点是公共受托经济责任理论,但是相关学者们的阐述并不明晰。同时,学者们也未明确公共经济权力的定义。在国家审计制约和监督权力运行的路径研究方面,相关研究较少涉及针对权力运行轨迹的全过程监督与识别,缺少全局视野,对权力监控路径与方式的界定也比较模糊,存在把监控形式或手段作为监控路径的现象。关于审计如何实现与其他权力监督方式之间的协同作用,发挥协同监督效应,相关研究也未形成一致看法。在公共经济权力审计监控的后果研究方面,当前研究主要集中于审计结果公告方面,而且对审计结果公告的研究多集中在公告本身的质量及其影响因素上,关于审计结果公告的效果以及通过审计结果公告实现公共经济权力监督的方式与路径的研究成果较少。

本卷从国家审计与公共经济权力的内涵出发,对公共经济权力审计的内在机理进行深入分析,重点研究公共经济权力审计的体系构建与实现路径,探讨如何运用审计制约和监督公共经济权力,由此为促进公共经济权力的合理有效运行,保障公共受托经济责任的全面有效履行提供重要的理论支撑。

3 公共经济权力审计的内在机理与路径分析

在现代社会,审计已成为制衡权力最重要的机制之一。从洛克提出立法权、行政权、对外权三权分立的思想,到孟德斯鸠提出权力不仅要分立,而且要相互制约、相互平衡,防止滥用权力,这些都说明权力需要有边界,任何一个机构行使权力都不能超出其权力范围而不受制约。

受托经济责任乃现代审计之魂,决定审计的产生与发展。国家审计的本质是保障和促进公共受托经济责任的全面有效履行。本章从公共经济权力与受托经济责任的对称性视角,在对公共经济权力与公共经济权力审计的内涵进行说明的基础上,对公共经济权力的运行机制、公共经济权力审计的内在机理、国家审计服务公共经济权力监控的实现路径展开论述。

3.1 公共经济权力与公共经济权力审计的内涵

3.1.1 公共经济权力的内涵

权力是个人或者组织凭借某种优势所拥有的对他人或者其他组织的控制力。个人或组织要实现对权力的控制,应该以权制权。权力按其内容不同又可分为政治权力和经济权力。

政治权力是指国家权力,也包括党派的权力和团体的权力。政治权力是国家权力的首要表现形式,它是政权的具体体现,包括立法权、司法权和行政权。

经济权力是指对物质财富的占有权、支配权、收益权和管理权。经济权力的运用在现实中表现为经济职权,权力主体行使经济权力的目的是维护权力所有者的经济利益。根据经济权力的授权主体范围的不同,经济权力可以分为公共经济权力和非公共经济权力两大内容。本卷主要聚焦公共经济权力。

公共经济权力是指对公共经济资源的占有权、支配权、收益权和管理权等一系列的权力,是各级行政机关以及经授权的事业单位、国有企业等享有的经济职权。与股东对企业收益的分配权、对企业管理层决策的监督权,企业的经营决策权、物资采购权、生产管理权、营销管理权、筹资管理权、投资管理权、营运资金管理权、会计政策选择权等非公共经济权力不同,公共经济权力包括税收征管权、预算执行权、资金使用权、政府采购权、国有企业经营决策权、金融资金运作权、证券经营权、基建招标权等,这些均为公共经济权力的具体表现。受托公共经济权力行使人占有、支配和控制公共资源,行使公共经济权力,服务公众利益。从某种意义上说,权力是一种稀缺资源,拥有权力就意味着可以对一定的人力、物力、财力进行支配和控制。公共经济权力是人民赋予政府及其部门使用、分配、处置公共资源的一种特殊支配力和影响力,使其凭借特定的优势对其他组织或个人拥有一种特殊的经济影响力。

权力需要通过各种手段和方式来维持。

各种权力总是与一定的组织机构相互联系。因而,权力的运行也表现为职权,如行政审批权、政府采购权、经济决策权、基建招投标权。公共经济权力作为权力的重要组成部分,分为抽象公共经济权力和具体公共经济权力。其中,抽象公共经济权力是法律化、制度化的公共经济权力,具体公共经济权力是政府及其部门基于法律化、制度化的公共经济权力具体行使的公共经济权力。组织机构可以通过合理授权和权力下放来实现公共经济权力从抽象到具体的转变。

领导者为了能够履行其职责,必须在一定的职责范围内具有相应的权力。职权就是管理职位所拥有的可以发布命令并能够让命令得以执行的一种权力。每一个管理职位都具有某种特殊的、内在的权力。相应的职位,拥有相应职位的权力。当然,职位权力与职责相对等。组织在授权的同时,也授予被授权者相应的职责,使之承担相应的责任。根据职位权力的特征,权力可以分为合法权和强制权。合法权是代表一定阶级意志的法律赋予个人或者团体的对特定资源的支配权。强制权是建立在一定的手段之上的,具有强制性的权力。这些不同的公共经济权力构成了公共经济权力结构,体现了公共经济权力的配置以及各种不同公共经济权力之间的相互关系。

3.1.2 公共经济权力审计的内涵

不同权力之间的相互关系,既包含纵向维度,也包含横向维度。而这种相互关系所形成的权力结构体系的重要意义在于,在结构上防范权力的拥有者和执行者将权力异化,加强权力之间的相互制约,抑制权力风险的发生。历史学家波里比阿提出了分权制衡理论,认为任何越权的行为都必然会被制止。洛克也认为,权力应该相互制约、协同行动,其在《政府论》中提出了立法权、执行权和对外权三权分立的思想。孟德斯鸠在《论法的精神》中提出，为了反对专制主义，保证公民的政治自由，就必须实行分权原则，要防止权力的滥用，就必须以权力约束权力。杰斐逊提出，要实行立法、行政、司法三权的分立与制衡，任何一个权力主体行使权力都不能超出其权力范围而不受其他权力主体的制约。

公共经济权力亦是如此。审计监控是保障公共经济权力有效运行、防止公共经济权力异化的重要且有效途径。受托经济责任观是解释公共经济权力审计监控的内在动因的重要理论。受托经济责任是指受托人按照特定要求或原则经营管理受托经济资源并报告其经营状况的义务。它可分为行为责任和报告责任两大方面。从行为责任方面分析，受托经济责任的主要内容是受托人按照保全性、合法（规）性、经济性、效率性、效果性、社会性和控制性等要求经营管理受托经济资源，这些特性的要求分别对应受托经济责任的某个方面，我们分别赋予其特定的名称，即保全责任、遵纪守法责任、节约责任、效率责任、效果责任、社会责任和控制责任；从报告责任方面来说，受托经济责任的主要内容是受托人按照公允性或可信性的要求编报财务报表。受托经济责任理论认为，审计实际上是一种特殊的经济监控，目的是保障受托经济责任得到全面有效的履行。公共经济权力作为一种控制权力，是由委托人授予受托人的。受托人履行受托经济责任的过程，即受托人运用被授予的公共经济权力的过程。审计对公共经济权力进行监控是保障受托人全面有效履行受托经济责任的内在要求。基于此，我们可以认为，公共经济权力审计是国家审计监督受托人履行受托经济责任、控制权力运行的过程。

对权力的监控，自古有之。古罗马的监督官和古埃及的监督官制度便具备权力监督制度的雏形。我国战国时期形成的上计制度也强调从经济责任审计角度对经济权力进行直接监控。唐朝时中央设御史台，御史台下设台院、殿院、察院三院，这也是对经济权力进行直接监控的一种表现。公共经济权力审计的内涵也随社会发展而拓展和深化。党的十六大、十七大、十八大、十九大报告都凸显了对权力进行审计监控的理念。党的十六大报告明确提出要加强对权力的监督；党的十七大报告重点提到要健全经济责任审计制度。习近平总书记在第十八届中央纪律检查委员会第二次全体会议上讲话时也指出："要加强对权力运行的制约和监督，把权力关进制度的笼子里，形成不敢腐的惩戒机制、不能腐的防范机制、不易腐的保障机制。"党的十八届四中全会通过的《中共中央关于全面推进依法治国若干重大问题的决定》提出"加强党内监督、人大监督、民主监督、行政监督、司法监督、审计监督、社会监督、舆论监督制度建设，努力形成科学有效的权力运行制约和监督体系，增强监督合力和实效",将审计作为八大监督形式之一。2018年3月,中共中央印发《深化党和国家机构改革方案》,方案提出"为加强党中央对审计工作的领导,构建集中统一、全面覆盖、权威高效的审计监督体系,更好发挥审计监督作用,组建中央审计委员会,作为党中央决策议事协调机构"。

随着中央政府对公共经济权力的配置,各级地方政府被赋予了更多的公共经济权力。在公共经济权力配置过程中,国家需要解决如何监督这些公共经济权力的使用问题,需要建立相应的体制和机制来控制权力。

国家审计本质上是保障国家经济社会健康运行的"免疫系统"(刘家义,2009)。经济社会健康运行体现在质量和绩效两方面,而质量和绩效体现为市场经济机制的良好运行、公共经济权力的适当行使、人民群众的幸福安康。国家审计在本质上是一种特殊的经济控制,目的是保障和促进受托经济责任得到全面有效的履行(蔡春和李江涛,2009)。政府及其部门全面有效履行受托经济责任则是以权力行使为前提的,这种"特殊的经济控制"必然包括对权力行使的控制和监督。

审计是以系统方法从行为和信息两个角度独立鉴证经管责任中的代理问题和次优问题,并将审计结果传递给利益相关者的制度安排。而国家审计则以国有资源经管责任中的特定事项为对象,用系统方法收集证据,对特定事项与既定标准之间的相符程度发表意见。

公共经济权力审计就是用"权力控制权力"。第一个权力是审计权力,第二个权力是公共受托经济责任中受托人拥有的公共经济权力。审计署和各级审计机关作为国家监督体系的重要组成部分,发挥监督和治理作用。国家审计保障和促进公共受托经济责任全面有效履行的本质决定了国家审计对公共经济权力的监控。国家审计抵御、揭示和预防的功能定位意味着国家审计不仅能够发现和揭露公共经济权力运行中的问题,还对公共经济责任履行过程中的权力异化状况有强力的震慑作用,对可能的权力异化行为直接或间接加以纠正和控制。因此,国家审计对公共经济权力的控制既要努力实现审计全覆盖,又要强调对特殊领域进行重点审计。

公共经济权力审计监控是指利用审计对公共经济权力的行使者所进行的监督和控制。它可以防止公共经济权力运行中的权力异化,遏制腐败的发生,保证和促进受托经济责任得到全面有效的履行。国家应优化决策权、执行权与监督权的结构形态和权能关系,构建决策科学、执行坚决、监督有力的权力运行机制,实现权力配置与运行机制的平衡。一要健全决策权、执行权、监督权之间的制约机制,强化决策权主体对执行权主体的绩效评估、执行权主体对决策的有效性反馈、监督权主体对决策和执行的过程监督，从而形成三者之间的制约关系。二要健全决策权内部、执行权内部、监督权内部的制约机制。决策权内部的制约主要是指党委与人大之间的相互制约，执行权内部的制约包括多个执行权主体的相互制约，监督权内部的制约是指监督权主体之间的制约。行政决策、执行、监督只有实现既相互制约又相互协调，才能确保对行政权力制约和监督的全覆盖，解决权力监督碎片化难题，割断权力主体在战略资源配置中的利益关联。

3.2 公共经济权力的运行机制

公共经济权力的运行机制是指各级政府组织在推行国家事务和政务、管理社会公共事务的过程中，不同部门与层级之间在政策制定权与资源支配权、法律或政策解释权、执法权和行政事务管理权归属等方面权力的划分与权限范围，以及公共经济权力在运行过程中的组合、配套、相互协调与相互制约的关系和结构。它是国家政治体制与行政体制的重要组成部分，是国家行政组织权力资源配置规范化的制度体系，是在合理划分与配置政府权力的基础上，为保证政府权力公正、高效、廉洁、有序运转而对政府权力运作方面提出的相互联系与制约关系及其实际运作状态的总和（孙柏瑛，2002）。

公共经济权力运行机制是由一系列确保政府权力运行的机制构成的复杂系统，包含着丰富的内在构成要素和机理。

依法确权明确和强化了政府部门承担经济社会管理责任的主体地位，然而权力规制能否有效监督政府行使权力和提升政府权力运行绩效则取决于公共经济权力运行机制的完善与否。公共经济权力的运行机制就是公共委托代理关系中受托人使用公共资源和公共权力来履行公共责任的过程。

公共经济权力运行应制度化，形成相应的公共经济权力运行机制。第一，确保享有公共经济权力的政府权力配置的制度化；第二，确保分配、使用和管理社会稀缺资源，管理经济社会，防范风险等权力的运行制度化。公共经济权力的配置和运行水平体现了国家审计服务国家治理的水平。构建公共经济权力运行的规制流程，目的是实现公共经济权力运行的公开、公正，即公开公共经济权力行使的过程，建立合法的公共经济权力行使程序，让公共经济权力在阳光下运行。

3.2.1 公共经济权力主体的进入机制

公共经济权力主体的进入机制是公共经济权力运行机制的第一个具体性的构

成要素,是公共经济权力运行机制的基础。

公共经济权力主体的进入机制主要有两个要点:第一,公共经济权力主体的界定;第二,公共经济权力主体进入公共经济权力运行系统的流程,即符合什么样的标准的社会主体依照什么样的程序可以获得公共经济权力。

公共经济权力主体是通过严格的选拔和考评制度,被赋予公共经济权力的行为主体。"逢进必考"是目前公务员系统选拔公职人员的基本准则。政府凡是作出专业性、技术性较强的重大决策,都要经过专家论证。政府制定涉及重大公共利益和群众切身利益的决策,都要公开征求社会意见,以便各界了解决策内容、监督决策过程,最大限度地增加公共决策的科学性、执行力与公信力。同时,国家监督体系要监督组织部门的权力,有效防止干部任免过程中的权力腐败,就必须明确"党管干部"的原则。在干部选用过程中,国家监督体系要制约和监督党委书记和党委成员的权力,尤其要规范"一把手"推荐干部的行为,就必须保证干部选拔任用的规范化、法制化,进一步改进"党管干部"的方式。一方面,组织部门在国家法律的框架之内行使权力;另一方面,在民主、公开、透明的原则之下选用干部。

此外,国家需要不断完善公职人员考评机制和制度体系,注重广度和深度。在广度方面,国家要尽量保障进入公共权力系统中的人员具备胜任能力;在深度方面,应强化对主要人物和关键领域的把控,突出监督重点。领导岗位往往权力相对集中,是设计公共经济权力主体进入机制的重点之一。国家应根据各级领导在岗位中可能参与的重大问题决策、重大项目安排、重要人事任免、大额资金使用等,设定相应的胜任标准。对管钱、管物、管人、管项目、管政策等容易滋生腐败现象和不正之风的关键环节和领域,在通用的进入机制外,还需要设计特殊的进入机制。同时,国家应明确公共经济权力主体的决策权限、程序和内容,建立决策考核评价、失误纠错和终身追责机制,杜绝"一手遮天"的局面,防止权力异化、寻租和滥用。

3.2.2 公共经济权力运行过程中的获取机制

公共经济权力运行过程中的获取机制是公共经济权力运行机制的第二个具体的构成要素,它的完善与否直接影响公共经济权力运行的程序机制,从而最终影响运行机制整体功能的充分和有效发挥。公共经济权力运行过程中的获取机制实质上是公共经济权力主体进入权力运行系统后,在拥有并掌握公共经济权力的控制权的过程中形成的相互关联、规范有序的要素和环节的统一体。

公共经济权力主体在进入权力系统后,要想行使公共经济权力,获得权力是前提。而要获取权力,公共经济权力主体需要具备一定的条件和基础,需要通过一定的途径和渠道,需要有一定的手段,还需要有一定的标准。

在权力系统中,不同的岗位和职级被授予了不同的公共经济权力。权力范围不同,权力获取机制也应该不同。权力范围越大,在被授予权力的过程中,公共经济权力主体就应该完成更多的程序和规则。

在实际的工作中,党政"一把手"处在同级权力体系"金字塔"的顶端。他们能够在很大程度上影响决策和支配人、财、物,也能通过向上级行使决策建议权而对其所在单位产生巨大的影响力。这在客观上强化了"一把手"最终决定重大事项和干部选用的权力,也增加了制约和监督其权力的难度。从这个角度来说,在设计公共经济权力运行过程中的获取机制时,国家需要考虑权力体系内部赋予各岗位权力的同步性和协调性,使它们形成相互的制约。

3.2.3 公共经济权力运行过程中的程序机制

公共经济权力运行过程中的程序机制是指各公共权力部门或组织机构依据法律法规和规范性文件、组织内部的职责分工文件、决策制定和审批流程、公共资源配置标准等,督促公共经济权力主体依法依规行使手中的权力,实现公共受托经济责任有效履行的一系列方法和过程。程序机制的目的在于通过将约束公共经济权力运行的相关规范与公共经济权力主体实际行使权力的过程进行对比,如重大行政决策、预决算、会议纪要、审批合同等,要求公共经济权力主体严格按照程序行使公共经济权力,实现公共经济权力主体行为的合规性和合法性。

重大行政决策须经过公众参与、专家论证、风险评估、合法性审查、集体讨论决定等关键环节,国家应对此进行细化规定,使之与公共经济权力运行相匹配。例如,设置决策事项目录,包括经济和社会发展规划的制定、土地规划的制定和调整、重大建设项目和投资计划、公共事业和公益性服务定价、重大利益管理措施、长期性限制措施等方面。公众参与环节的程序机制应主要关注听证和公开征集意见相关程序中的权力运行。专家论证环节的程序机制应主要关注专家遴选程序中的权力运行。风险评估环节是重大行政决策的重要依据,程序机制应主要关注风险评估的范围、程序、报告等程序中的权力运行。合法性审查环节的程序机制应关注决策草案和决策事项对市场主体经济活动的影响,防止权力滥用。集体讨论决定环节的程序机制应关注决策的民主性,防止以权压人。对公共经济权力运行的程序机制实施审计,是为了保证决策执行的效果。国家审计通过规范决策程序,使执行中的监督反馈机制、决策后的评估机制以及决策后的调整机制相结合。

在公共经济权力运行的程序机制设置中,关键的一环是确定各公共权力部门或组织机构的权力范围,结合组织内部结构设计合理的权力运行流程和步骤。设计权力运行过程中每个流程和步骤,需要在各公共经济权力主体的权力范围之内明确各行为主体与其权力相对应的责任,依法依规认定其应当承担的直接责任、主管责任和领导责任。直接责任主要指公共权力组织直接决定或者批准实施比较重大的相关经济事项,并对决策过程、决策实施效果负责的责任。主管责任主要指公共权力组织作为主管部门,由于未履行或者未正确履行应尽责任而应负的责任。上述责任以外的责任便是领导责任。

内部的权力制约是行政权力制约的重要内容。国家审计应加强对关键部门和重点岗位的行政权力制约和监督,对财政资金分配使用、国有资产监管、政府投资、政府采购、公共资源转让、公共工程建设等权力集中的领域实行分岗设权、分级授权、定期轮岗,强化内部流程控制,防止权力滥用。国家审计应当对所有重大行政决策、重大执法决定进行严格的合法性审查,加大对紧急状态下行政权力与行政处罚自由裁量权的司法审查力度。

3.2.4 公共经济权力运行的报告机制

阳光是最好的防腐剂。根据马克思和恩格斯的观点,为了"能可靠地防止人们去追求升官发财"和"追求自己的特殊利益",公共经济权力主体必须"在公众监督之下进行工作"。根据受托经济责任理论,委托方将公共权力赋予受托方,受托方则有责任维护和保障委托方的权利和利益。根据委托方的要求,公共经济权力的行使者有责任对自己的行权情况予以报告,并将报告信息进行公开,接受公众的监督,增强公共经济权力运行的信息透明度,约束公共经济权力主体的行为,防止公共经济权力的作用方向偏离公共经济权力所有权主体的意愿,损害公共经济权力所有权主体的利益。这就意味着需要发挥公共经济权力运行报告机制的作用,将公共经济权力运行的过程和结果对外公开,并通过各种形式的报告进行信息传递,形成公开信息。信息的各方接受者在获取公开信息的同时,对报告内容的真实性和客观性进行监督和评价,而公共经济权力主体在对外公开披露信息的同时,也因为知晓公共经济权力所有权主体已经借助各种形式的报告了解到其在公共权力使用过程中的行为轨迹和成效而积极约束自身的行为,提高公共权力运行效率。

在公共经济权力主体对外披露的报告内容中,报告责任包括编制财务报告和披露相关行为责任的履行情况。具体而言,报告责任包括治理报告责任、遵纪守法报告责任、内控自评报告责任、经营过程报告责任、经营成果报告责任、社会责任报告责任、权力行使报告责任、审计报告责任、可持续发展报告责任和环境报告责任等。公共经济权力主体应通过充分和高质量地履行责任保障报告的质量。每一种报告责任的侧重点是不一样的,公共经济权力主体只有将各种报告有机结合,才能使委托人对其履责情况进行全面把握,真正评价其受托经济责任是否得到全面有效履行。

公共经济权力主体应按照"简政放权、简化流程、增强效果"的原则,开展信息披露工作,完善党务公开、政务公开和各领域办事公开制度,规范"三公"经费预决算公开的细化要求,公开重大建设项目审批和招投标进程,推进社会公益事业经费使用信息透明化,搭建管理公开、决策公开、结果公开、服务公开的完整框架;同时,健全政府信息公开的考核评价与监督保障机制,确保工作落实到位。此外,公共经济权力主体还应推行公共经济权力运行透明制度,疏通政府公报、政府网站、新闻发布等渠道,推进电子政务建设,积极运用现代传播方式,及时公开权力运行管理、电子监督、网上服务信息,扩大群众的知情权,让权力透明运行;同时,高度重视相关利益群体的意见,积极推行公民参政议政制度,不断拓展和创新公民的参政议政渠道,使权力运行处于公民监督之下。

3.2.5 公共经济权力主体的退出机制

公共经济权力主体的退出机制是指公共经济权力主体的调任、免职、辞职、退休制度,它明确主体不具备哪些条件时,应该选择退出公共经济权力部门。国家在设计退出机制时应该考虑主体退出后的一系列保障和追责制度。完善的退出机制会对公共经济权力主体在任期内行使公共经济权力的行为方式产生激励作用和警示作用,实现激励约束相容,使公共经济权力主体更好地利用手中的权力为公共经济权力所有权主体创造价值,保证资源的公平分配、高效利用,促进经济的持续发展。

具体到国家审计,一方面组织部门将审计机关出具的报告内容纳入领导干部的考核评价指标,作为重要的评价依据。另一方面,审计机关可以开展自然资源资产离任审计,并对公共经济权力主体实施生态环境损害终身追责制。

3.2.6 公共经济权力运行的监督机制

监督机制在保障公共经济权力运行过程中发挥着至关重要的作用,公共经济权力主体从进入公共经济权力部门,获取公共经济权力,到按照相关规章制度、程序行使权力,编制年度报告公开信息,再到退出公共经济权力部门,这一公共经济权力运行过程的各个环节都需要监督机制保障公共经济权力的有效运行。监督体制的健全、监督过程的公开、监督效果的明确等因素影响监督体系对权力滥用的制约效果。健全权力制约和监督机制是法治政府建设的关键环节,是我国坚持"以人民为中心"发展理念的具体体现,是推进国家治理体系与治理能力现代化的必然要求。

在我国,对公共经济权力进行监督的渠道很多,总体上包括政党监督、人民代表大会监督、司法监督、行政系统内部监督、公民监督、舆论监督等。各种监督渠道监督的内容不同,侧重点也不一样。政党监督主要是指中国共产党党内开展的自我纪律监督以及各民主党派的监督。我国实行人民代表大会制度,人民代表大会监督主要表现为人民代表大会的立法监督权、预算监督权和政府官员的任命权。司法监督则主要体现在各级人民法院和人民检察院依据相关法律法规对公共经济权力主体违法行为开展检察和审判工作。行政系统内部监督则主要是指上级行政机关对下级行政机关、专门督查机关对一般行政机关以及行政机关对公务人员施行的法制监督。公民监督是指公民作为公共经济权力所有权主体,依据宪法及其他相关法律、法规对公共经济权力行为主体的批评和建议权,对其违法行为的申述、控告和检举权。舆论监督则是指人民群众或新闻从业人员通过新闻媒体和各种宣传工具进行的监督。

国家在公共经济权力运行体系中专门设置权力监督机构,正是为了通过行政系统内部监督,充分发挥公共经济权力运行过程中的监督机制的作用,而行政系统内部监督也是监督机制中非常重要的环节。国务院下属的审计署、财政部、国家税务总局等部委、机构,分别从经济活动的各个方面、不同环节开展监督,各有侧重。其中,审计署的职能与其他监督部门有所不同,其利用专业技能对经济活动开展监督,而且对公共经济权力主体所拥有的权力,尤其是公共经济权力进行制约和监督。具体来说,就是对公共资金、稀缺资源的筹集权、分配权、使用权进行制约和监督,在经济活动监督的基础上开展审计监督工作。

在审计监督工作中,国家审计可以通过审计权限的强化机制、设立审计专项经费机制、审计信息的披露机制提升公共经济权力审计的效果。例如,我国改革审计管理体制,建立了中央审计委员会,提升审计署和各级审计机关的独立性;在中央财政预算中设立审计专项经费,以便审计机关更好地对政府行使公共权力的情况进行监控;增强审计信息披露力度,将审计结果公告制度纳入法律强制披露的范围,使其成为一种常态法律制度,这不仅可以确保审计报告的权威性、公众的知情权,还可以最大化地加强审计监督。

3.3 公共经济权力审计的内在机理

受托经济责任理论告诉我们,受托经济责任的实质是指受托方按照特定要求（所有者提出的或者社会提出的）管理和经营受托经济资源（资产）并报告其经营状况的义务，其包括行为责任和报告责任两大方面，它决定着审计的产生与发展，其内涵随着政治、经济和社会的发展也在不断地丰富，这又进一步影响审计的发展。

受托经济责任决定着审计的产生与发展，审计的目标是保障和促进受托经济责任的全面有效履行。受托经济责任按照委托主体的不同可以分为公共受托经济责任、企业的受托经济责任以及组织内部的受托经济责任。基于某种需要，公民将公共经济资源（资产）委托给公共部门（政府及其部门）管理和经营，此时，公共部门对作为委托者的公民负有公共受托经济责任。对公共受托经济责任与公共经济权力来说，一方面，受托者要全面有效履行公共受托经济责任，必然需要具备相应的公共经济权力来管理和经营公共经济资源（资产），即公共受托经济责任与公共经济权力具有对称性；另一方面，公共受托经济责任的履行过程同时也是公共经济权力运行的过程，两者具有并行性。党政主要领导干部和公共组织的领导人员是公共经济权力的行使主体，对公共经济权力运行的效果产生最主要的影响，将党政主要领导干部和公共组织的领导人员直接作为审计对象的经济责任审计无疑是监控公共经济权力运行的最直接有力的手段。基于此，我们认为，经济责任审计是实现公共经济权力监控的最直接和最重要的方式和手段。

公共经济权力运行机制是由一系列确保公共经济权力运行的结构关系构成的复杂系统，包含着丰富的内在构成要素及运行机理，从不同的角度出发，公共经济权力运行机制的构成要素也有所不同。本卷根据公共经济权力主体行使公共经济权力的运行轨迹认为，公共经济权力运行机制主要有公共经济权力主体的进入机制、公共经济权力运行过程中的获取机制、公共经济权力运行过程中的程序机制、公共经济权力运行的报告机制、公共经济权力主体的退出机制和公共经济权力运行的监督机制六个构成要素。这六个具体的构成要素相互衔接、相互联系，国家审计基于它们可以构建以权力控制权力、以权利控制权力和以道德控制权力三位一体的公共经济权力审计监控机制，如图3-1所示。

3.3.1 公共经济权力与公共受托经济责任的对称性

公共受托责任是广泛存在的，不仅表现在政治、经济、文化和社会的各个方面，而且表现在社会公共事务管理活动的全过程。在公共受托责任的委托代理关系中，委托人是全体人民，受托人是政府及其部门。全体人民将公共经济资源（资产）委托于政府及其部门，后者对该公共经济资源（资产）的完整性、增值性、安全性等负责。

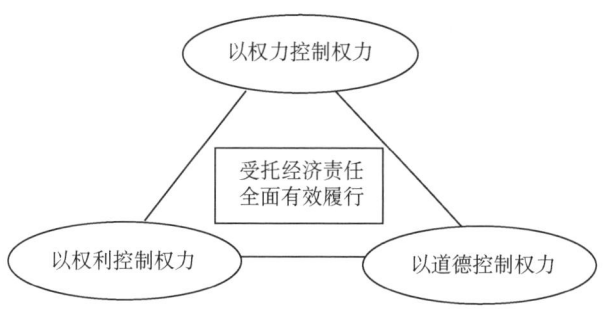

图 3-1　公共经济权力审计监控机制

有效履行公共受托经济责任和公共经济权力的行使的目标均是促进国家实现良治。公共受托经济责任履行过程与公共经济权力行使过程完全一致,公共受托经济责任履行不到位的原因在于公共经济权力未充分合法行使。公共经济权力异化必然导致公共受托经济责任履行不到位。此即公共经济权力与公共受托经济责任的对称性(图 3-2)。

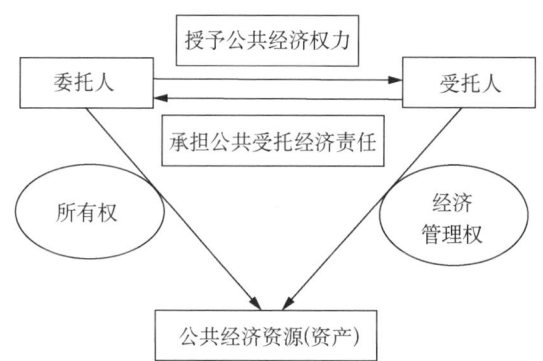

图 3-2　公共经济权力与公共受托经济责任的对称性

在社会经济生活中,公共受托经济责任大、公共经济权力小,或公共受托经济责任小、公共经济权力大的情况是在一定程度上存在着的,这种现象造成了公共经济权力和公共受托经济责任之间的失衡。从经济学的视角分析,公共经济权力可以被看作"投入",而公共受托经济责任是"产出",为了达到效率最大化,实现帕累托最优,国家应使投入最小化而产出最大化。为确保公共受托经济责任得到全面有效履行,委托人必须赋予受托人相应的公共经济权力,实现两者的对等。如果实现了公共经济权力与公共受托经济责任的匹配,从经济学上来看,也就实现了帕累托最优。任何不是为了全面有效履行公共受托经济责任的公共经济权力配置都会违背基本的经济学原理,导致权力被不恰当运用,权力行使范围超出边界,或者权力异化,使公共经济权力的作用方向与权力所有权主体的意愿相背离,公共受托经济责任得不到全面有效的履行。

公共经济权力审计的内在机理就在于公共受托经济责任与公共经济权力具有对称性。可以说,审计是对公共受托经济责任履行过程的一种控制活动,是对掌握公共受托经济资源的受托人经管该资源的权力所进行的控制。所以,审计监控公共经济权力、监控公共受托经济责任的履行状况,正是监督履行责任背后的行权情况,对其权力运行过程和效果进行考察和监督。

3.3.2 公共受托经济责任履行与公共经济权力运行的并行性

公共经济权力的运行伴随着公共受托经济责任的履行。公共经济权力来源于公共受托经济责任,公共受托经济责任是公共经济权力运行的前提。公共受托经济责任得以全面有效履行的前提是公共经济权力运行合理、规范并形成长效机制;反之,完善的公共经济权力运行机制的建立也是公共受托经济责任得以履行的必备程序。

国家审计的本质和功能定位依托于公共受托经济责任关系的确立。公共受托经济责任的有效履行和公共经济权力的有效运行同样依托于公共受托经济责任关系的确立,两者具有并行性。

国家审计作为确保公共受托经济责任全面履行的一种经济监督制度,能够对公共经济权力的运行起到制约和监督的作用。公共经济权力的不当使用通常表现为权力行使者的贪污腐败,国家审计通过依法对与公共经济权力运行相关的事项进行监督、检查、揭露、制止并纠正国家经济管理中各种违反法律法规的行为,打击贪污腐败,进而达到对公共经济权力主体进行制约的目的。国家审计在关注公共经济权力运行的结果的同时,也关注公共经济权力运行过程的合法合规性。

3.4 国家审计服务公共经济权力监控的实现路径

公共受托经济责任的履行过程同时也是公共经济权力运行的过程。因此,公共经济权力审计就是审计机关监控公共权力主体是否履行了公共受托经济责任,公共经济权力配置过程、公共经济权力使用和运行过程是否合规、合法,是否偏离公共经济权力运行的轨迹,出现了权力异化的过程。

3.4.1 构建权力导向审计监控体系

国家应当完善权力配置和运行制约机制,建立决策科学、执行坚决、监督有力的权力运行体系,强化对权力运行的制约和监督。政府所承担的公共受托经济责任与赋予政府的公共经济权力是对称的。因此,要保证公共受托经济责任的全面有效履行,政府就必须明确权力运行目标,确保公共经济权力运行过程的有效性。政府应当依法、合规运用公共经济权力,以保证受托公共资源的安全和完整,同时提高公共资金和公共资源的使用效率与效果,促进公平与正义,建设和谐社会。受托人有了上述的需求,就产生了审计的目标。

国家应当建立健全"党内监督引领、优势互补、监督有力、富有实效"的审计监控体系,形成整体监督合力。第一,突出党内监督主导地位。突出党组织对行政机关贯彻执行党的重大路线方针、行政权力运行以及党员领导干部个人重大事项报告、收入申报、廉政档案等监督检查的主导地位。第二,健全上级行政机关对下级行政机关、行政机关对其内设机构的监督制度,特别要健全对重点项目、国企国资、财政金融、公共资源交易等的监督;在此基础上,以完备的审计手段管住国家的钱、看好行政的权,担负起对各级领导干部在任期间经济责任的审计任务。第三,完善审计机关向有关部门移交重要线索制度,健全人民法院通过受理行政诉讼、在审理行政案件中撤销行政机关作出的违法具体行政行为等监督制度,提升协同监督效能,破解监督不力的难题。

审计的目标是对公共权力运行过程进行监控,以保证公共受托责任得到有效履行。因此,加强对公共权力的审计监控是公共受托责任的内在要求。加强对公共权力的审计监控需要在明确权力运行目标的基础上,构建起以权力为导向的审计监控评价指标体系,从而对公共权力的行使过程和行使结果进行合理的评价。在对公共经济权力运行实施监控的过程中,国家审计要识别权力运行风险领域,合理运用并创新经济责任审计,健全经济责任审计制度,有效监控政府部门运用公共经济权力履责的过程,并根据权力运行情况编制权力运行责任报告。

3.4.2 审计监控与腐败治理

公共经济权力审计是生产力与社会分工发展到一定阶段的产物,是由于公共经济权力所有权与行使权的分离而产生的。公共经济权力的所有者——人民,将权力的行使权委托给受托人——政府,从而形成基于公共经济权力的公共受托经济责任关系。在这种公共受托经济责任关系中,权力的受托人,同时也是权力的行使人——政府,政府在行使权力的过程中应当维护全体人民的利益,体现全体人民的意志,履行公共受托经济责任。

缺少监督的权力有可能滋生腐败,公共权力与社会资源和利益分配紧密相连,一旦公共权力被权力行使者用来牟取私利,不仅会损害大多数人的利益,而且会影响权力机构的形象,诱发社会矛盾。权力只有在制约和监督下才能得到合理、有效的使用;否则,可能滋生腐败。换句话说,权力腐败实质上是一种公共权力异化行为,那么,有效防范并治理腐败的关键便在于权力制约和监督。

审计在监控腐败方面的作用日益凸显,备受关注的原铁道部刘志军案、民航系统李培英案、国家开发银行王益案、邮储银行陶礼明案等重大案件的查处,都离不开审计。因大多数腐败和舞弊都与资金、资产紧密相关,而"钱"的运行一定会有痕迹,就国家审计而言,它具有最直接的专业检查能力,能发现舞弊、腐败行为;同时,在审计过程中,国家审计与司法机关有效合作,形成预防腐败、发现腐败、惩治腐败的反腐体系,有助于完善政治经济制度,维护社会主义市场经济秩序,促进党风廉政建设,预防腐败的发生。

3.4.3 权力清单审计

2015年3月,中共中央办公厅、国务院办公厅印发了《关于推行地方各级政府工作部门权力清单制度的指导意见》,对地方各级政府工作部门推行权力清单制度提出指导意见。权力清单制度是指政府工作部门或其他主体在对其所行使的公共权力进行全面梳理基础上,将职权目录、实施主体、相关法律依据、具体办理流程等以清单方式进行列举和图解,并公之于众。行政机关行使职权,依法律、法规、规章及其清单进行,实行"法无授权不可为"。我国推行权力清单制度,对市场经济的有效运行和政府权力的规范运行具有重要意义,可以让公共权力在阳光下运行,将其置于公众的监督之下,压缩信息不对称造成的权力异化空间;借助权力清单,地方各级政府工作部门能够更加清晰地了解到自身拥有的公共权力以及应当承担的责任。

落实权力清单制度,要坚持权责法定,科学配置权力。所有公共权力都是人民群众赋予的,应该做什么,不应该做什么,都不能由掌权者随意决定,而必须依法确定。地方各级政府应合理划分和科学配置各部门、岗位的权力和职责,对权力集中的部门和岗位需要适度分解权力,将集中于某一个人的权力分解为多人行使;将重点岗位的权力分解到多个岗位;将集中于某一层级的权力分解到多个层级,并且明晰权力边界,强化权力制约,推进机构、职能、权限、程序、责任法定化。凡是法律没有授权的,各级地方政府不得越权,不得法外设定权力;凡是授权的事项都需要明确责任、落实责任,绝不允许推诿扯皮、敷衍塞责。各级地方政府要严格实行定期轮岗制度,对在权力集中的部门和岗位工作达到规定期限的公职人员,应调换部门、岗位任职,降低公职人员因长期任职于同一部门、岗位而受人情、关系影响和拖累的可能性。各级地方政府要通过对权力的科学配置和合理分解,确保领导干部按规则正确行使权力,该由上级组织行使的权力下级组织不行使,该由领导班子集体行使的权力班子成员个人不擅自行使。

权力清单制度规范的行政权力主要是直接面对公民、法人和其他组织的行政职权。各级地方政府应对这些权力按照行政许可、行政处罚、行政强制、行政征收、行政给付、行政检查、行政确认、行政奖励、行政裁决和其他类别权力的分类标准进行全面彻底梳理,最终列入清单。部门自身管理、政府部门之间和同一部门不同层级之间的管理职权,以及政策制定、规划编制、标准制定等宏观管理职权,因其并不能用于作出具体行政行为,并未被包含在权力清单列示的权力范围之内。权力运行轨迹是权力清单的主要内容,而权力清单审计是确保权力清单制度运行有效的重要手段。依据权力清单中描述和刻画的权力运行轨迹,权力清单审计对权力运行风险和公共受托责任的履行情况予以确认。国家审计要重点关注权力运行中的重大风险点,分析和评估其是否偏离目标,如发现偏离情况即通过权力清单审计反馈机制进行纠偏,以促使公共受托经济责任得到全面有效的履行。

3.4.4 特殊领域公共经济权力审计

公共经济权力审计监控的重心是对权力运行轨迹的监控,基本目的是确保公共经济权力关系规范有序,防止滥用职权和越权行使公共经济权力,保证公共经济权力在正确的轨道上运行。因此,国家审计通过对公共经济权力行使的特殊领域,包括对预算执行情况、政府采购制度实施情况、税收制度与政策执行情况、指标审批情况进行审计,对促进政府全面有效履行公共受托经济责任、防止权力异化有着重要的意义。

4 权力导向审计监控体系的构建

现有的国家审计理论与方法体系以经济信息质量和具体经济活动控制为重心,而并非以公共经济权力控制为重心,我们可以构建以经济权力审计控制为重心的审计理论体系。本卷主张构建以公共经济权力监控为重心的国家审计监控体系,即构建权力导向审计监控体系,这需要审计机关知悉公共经济权力的构成体系,约束公共经济权力的运行过程,还需要审计机关能够发挥问责经济权力运行的过程和结果的作用。构建权力导向审计监控体系的目的是通过审计手段防止公共经济权力的滥用。构建权力导向审计监控体系需要确立权力运行审计监控目标、构建权力运行报告体系、构建权力导向审计评价指标体系等。

4.1 确立权力运行审计监控目标

审计监控权力运行的目标在于构建权力导向的审计监控体系,保障公共受托经济责任得以有效履行,保障公共经济权力的有效运行。权力导向审计所强调的是,在受托经济责任关系中,受托人为履行责任是如何行使经济权力的。确立权力运行审计监控目标是指要求审计人依法对公共经济权力的行权载体进行审查,发表审计意见,作出审计评价,出具审计报告。在权力运行审计监控目标实现的过程中,国家还需要建立健全政府官员的权力责任追究制度,对未有效履行公共受托经济责任的权力行使主体,依法追究其责任,保证权力运行的有效性,防止权力异化;国家审计需要依据公共经济权力审计准则,保证公共经济权力正确运行,国家需要从审计准则角度明确经济权力审计的要求。

4.1.1 构建审计监控公共经济权力运行的制度保障

审计监控公共经济权力运行的制度保障在于自我监督制度。根据《人民日报》2019年的披露,在我国,95%以上的领导干部、80%的公务员是共产党员,他们构成代表人民行使公权力的中坚力量,9 000多万名党员、460多万个基层党组织,确保了公共权力运行的正确方向。党的执政地位决定,强化权力制约和监督,必须把有效的自我监督制度坚持好、发展好,把党的领导和党的监督统一起来,把管党治党和治国理政贯通起来,推动各级领导干部履行管理监督责任,用好和管住人民赋予的权力。

权力制约和监督机制可实现对所有行使公共权力的公职人员的监督全覆盖。"有权必有责,用权受监督"是权力运行的基本原则。公共权力只要存在,就必须受到制约和监督。权力制约和监督机制必须以规范和约束公共权力为重点,我国应加大监督力度,通过深化国家监察体制改革,整合机构、完善职能、创新制度,把监督对象从党员、干部拓展到所有行使公共权力的公职人员。强化权力制约和监督,必须推进公共权力运行法治化,消除权力监督的真空地带,压减权力行使的任性空间,保证党立党为公、执政为民,国家机关依法履职、秉公用权,让所有党员、干部和公职人员习惯在受监督和约束的环境中工作。强化权力制约和监督,必须把厉行法治作为治本之策,围绕授权、用权、制权等环节,完善及时发现问题的防范机制、精准纠正偏差的矫正机制、强化责任担当的问责机制,把制度的笼子扎紧扎牢。

习近平总书记指出,要强化权力制约,合理分解权力,科学配置权力,不同性质的权力由不同部门、单位、个人行使,形成科学的权力结构和运行机制。党中央深化党和国家机构改革,完善党和国家领导体制,规范党政主要领导干部职责权限,科学配置党政机关及内设机构权力和职能,党总揽全局、协调各方作用充分发挥,权力运行体系更加优化协同高效。强化权力制约监督,必须确立权力运行的规程,确定权力归属,划清权力边界,厘清权力清单,保证党和国家机关依照法定权限和程序行使职权、履行职责。

党的十九届四中全会强调我国应完善"三重一大"决策监督机制,加强对主要领导干部和关键岗位干部的监督,完善领导班子内部监督机制;各级政府应加强对问题整改落实情况的督促检查,失责必问、问责必严,督促各级党政机关和领导干部守责尽责。

在政务公开方面,政府要严格执行政府信息公开条例,重点公开财政预算、公共资源配置、重大建设项目批准和实施、社会公益事业建设等信息,推进决策公开、执行公开、管理公开、服务公开、结果公开,完善政府新闻发布制度和信息公布制度。

4.1.2 审计监控公共经济权力运行的总体目标

在现实中,公共经济权力的运行主要体现在政府及其部门对公共经济事务的控制与管理上,如国有资产管理部门对国有大中型企业经济行为的控制与管理、税务部门对企业纳税行为的控制与管理、财政部门对公共资金的使用与支配等。

构建权力导向的审计监控体系的总体目标就在于监控政府及其部门在运用公共经济资源和行使公共经济权力时按照要求达到经济性、效益性和效果性的目标。对此,国家审计要坚持党对审计工作的集中统一领导,牢牢把握审计工作的正确政治方向,贯彻习近平总书记关于审计工作的重要讲话和重要指示批示精神,紧紧围绕党中央决策部署要求谋划审计工作、履行审计职责、实施审计项目、履行审计监督职责,加大对经济社会发展重大战略、重大举措、重大项目、重大资金等落实情况的审计力度,切实当好国家财产的"看门人"、经济安全的"守护者"。各方要有效推动被审计单位对审计所查出问题的整改,加大督促检查力度,扭住发现的问题不放,一跟到底,确保各类问题改到位、改彻底;国家要建立健全审计发现问题的整改长效机制,压实被审计单位的整改主体责任和主管部门的监督管理责任,对拒不整改、推诿整改、敷衍整改、虚假整改的单位和人员依规依纪依法追责问责。

国家审计理应围绕党中央的战略部署和决策制定权力监控目标。公共权力的中心是国家权力,国家权力的行使过程是国家权力的行使者政府制定和执行公共政策的过程。政府行使公共权力,履行公共职能,制定和实施公共政策,以解决社会或公共问题。政府权力的性质和大小、政府职能的结构会对公共权力运行效果产生影响。政府以公共政策为手段,对社会资源进行总体动员和配置,组织社会经济活动,发展教育、科技、文化事业,推动社会经济文化发展,对各种经济关系进行协调,对各种利益关系进行调整。政府利用公共权力的权威性和强制性开展活动,需要避免公共权力行使不当的问题。审计监控公共经济权力运行,可以要求政府及其部门按照各项规章制度编制各项预算,保证开支真实合法、公共资金使用高效;编制和披露政府会计报表。评价和鉴证公共经济权力运行中政府是否充分发挥了有效配置资源的作用,提高了自然资源利用效率,保护了生态环境,促进了经济高质量发展。审计作为特殊的监督控制机制,是促进政府全面有效履行公共受托经济责任、减少公共委托代理关系中信息不对称的长效机制。其通过政策监控,对政策运行过程中的各个环节进行检查、督促、指导和纠偏;根据预期的政策目标,对照现实的执行状况,实施审计监控;通过全面监督检查政府履行公共受托经济责任的过程和效果,对党政领导干部任期目标经济责任履行情况进行审查与鉴证,对公共资源的使用状况和效果进行重点评价,实现对党政领导干部权力的约束和监控。唯有有效抑制公共经济权力滥用、权力寻租,改善政府治理结构,提升政府效率,公共经济权力有效运行的目标方能得以实现。

4.1.3 审计监控公共经济权力运行的具体目标

审计监控公共经济权力运行的具体目标是总体目标在不同审计对象、不同审计项目中的具体体现。审计机关设定具体目标时需要充分考虑审计对象的各项情况,如审计管辖范围内政府及其部门被赋予的公共经济权力的情况,政府及其部门财政收支、财务收支及有关业务活动情况,政府工作的中心任务,部门权力清单和权力运行轨迹情况等。国家审计应结合审计工作重点以及检察、监察等有关部门委托或者提请审计机关审计的事项,确定审计监控公共经济权力运行的具体目标。

国家审计针对不同的具体目标,明确审计对象及其主要的经济活动、主要资源、存在的审计风险、实现审计目标的具体方案和思路、进行审计监控的方式。公共经济权力的运行是由公共经济权力主体实现的,审计监控公共经济权力运行的过程中,监督公共经济权力主体是核心环节。因此,审计监控公共经济权力运行的具体目标不能与各级领导干部的经济责任审计相分离。审计监控公共经济权力运行的具体目标是:按照中央和地方各级党政工作部门、事业单位、人民团体单位、国有企业的不同,对权力运行中权力主体是否贯彻执行党和国家、上级党委和政府重大经济方针政策及决策部署情况,政策落实情况和执行效果,是否是在法律、法规的规范下运行权力,如何防范各类投资、建设项目的风险情况,资金使用效率情况,资源开发、配置情况,本系统预算执行和其他财政收支、财务收支情况,国有资产的采购、管理、使用和处置情况等开展审计。在此过程中,国家审计要注重防控权力运行风险,定期组织分析和研判权力运行过程中潜在的风险。

4.2 构建权力运行报告体系

监控公共经济权力的运行是保障政府有效履行公共受托经济责任的重要途径。本卷认为,以权力清单形式披露公共经济权力部门的职位权力及其依据、行使主体、运行流程,再通过审计权力清单,形成公共经济权力运行报告,有利于防止出现权力真空和监管缺失现象,加快形成权责一致的政府职能体系。

4.2.1 权力运行报告体系

图 4-1 为本卷构建的权力运行报告体系的示意图,该体系的主要内容包括厘清相关业务权力清单和权力运行轨迹,编制权力运行报告,并对权力运行报告进行内容评价等。

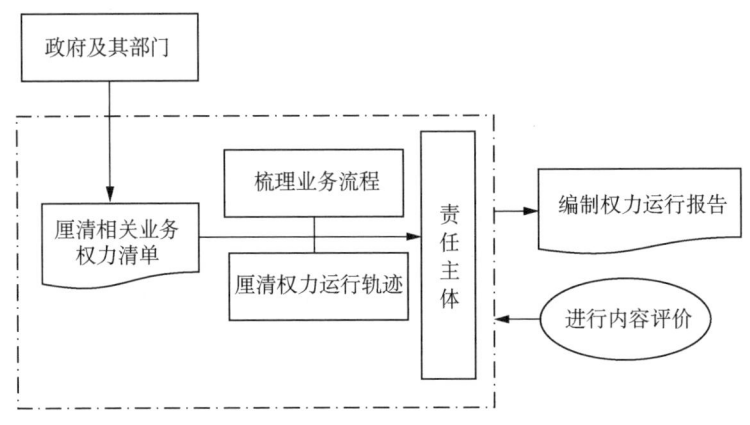

图 4-1 权力运行报告体系

编制权力运行报告有利于强化服务型政府建设,提高政府的办事效能,确保公共权力运行的公开和透明。行使公共权力的政府应该对推进政府公共权力公开透明运行工作高度重视,将规范公共权力运行及政务公开作为重要的政府工作任务,将其与党风廉政建设责任制考核有机结合起来;分别成立领导小组,研究制定工作方案,将工作任务结合组织架构及时分解落实到组织内部,并明确具体措施,提出工作要求,建立组织内部的长效检查考评机制;建立"一把手负总责,分管领导具体抓,各部门负责日常运作"的工作机制,形成从领导到科员,一级抓一级、层层抓落实的强有力的组织工作体系。

4.2.2 权力运行报告的内容

各级地方政府应考虑坚持从建立健全制度入手,不断规范权力运行,强化权力监控,确保权力运行监控机制建设顺利推进。各级职能部门应根据部门内部的组织架构,以层级或业务流程为单位进行清权、确权,规范职权名称,明确职权类别,注明不同业务的承办科室及政府信息公开形式与范围。各级职能部门根据自身的组织架构,根据职位权力与职责对等的原则,对权力运行的各个环节进行全面清理,形成职权清单,并在职权清单经过内部审定后,进行分类登记,编制职权目录。

编制权力运行报告,就是受托人向委托人报告信息,接受委托人的监督,以保障公共权力的有效运行。编制权力运行报告应保证权力运行报告注意以下几个方面:第一,保证权力运行报告内容的真实性。第二,保证权力运行报告内容的完整性。第三,保证权力运行报告内容的及时性。各级政府为了报告权力运行情况,应定期对履职人员的权力履行流程进行报告,并对其岗位职责完成情况进行披露。在此基础上,各级职能部门还应将编制完成的权力目录和权力运行图与公共受托责任的实际履行情况进行对比和评价,给出结论,具体而言:可以制定政府的权力清单、负面清单、责任清单;将工作方案、组织架构、领导讲话稿、职权目录、权力运行流程图、风险点、防范措施、配套规章制度等规范权力运行工作相关材料汇编成册。

4.2.3 权力运行报告的结构

各级政府编制权力运行报告时需要按照行政许可、行政处罚、行政强制、行政征收、行政给付、行政检查、行政确认、行政奖励、行政裁决和其他类别的分类方式,全面梳理部门现有的权责事项;需要基于上述梳理,对权力和责任的内容,依据相关的程序和原则,给予不同的意见,从而形成各个部门的权责清单。在此基础上,依据权责清单中的具体事项以及责任要求、权力范围、运行目标,制定行政权力运行流程图。

编制权力运行报告的目的不仅在于得出公权人员的权力运行情况,监督公权人员有效履行责任,还在于发现权力运行中存在的问题和不足,不断改进,发挥权力运行责任报告的作用和功效。因此,权力运行报告不仅要列示政府的权力和责任清单,还要列示查处和惩罚违规行为的情况。

在编制权力运行报告的过程中,政府及其部门要对权力运行状况进行评价,包括权力涉及的工作内容和工作职责,以及权力配置、使用、运行的过程。评价主要结合权力目录和权力运行流程图,从制度、机构、人员、岗位以及信息系统建设等角度方面开展评价。具体而言:评价施行的规章制度是否完善,是否存在越权或不作为、慢作为的情况;评价本单位人员是否按照规章制度行使权力;评价本单位的岗位设置是否合理,岗位之间是否存在制衡和约束;评价本单位的权力运行过程中存在的风险点和相应的防范措施;评价岗位权力与对应的责任是否对等。

基于上述分析,权力运行报告的结构如图4-2所示。

×××组织机构权力运行和评估报告			
一、总论 　　1. 时间范围 　　2. 部门 　　3. 组织机构架构 　　4. 人事结构 　　5. ……			
二、权力清单 　　1. …… 　　2. …… 　　3. ……			
三、权力运行轨迹图			
四、权力运行评价	风险控制点	具体执行	量化绩效

图 4-2 权力运行报告的结构

4.3 构建权力导向审计评价指标体系

4.3.1 权力导向审计评价系统

权力导向审计的目标在于约束权力运行,保障公共受托经济责任得以有效履行,防止权力异化。在"审"之后,"评"同样重要,它是提升权力导向审计质量的重要途径和手段。

评价是一个系统工程,任何一个系统都是由相互作用和相互依赖的若干组成部分结合而成的具有特定功能的有机整体。评价系统包括评价主体、评价客体、评价目标、评价指标、评价标准、评价方法和评价结果 7 个要素,如图 4-3 所示。其中,评价指标、评价标准和评价方法是关键的因素:评价指标是基础,是对评价内容的具体化;评价标准是评价的标尺;评价方法则是评价指标和评价标准相结合、主客观相结合的过程。

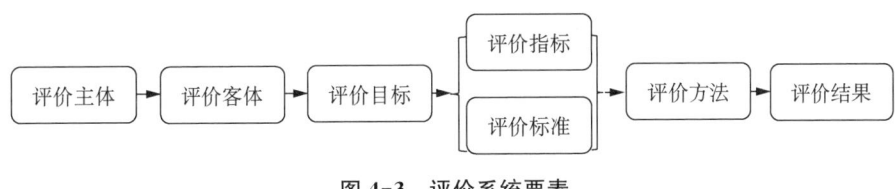

图 4-3 评价系统要素

具体到公共经济权力导向审计,评价主体是各级审计机关,评价客体是被审计对象(主要评价公共经济权力主体的公共经济责任履行情况)。在确定权力运行目标的基础上,国家审计要构建权力导向审计评价系统(图 4-4),以便实现对公共经济权力运行进行审计监控的目标,该系统中的评价指标应能够涵盖审计对象拥有和控制的主要公共经济权力。

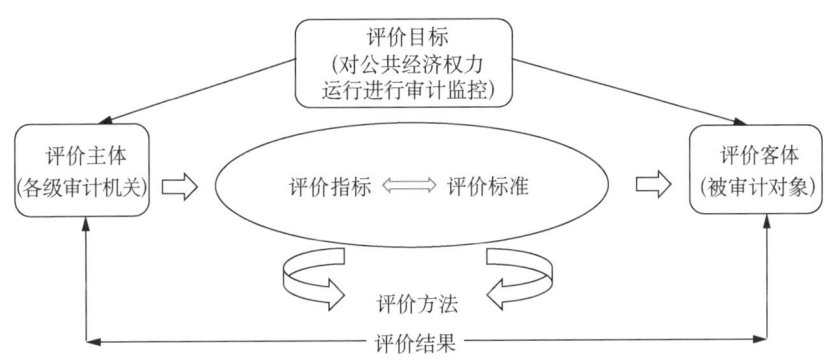

图 4-4 权力导向审计评价系统

在构建权力导向的经济责任审计评价指标体系的过程中,国家审计需要根据权力清单风险点控制情况和权力运行流程的复杂程度,细化权力导向的审计评价指标体系的层级。进一步地,国家审计需要分析影响权力导向审计评价的因素。第一,评价审计独立性。评价审计独立性主要考虑审计员与审计机关。对于审计人员,评价指标体系应关注审计人员的自信心、独立判断能力、人事独立性、经济独立性和工作独立性;对于审计机关,主要关注其经费独立性和工作独立性。第二,分析审计权限。审计权限包括审计对象权、行为权和处理处罚权三点。第三,分析审计力量。审计力量包括两个方面:一方面是审计力量的质量,主要考察审计人员的素质胜任能力和从业胜任能力;另一方面是审计力量的数量,主要指审计工作人员的数量。

4.3.2 构建权力导向审计评价体系的目标

构建权力导向审计评价体系主要有以下三个目标:

第一,根据权力运行轨迹和权力清单,对权力运行是否合规进行审计。该目标主要从权力运行和权力控制两个方面进行审计评价:设计(配置)是否有效,运行是否有效。对前者,国家审计主要通过检查政府及其部门的权力运行手册、经济活动的行政审批程序、公共政策的制定程序与执行效果、权力运行图等对组织机构的权力设计情况进行分析;对后者,则是根据权力运行报告中的权力运行轨迹图,进行测试和重新执行,查找权力运行中的风险点,以此评价权力运行是否有效。

第二,根据权力运行中的关键风险点进行分析和评估。国家审计需要通过将风险点按照风险等级进行分类,对易发生权力异化的环节,评估政府及其部门是否制定了相应的权力制约和监督机制及方案措施;将不同类型和级别的风险分级管理。

第三,将审计评价与目标经济责任相结合,评价权力运行的绩效水平。经济高质量发展反映政治、经济、社会、民生、环境等的方方面面。公共受托经济责任的有效履行和权力运行目标的实现需要公共经济权力行使者能够合理配置稀缺资源,充分利用公共经济权力实现经济高质量发展。由此,在量化公共经济权力运行绩效时,国家审计可以根据组织机构的职能性质,设置资源耗费类和效益类指标,评价政府及其部门履责过程中资源投入的力度、政府管理工作的成效、自然资源消耗与产出情况。

4.3.3 权力导向审计评价指标体系的构建思路和审计评价原则

权力导向审计评价指标体系是为了对公共经济权力主体的公共受托经济责任审计内容进行具体化而形成的一个指标体系。

在权力导向审计评价这个系统工程中,审计评价指标是基础,审计机关需要确定评价指标选取的原则、指标权重,这些是权力导向审计评价的重点和难点。权力导向审计评价指标体系的构建思路如图4-5所示。首先,通过查阅文献资料,分析权力导向审计模式下的领导干部经济责任审计研究现状和应用情况,并结合具体的实地访谈调研,初步确定权力导向审计评价指标层和具体指标;其次,设计调查问卷并开展问卷调查分析,借助统计分析方法对初步确定的指标进行重要性筛选;最后,通过专家意见调查法收集专家意见,结合层次分析法确定各评价指标的权

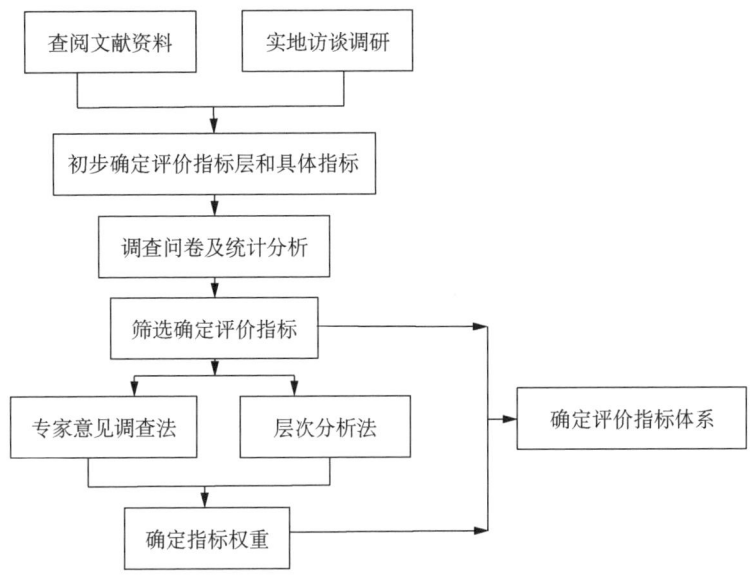

图 4-5 权力导向审计评价指标体系的构建思路

重,从而确定权力导向审计评价指标体系。

其中,权力导向审计评价指标层的确立前提是建立权力评价的目标体系。审计机关在目标体系的基础上,考虑评价主体和评价客体,以及每一项权力对应的目标。不同部门之间的管理规范要求存在差异,权力清单所附加的部门职责并不等同于公共经济权力的目标。构建权力导向的审计评价指标体系一方面要考虑权力规范运行的要求,另一方面要考虑权力规范运行的结果。同时,我们还应当注意到,有些权力可能是跨部门运行的,因此权力导向审计评价指标体系也有可能是跨层级、跨部门的综合性评价体系。目标体系既要设置常规性评价指标,也要设置体现跨部门、跨层级的特殊性评价指标。在此基础上,我们将权力导向审计评价体系细分为经济管理权责审计评价指标层、经济决策权责审计评价指标层、经济政策执行权责审计评价指标层、经济发展权责审计评价指标层、廉洁从政责任审计评价指标层五个指标层,并将每一个指标层的权力和责任具体分解,构建每一指标层的具体指标,形成一个多层次的权力导向审计指标体系。

确定指标权重需要结合权力导向审计的五个指标层的具体含义,先分析不同影响因素对不同指标状态值的改变程度,再将其体现在相应指标层和具体指标的权重中。影响因素分为积极影响因素和消极影响因素,对不同指标状态值的改变程度分为灵敏型和迟钝型。

我们采用层次分析法确定指标层的权重向量,可针对经济管理和经济决策权责审计评价指标层,建立积极型的权重向量,当经济管理和经济决策水平低于一定的标准时,给予处罚,而当高于一定的标准时,不予处罚也不予激励;也可针对经济政策执行和经济发展权责审计评价指标层,建立混合型的权重向量,当经济政策执行和经济发展水平低于一定的标准时,给予处罚,而当高于一定的标准时,给予激励;还可针对廉洁从政责任审计评价指标层建立消极型的权重向量,当廉洁从政水平低于一定水平时,给予处罚。在此基础上,构建模型,并对模型参数进行调整,最终确定各指标层的权重。

根据《党政主要领导干部和国有企事业单位主要领导人员经济责任审计规定》中提出的审计评价原则,审计机关应当根据不同领导职务的职责要求,在审计查证或者认定事实的基础上,综合运用多种方法,坚持定性评价与定量评价相结合,依照有关党内法规、法律法规、政策规定、责任制考核目标等,在审计范围内,对被审计领导干部履行经济责任情况,包括公共资金、国有资产、国有资源的管理、分配和使用中个人遵守廉洁从政规定等情况,作出客观公正、实事求是的评价;对审计中未涉及的事项不作评价;对领导干部履行经济责任过程中存在的问题,审计机关应当按照权责一致的原则。

4.3.4 各指标层的指标选取

具体指标的选取应体现权力运行情况的合规性。权力运行评价的主要目标是规范权力运行,评价指标设计也应体现这一目标。

本节列举以下几个指标层的指标选取示例。

1. 经济管理权责审计评价指标层

经济管理权责审计包括财政财务收支管理、国有资产管理、债权债务管理、内部控制管理和应急管理等方面。经济管理权责审计评价指标层主要评价权力主体在财政财务收支情况、国有资产管理情况、负债管理情况、内部控制制度建立健全和执行情况、财政资金预决算情况等方面的权力运行和公共受托经济责任的履行情况。相应指标示例如表 4-1 所示。

表 4-1 经济管理权责审计评价指标层部分指标

指标名称	指标作用或评定(计算)方式
贯彻执行上级经济政策情况	根据审计调查情况,由审计组综合评定
财政预算与决算执行率	评价财政预算与决算目标的完成情况

(续表)

指标名称	指标作用或评定(计算)方式
财政账户管理合法合规性	根据审计调查情况,由审计组综合评定
财政收入增长率	评价财政收入增长水平
财政负债率	评价财政负债水平
财政资金集中支付率	任职期间集中支付资金总额÷任职期间实际支出资金总额
财政资金损失浪费率	审计发现的财政资金损失浪费金额÷任职期间全部财政资金收入
政府采购执行率	任职期间纳入政府采购资金数额÷任职期间应纳入政府采购资金数额
国有资产保值增值率	评价国有资产保值增值水平
组织内部控制制度的健全性与有效性	评价内容管理控制制度设置是否完整并有效执行
税收收入计划完成率	评价税收收入计划的实际完成情况

2. 经济决策权责审计评价指标层

作出经济决策是权力主体十分重要的一项经济权力。经济决策权责审计评价指标层主要评价权力主体在重大经济事项方面的决策水平,看其决策是否符合国家的方针政策与地方的法规制度,是否科学合理,是否按照民主集中制原则的要求行使权力,有无带来损失及其损失程度等。相应指标示例如表4-2所示。

表4-2 经济决策权责审计评价指标层部分指标

指标名称	指标作用或评定(计算)方式
重大经济事项决策程序的科学性	评价重大经济事项决策程序是否科学
重大经济事项决策民主集中程度	评价重大经济事项决策中民主集中制的贯彻水平
重大经济事项决策成功率	评价重大经济事项方面成功决策所占比例的水平
决策损失占项目总投资比例	评价重大经济决策失误带来的损失水平
重大投资项目效益率	评价重大投资项目投入与产出比

3. 经济政策执行权责审计评价指标层

经济政策执行权责是指权力主体贯彻执行党和国家路线方针及财政政策情况。经济政策执行权责审计评价指标层主要评价权力主体依法行政水平及任职期间财政财务收支的真实性、合法性,专项资金管理使用情况等。相应指标示例如表4-3所示。

表 4-3　经济政策执行权责审计评价指标层部分指标

指标名称	指标作用或评定(计算)方式
专项资金的违规比率	评价专项资金使用的合规性水平
财政财务资料的真实程度	评价财政财务资料真实性水平
违规资金占审计金额比率	评价财政财务资金使用合规性水平
重大经济事项决策执行情况	评价重大经济事项决策的贯彻执行水平

4. 经济发展权责审计评价指标层

经济发展权责审计评价指标层主要评价地区国民总收入、居民收入、产业结构调整、基础设施与公共事业发展、人力资源投入、社会保障等方面情况。相应指标示例如表 4-4 所示。

表 4-4　经济发展权责审计评价指标层部分指标

指标名称	指标作用或评定(计算)方式
地区生产总值增长率	(任职期间年均地区生产总值－任职前一年地区生产总值)÷任职前一年地区生产总值
结构调整固定资产投资增长率	(任职期间年均结构调整固定资产投资－任职前一年结构调整固定资产投资)÷任职前一年结构调整固定资产投资
城镇居民人均可支配收入增长率	(任职期间城镇居民人均可支配收入－任职前一年城镇居民人均可支配收入)÷任职前一年城镇居民人均可支配收入
财政收入占 GDP 的比重	任职期间年均财政总收入÷任职期间年均 GDP 总额
政府负债率	任职期间财政性负债总额÷任职期间财政资金收入总额
产业结构调整与优势产业发展	根据审计调查情况,由审计组综合评定
基础设施与公共事业财政投入增长率	(任职期间年均基础设施与公共事业财政投入－任职前一年基础设施与公共事业财政投入)÷任职前一年基础设施与公共事业财政投入。其用于评价财政投入中基础设施与公共事业财政投入的增长水平
环境保护投资增长率	(任职期间年均环境保护投资－任职前一年环境保护投资)÷任职前一年环境保护投资
挤占挪用环保专项资金率	挤占挪用环保专项资金金额÷实际拨付的环保专项资金
单位 GDP 能耗下降率	1－任期末单位 GDP 能耗÷任期初单位 GDP 能耗
主要污染物减排达标率	根据在线监测和实地调查情况,由审计组综合评定

5. 廉洁从政责任审计评价指标层

廉洁从政责任审计是领导干部经济责任审计中非常重要的一个内容，反映被审计领导干部在任期内遵守廉政制度的情况。廉洁从政责任审计评价指标层主要依据审计查出的事实评价领导干部任职期间有无中饱私囊、权力异化等不廉洁行为。在评价时，审计机关要对照领导干部廉政建设的有关规定。相应指标示例如表4-5所示。

表4-5　廉洁从政责任审计评价指标层部分指标

指标名称	指标作用或评定(计算)方式
个人存在的违纪问题	根据审计调查情况，由审计组综合评定
个人民主测评记录	根据审计调查情况，由审计组综合评定
历年来审计决定执行率	任职期间落实审计决定频次÷同期应落实审计决定频次
直接分管部门违规资金比率	任职期间直接分管部门违规资金总额÷同期直接分管部门掌管的财政性资金总额
其他部门违规资金比率	任职期间其他部门违规资金总额÷同期其他部门掌管财政性资金总额

4.4　构建权力运行审计流程

权力运行审计的目的在于借助审计机关的力量，以外部审计监督机制监督公共权力的运行，从而促进责任政府和责任组织的建立，形成公共经济权力审计策略。

参照政府绩效评估的步骤，结合我国国家审计的实践，本卷设计了权力运行审计流程，主要由确定权力运行审计目标、制订权力运行审计计划、掌握权力运行轨迹、明确权力运行审计评价方法和编制权力运行审计报告五个部分构成。

4.4.1　确定权力运行审计目标

图4-6展示了公共经济权力审计的目标与作用方式。拥有收益权、重大事项决策权、管理者选择权等权力的财产所有者将财产委托给受托经营者进行经营管理，受托经营者在承担受托经济责任的同时，也获取了财产的占有权、支配权、处分权、经济政策选择权等权力。财产所有者为了解公共受托经营者经济权力行使状况，委托审计机构对公共受托经营者进行审计，审计人员审计后将审计结果报告给财产所有者，以此对公共受托经营者经济权力行使状况予以鉴证。

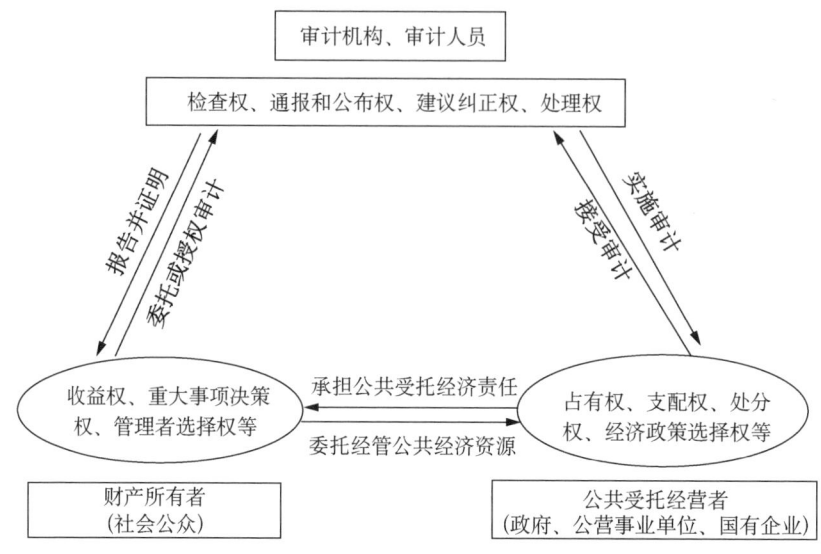

图 4-6　公共经济权力审计的目标与作用方式

4.4.2　制订权力运行审计计划

国家审计实现审计监控目标的前提是制订合理有效的审计计划,目的在于使应该解决的问题以及能够解决的问题以最有效的方式被解决。国家审计要在制订审计计划时,对审计的预期结果进行预评估,明确执行机构和人员、需要使用的审计工具和方法。在规划的过程中,应注重紧扣审计目标、备选方案的设计、计划的可行性、影响因素对审计监控目标的实现效果的影响,在进行充分评估后开展审计活动,降低后续出现偏差的可能性,并充分考虑审计的成本和效益。

在权力运行审计计划的制订过程中,审计机关要开展大量的调查论证,厘清4个重要问题:进行该公共经济权力审计的目的是什么? 选择什么样的审计主体? 审计的重点是什么? 怎样进行公共经济权力审计? 在此基础上,国家审计应制订公共经济权力审计项目计划,制订好审计方案,成立审计项目组,了解被审计对象,包括被审计对象组织架构的设置、各部门的职责分工、部门年度计划和目标、主要的经济工作重点等,明确审计的目标、审计的范围、审计的内容、审计的重点、审计的工作组织安排,包括人员安排、分工安排和进度安排。国家审计还应考虑到审计中可能出现哪些问题,以及面对可能出现的问题应施行何种审计应对措施,并向被审计对象发出审计通知。

4.4.3　掌握权力运行轨迹

公共权力主体应根据其职权目录,绘制权力运行内外部流程图。权力运行的流程图基于职权分类绘制,对于相同或者相近的职权可以归类编制一个流程图。在绘制权力运行流程图的过程中,公共权力主体应对相关业务的承办岗位、办理制度、职责要求、制约和监督环节、服务对象的权利、投诉举报途径和方式等进行明确的说明,明确办理主体、责任人、权力行使依据、条件要件、程序、时限、监督机构、业务咨询及投诉电话。

审计机关根据公共权力主体绘制的权力运行流程图,查找权力运行风险点,制定措施,实施预警处置。组织内部各层级依据权力职权目录绘制的权力运行流程图,结合自身的工作和职权范围,对比查找廉政风险点。通过查找廉政风险点,组织内部各层级可以制定相应的预防廉政风险的措施。

公共权力主体通过建立党务政务公开制度、民主评议制度、行政绩效管理制度、行政成本控制制度、行政能力提升制度、行政行为监督制度等,全方位、多角度地对权力运行实施监控和治理;通过采取岗位风险警示提醒、动态预警提示告诫等手段,进一步提高公职人员权力运行风险防范意识;认真执行民主集中制,规范重大事项决策机制,优化行政权力运行流程。阳光政务是监督权力有效运行的有力保障,政务公开应坚持全面公开与局部公开相结合。各组织机构通过政务公开的形式将组织内部制定的职权目录和权力运行流程图向社会进行公开;风险点、防范措施以及内部管理事项则可以通过单位内部网络进行内部公开,实现各部门间的相互监督,提高行政效率。相关的法律法规、职责权限发生变化时,各组织机构应及时对职权目录、流程图、廉政风险点、防控措施及相对应的公开信息进行调整和公布。

公开权力运行信息的目的在于减少信息不对称,让社会公众了解公共权力主体的权力运行,方便社会公众进行监督。公共权力主体应成立专门的工作小组,受理公众的举报信息,并及时向有关部门汇报。

4.4.4 明确权力运行审计评价方法

了解被审计对象是执行权力运行审计程序的第一步。国家审计通过制订审计计划和方案,在了解被审计对象的过程中为后续开展审计做好准备,通过对权力运行轨迹情况进行风险评估,掌握权力运行审计过程中的风险点。国家审计在对权力运行实施审计监督的过程中,一方面,要针对公共权力主体的人员,以人为审计监控重点;另一方面,可以针对某个行政事项的展开,以事项为审计监控重点,通过审计监控权力主体和权力运行事项,促进权力的有效运行。

在权力运行审计的实施阶段,审计组成员进驻被审计单位,组织好经济责任审计进点会议,并综合运用检查、询问、观察、重新执行、函证、分析等审计程序,收集审计证据,编辑审计工作底稿。例如,在领导干部经济责任审计进点会议中,向与会人员询问相关人员的情况,编制问卷调查表,如表4-6所示。

表4-6 问卷调查表

被审计人员姓名		单位			
审计小组成员					
参加询问人员类别					
调查内容	询问评价情况				备注
	好	较好	一般	差	
重大经济事项决策情况					
法律法规执行情况					
财务收支计划执行情况					
预算外收支管理情况					
国有资产的管理、保值、增值情况					
民主集中制的执行情况					
财政财务收支的内控制度执行情况					
债权债务的管理情况					
廉洁自律及其有关规定的执行情况					
其他					

公共权力审计过程是一个充分全面收集信息,运用恰当审计方法作出职业判断的过程。根据审计项目和审计计划的差异,国家审计可以综合运用多种审计方法获取审计证据,具体如表4-7所示。

表4-7 常见获取审计证据的技术方法

依据	获取审计证据的方法
国家审计准则	检查、观察、询问、外部调查、重新计算、重新操作、分析等
注册会计师审计准则	检查、观察、询问、函证、重新计算、重新执行、分析程序等
内部审计准则	审核、观察、监盘、访谈、调查、函证、计算和分析程序等

特殊的审计技术方法主要包括案例研究、问卷调查、访谈、民主评议、系统分析、决策统计分析。例如,在实施权力运行审计过程中,国家审计需要综合运用多

种审计方法,结合信息技术进行大数据审计和分析;从海量的数据中识别和选取用于描述被审计对象的特征指标,并用数据对特征指标进行量化,将被审计对象的信息进行具体化展示,通过审计画像流程图(图4-7),更加全面、准确、客观地对权力主体的权力运行情况和公共受托经济责任的履行情况进行评价和分析等。

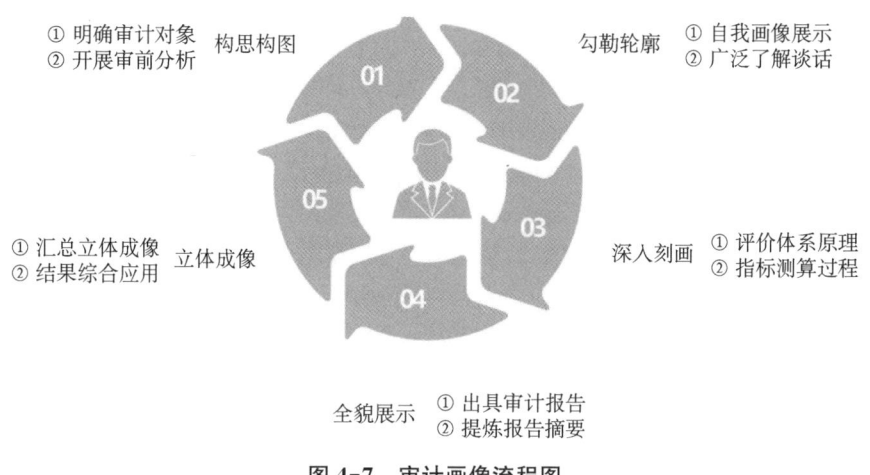

图4-7 审计画像流程图

4.4.5 编制权力运行审计报告

权力运行审计报告是关于权力运行合规性和有效性审计结果的集中体现。以审计报告的形式将审计结果向社会公众披露,也是实现权力运行目标的重要过程。审计人员按照审计授权或委托人的要求,依据国家审计准则、国家法律法规制度的规定及审计评价指标体系标准,在实施充分的审计程序的基础上,对权力运行状况发表审计意见并作出审计评价。

4.5 经济责任审计的转型与公共经济权力的监控

经济责任审计的产生源于公共受托经济责任。经济责任审计的创新与转型在于以公共经济权力监控为导向的经济责任审计的创新与转型。

4.5.1 强化以权力监控为重点和核心的经济责任审计

经济责任审计作为一项具有中国特色的经济监督制度,在制约和监督权力,促进政府依法行政,加强干部监督管理和党风廉政建设方面发挥了重要作用。

经济责任审计是现代审计与适应中国政治、经济与社会制度特点的审计实践相结合形成的一种审计制度创新,是一项具有中国特色的经济监督制度。经济责任审计工作的开展,对我国完善社会主义民主,增强可持续发展能力,深化经济体制、政治体制和行政管理体制改革,深化干部人事制度改革,加强对权力的制约和监督等具有重要的意义。

以公共经济权力监控为导向推进经济责任审计是构建审计监控体系的关键和未来经济责任审计的发展方向。公共经济权力监控导向的经济责任审计可以明确公共权力主体的职责,设定公共权力的边界,规范公共权力的合理运行;同时,可以加强对公共权力运行过程的控制,在权力运行过程中制约权力,运用绩效问责来规范公共权力运行。公共经济权力监控导向的经济责任审计旨在实现激励和约束相容,既注重赋予领导干部合理的职权,便于其开展工作,又配置适当的问责机制,防止权力异化。

经济责任审计作为一种有效的权力监督机制,可以保障公共受托经济责任得以有效履行,督促领导干部履行经济责任,进行科学管理与决策,提高政府运行效率。国家审计应通过审计理念、审计方式及审计组织方式的创新,对领导干部经济责任审计进行创新,提高领导干部的治理能力。

4.5.2 以经济责任审计为载体,构建公共经济权力审计监控体系

以公共经济权力监控为导向的经济责任审计促进公共经济权力主体加强对关键风险点的控制,提高其在权力运行、决策过程中的风险防范意识,从而促进地方经济高质量发展,防止权力异化。结合当前宏观经济形势和全球经济环境,在政府职能转变的背景下,创新经济责任审计制度,能更好发挥国家审计监督权力运行的机制和功能。国家审计应以经济责任审计为载体,构建公共经济权力审计监控体系。为了提高经济责任审计控制的效果,国家审计应建立和完善经济责任审计控制机制,以权力控制权力为核心,以权利控制权力和道德控制权力为辅助。具体而言,建立和完善经济责任审计控制要做到以下几点:

(1) 保证经济责任审计确能发挥对领导干部行使公共经济权力的制约和监督作用。

(2) 提高审计人员素质,加强审计方法创新。国家审计应结合大数据技术、区块链技术以及其他高新技术,实现审计全覆盖。同时,审计机关应加强国家审计人员培训。

(3) 转变经济责任审计的重心。公共受托经济责任是否得到有效履行,以及是否存在权力异化是经济责任审计的核心和重点,国家审计应通过经济责任审计实现对领导干部行使公共经济权力的制约,促进地方经济高质量发展。

(4) 构建经济责任审计评价的长效机制。国家审计实施经济责任审计评价应

坚持定性与定量相结合；将该评价体系动态化，在评价体系的运行过程中，充分考虑各方利益需求，充分发挥社会公众和媒体的监督作用；在防范权力异化的同时，激发领导干部促进地方经济高质量发展的工作积极性；在审计过程中，不断进行信息的收集和反馈，对相关利益主体的期望、审计评价体系等不断进行修正和完善，逐渐形成相对稳定的审计评价机制，将约束和激励相互融合，让领导干部手中的公共经济权力发挥其应有的影响力和支配力。

（5）提升经济责任审计报告的质量。经济责任审计报告可读性不高、审计评价依据不充分、评价内容笼统、报告格式不规范等问题，既影响经济责任审计报告的质量，也导致经济责任审计成果的利用程度低。经济责任审计报告是领导干部评价和任用的重要决策依据，审计机关应该设计统一规范的报告格式，对报告内容设定标准，使之翔实具体，体现领导干部权力运行轨迹和运行状况，并有具体的量化评价指标，提高经济责任审计报告的利用价值，提升经济责任审计应该发挥的监督作用和效能。

（6）完善经济责任审计的配套法制。审计作为一种特殊的经济控制，可以制约和监督被审计方的行为，确保受托经济责任得以有效履行。实施经济责任审计有助于权力运行的规范化和合理化，防止腐败。审计尽管是国家治理的重要组成部分，是我国监督体系的组成部分，但其更多关注和发现问题，审计机关并非执法机关。审计发现问题、报告问题，体现了审计的独立性和审计人员的专业胜任能力，但审计纠正问题的强度和效力还有赖于与之配套法制的完善。我国应建立和完善权力运行过错责任追究制度，进一步加大问责力度。

构建以经济责任审计为载体的公共经济权力审计监控体系，并非要限制公共经济权力发挥其应有的影响力和支配力，而是要通过经济责任审计，围绕责任，精准画像，聚焦领导干部的重大决策事项内容，促进公共受托经济责任得以更好履行，敦促领导干部用好手中的权力，促进地方经济高质量发展。

5 国家审计与腐败治理问题研究

腐败被喻为"最大的社会污染",腐败会严重制约民主政治和社会经济的健康发展,破坏社会和谐,导致资源配置失衡。如何治理腐败一直是世界各国所关注的。国家审计在腐败治理中所发挥的重要作用不论在理论上还是在实践中都在世界范围内得到了验证。党的十八大以来,我国进一步提升腐败治理力度,查处的腐败案件数量多、涉案官员层级高,表明中央对治理腐败问题的坚决态度。习近平总书记在第十八届中央纪律检查委员会第二次全体会议上强调:"把权力关进制度的笼子里,形成不敢腐的惩戒机制、不能腐的防范机制、不易腐的保障机制。"中共中央印发的《建立健全教育、制度、监督并重的惩治和预防腐败体系实施纲要》明确规定,"在强化审计监督的过程中,逐步推行绩效审计,突出重点领域、部门、资金审计以及领导干部经济责任审计""依法实行审计公告制度""为审计机关依法独立进行监督监察提供有力保障,对拒不执行监督决定的,依法追究有关机关和责任人的责任"。党的十八届四中全会提出要强化对行政权力的制约和监督,保障审计机关依法独立行使审计监督权。党的十八届五中全会提出要深入推进党风廉政建设和反腐败斗争,巩固反腐败斗争成果,健全改进作风长效机制。党的十九大报告强调"坚定不移全面从严治党,不断提高党的执政能力和领导水平""健全党和国家监督体系"。

有效制约和监督公共权力、预防遏制腐败对维护国家利益和社会公共利益、完善国家治理来说至关重要。权力只有受到约束和制衡,才能真正为民所用、为民掌控、为民谋利。国家审计承担着监督经济运行、维护经济秩序和经济安全的职责和使命,是防止权力滥用、权力寻租、权力腐败的有力武器。

5.1 腐败的含义、产生的原因及构成要素

公职人员是公共经济权力的具体行使者,权力的实现程度取决于权力行使的有效性和权力对象的服从程度。公职人员对权力的行使是受到约束的,权力行使一旦突破合理的界限就容易出现权力异化,产生腐败。因此,公共经济权力的运行

必须受到一定范围的制约。如果不对权力加以约束和控制,就会诱发各种腐败现象,影响公共经济权力运行的有效性,造成对社会经济秩序的破坏。

5.1.1 腐败的含义

由《史记·平准书》"太仓之粟陈陈相因,充溢露积于外,至腐败不可食"可知,腐败的原意是指生物学上谷物的发霉、腐烂。在政治学、法学、社会学和经济学领域,已有研究对腐败虽没有一个统一的定义,但大都强调权力滥用、以权谋私是腐败行为的特征,认为腐败的基本形式是公共权力与经济利益的交换,是政府官员为牟取私利而违反公认准则法规的一种行为(塞缪尔·P.亨廷顿,1988)。权力最初被视为管理和协调民众与国家关系的机制,却被政府官员用来谋求财富(苏珊·罗斯·艾克曼,2000)。马克思在《论犹太人问题》中提出,政治权力与金钱势力之间存在尖锐的矛盾,政治权力在形式上凌驾于金钱势力,但实质上却是金钱势力的奴隶。公共经济权力具有公共性和服务性,在现实社会关系中,公共经济权力被具象化为某种特定的形式,由一部分人作为社会公众的代表来行使。然而,对具有理性欲望的个体来说,在行使权力的过程中一旦涉及个人利益,其难以避免利用权力牟取私利。比如,利益主体为了获取租金①,会产生寻租行为,寻租一旦进入权力运行过程,便会诱发公共经济权力异化和腐败行为,各利益主体是寻租的主体,政府官员成为寻租的对象。公共权力原本是通过约束人们的活动权限保护人们的生命权、财产权、自由权等各种权利,但当其变成少数人的特权而使多数民众的利益受到侵害,就表明公共权力发生了异化。

公共经济权力异化意味着公共经济权力行使者未能履行好公共受托经济责任。从物质利益的角度来看,公共经济权力异化主要有两种表现形式:一是未涉及公职人员个人物质利益时可能出现的官僚主义,如公职人员工作效率低下、浪费公共资源、漠视公众需求、服务意识淡漠等,从而造成公共经济权力运行低效或无效;二是公共经济权力的行使者将公共经济权力私有化或将其作为商品来谋求利益,这种公共经济权力异化的表现被称为"腐败"。

由此可见,腐败实质上是一种公共经济权力异化后的权力行为,并且不论腐败的形式怎样或者内容怎么发展变化,它始终是公职人员利用公共权力谋求自身利益,对公共利益造成损害的一种行为。

5.1.2 腐败产生的原因

根据公共受托经济责任理论,公职人员拥有相应的公共经济权力,通过行使权

---

① 经济学把租金定义为生产要素的所有者获得的超过这种要素机会成本的超额收入。

力来管理国家和确保公共受托经济责任的履行。但是在委托-受托关系下,存在道德风险和逆向选择问题,公职人员在履行职责的过程中掌握了具备绝对优势的资源和权力,这种情况可能使公共经济权力发生异化,滋生腐败。

权力导致腐败,绝对的权力导致绝对的腐败(阿克顿,2011)。这句话深刻揭示了权力与腐败之间的关系,即权力只有在相应的监督与约束下才能得到合理有效的使用,否则就容易导致腐败。在公共经济权力的运行过程中,腐败产生的主要原因有利益不一致、信息不对称和监督机制不完善等。

1. 利益不一致

政府公职人员作为"经济人"具有双重身份,他们一方面是为人民服务的公职人员,另一方面又是追求自身利益的普通个体。由于决策者的利益追求不同,公共决策和个人决策的决策目标并不总是一致的。这种目标的不一致主要表现为:第一,不同层级的政府(官员)在制定公共政策时的目标利益不同。以中央政府和地方政府为例,中央政府制定政策从全局出发,并考虑相对平衡,旨在保持宏观经济平稳,促进各地区经济稳步发展,维护国家安全与社会团结,提高人民生活质量等,这样的政策以发挥规范、指导和协调作用为主。而地方政府在制定政策时则主要关注自身管辖领域内的经济发展、社会稳定、公民福祉等是否得到保障,并且地方政府官员对自身政绩有着明显的诉求。第二,地方政府内部不同公职人员各自利益目标不一致。由于公职人员的个人追求和价值观不同,道德水平和能力素质也存在差异,尽管他们都以为人民服务为宗旨,应全心全意为人民办实事、谋福利,但现实中并不是所有公职人员都能做到尽职尽责,总会存在一些利用职权谋求私利或者采取不正当手段谋求职务晋升的现象。采取不正当手段得到职务晋升的公职人员,其行为往往具有两面性,对外表现出清廉公正的一面,私下却实施贪污腐败行为,他们在职务晋升后由于获得了更多的权力,有可能发生更大程度的腐败。第三,地方政府和当地居民利益目标不一致。地方政府面临中央政府的考核压力,公职人员也存在追求地方政绩、谋求个人经济利益等诉求。而当地居民则希望政府公职人员通过认真履职促进地方经济健康发展,创造更多平等就业机会,提升人民生活水平,提高社会福祉。因此,当地方政府与当地居民利益存在冲突,又得不到很好的协调时,政府公职人员就会为了满足自身利益诉求而滥用公共权力。

2. 信息不对称

信息不对称导致的直接后果是监督失效。在政治领域,信息不对称主要表现在两个方面:一是中央政府和地方政府之间的信息不对称;二是地方政府和当地居民之间的信息不对称。信息在不同层级间传递,从累积到被接收者消化的过程中难免发生损失和消耗。因此,无论是中央政策精神传递至地方政府,还是地方政府消息传递至中央,都有可能发生信息在时间上的延迟和内容上的损耗,从而导致信息不对称。相较而言,当腐败行为发生时,地方政府公职人员之间更容易形成利益共同体而隐藏违法违规行为,而中央政府处于信息掌控劣势地位,无法及时有效地获取这些违法违规信息。这也是地方政府层级越低,国家监督体系对其进行监督越困难的重要原因。政府是公共信息最主要的提供者,由于其对公共权力的垄断,政府还可能对信息进行控制,当某个信息对政府公职人员可能产生不利影响时,公职人员可能通过滥用权力来回避公众监督。另外,腐败者所在组织与其同级相关监督机构之间也存在信息不对称,腐败者总是会想尽一切办法隐藏腐败行为,转移焦点,毁灭证据,采取各种手段增加监督机构查处腐败的难度。

3. 监督机制不完善

公共经济权力在委托-受托关系中的运行路径主要表现为两层关系:一是形式上公民将公共经济权力委托给国家;二是公共经济权力在运行时实质上是由国家下放给不同层级的政府公职人员来具体执行。在权力移交的过程中,委托代理关系变成了多层级、多维度的网络结构,变得更加复杂,而如果监督机制不够完善,就难以对腐败进行全方位的抵御。从契约的角度来看,委托人和代理人的地位不平等,政府使用公共经济权力与公众监督公共经济权力之间处于一种失衡的状态。政府基于委托代理关系对公共资源产生垄断,这也导致了公职人员对权力的垄断。国家要减少权力垄断,实现权力分散与对称,减小寻租空间,需要进一步完善监督体系,并实现资源配置的市场化。我国对地方政府的监督主要为内部监督,如上级党政部门的检查和监督、同级机构(如检察院、人民法院)的监督等,这样的内部监督使监督的独立性受到一定影响,特别是当存在利益关联时,监督机构难以保证监督工作的客观公正性。现阶段,随着我国民主政治进程逐步推进,公民民主意识不断增强,社会监督、媒体监督也在监督体系中发挥着重要的作用,但是目前我国媒体监督机制尚不完善,公民参与也未能涉及所有领域,难以形成对权力的充分制衡。

5.1.3 腐败的构成要素

当各种因素都具备时,腐败便有了发生的可能性。我们将腐败的发生表示为"腐败=权力+动机+机会+理性程度",其中,权力、动机、机会和理性程度是腐败的构成要素。

1. 权力

权力是腐败发生的前提条件。腐败的发生需要一定的权力作为载体和基础,腐败是由权力异化以及权力实施主体受环境影响导致的。权钱交易是腐败最直接的表现形式，因此，腐败行为实质上就是利用特权牟取私利。特权是个人或集团凭借经济、政治、身份等特殊条件在经济、政治、文化等领域享有的特殊权利或权力（李守庸和彭敦文，2001）。特权的存在为行权者牟取个人利益提供了机会，也是产生权力腐败的根本原因。

2. 动机

腐败的动机是满足自身利益。权力主体出于短期用权心理而做出腐败行为，即公共经济权力实施主体出于主观原因使权力发生异化。权力行使者的自利性是公共经济权力发生异化的主观原因，外部环境和心理因素都可能使公职人员的自利动机超越其自律能力，从而导致以权谋私等腐败行为。

3. 机会

这里的机会是指法律体制、监督机制等的不完善为腐败者带来的可乘之机。公共经济资源的所有者与使用者的分离导致公共经济权力的所有权与行使权相分离，公共利益与私人利益的不一致又使监督权与行使权不对称。在委托-受托关系中，个人的逐利性和双方信息不对称使道德风险和逆向选择问题出现，如果激励、监督与约束机制不健全，公共经济权力极有可能发生异化。虽然我国设置了权力主体之间相互约束的监督机制，但是出于地域和行政区划层级等原因，社会资源分配不均衡，监督机构与被监督机构之间存在信息不对称、利益交叉等多方面问题，这些削弱了各级权力主体之间的相互制约，从而为腐败者提供了谋取私利的腐败机会。

4. 理性程度

理性程度是指公职人员受到自身欲望、个人价值观和道德的综合影响，由于个人有限的理性经受不住腐败带来的利益诱惑而做出腐败行为的可能性。公共选择理论和寻租理论从理性经济人的角度出发认为，理性经济人会以实现自身利益最大化为目标，在行权过程中为谋得自身利益而腐败。理性程度在一定程度上受到道德和文化的影响，而道德观念的淡泊又会进一步助长公职人员行使公共经济权力的随意性。拥有权力的人一旦失去了内心道德信念的制约，就会突破理性的界限，滥用权力，导致违法违纪和腐败行为的发生。

由于人具有复杂的社会属性，在表示腐败发生这个公式中，个人理性程度和腐败动机很难衡量，但是腐败机会可以通过法律制度、监督机制、信息公开制度的不断完善来避免。治理腐败的关键在于对公共经济权力进行有效制衡和监控，国家可以通过完善法律法规、规章制度,进一步提升政府信息透明度,进一步完善监督体系实现。

5.2 审计监控与腐败治理的关系

5.2.1 审计是权力制衡的重要力量

对如何进行权力监控的探索由来已久。古罗马和古埃及的监督官制度就已具备权力监督的雏形。在古希腊政府审计中,审计官只有在确定不存在贪污、受贿之时,才允许500人议事会的官员卸职离任(文硕,1996)。在我国战国时期形成的"上计制度"体现了从经济责任审计角度对经济权力直接监控的思想,如"田婴相齐,辅王上计"就是要"知吏之奸邪得失"(方宝璋,2006)。唐朝时期中央设御史台,御史台下设台院、殿院、察院三院,三院御史根据律、令、格、式中有关财务管理的规定对违反法规的行为进行纠举弹劾,刑事案件中官吏贪赃枉法的财务案亦由御史负责监督弹劾(李金华,2004),这也是对经济权力进行直接监控的一种表现。

可见,审计作为权力制衡的重要力量有着悠久的历史。现阶段,特别是党的十六大以来,党中央高度重视发挥包括审计监督在内的监督方式的作用,强调加强对权力的制约和监督。党的十六大报告指出"加强对权力的制约和监督……发挥司法机关和行政监察、审计等职能部门的作用",提出通过审计对权力进行监督。党的十七大报告指出"确保权力正确行使,必须让权力在阳光下运行……重点加强对领导干部特别是主要领导干部、人财物管理使用、关键岗位的监督,健全质询、问责、经济责任审计、引咎辞职、罢免等制度",强调了经济责任审计在权力监控中的作用。党的十八大报告指出:"健全权力运行制约和监督体系……推进权力运行公开化、规范化,完善党务公开、政务公开、司法公开……经济责任审计……让人民监督权力,让权力在阳光下运行。"党的十八届四中全会提出要"强化对行政权力的制约和监督"。党的十八届五中全会提出要"深入推进党风廉政建设和反腐败斗争,巩固反腐败斗争成果,健全改进作风长效机制"。党的十九大报告强调了"坚定不移全面从严治党,不断提高党的执政能力和领导水平""健全党和国家监督体系",对审计功能作用的发挥提出了更高的要求,即审计要在制约和监督权力运行上发挥更大的功能与作用。《中华人民共和国国民经济和社会发展第十四个五年规划和2035年远景目标纲要》指出:"健全党统一领导、全面覆盖、权威高效的监督体系,形成决策科学、执行坚决、监督有力的权力运行机制。"中央审计委员会办公室、审计署印发的《"十四五"国家审计工作发展规划》也强调:"着力构建全面覆盖的审计工作格局。统筹各级审计力量……确保党中央重大政策措施部署到哪里、国家利益延伸到哪里、公共资金运用到哪里、公权力行使到哪里,审计监督就跟进到哪里。"

监控公共经济权力的运行就必须预防和遏制腐败。公共资源的使用和支配环节是腐败现象较为集中的领域,必须强化对公共资源使用和支配的监督,才有可能从源头上遏制腐败。国家审计作为独立的监督机制,通过对国家财政财务收支和其他公共资源使用情况进行监督和控制,发挥腐败治理作用。

5.2.2 国家审计在腐败治理中的作用

国家审计在腐败治理中的作用是通过其功能的发挥实现的,国家审计的监督功能决定了国家审计的重要职责是制约和监督公共经济权力运行、预防和遏制腐败,从而促使公共受托经济责任得到全面有效的履行。政府审计有助于促进政府有效履行责任,减少官员不法行为的发生(黄溶冰和王跃堂,2010),审计力量越大、执行力度越强,越能有效预防领导干部腐败(李江涛等,2011)。

国家审计的基本职责是对会计信息所反映的公共受托经济责任的实际履行状况进行鉴证。国家审计需要对公共受托经济责任履行情况进行跟踪、监督和反馈,不仅限于会计数字及经济事项反映的公共受托经济责任,它是一种检查、调查、核实和复查,强调经济性、效率性、效果性,确保资本市场秩序政策,维护国家对社会资源的配置(David,1988)。在国家审计领域,审计信息反映政府和公共部门开展经济活动与履行职责的情况,随着经济社会的发展,经济活动越来越丰富,国家审计的内容也不断拓展,审计机关通过开展政策落实跟踪审计、财政审计、国有企业审计、金融审计、农业农村审计、资源环境审计、民生审计、经济责任审计等审计活动对公共经济权力运行的各个领域进行监控。

审计移送[①]制度是审计参与腐败治理的重要机制。审计机关将查出的侵害国家和人民利益的违纪违法问题和线索进行移送,有助于提高案件处理效率,减少职务犯罪。表 5-1 统计了 2008—2017 年全国审计机关审计移送处理总体情况。10 年间,全国审计机关共移送处理事项 63 996 件,涉及人员共 87 289 人,涉及总金额 121 193 947 万元。其中,向司法机关移送处理事项 5 347 件,移送人员 9 682 人;向纪检监察机关移送处理事项 27 867 件,移送人员 49 120 人;向上级主管部门等有关部门移送处理事项 30 782 件,移送人员 28 487 人。可以看出,审计在加

---

① 审计移送是指审计机关依法将所查出的违纪违法问题和线索,向司法机关、纪检监察机关和相关部门进行移送,以便相关机关和部门做出进一步处理。《审计署关于进一步规范审计移送工作的意见》对审计移送处理事项的范围及移送方式等作了相关规定。

强与其他监督部门和主管部门的沟通协调、防治腐败方面发挥了重要的作用。

表 5-1 2008—2017 年全国审计机关审计移送处理总体情况

年度	移送处理事项(件)				移送处理人员(人)				涉及总金额(万元)
	合计	司法机关	纪检监察机关	有关部门	合计	司法机关	纪检监察机关	有关部门	
2008	2 617	373	1 037	1 207	2 723	651	1 178	894	12 720 168
2009	2 572	398	1 058	1 116	2 505	544	1 295	666	8 155 922
2010	3 096	393	1 186	1 517	3 059	904	1 342	813	9 258 095
2011	3 230	437	1 207	1 586	5 127	1 077	1 428	2 622	11 795 588
2012	3 707	384	1 434	1 889	6 877	1 404	2 655	2 818	5 068 854
2013	4 905	579	1 802	2 524	7 068	1 097	2 438	3 533	9 134 470
2014	6 842	705	2 880	3 257	9 385	1 394	4 746	3 245	19 723 151
2015	10 307	919	4 512	4 876	15 646	1 182	10 800	3 664	23 044 171
2016	10 829	619	4 524	5 686	12 236	764	7 372	4 100	19 276 061
2017	15 891	540	8 227	7 124	22 663	665	15 866	6 132	3 017 467
合计	63 996	5 347	27 867	30 782	87 289	9 682	49 120	28 487	121 193 947

资料来源:根据 2009—2018 年《中国审计年鉴》的数据整理。

为了强化审计在腐败治理中的作用,从 2010 年开始,审计署将审计移送处理的结果通过审计结果公告的形式对外发布,将国家审计与信息公开结合起来,大大增强了审计移送对贪腐行为的威慑作用。截至 2020 年年底,关于审计移送处理结果的公告已有 20 余篇,从公告中披露的移送处理的具体违法犯罪行为(表 5-2)可以看出,审计发现的违法犯罪问题和线索中,滥用职权、贪污贿赂和诈骗三类的数量最多,其次是违反中央八项规定精神、玩忽职守、涉税问题。这些典型的公共经济权力异化问题通过审计移送得到相关部门进一步处理,体现出审计在腐败治理中的特殊重要作用。

表 5-2 审计结果公告披露的移送处理违法犯罪行为

问题类型	数量(项)	占比	具体违法犯罪行为
滥用职权	176	28.66%	(1) 职务侵占 (2) 违规审批 (3) 非法从事经营活动 (4) 违规承包工程 (5) 违规套取资金、转移资金、截留资金 (6) 挪用贷款,挪用财政专项资金 (7) 违规出借资金 (8) 私借公款 (9) 利用职务便利获取内部信息谋利 (10) 利用职权非法牟利,协助他人谋利

(续表)

问题类型	数量(项)	占比	具体违法犯罪行为
贪污贿赂	169	27.52%	(1) 利用职权贪污 (2) 利用职权索贿 (3) 挪用公款 (4) 私分国有资产 (5) 接受利益输送 (6) 向他人行贿 (7) 为他人介绍贿赂渠道
诈骗	132	21.50%	(1) 虚假骗贷 (2) 合同诈骗 (3) 集资诈骗 (4) 保险诈骗 (5) 社保、扶贫等财政专项资金诈骗
违反中央八项规定精神	75	12.21%	(1) 私设小金库 (2) 违规报销费用 (3) 公款旅游 (4) 私发奖金福利 (5) 私发购物卡 (6) 账外存放资金
玩忽职守	24	3.91%	(1) 把关不严,疏于审核造成专项资金被骗 (2) 把关不严,疏于审核造成巨额贷款被骗 (3) 玩忽职守,在签订合同时被骗 (4) 玩忽职守,被骗非法从事经营活动 (5) 失职造成项目工程质量低劣 (6) 失职造成国有资产损失和流失
涉税问题	24	3.91%	(1) 偷逃税款 (2) 虚开增值税发票 (3) 提供虚假材料,骗取出口退税 (4) 非法经营票据
其他	14	2.28%	(1) 逃汇,虚假出资,抽逃资金 (2) 违规担保 (3) 违规占用基本农田 (4) 违规冒领低保,骗取医保资金 (5) 操纵证券市场 (6) 违规骗取补偿
合计	614	100%①	—

资料来源:根据2010—2020年审计署发布的关于审计移送处理结果的审计结果公告内容整理。

① 由于四舍五入问题,表中各项占比的合计数为99.99%。

5.2.3 审计功能与腐败治理

国家审计通过揭示、抵御和预防功能在腐败治理中发挥作用。

1. 查处和揭露腐败问题的揭示作用

国家审计作为重要的经济监督机制,可以有效查处和揭露经济活动中的违规违纪行为,发现腐败案件的线索,发现制度缺陷和漏洞。国家审计依法开展监督、检查工作,具有直接揭露和打击腐败的特点。国家审计监督公共经济权力的运行,通过审计监督在职责范围内直接对权力异化导致的腐败现象起到揭露、警示等作用;当查出的问题超越其权限时,国家审计还能将调查中所发现的案件线索和相关人员移送至司法机关、纪检监察部门以及被审计单位上级主管部门等,以便问题得到进一步处理,最大限度地挽回损失,从而间接发挥防治腐败的作用。《中华人民共和国审计法实施条例》第四十一条规定:"审计机关在审计中遇有损害国家利益和社会公共利益的事项,但处理、处罚依据不明确的,应当向本级人民政府和上一级审计机关报告。"同时,审计机关通过发布审计结果公告对公共经济权力运行情况和问题进行披露,能够促进公众参与和媒体监督,对潜在违规行为起到警示作用,强化审计问责力度。《中华人民共和国审计法》第四十条规定:"审计机关可以向政府有关部门通报或者向社会公布审计结果。"

2. 提出建议和措施的抵御作用

国家审计具有针对腐败问题提出建议和措施并督促被审计单位整改的抵御作用。《中华人民共和国审计法》第四十五条规定:"审计机关按照审计署规定的程序对审计组的审计报告进行审议,并对被审计单位对审计组的审计报告提出的意见一并研究后,出具审计机关的审计报告。对违反国家规定的财政收支、财务收支行为,依法应当给予处理、处罚的,审计机关在法定职权范围内作出审计决定;需要移送有关主管机关、单位处理、处罚的,审计机关应当依法移送。"按照法律法规的要求,国家审计能够对已发生的腐败问题作出应对,对违规违纪现象、制度漏洞等向相关部门提出整改建议和措施。在揭露腐败现象的基础上,国家审计进一步对腐败产生的原因进行从现象到本质、从微观到宏观的分析,提出如何防治腐败、规范管理、健全机制的相关建议,从而防止腐败行为从苗头变成趋势。

3. 威慑和遏制腐败发生的预防作用

国家审计的预防作用是其腐败治理功能的最鲜明体现,是推动国家实现良治的根本要求。国家审计具有很强的权威性,这是由其作为国家经济监督机制的强制性和专业性所决定的。审计机关及其审计人员运用法律赋予的职责和权限开展审计工作,做到有错必查、有错必纠,其专业性使其能够在经济活动的各种记录和现象中发现违规违纪的蛛丝马迹,找到问题和案件的重要线索,发现和揭露腐败,威慑潜在的腐败行为。审计结果公告制度的实施进一步凸显了国家审计的预防功能,审计结果公告的信息公开特性可以有效引发媒体关注、社会舆论以及公众参与,从而强化国家审计的威慑作用,使审计结果更加受到重视。同时,审计结果公告有助于促进审计问题的解决,社会舆论压力也会促使有关部门对违规违纪人员进行责任追究,从而遏制腐败现象的发生。

5.3 国家审计发挥腐败治理功能的作用机制与实现方式

审计机关具有确定审计对象、实施审计行为以及依据审计结果和相关法律法规对被审计单位及其责任人进行处罚和建议的权限。审计机关及其审计人员享有审计控制权,它是国家为保证审计控制职能的实现而赋予审计机关及其审计人员的。它既是保证公共受托经济责任得到全面有效履行的重要手段,也是监督公共经济权力运行、打击权力腐败的有力武器。

5.3.1 国家审计发挥腐败治理功能的作用机制

国家审计发挥腐败治理功能的作用机制主要体现为经济监督机制、审计合作机制、信息披露机制、审计建议机制和审计处罚机制(图5-1)五个方面。

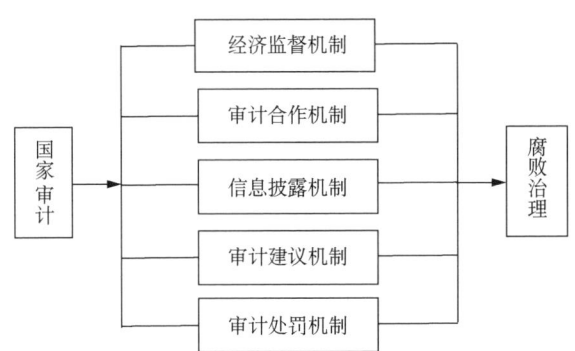

图5-1 国家审计发挥腐败治理功能的作用机制

1. 经济监督机制

国家审计作为专项经济监督机制,发挥经济监督作用。现实中,大多数腐败案件都与资金、资产问题密切相关。李克强在2013年6月17日考察审计署时强调,腐败的主要表现就是权钱交易,要通过加强审计毫不留情地揭露滥用权力、以权谋私等行为。国家审计具有最直接的专业检查能力,它通过运用各种审计手段,能够发现经济活动中的舞弊和腐败行为。相较于其他检察机关,审计署及地方审计机关的审计人员具有较强的会计、审计专业能力,高度的职业敏感使其能够迅速发现财政财务资金上的疑点和问题,从而对违法违纪问题进行审查和揭示。

2. 审计合作机制

审计机关可以与检察机关、司法机关建立有效的合作机制。国家审计监督几乎覆盖所有公共部门和公共资金。审计机关通过开展审计活动,能够及时和有效地获取审计证据,揭露问题,发现违法违规线索,并在此基础上进一步与其他监督部门协调合作,查处和打击腐败行为。审计机关移送的事项可以为其他部门查办案件提供重要线索和有价值的证据资料。除此之外,审计机关还可以针对所发现的制度缺陷、内部控制缺陷、管理漏洞等问题提出整改建议或意见,并督促被审计单位进行整改,审计建议有助于完善社会主义经济制度,维护良好的市场经济秩序,也有助于促进党风廉政建设,从源头上遏制腐败。

3. 信息披露机制

披露审计信息对强化监督效果、防治腐败有着特殊的作用。审计结果公告制度是重要的审计信息披露制度。审计机关向社会公开发布审计结果公告,不仅可以揭示腐败行为,实现政府信息公开透明,降低政府与社会公众之间的信息不对称程度,还能帮助政府官员树立自信心与提高道德水准,促进社会形成对反腐倡廉文化的认同感,有利于加强党风廉政文化建设,减少公共经济权力异化导致的腐败现象。

4. 审计建议机制

国家审计在发现和揭示问题的同时,对问题的整改提出建设性意见,有利于被审计单位优化管理和深化改革。审计建议能为被审计单位制定决策和完善制度提供一定的参考和依据。因此,通过审计建议机制,审计机关提出审计意见,被审计单位切实整改,堵塞漏洞,减少损失浪费,提高了资金的使用效益和管理水平,完善了制度规范,让公共经济权力在阳光下运行,从而更有效地预防和抑制贪污腐败行为的发生。

5. 审计处罚机制

《中华人民共和国审计法》和《审计机关审计处理处罚的规定》赋予了审计机关对被审计单位违反国家规定的财政收支、财务收支行为采取相应的处罚措施的权力。目前国家审计处罚的种类有:警告、通报批评,罚款,没收违法所得,依法采取的其他处罚措施。审计处罚机制让审计机关拥有一定的执法权,能够进一步强化审计的效果,让问题得到及时处理,并对被审计单位产生威慑作用。

5.3.2 国家审计促进腐败治理的实现方式

国家审计作为一种特殊的经济监督方式,通过发挥专业特色、职能优势,能够发现腐败线索,并针对职务犯罪提出对策和建议,预防和打击腐败。本节从财政审计、绩效审计和经济责任审计三个方面分析国家审计促进腐败治理的实现方式。

1. 财政审计

财政审计是指审计机关根据国家法律和行政法规的规定,对国家财政收支及相关经济活动的真实性、合法性和效益性情况进行的监督检查①。凡是参与国家财政收支管理的各级政府和相关公共部门、各级财政预算单位都是财政审计监督的对象②。财政审计具有宏观性、整体性和政策性的特点,审计内容涉及面广,包括国家财政政策、体制和制度等宏观调控方面的事项。财政审计对政府活动中所有的收入和支出情况进行监督,能够揭露政府及公共部门财政收支、财务收支中的违规违纪问题,预防与遏制腐败,保障国家财政资金管理使用的安全、真实和有效。

财政审计发挥腐败治理功能主要体现在以下三个方面:第一,财政审计的主要内容包括预算执行及决算草案审计和税收审计。预算执行及决算草案审计是指审计机关对各级政府、各级党政部门、事业单位、人民团体等的部门预算执行情况以及决算草案编制情况开展的审计工作,主要检查预决算的真实性、合法性和效益性。预算执行及决算草案审计能够促进政府建立现代财政制度,促进各部门严格预算约束、建立科学规范的预算制度,保障公共资金的安全使用,预防腐败。税收审计是指对海关、税务系统税收征管情况进行审计,关注依法征收情况、税制改革推进情况,以及相关税收优惠政策落实情况及效果。税收审计有利于完善我国的税收体系,促进我国建立科学高效的税收制度,减少权力寻租。第二,财政审计依法对公共资金管理和使用中的全部收支情况(包括收支规模、结构、管理和政策实施效果等)进行审查,监督和评价政府及公共部门财务活动的真实性与合法性,能够全面监控公共资金的运行情况。腐败行为往往通过日常的资金运行和财务活动体现出来,财政审计对资金运行情况进行监督,具有针对性,能够有效发现腐败线索,查出腐败行为。第三,财政审计通过完善制度,减少腐败发生的机会。财政审计重点关注政府间的财政关系以及财政政策与货币政策、产业政策等方面的协调情况,并对涉及宏观政策方面的问题做出评价。财政审计加强了对公共资金使用

---

① 源自审计署网站:https://www.audit.gov.cn/n6/n37/c131041/content.html。
② 财政审计监督的对象主要包括以下三个方面:一是管理、分配、使用财政资金的本级政府及其组成部门、直属机构,下级政府和其他有关部门、单位;二是负责征收财政收入的税务、海关和其他有关部门、单位;三是其他取得财政资金的单位和项目等。

过程的监督,能够查出被审计单位的管理漏洞和内部控制制度缺陷,揭示当前财政收支管理制度中存在的问题,并在此基础上分析如何进一步完善公共财政制度,从而在制度上减少腐败发生的机会。

2. 绩效审计

绩效审计①是指对被审计单位经济活动的经济性、效率性和效果性进行的审计。受托经济责任理论认为,政府及公共部门具有管理和使用公共资源的权力,但也承担着相应的公共受托经济责任,在保证公共资源管理使用的真实合法性的同时,也要确保公共资源使用的绩效。绩效审计需要审计机关按照一定的绩效标准,综合使用各种审计技术方法对被审计单位的绩效进行全面的评价,找出经济活动中的低效现象、薄弱环节或潜在的提效机会,提出审计建议,以促进公共受托经济责任中的绩效责任得到全面有效履行。绩效审计的目标与财政审计不同,财政审计强调监督公共资金使用的真实性、合法性和合规性,而绩效审计强调评价被审计单位管理和使用资源的经济性、效率性和效果性,以进一步促进被审计单位实现资源的科学配置和公共经济权力的有效运行。其中,绩效审计对经济性的审查主要关注被审计单位在资源使用方面是否经济,在产出一定的情况下是否能最大限度减少投入,是否存在资源浪费和流失等现象;对效率性的审查主要关注被审计单位投入产出比,判断资源配置是否合理,流程管理是否高效等;对效果性的审查主要关注被审计单位管理和使用资源的效果,在投入一定的情况下是否获得了最大的产出,是否达到预期目的和实现预期收益。

公共经济权力运行效率的高低影响腐败产生的概率。高效的权力运行和资源管理必须消除机构臃肿、官僚主义、人浮于事等现象,提高资金管理使用效率,不给腐败可乘之机。开展绩效审计,监督公共资源受托方履行受托经济责任产生的效益,有利于建设高效政府,提高政府治理效率。绩效审计发挥腐败治理功能主要体现在以下三个方面:第一,促进干部清廉,减少腐败发生的可能性。绩效审计通过监督和评价公共资源管理和使用的经济性、效率性和效果性,可以有效减少损失浪费现象,促进被审计单位提质增收和廉洁办公,把稀缺的资源用在"刀刃"上。第二,提升管理水平。绩效审计提供了被审计单位公共受托经济责任履行情况的信息,并针对管理不善等问题提出改进意见,帮助被审计单位提升管理水平,减少决策失误,促进公共资源的保值增值。第三,促进相关制度的完善。被审计单位在审计机关发现问题之后进一步深入剖析问题产生的原因,寻找制度缺陷,提出政策建

---

① 绩效审计的概念在1986年悉尼召开的第二届最高审计机关国际组织会议上正式被提出。

议,约束权力运行,防治腐败。

3. 经济责任审计

从1986年中共中央办公厅和国务院办公厅联合印发《县级以下党政领导干部任期经济责任审计暂行规定》和《国有企业及国有控股企业领导人员任期经济责任审计暂行规定》至今,经济责任审计作为一项具有中国特色的经济监督制度,已有36年历史。2019年7月,中共中央办公厅、国务院办公厅印发了新修订的《党政主要领导干部和国有企事业单位主要领导人员经济责任审计规定》,该规定指出:"经济责任,是指领导干部在任职期间,对其管辖范围内贯彻执行党和国家经济方针政策、决策部署,推动经济和社会事业发展,管理公共资金、国有资产、国有资源,防控重大经济风险等有关经济活动应当履行的职责。"经济责任审计的对象是党政主要领导干部和国有企事业单位主要领导人员,内容聚焦领导干部的经济责任。

经济责任审计是一项具有中国特色的经济监督制度,是现代审计制度在中国的一种创新。国外并没有经济责任审计这种审计类型,但有功能与经济责任审计相似的其他审计类型,如美国的"3E"审计、加拿大的"综合审计"。我国的经济责任审计不同于国外的"3E"审计和"综合审计","3E"审计和"综合审计"的对象是"事",不是"人";而经济责任审计的落脚点是对"人"作出评价。马克思主义历史唯物论认为,人的本质在其现实性上是社会关系的总和,应当得到自由而全面的发展。经济权力行使者为了履行其受托经济责任,具有自由行使其经济权力的自由,但这种自由必须以实现委托人的要求或特定原则为前提。经济责任审计针对"人"进行审计,充分发挥其对经济权力监控的特点。经济责任审计对权力行使者的经济权力行使状况进行审查,最终对经济权力的行使状况作出综合评价。经济权力是由各单项经济权力组成的,经济责任审计在对责任人进行综合评价时,即可对各单项经济权力进行直接监控。

经济责任审计在腐败治理中发挥着独特的作用。作为一种以人为审计对象的经常性审计,经济责任审计能够监督和审查领导干部任职期间公共资金、国有资产和国有资源的管理、分配和使用情况,评价领导干部权力行使和责任落实情况,发现和纠正领导干部用权不当的问题,帮助被审计单位完善制度、加强管理,防止权力异化,预防和遏制腐败行为。经济责任审计被认为是预防腐败的"探测器",能够有效判断领导干部是否履行经济责任,是否存在违纪违规问题,是否存在贪污腐败苗头或现象。

5.4 各地推进审计反腐的重要举措

党的十八大以来,党中央显示出空前的反腐败力度和决心。习近平总书记在党的十八届中央纪委二次全会上发表重要讲话时强调:"要加强对权力运行的制约和监督,把权力关进制度的笼子里,形成不敢腐的惩戒机制、不能腐的防范机制、不易腐的保障机制。"审计作为党和国家监督体系的重要组成部分,在反腐败斗争中发挥着越来越重要的作用。李克强在2014年1月全国审计工作会议上对审计工作提出要求:"切实当好国家利益的捍卫者、公共资金的守护者、权力运行的'紧箍咒'和反腐败的利剑。"《中共中央关于全面推进依法治国若干重大问题的决定》将审计监督作为权力运行制约和监督体系的一个重要组成部分。全国各地审计机关通过完善制度、创新审计方法,探索出一系列审计反腐的重要举措,不断加强审计在腐败治理中的作用。

5.4.1 四川省建立审计、纪委、检察、公安四部门协查协审机制[①]

为进一步完善反腐败协调工作机制,充分发挥审计机关在反腐败斗争中的重要作用,形成立体监督合力,2017年,四川省结合实际,印发了《审计厅与省纪委机关、省检察院、公安厅的协查协审机制》的通知,对建立审计、纪委、检察、公安四部门协查协审机制作出了规定。

一方面,省纪委机关、省检察院、省公安厅在查办案件过程中需要省审计厅协查的,省审计厅应当及时协查并反馈结果。可以提请协查的五种情况分别为:①在查办案件中需要审计机关提供资料查询、调查取证等审计专业支持的;②需要对违反财经法规行为进行会商的;③需要提前安排对财经违法违规行为进行审计的;④发现需要移送审计机关审计或处理的财经违法违规行为的;⑤需要提供相关审计政策法规信息或审计业务培训的。

另一方面,省审计厅在审计工作中需要省纪委机关、省检察院、省公安厅协审的,应及时协审并反馈结果。可以提请协审的五种情况分别为:①发现涉嫌重大违纪违法问题线索,被审计对象存在重大违法违规现象,案情疑难复杂,受审计职权范围和审计手段限制,无法深入查证的;②发现的违纪违法问题性质严重、涉及面广或者比较敏感,需要相关机关共同及时处置的;③发现被审计对象正在实施转移财产、隐匿或销毁账簿及财务资料等违纪违法行为且制止无效,或涉嫌严重违规违

---

① 案例资料来源:根据中华人民共和国审计署网站相关内容(https://www.audit.gov.cn/n4/n19/c93066/content.html)整理。

纪人员可能串供或逃逸的;④审计人员在依法行使审计或调查权时,被审计对象或其他相关人员拒不配合或采取过激行为,阻碍审计工作正常开展或危及审计人员人身安全的;⑤审计机关就发现的经济案件线索的立案标准、违法事实、违法要件等认定存在分歧或疑问,需要咨询会商的。

该工作在省委反腐败协调小组领导下开展,坚持分工协作、优势互补、形成合力,共同推进的原则,并提出三条具体要求:①各单位主要负责人亲自抓,明确分管领导,指定承办部门;②加大协查协审工作力度,细化内部操作办法,建立常态联系机制;③工作中要主动对接、密切沟通、快速反应,努力使反腐工作形成合力。

5.4.2 海南省探索"审巡结合"模式,共铸反腐"利剑"[①]

为加强审计与巡视工作的协同配合,2017年,海南省审计厅和海南省委巡视办探索开启"审巡结合"模式,护航海南经济社会健康可持续发展,共铸反腐"利剑"。该模式的建立从以下两个方面进行:

第一,建立"审巡协同"。审计厅将"十三五"审计中长期规划及每年审计计划及时抄送省委巡视办,便于省委巡视办根据审计轮审计划向省委提出有关巡视部署安排的建议。审计厅也可以根据每轮巡视工作方案,对已经列入年度计划的审计任务进点时间进行适当调整,与巡视进驻协同。巡视和审计同时进驻同一单位开展工作时,由审计厅和省委巡视办协调相关巡视组和审计小组建立工作联络机制,加强情况互通互联和成果转化运用。

第二,推动"边巡边审"。巡视组在巡视期间发现属于审计职责范围且审计手段可及的问题和线索时,经省委或省委巡视工作领导小组同意,可以向审计厅提出"边巡边审"建议,由审计厅立项、安排进点审计,以配合巡视组开展工作。

为保障"审巡结合"模式的顺利建立,双方商定,审计厅选派10名审计专业人员进入省委巡视人才库,巡视人才库中的审计专业人员实行一年一轮换。每轮巡视开始前,审计厅从巡视人才库中为每个巡视组至少配备1名审计专业人员。对重点单位或部门开展巡视时,根据省委巡视办和巡视组需求,可以适当增派人员。另外,双方还协调了如何加强相互之间的情况通报、建立巡视向审计移交问题和线索会商机制、加强成果运用情况通报、规范巡视移交审计事项办理程序、对审计结果提出处理建议等问题。该模式的建立提高了海南省预防和惩治腐败的工作效率。

[①] 案例资料来源:根据中华人民共和国审计署网站相关内容(https://www.audit.gov.cn/n4/n20/n524/c98067/content.html)整理。

5.4.3 江苏省盐城市构建"纪监巡审"联动协作机制①

为深化监督协同,提升监督效果,促进腐败治理,江苏省盐城市纪委监委机关、市委巡察办和市审计局先后出台《进一步加强纪检监察机关和审计机关协作配合暂行办法》《市委巡察机构与市审计局协作配合的意见》等文件,构建"纪监巡审"联动协作机制,显著提升了该地区的违纪违规问题查处率和整改到位率。

"纪监巡审"联动协作机制具有以下四个方面的特点:

第一,在监督重点上同向发力。强化政治、纪律、经济监督一体化是盐城市"纪监巡审"联动协作机制的重要特征之一。盐城市"纪监巡审"联动协作机制把监督工作放在党和国家监督体系的大环境中,坚持总体上保持协同,"个性化"需求互动整合。"纪监巡审"联动协作机制加强和改进工作统筹衔接,及时交流对接各自年度工作计划和阶段性监督重点。审计机关每年在制定审计项目前,都征求纪检监察和巡察机关意见,注重将群众反响强烈、廉政风险突出的部门、单位和个人,或者有需要审计协助查证的事项列入项目计划。市委巡察机构则对近期完成审计且问题较为突出的单位优先安排巡察,既保证了被审计单位对审计发现问题的及时全面整改,又有助于巡察工作更加精准高效地开展。盐城市审计机关围绕"六稳六保"、"三大攻坚战"、乡村振兴、"放管服"改革、创新驱动发展、财政资金提质增效、领导干部经济责任履行等方面开展审计监督。这些聚焦公权力行使、重大政策落实、公共资金使用情况的重点监督工作,与纪检监察和巡察机关的监督重点高度契合。2019年以来,盐城市审计机关共对156个村居乡村振兴政策和资金开展审计,重点关注"一卡通"惠农补贴、村级"三资"、脱贫致富奔小康等政策措施落实和资金管理使用情况。同时,针对市委巡察关注的问题,如政府债务风险防控、脱贫攻坚薄弱环节加固、乡村振兴推进、棚户区改造、水环境污染防治等,审计也都能及时提供第一手资料,或者积极参与其中。

第二,在监督成果上共享共用。"纪监巡审"联动协作机制在日常工作中积累的档案资料和信息线索,有利于相互之间有的放矢、顺藤摸瓜查深查透相关事项,节省力量、找准案件突破口、提高监督效能。盐城市审计局所有经济责任审计结果报告和相关专项审计报告,均抄送市纪委监委机关;其他结论性或过程性情况,经规范的流程审批后,也与纪委监委和巡察机构进行资源共享,以便其参考利用,并适时反馈结果。与此同时,在审计机关实施审前调查时,纪委监委和巡察机构也在

---

① 案例资料来源:根据中华人民共和国审计署网站相关内容(https://www.audit.gov.cn/n4/n20/n524/c144203/content.html)整理。

符合规定的情况下,共享相关单位和个人涉嫌经济领域违纪问题线索,要求派驻纪检监察组及时全面提供被审计单位党风廉政建设责任制检查、述职述廉及干部廉政档案等资料。审计局在发现问题线索的第一时间,以书面或口头汇报形式,向同级党委、纪委监委进行汇报和移送,防止线索流失、处置失当。纪委监委机关在规定的时间内,都能将受理结果反馈给审计局,形成工作闭环和良性循环。对于隐瞒、截留、阻挠移送,或泄密的情形,也有相应的纪律和责任约束。

第三,在监督力量上加强统筹。盐城市审计局立足于政治机关和宏观管理部门定位,加大复合型人才库建设,大力培养查核问题能手、分析研究高手、计算机应用强手和精通管理行家里手,选拔和储备了一批政治素质过硬,作风优良,精通管理、会计、财政、金融、工程、计算机等方面的专业人才。在纪委监委、巡察机构抽调人员时,根据专项监督检查的要求,统筹安排精干审计力量参与其中,必要的时候还推荐优秀的社会机构人员共同参与。2019年以来,盐城市审计局累计选派8人参加12轮次省委巡视,选派16人参加6轮次市委巡察,向省委巡视组、市委巡察组提供相关审计项目档案21卷,审计报告80多份。为加强工作交流和联系,为"纪监巡审"注入高效运行的强劲动能,审计机关定期提请召开"纪监巡审"联席会议,通报交流工作情况、协调解决重点问题、剖析问题产生原因、研究共同治理举措;市纪委监委机关、市委巡察办和市审计局分别明确专门处室,负责对口连接、日常联络,特别建立了专项工作沟通联系机制,对相近时期同一地区或同一事项的监督检查进行统筹融合,互认共用结果,有效降低了基层负担、提升了工作效能;为全市纪检监察和巡察干部开展"如何在财务审计中精准发现问题线索"专题培训,从问题现象、产生根源、审查方法等方面层层剖析破题,使"纪监巡审"联动协作机制越来越顺畅,联合监督成效越来越显著。

第四,在标本兼治上同频共振。盐城市审计局积极探索审计项目全流程和全要素质量管理,创新开展优秀项目考核评比和案例交流,"质量强审"成效明显,有多个审计项目获评全国、全省优秀表彰项目。审计综合报告和专报信息"揭示问题深,分析问题透,对策建议实",审计监督由"专项检查"向"综合体检"转变,为"纪监巡审"联动协作、做好审计"后半篇文章"、推进标本兼治打基础。"纪监巡审"机关经共同努力,2019年以来推动完善《关于进一步加强经费管理严肃财经纪律的通知》等制度30多项,充分发挥了审计建设性作用。

6 权力清单审计问题研究

随着《中华人民共和国政府信息公开条例》的正式颁布并实施,政府通过主动发布信息逐步形成了公共权力运行公开化这一常态。强化对权力运行的制约和监督是中国改革和发展中不容回避的问题,也是我国推进国家治理体系和治理能力现代化的重要内容。公共权力监督是对公共权力运行全过程的控制与约束。公共权力监督现代化是国家治理体系与治理能力现代化的重要组成部分。公共权力不断向下级政府以及经济与社会领域的转移,推动了政府职能转变和服务型政府建设,如何厘清权力边界、如何建构权力运行机制、如何保障权力运行的规范和效率、如何强化公共服务功能等问题随之产生。因此,在全面深化改革的背景和新挑战下,确权对权力监督的重要性日益凸显。从确权的角度看,权力制约在于实现对公共权力拥有者或控制者权力的规制,其逻辑原点就在于上下级之间如何合理分权,有效确定权力的边界、明确权责范围。而权力约束的首要任务便是制定规则,明晰权力运行的预期。而确权规制的实施路径,即为权力清单制度建设。

"法无授权不可为。"权力清单制度既强调对公共权力的警惕,也重视对公共权力的制约,是我国推进法治政府建设,实现国家法治体系和治理能力现代化的重要方面。推行政府权力清单制度,即以清单方式进行权力列举,并向社会公众及时公开和披露,让公共权力在阳光下运行,将公共权力置于公众的监督之下,压缩信息不对称造成的权力异化空间。借助权力清单,政府部门能够更加清晰地了解到自身拥有的公共权力以及应当承担的责任,从而依法行使公共权力。

权力运行轨迹是权力清单的主要内容,而权力清单审计是保障权力清单制度运行有效的重要手段。依据权力清单中描述和刻画的权力运行轨迹,权力清单审计应对公共权力运行风险和公共受托责任的履行情况予以确认,重点关注公共权力运行中的重大风险点,分析和评估其是否偏离公共权力运行目标,并通过审计监督和反馈机制,及时进行偏差纠正,以更好地实现公共受托责任的全面有效履行。

6.1 编制权力清单

职权法定原则和越权无效原则是行政法治的基本原则。将包括行政机关在内的公共权力主体的活动规范在法律的框架范围内是依法行政的重要方面。职权法定原则要求行政机关所行使的职权必须有法律上的依据。根据越权无效原则,行政机关如果超越自己的法定职权范围行使权力,其行为的法律效力将会归于无效(姜明安,2011)。因此,权力清单为明晰行政机关的职权提供了重要依据。

权力清单最初被提出时,其宗旨在于"消除权力设租寻租空间"和"划定政府与市场、社会的权责边界"。权力清单制度要求行政机关不仅要明确自身的权力,还需要明确自身的工作流程。由于权力清单要公布于众,接受社会公众的监督,行政机关必须要严格按照法律规定和行政管理的实际需要,合法、科学地确定行政权力的行使程序。随着权力清单制度的出台和实施,各级地方政府展开了多种形式的权力清单改革。各级地方政府依据权力清单制度,梳理和界定其权力边界,对自己所有权限及其运行机制进行清理和梳理,按照合法确权和权力要素合理配置原则,将公共经济权力行使过程以清单形式对外披露。权力清单一旦对公众公开,就意味着行政机关就自己的职权范围和程序规范向社会作出了承诺,是行政机关的自我约束,具有法律上的约束力。与此同时,具有监督权的国家机关和社会公众可以凭借权力清单对行政机关进行监督。一方面,可以对照现有的法律规定与行政机关编制的权力清单,发现行政机关编制的权力清单与法律规定存在冲突和矛盾的地方,纠正行政机关在确认行政权力范围和运行过程方面的认识错误,确保权力清单本身的合法性和有效性。另一方面,可以依据合法有效的权力清单对行政机关的行政活动进行监督。权力清单的演进过程如表 6-1 所示。

表 6-1 权力清单演进过程

年份	权力清单制度推行进展
2005	国务院办公厅印发了《关于推行行政执法责任制的若干意见》,各地方、各部门据此制定、修改、废止了一批职责交叉或者与上位法相抵触的执法依据,被群众誉为厘清行政机关的权力清单
2007	30 个省(自治区、直辖市)①梳理行政执法依据结果并向社会公布,基本厘清了行政机关的权力清单

---

① 西藏自治区未披露。

(续表)

年份	权力清单制度推行进展
2009	中纪委、中组部主导在江苏省睢宁县、河北省成安县、四川省成都市武侯区等三地开展"县委权力公开透明运行"试点,要求祛除权力的神秘感、封闭性,厘清权力事项,公布权力清单,还权力真相于党员群众
2010	一些政府机关在政务网站公开行政权力清单,并利用博客、微博等拓宽信息公开的渠道,创新了政府信息公开的方式方法
2013	党的十八届三中全会召开,《中共中央关于全面深化改革若干重大问题的决定》提出,推行地方各级政府及其工作部门权力清单制度,依法公开权力运行流程,完善党务、政务和各领域办事公开制度,推行决策公开、管理公开、服务公开、结果公开
2014	国务院决定,向社会公开国务院各部门目前保留的行政审批事项清单,以锁定各部门行政审批项目底数,接受社会监督,并听取社会公众对进一步取消和下放行政审批事项的意见。此举被认为是中央政府首次"晒"出权力清单、亮出权力家底

资料来源:《"权力清单"演进图:"清权"行动如何一步步推进?》新华网,2014 年 3 月 12 日。

6.1.1 权力清单制度与权力清单

权力清单制度是一项以行政权力为中心的法律制度。我国构建权力清单制度,梳理行政权力家底,推进行政权力的公开透明运行和行政权力运行的法治化,其目标是破解和消除行政权力运行的碎片化问题,推进行政权力运行的流程再造,建设整体性政府。权力清单的梳理和公开为推进流程再造提供了基础和支撑,依法公开行政权力的运行流程是推行权力清单制度的目标指向。

在我国,权力清单有一个非常重要的内容,就是对我国各级政府及其部门所行使的法定职权进行相应的梳理和列举。从我国现行各级政府的组织法来看,地方各级政府组织法都规定了各自相应的行政职权。权力清单对各级政府及其部门权力的数量、种类、运行程序、适用条件、行使边界等予以详细统计,形成目录,为权力划定清晰界限。这就是要让职权配置更加优化,职权边界更加清晰,职权运行更加公开,职权监管更加到位。

权力清单将权力法定和权力限制相结合,是权力规制得以实现的重要制度设计。这项制度设计的主要内容及其功能应覆盖以下几个方面:

第一,依法确权,实现职能职责法定。附着在岗位和职位上的权力必须受到规范和约束。权力清单旨在厘清政府权力边界,明确权力来源的法律依据,确保政府在宪法和法律范围内合法使用权力。当前各地推行权力清单主要依据的是《中华人民共和国行政许可法》,按其规定可将行政权力分为行政许可、行政处罚、行政强制、行政征收、行政给付、行政裁决、行政确认、行政奖励、其他行政权力等类别。依法合法确权不仅为行政权力行使提供根本保障,也为消除违规用权、缩减行政审批、减少不必要或违法的行政干预提供法律依据。

第二,规定权力的内容和限度,最大限度压缩自由裁量空间。权力的内容和权力的运行流程是审计机关以权力清单为依据,监控公共经济权力的依据和基础。政府应通过权力清单,明晰权力运行的轨迹和可能存在的风险点,提高审计监控的效率和效果。

第三,明确用权主体,协调职责交叉关系。用权主体的一致性与明确化是确权的主要任务,直接关系到行政权力能否被执行和行政问责能否被施行,即权力清单需要明确权力部门的职责,规范权力运行。例如,浙江省在进行权力清单编制中,将行政权力分为"省级保留""市、县(市、区)属地管理""共性权力""审核转报"四类,解决了用权主体在层级方面的障碍,特别是基层用权主体与基层治理能力的问题。

第四,明确政府责任范围,做到权责一致。按照权责一致理念,各级政府编制权力清单,不仅需要厘清权力内容和权力主体,还应该明确与行政权力相应的责任,把职责内容和权力运行范围作为衡量行政权力执行绩效的评价标准。例如,2014年10月,浙江省在全国发布了首份省级政府部门责任清单,系统地梳理了各个部门的职责、与其他部门的职责边界、事中事后监管制度和公共服务事项。此后,各地政府也相继开展了责任清单建设和编制工作。可以说,权力清单与责任清单以权责一致的基本原则共同构筑起权力规制的基础。

权力清单建设是实施确权规制的一种主要实践方式。从我国权力清单建设实践来看,各种层级的政府权力清单制度正在建立和完善中,各地逐渐形成了依法确权、压缩自由裁量和明确职责范围的确权原则,为建立分工明确、责任清晰、运作高效的政府治理体系奠定了基本框架。

当前,权力清单制度的推行主要依靠政策宣传与权力清单公开制度。具体而言,政府通过政策宣传,制定政策文件,引起社会高度关注,然后搭建网络信息平台,公布权力清单。同时也应注意到,政策性文件并非法律文件,并不能确保权力清单及其所载权力长期稳定实施。一方面,审计机关应该加强对权力清单的审计力度;另一方面,国家应以法律的形式确认权力清单的地位,赋予其法律效力,通过一定的法律程序和法律制裁措施保证权力清单的落实。权力清单的基本目标就是通过权力清单制度制约权力,监督权力的行使,也就是"把权力关进制度的笼子里"。权力清单的法律效力是其实现制约政府权力的基础,同时也是对政府追责的基础和依据。政府行使权力超越了权力清单,就应该承担相应的法律责任,以此保障权力清单的实施。

6.1.2 权力清单的内容

政府编制科学、合理、完善的权力清单,需要细分政府的行政权力,形成权力的分类依据。在此基础上,对行政权力进行清单式的梳理、列举和公开。具体来看,政府的行政权力具有其自身的属性。第一,行政权力具有公共性。行政权力的行使主体是具有管理公共事务职能的组织,同时行政权力的行使应当服务于公共利益。第二,行政权力具有强制性。行政权力的行使以国家强制力为保障,具有直接支配行政相对人的强制性力量。第三,行政权力具有公定力。政府行使行政权力后,任何个人或组织都不得否定其法律约束力,行政权力的行使以法律为依据。第四,行政权力具有裁量性。由于行政活动所涉及的社会情况纷繁复杂,各种行政规范规定得再详细也无法穷尽一切(李军鹏,2015)。行政权力的划分为权力清单的分类提供了基础。权力清单内容的核心是权力的运行轨迹。权力清单的一项重要内容是每一项行政权力的运行流程图。一般而言,统一的行政程序法典是指引具体行政权力运行的总则规范。由于我国不同行政管理领域的性质、地区之间经济发展水平以及不同层级执法人员的素质差异较大,我国一直未制定统一的行政程序法典。在我国统一的行政程序立法缺位的情况下,权力清单制度能够做到将职权与主体对应起来,通过权力运行流程图为每一项行政权力的运行作出主体、顺序、时限、步骤方面的程序限制。

权力清单的内容主要涉及行政权力的配置。不少地方政府公布的权力清单还涉及行政权力的变更。各地在推行权力清单制度时指出了重新配置权力的重点是权力的取消、冻结和下放,在进行权力梳理时,以行政流程中各个节点的具体行政行为为基础,注重梳理对行政相对人的权利义务有直接影响的具体行政行为。

建立权力清单并关注权力运行风险,是权力监督体系监督地方政府权力运行的前提条件。权力清单制定部门要进行职权摸底,编制权力清单,完善权力运行流程。各级政府及其部门对其清理核定的行政权力,要按照行政权力数量、种类、运行程序、适用条件、行使边界等予以详细统计,编制职权目录,对涉及自由裁量权的行政权,要根据相关法律规定,进行细化和固化,让权力行使在法治轨道之上。同时,政府要充分利用大数据的方法和技术优化权力运行流程,制作权力运行流程图,明确每一项职权的主体、行使条件、行使程序、行使时限和责任等,实现大数据精准监督权力运行全过程。政府要全方位、无死角找准权力风险点,绘制风险清单,根据"横到边,纵到底,不留空白"原则,以权力清单为基点,对权力运行中产生的数据进行关联分析。在此基础上,政府可以编制风险清单,重点要对风险点进行梳理和排查,并提出相应的预警防控措施。一般来讲,权力运行风险点主要集中在重大决策、行政审批、行政执法和党风廉政四个方面,那么有必要基于大数据绘制相应的权力风险清单。对涉及人民群众重大利益的民生工程和关乎经济社会发展的重大项目,监督机构应重点关注项目规划的审批程序、资金划拨、监管验收等环节可能出现的权力滥用等风险行为,加强数据的监控和预警,从而达到权力监督的精准化。

综合目前全国各地已公布的权力清单的实际情况,权力清单内容主要包括事项名称、权力主体以及附带的权力运行流程图等。所公布的权力清单在定位上不仅是公开的政府信息,而且是制定主体制定的规范性文件,还是向社会作出的权力公示。行政机关通过自我清权、晒权,掌握权力底数,摸清权力边界,实现自我约束。

6.1.3 权力清单的实施现状分析

权力清单制度体现的是政府及其部门以及其他行政主体对其所掌握的各项公共权力进行统计,以清单的形式,将权责事项、实施主体、操作流程等内容进行详细阐释并进行公示的行政过程。它能对行政权力所涉及的领域和范围进行清晰界定,有效规范和制约权力的运行,因而成为我国全面深化改革、提升国家治理能力和治理水平现代化的重要举措。自《中共中央关于全面深化改革若干重大问题的决定》提出"推行地方各级政府及其工作部门权力清单制度,依法公开权力运行流程"后,我国有30个省(自治区、直辖市)都将权力清单制度作为政府行政改革实践的突破口,通过公布权力清单,进一步消除权力寻租空间,规范权力运行。

从各省权力清单中公布的行政权力事项数量可以看出,虽然中共中央办公厅、国务院办公厅统一印发了《关于推行地方各级政府工作部门权力清单制度的指导意见》,但各地对权力清单的梳理口径、权力类别、涉及范围等方面的理解与认识存在差异,导致各地公布的权力事项数量存在巨大差异。其中,行政权力事项最多的是青海省,为7 488项;仅次于青海省的为广东省,为6 971项;而行政权力事项最少的是广西壮族自治区,为1 099项。从各地职能部门公布的行政权力事项数量来看,相同类型行政机关在不同地区权力事项数量存在巨大差异。以各地发展和改革委员会的行政权力数量为例,广东省发展和改革委员会有 213 项行政权力,北京市发展和改革委员会有 147 项行政权力;而辽宁省、山西省、江苏省、江西省的发展和改革委员会仅有十几项权力事项;黑龙江省发展和改革委员会的权力事项最少,仅为 6 项。从各省公布的行政权力主要事项类型来看,行政处罚、行政许可和其他权力是权力清单中占有较大比重的三类权力事项。其中所占比例较大的省份是江苏省、吉林省和云南省,这三类事项占权力事项总数的 90% 左右;所占比例最小的省份是贵州省,这三类事项占 67% 左右。

从数据统计结果可以看到,我国通过自上而下的改革思路推进权力清单制度的实施。2014 年 3 月 17 日,国务院审改办在机构编制网上公开了国务院 60 个部门的行政审批事项汇总清单,共包括 1 235 项行政审批事项。此后,各地方政府也对其行政权力进行了清理、整合、承接并进行公示。这种自上而下的权力运作和权力整合方式,有利于快速地推进地方政府学习、贯彻和落实权力清单制度,很好地实现预期制度安排,降低制度改革和实施的成本,有效避免"外部性""搭便车"行为,但同时也存在一些尚不完善之处,如出现下级政府和社会公众无法全程参与其中、无论是否同意都必须执行、以被动接受为主、无法根据各地的实际情况进行适当的调整等问题。

当前,我国权力清单制度的推行主要是通过"清权、减权、配权"等流程开展,将政府拥有的公共经济权力以权力清单的形式向公众披露和公开,使社会公众了解政府的权力边界和权力运行流程。随着各省(自治区、直辖市)推行权力清单制度,各省(自治区、直辖市)的行政权力规模和数量有较大的缩减。例如,2014 年,安徽省精简行政权力 3 693 项,辽宁省精简行政权力 3 808 项,其精简比例都达到 60% 以上。同时,各省将很多直接面向基层和群众的事项的办理权下放或实行属地管理,使办事流程更加方便快捷。此外,通过多种途径将权力清单向社会公众进行公示,使社会可以对权力进行有效监督,降低了"变相审批""隐性审批""暗箱操作"等权力寻租空间。此即在有限权力、依法行政的环境下减少权力主体对市场主体的干预,使市场真正发挥对资源配置的决定性作用。

在各地推行权力清单制度并取得成效的同时,权力清单制度也存在不少亟须改进的问题。一些凸显的问题也是审计机关开展权力清单审计的动因和方向。

通过对 30 个省(自治区、直辖市)权力清单制度总体实施情况的统计比较和特点分析可以看出,权力清单推行过程中出现了以下共性问题:

第一，行政权力清理不彻底。首先，在权力实际运行过程中，有些事项设定的法律依据不够充分，但实际行政管理工作确实需要设定，这说明导致法律规定与现实需求存在冲突，造成部分事务的管辖权游离于权力清单之外。例如，黑龙江省在其对外公布的权力清单之外，还制定了中介服务清单、公共服务清单。其中，就服务事项而言，政府同样需要对公民、法人、社会组织的资格条件进行有关的认定、认证、考核、评定，完成一系列程序后，这些主体才能获得从事有关服务的权利，取得相应的权益。这就不应该排除在权力清单之外，而应列入权力清单的范畴。权力清单的编制过程中的权力清理并不针对所有的行政权力展开，而仅针对具体的行政行为领域的行政权力，包括行政许可、行政处罚、行政强制、行政确认、行政征收、行政裁决等；而对行政决策权、行政命令、行政规划等抽象的行政权力，并没有进行清理和公示。此外，由于编制权力清单的行为主体和权力清单的执行主体均为政府，简政放权推行不彻底或者妥协的问题容易出现。正因如此，不少职能部门通过选择性放权、"打包"放权、明放暗不放、放小不放大、放虚不放实等方式，变相保留对其部门和地方利益有影响的行政权力事项，导致企业生产经营受到束缚，群众创新创业受到影响。

第二，行政权力划分标准不统一。合理地划分行政权力类别是权力清单制度建设的基础，科学合理地设立行政权力的划分标准，有助于权力清单制度在各省（自治区、直辖市）推行。中共中央办公厅、国务院办公厅印发的《关于推行地方各级政府工作部门权力清单制度的指导意见》（以下简称《指导意见》）指出，各省（自治区、直辖市）权力主体部门"可参照行政许可、行政处罚、行政强制、行政征收、行政给付、行政检查、行政确认、行政奖励、行政裁决和其他类别的分类方式"，即"9＋X"分类方式，结合本地实际，制定统一规范的分类标准。依据"9＋X"分类方式，根据对各省（自治区、直辖市）权力清单的统计分析，当前我国30个省级行政区的行政权力划分标准并不统一。辽宁省、北京市、天津市、重庆市、山东省、湖北省、四川省、云南省、陕西省、甘肃省、西藏自治区、广西壮族自治区、宁夏回族自治区、海南省14个省级政府采取《指导意见》中推荐的"9＋X"分类方法，共分为10类。上海市在"9＋X"分类基础上增加了行政复议、行政命令、行政备案、行政规划、行政指导、行政决策、行政调解7类，共分为17类；河北省、黑龙江省和福建省在"9＋X"分类基础上分别增加了非行政许可、行政征用，共分为12类；山西省、吉林省、江西省、广东省在"9＋X"分类基础上减少了行政检查，共分为9类；江苏省、浙江省和安徽省在"9＋X"分类基础上减少了行政检查，分别增加了行政征用、非行政许可和行政规划,共分为12类;河南省在"9+X"分类基础上减少了行政检查和行政奖励,共分为8类;湖南省在"9+X"分类基础上增加了行政监督,减少了行政裁决,共分为10类;广东省在"9+X"分类基础上增加了行政指导,减少了行政奖励,共分为10类;贵州省在"9+X"分类基础上增加了行政服务、行政处理、行政监管和非行政许可审批,共分为14类;甘肃省在"9+X"分类基础上将行政检查变为行政监督,共分为10类;青海省在"9+X"分类基础上增加了行政监督和行政指导,共分为12类;内蒙古自治区在"9+X"分类基础上减少了行政裁决,共分为9类。

第三,行政权力梳理口径存在不一致的问题。这不仅体现为各级地方政府的梳理口径不一致,也体现为政府内部不同部门之间的梳理口径不一致。首先,各级地方政府公布的权力清单中,存在着将各个事项的子项合并,将零散化的公共经济权力整合为更大的公共经济权力的现象。通过该种方式,尽管公共经济权力的事务规模有所下降,但权力主体的行权范围并没有缩小。其次,一些地方政府部门在梳理自身所承担的权责时,并没有对行政权力、中介服务进行明显的区分,把部分行政权力通过重分类的方式划分至中介服务清单中,从而规避了权力清单。这样一来,从权力清单看,行政权力规模和数量减少了,但监管机构无法从权力清单获取全部的公共经济权力的运行轨迹,对权力运行的规范性判断也会因此出现偏差和不全面。另外,各级地方政府在进行权力清单的梳理时,通常采取的方式是由牵头部门组织、由各部门上报的形式。这种形式的主观性比较强,部门在梳理过程中也会存在随意性。有些地方将权力根据行使层级划分为省属行政权力和属地管理行政权力,将属地管理权力事务交由市、县政府行使;有些市级城市则权力划分为"市级单独行使""市与区县共同行使"及"区县单独行使"三类。可见,各级地方政府对管辖区内不同层级的权限划分和划分标准也存在不一致性。

第四,行政权力变相隐藏在其他类别中。根据数据分析,在各个地的权力清单中,非行政权力所占比重并不低。在广东省、江西省等省份,其他权力类事项是事项最多的类别,在辽宁省、北京市、天津市等地,其他权力的数量仅次于行政处罚。由于地方政府行政工作具有广泛性和复杂性的特点,法律法规等规范性文件很难将其职责全部涵盖在内,其他权力在一定程度上扮演了行政权力的角色,法律法规等规范性文件没有包括的、不能明确分类的、难以预测的都包含在其中。各级地方政府在权力清单编制过程中,都通过其他权力来对权力分类进行保障。其他权力的存在有其必要性,但在实际操作中,也往往成为各级地方政府内部各个部门保留隐形行政权力事项、保留应取消权力事项和设置行政权力的"玻璃门"和"弹簧门"。而其他权力往往被异化为部门寻租、损害公共利益的工具,是审计机关需要密切关注的一类权力。

第五,权力清单信息公示平台发展尚待完善。权力清单制度推行的成功与否,与电子信息平台关系密切。完善和健全的电子信息平台可以使社会公众更好地参与和监督公共经济权力的运行。目前,我国各省级和市级地方政府都基本按照规定,对其权力清单进行了公示。例如,黑龙江省、山东省、云南省等设立了单独的信息平台,统一公示其管辖区域内各职能部门的行政权力清单。各地更普遍的做法是,在各职能部门内部的网站上进行公示。可见,各地之间、不同职能部门之间,标准自成体系,并不统一,更谈不上信息与资源的互通和共享,信息披露标准有待统一,同时也亟须信息技术的支撑。

6.1.4 编制权力清单的制度体系建设

我国深化"放管服"改革以及推进新型政府建设,全面实行权力清单制度和制度改革,应在明晰权力清单制度实施现状的基础上,以解决现实问题为导向,以权责法定为手段,以规范政府、市场、社会之间以及不同政府层级、部门之间的关系为宗旨,以构建规范化、透明化、公开化的公共权力运行机制为目标,防控风险,规范权力运行,有效提高权力清单的制度体系建设。

在制度体系建设过程中,各级组织部门应深化制度认知,以权力清单为权力行动准绳,做到法无授权不可为、法定职责必须为,推动行政主体有效规范权力、履行职责;同时,要确保权责清单上各类事项具有明确的法律来源依据,形成法律位阶明确、来源依据标准的权责配置模式。

第一,对权力清单事项构建标准化制度体系。各级政府可以结合权力运行的纵向层级与横向部门,为不同层级政府以及同一层级政府不同部门配置相应的权力清单事项;同时,可以根据不同地区、不同层级、不同部门的归口组织体系进行统一的权力清单标准化设置。

第二,重视权力清单中的交叉职责事项划分。各级政府可以结合不同层级政府的职能,根据事项名称、事项编码、设定依据、行使层级、实施主体、运行流程等结构性要素,对交叉职责事项进行归类和划分。

第三,规范流程,细化责任清单与权力清单的衔接,明确和完善与权力对等的责任。各级政府可以依据具有规制效力的行政规范性文件,同步权力清单与责任清单的动态调整机制。职能部门依据权力清单开展工作,审计机关依据权力清单对权力主体的权力运行实施审计监控。

第四，进一步完善权力清单制度执行的配套机制，强化制度执行。一是完善权力清单程序运行机制，即坚持优化、协同、高效的原则，在权力清单事项统一的基础上，不断完善权力清单程序运行机制，明确权力清单事项执行中各个环节的执行主体、执行目标、执行方式、执行时限、执行监督等，规范权力清单制度的运行流程。二是完善权力清单反馈调试机制，即推动不同层级政府实行权力清单公开，广泛接纳社会公众的反馈监督，动态调整政府权力清单制度，提升权力清单制度的科学性、有效性和透明性。三是完善权力清单效能评估机制，即构建权力清单制度效能评估指标体系，引入多元评估主体，通过多种方式对权力清单制度产生的短期效应和长期效应进行测量、比较、分析、评价，以不断提升权力清单制度的行政效能。四是完善权力清单配套保障机制，即加快权力清单数据库建设、电子政府建设、网上政务服务平台建设等，完善政务中心的系统对接，综合运用大数据和人工智能技术，推进政府权力清单的网络化、标准化和公开化建设。

6.1.5 权力运行轨迹与权力清单编制

我国推行权力清单制度，就是要借此强化制度建设和制度的有效运行，规范公共权力的行使。

清晰描绘和刻画公共权力运行轨迹是开展权力清单审计的前提和保障。审计机关借助权力运行轨迹，可以及时发现公共权力运行中存在的风险，揭示制度存在的缺陷和不足，并改进和完善制度。

公共权力运行轨迹应当与行政单位层级结构中的权责同构。我们在关注公共权力行使范围的同时，也需要关注相关责任和利益主体。公共权力运行轨迹与权责利之间是一种动态平衡，权力范围随经济、社会发展以及政府职能变化而不断调整。应结合自身的业务特征，在权力清单中对权力运行流程、关键环节、涉及授权领导干部和责任归属进行列示。

在绘制权力运行流程图前，政府应对权力清单的权项和分类标准进行统一，设置规范的编制程序。在绘制权力运行流程图时，政府便可根据分类编制的方法进行绘制，涉及公共权力运行过程中的职责部门、制度约束、职责要求、权力范畴等。

权力清单的编制主体是地方政府。权力清单的编制是一项非常复杂的系统工程，涉及行政审批权、执法权的增、减、强化、弱化等内容，无论是行政权力增加还是减少，都会涉及成千上万的法律法规以及相关法律的废止或修改等问题，从目前的实践来看，通常需要一个较大规模的专业团体才可能完成。权力清单的编制一般由地方政府牵头负责,以政府职能部门为主体,以学术研究单位的法律专家为辅,通过对各级政府及其职能部门的行政权力的数量、种类、运行程序、适用条件等加以详细统计,形成清单,并加以公开,为以后权力行使提供规范和准则。权力清单不针对特定的对象,具有普遍性、稳定性的特征,凸显国家促进各级政府简政放权,加强公共经济权力的权与责对等的目的。

6.2 权力清单审计的内容和重点

6.2.1 权力清单审计的含义

在国家治理中,对公共权力的控制和约束,就是以权力制约权力。权力清单制度正是公共经济权力主体对外公开权力运行过程的体现。而对权力清单实施审计,正是以权力制约权力。

行政机关先通过大量的行政规范性文件设定行政权力,然后将之列入权力清单。从法律的视角来看,权力清单不得超出法律规范本身的范围,不能为相对人设立法律规范本身没有规定的权利与义务。编制权力清单的行政机关应具有相应的权限,具有事务和级别管辖权。更为重要的是,编制权力清单应遵守法定程序,如经过一定的会议讨论、审议或经过有关机关批准备案、公众参与和公开等。只有经过正当的法律程序,符合程序正义,权力清单才具有合法性。这决定了审计机关开展权力清单审计,应对权力清单进行合法性审查。

权力清单制度的推行和实施存在法律法规上的缺失和不足。赋予权力主体权力的是人民群众,推行权力清单制度正是要将权力运行情况以清单的形式列示并向人民群众展示。但在权力清单的推行过程中,权力主体自身的裁定权较难摆脱自我授权的范畴,从而出现了缺乏法理支撑的政策性文件。而这些政策性文件对权力主体的权力运行规范和约束力不足,容易导致权责不清,行政权力清理不彻底,行政权力异化。

在权力清单制度实施过程中,"清权""配权"的过程必然也涉及利益调整,引起各方利益主体激烈的博弈,如中央政府与地方政府、政府与市场主体之间的博弈。

制约行政权力、建立监督机制对实施权力清单审计至关重要。审计机关加强对权力清单的审计工作:一是要加强对权力清单制度执行情况的监督;二是要加强对与权力清单制度相关的法律法规执行情况的监督;三是要提高权力清单审计监督的技术手段。各地应建立起统一的权力清单公示平台,整合本地不同的公示平台,推进不同职能部门、不同层级的数据共享、兼容和互通,打破部门、层级之间的信息壁垒,降低信息成本。此外,国家要将大数据、云平台等先进信息技术手段运用到权力清单运行的全过程,实现权力公开最大化,将权力运行的全过程和审计成果及时向社会发布,由社会公众进行监督,使权力运行更加透明,防止政府内部的部门利益和私人利益取向,实现增进公共利益的价值目标。

6.2.2 权力清单审计的内容

权力清单制度常被看作我国政府启动的一场有关公共权力运行的"自我革命"。2015年3月,中共中央办公厅、国务院办公厅印发了《关于推行地方各级政府工作部门权力清单制度的指导意见》,在全国范围内推广权力清单制度,表明该制度已经成为我国政府全面开展深化行政体制改革、促进政府职能转变、简政放权、规范权力运行的重要抓手。

以现行法律、法规、规章为依据,由政府对自身权力进行清理、调整和界定,最终以清单的形式予以展示,是权力清单实现"清权""减权"等目标的核心机制所在。鉴于当前各级人大对政府权力的硬性约束机制,以及有待提升的法律权威性与实效性,学术界常常将权力清单定性为"行政自制规范""现代行政法的自制风格的控权"。法治政府建设与依法行政原则的践行在很大程度上依赖于行政系统主动而为的"自制控权"取得进展。在我国目前的权力结构中,行政系统的"自制控权"主要通过党政系统"自上而下"的贯彻实施与政治动员方式推进。这种自上而下的权力运作和权力整合方式,有利于快速推进地方政府学习、贯彻和落实权力清单制度,降低制度改革和实施的成本。与权力清单制度推行之前相比,各省(自治区、直辖市)的行政权力规模有较大的缩减,政府通过多种途径将权力清单向社会公示的措施,很大程度上使"变相审批""隐性审批""暗箱操作"等行为失去了存活空间。然而,我国推行权力清单制度不应只满足于对现有行政权力架构进行局部修补,而应当基于提升治理能力、促进国家治理能力现代化高度,对既有政府权力架构的深层次、结构性问题作出回应。

审计的一个目的在于对权力清单本身的合规性和有效性进行评价,通过开展权力清单审计,了解权力清单中列示的权力运行轨迹情况,以及权力主体是否依法行事,发现权力运行中存在的风险,提出应对风险的措施;同时,可以通过实施权力清单审计,促进公共经济权力问责机制的完善。开展权力清单审计的另一个目的在于通过审计加快发现权力清单制度中存在的不足,促进权力清单制度的完善和预期目标的实现。

《关于推行地方各级政府工作部门权力清单制度的指导意见》给出了权力清单制度的目标设定,这一制度蕴含着"法治"和"治理"两大目标。

从法治角度来看,权力清单制度作为"建设法治政府""全面推进依法行政"的重要推动力量,旨在明确政府的"职责权限",形成"边界清晰、分工合理、权责一致、运转高效、依法保障的政府职能体系"。权力清单制度实现这一层面的任务,有赖于政府践行"职权法定"和"简政放权"两个原则,具体操作中则以现行法律、法规、规章为依据,政府对自身权力进行清理、界定和调整,以取消法外权力、实现现有法制框架下权力的下放、转移和整合,明确权责界限。这是在现行法规范体系下对权力进行的调整,其核心要旨在于限权。

从治理角度来看,权力清单服务于我国实现国家治理体系和治理能力现代化的总体改革目标,促进政府与市场合作治理公共事务新型关系的形成。在实践操作中,政府干预过多和监管不到位问题需要解决,从而为构建市场在资源配置中起决定性作用机制创造条件。这实际上是我国对善治的追求,核心要旨在于设权,即通过权力清单对政府权力体系进行重新设定,以改变政府这一"有形之手"对市场事务过度管制的现状,将由政府制定和实施政策的单一权力结构下的管理体制转变为充分发挥市场调节功能的多元权力结构的治理体系。

可见,权力清单制度不仅应该有限权和清权的功能,还应该有对政府权力体系进行反馈的功能。因而,这也成为权力清单审计应该考虑的内容。

6.2.3 权力清单审计的重点

从实践来看,地方政府主要通过"清权、确权、配权、晒权、制权"环节来推行权力清单制度。"清权"就是把政府各个部门的权力全部梳理出来。"确权"是在梳理权力的基础上确定进入权力清单的权力。"配权"是将权力与相应的岗位职能相匹配,明确权力主体的权责范围。"晒权"和"制权"是对权力内容的对外公开,并通过权力清单的制度性框架告诉群众政府权力的数量、范围和边界,以及行使每项权力的依据、流程和时限,便于群众监督行政权力运行。

审计机关在对权力清单实施审计的过程中,应结合地方政府实践,关注关键点和重点环节。

审计机关实施权力清单审计,需要明确"权责一致"的原则。权力清单注重约束行政机关对行政相对人的权利义务有直接影响的具体行政行为;责任清单侧重于明确行政主体应履行的主要职责,包括对政府部门之间、层级之间的管理等宏观管理权限,且更注重职责的分工,明确交叉重叠职责的责任主体。与此相对应,行政职权侧重于强调权力行使目标的实现,而行政职责则强调对权力的约束和控制。可以认为,行政职权和行政职责实际上是一种权责关系,这也是权力清单审计工作的重点。

审计机关在权力清单基础上,对权力清单实施审计。对权力清单开展审计,目的在于确定公权力运行的合法性和有效性。合法性以确定行政活动边界、规范公权力行使、保障相对人权利为指向;有效性则以探索良好行政制度、促进行政改革、提高行政效能为基本指向。合法性是有效性的前提,有效性又是合法性的升华。

国家审计在开展权力清单审计之前,应该厘清和明确几个基本的问题。第一,特定的市场或社会公共事务,政府权力是否应当介入。该问题的解决是实现"重构政府与市场关系""解决政府干预过多"和"监管不到位"改革目标的首要任务。在制度设计上,应该为此明确实质性判断标准,对各项政府职权逐一展开正当性评价,实现权力架构体系的清理和重置。第二,政府应当介入的市场或社会公共事务,应当由哪些政府部门管辖。这是有关行政权力在政府部门之间的配置问题。经过第一阶段经正当性评价确立的政府权力,在这一阶段需要实现在各部门间的配置,根据"权责一致"原则和权责关系,明确确立的权力和对等的责任。实际上,这是一个行政职责明确的过程。第三,政府部门介入特定市场或社会公共事务的最佳手段或方式是什么?即在确定实施规制的主体以后,如何选择规制工具和方法。在这一阶段,各方需要基于第一阶段和第二阶段确立分析框架,从利益衡量和成本效益分析的角度,在确保实现既定管制目标的前提下,寻求能够最大限度降低市场交易成本的规制工具。

权力清单审计确定公权力运行的合法性主要通过以下几个环节予以实现:

第一,审查权力清单中涉及的权力项目的合规性,以及行使公权力的权力主体的合法性。这主要从三个方面展开:①权力主体是否依法享有国家行政权力,是实施行政活动的合格组织。②权力主体是否为能以自己的名义行使行政权的组织。③权力主体是否为能够独立对外承担其行为所产生的法律责任的组织。

第二,将权力运行关键环节与权力清单和权力运行轨迹相结合,明晰行政事项执行过程中的核心步骤,重点审查权力运行过程中的关键环节和风险点。

第三,对关键环节中可能存在的风险进行测试和评估,并与相应的制度设计进行匹配。这先要分析现有制度能否有效对权力运行形成制约和约束,是否对风险有相应的监控机制和应急措施。

第四,对评估结果为中、高风险的权力运行环节和对应的制度进行再次分析和评估，提出是否完善相关制度的审计意见。

对权力清单审计确定公权力运行的有效性，主要关注权力运行的效果。国家审计应在确定权力运行过程合法性的基础上，重点关注权力运行轨迹中的责任目标，以及在该目标下权力运行方案是否最优。

一方面，对权力运行轨迹进行权力运行的重新执行，评估时效性，鉴证权力主体是否在规定的期限内通过行使权力合理配置资源，满足服务对象的诉求，权力运行结果是否符合预期目标；另一方面，评估组织内部的协调性和外部的遵从度，以及责任目标的达成度。

权力清单审计确定权力运行的有效性主要通过以下几个环节予以实现：

第一，明确权力与责任。国家审计在对公共经济权力运行的合法性实施审计的基础上，确立权力设置的正当性，以及对应的政府责任。分析权力和责任在以事务作为划分标准，转换为事务管辖权和层级管辖权并被分配到各主体这一过程的有效性，以及权力与责任在相融合过程中的匹配程度。针对事务管辖权，要基于事务管辖权本身，从具体事务角度，为权力主体部门设定相应的权力管辖范围，解决特定事务与特定部门之间的管辖问题。针对层级管辖权，关注从层次、级别上为有隶属关系的上下级权力主体设定对应的管辖范围，解决特定事务与特定层级之间的管辖问题。两种不同的权力管辖权，为权力主体权力的配置、责任的划分和归属提供标准。审计依据专业手段和方式，对两种权力管辖权是否合理配置问题进行论证。

第二，审计事务管辖权的配置问题。在事务管辖权的配置上，最有效降低权力运行成本的途径就是贯彻信息优势原则和简化权力结构原则。信息优势原则是将权力运行的事务信息按照复杂程度的不同，把事务的权责配置给具有信息优势的部门，从而有利于实现权力主体目标的。从经济学上分析，政府权力运行成本包括收集信息成本、政策法规制定成本、政策法规执行成本。具有信息优势的部门对特定事务更熟悉，更易获取信息，并能够从获取的信息和资源中发现变化并迅速制定应对策略，采取有效的措施。而不同权力主体部门之间的信息优势差异性，与部门自身的信息收集系统和人员的专业胜任能力等配置条件密切相关。

当某一特定事务涉及多个权力主体间的权责分配问题时，简化权力结构可以尽可能地降低因多部门间权责模糊和权责交叉重叠而带来的长时间无效沟通与协调。从增强权力运行有效性的角度分析，权责配置的理想状态是将管辖权配置给符合条件的唯一部门,实现同一事项由同一部门管辖。但由于事项涉及的专业知识和信息的复杂性,这种理想状态不可能在所有权力配置领域实现,现实中存在着大量的多部门分工共同管辖某一事项的现象。贯彻简化权力结构原则,需要结合管辖事项的物理空间、时间或者专业性特征,以提高效率为目标,尽可能地实现对权力管辖部门的调整与合并,精简介入同一管辖事项的政府部门,明确权责。例如,审计机关对交通运输部门在危险化学品水上运输领域权力运行情况开展审计,在分析交通运输部门权力清单、权力运行轨迹、权力运行过程中的风险点时,会发现在海事部门、安全生产监督部门、质量监督部门等不同的部门,也会涉及危险化学品水上运输领域的权力运行问题。由于该事项本身的复杂性,制度设置了较为复杂的多部门分工协作的监管体系,在事项管辖过程中,存在权力的交叉重叠和责任的划分不清问题。国家审计在实施权力清单审计过程中,可以对各部门职权和责任的划分进行监督;同时,还应该考虑为不同部门之间的权责划分与协同提供审计建议,根据一定的标准对事项各环节、各流程进行分工,并由统一的部门统筹安排,提高权力运行的有效性。

第三,审计层级管辖权的配置问题。在层级管辖权方面,降低权力运行成本的有效路径是根据受益原则和实际能力原则进行权责的界定。所谓受益原则,是指以权力主体的管辖对象为目标,能够最有效地解决管辖对象的问题,为管辖对象提供服务的主体,就赋予其相应的权力层级。而实际能力原则主要是根据不同层级的权力主体的专业能力进行权力划分。依照这两种原则,在权力运行过程中,将处置纵向事务管理链条前端事务的权力配置给基层权力主体部门,这就是权力下放,简政放权。例如,将行政审批权、行政登记权力下放到基层,降低管辖对象的办事成本,优化营商环境。而对于处置纵向事务管理链条后端事务的决策职权,将其配置给具备政策研究能力的高层部门行使,可以实现行政部门内部决策权与执行权的分离。基于层级管辖权,审计机关对各层级权力主体的权力配置的审计工作,侧重于审查权责配置对管辖对象的效果和办事成本,而非权力主体本身在权力运行过程中的便利性。

第四,审计权力主体在权力运行过程中选择的方式方法的适用性、必要性和均衡性问题。编制权力清单的目的在于向公众展现权力主体部门在权力运行过程中对管辖对象所实现的公共经济责任。审计机关依据权力清单,在审查权力运行的合规性和有效性的同时,也应关注权力主体在权力运行过程中选择的方式方法对权力运行合规性和有效性的影响。方式方法选择的不适用,会对权力运行结果产生不利的影响。

在权力主体权力运行的实践中,在法律的允许范围内存在实现事务目标的一个或多个方式方法。从宽松原则上看,这给予了权力主体选择的权利,但宽松原则并非意味着随意选择,权力主体需要基于特定管辖领域的科学规律、社会规律或者是以往成熟的管辖经验、社会理性等决策性事实来判断特定管辖措施的适用性。

国家审计在考虑了权力主体选择的权力使用方式方法的适用性问题后,还需要考虑必要性问题,即权力运行主体履行公共受托经济责任过程中,必须选择对所管辖对象或公众利益侵害最小的方式方法。

权力主体在对比分析事前和事后方式方法的选择时,优先考虑后者。权力运行主体对管辖对象的事后管辖,是权力主体在对市场主体实施特定行为之后作出的管辖,如行政处罚,即通过追惩机制对侵害他人权利、破坏产权秩序的不法行为进行事后制裁。而事前管辖方法则与之相反,比较典型的事前方法有行政许可、制定标准、制定产业政策或发展规划等。例如,制定标准作为一种常见的通过事前制定规则实施产业管制的方法,可能涉及增进工作场所和产品安全、保护环境、向消费者提供更多信息等多种管辖目标,但无论标准制定得是否合理,都有可能产生市场壁垒、技术僵化等阻碍市场竞争机制的效果。又如,行政许可不仅涉及普遍性的权利限制,还涉及标准制定,对市场交易成本的影响更甚。

权力主体在对比分析柔性和刚性方式方法时,优先考虑前者。柔性方式方法可以根据对当事人权益的限制程度分为两类:一是需要管辖对象同意或者与权力主体部门形成合意才能实施的方法,如行政指导、行政合同;二是基于特定的管辖目标,要求管辖对象向权力主体部门或公众提供信息的管辖方法,如备案、信息披露等。虽然柔性方式方法在实施过程中不具有强制性,但管辖对象如果不履行义务,将受到权力主体的事后处罚。而权力运行中权力主体对管辖对象采取的刚性方式方法是指权力主体采用的类似于处罚性质的强制性手段。例如,市场监管部门为维护市场秩序,促进市场信用体系的形成,以行政指导、信息披露、建立征信体系等方式达成目标,而并非完全依靠行政处罚对失信市场主体进行制约。同时,在权力主体行权的过程中,审计机关还可适当关注多元主体的沟通与协商,如对行业准入、产业政策制定、产品标准等的确立,是否为相关企业、行业协会、消费者提供一定的参与途径。

所谓均衡性问题,是指权力主体需考量方式方法适用性和必要性的均衡,即收益与损害之间的权衡。权力运行既要关注公共利益,也要关注权力运行对管辖对象或公众可能造成的利益损害。审计的目的在于通过权力清单审计,让权力清单更好发挥其作用,发挥更大的效应,产生更大的效果。这对权力清单审计提出了更高的要求,国家审计需要评价权力授权、权力程序、权力范围、权力运行的综合情况,结合事实经验层面的要素深入分析权力主体在决策过程中的原则性权衡,当权力运行实现的价值目标和与之相对抗的原则或价值之间出现冲突时,权力运行方式的选择会带来不同的经济后果。例如,政府为了促进产业转型、鼓励高新科技企业和服务业的发展,通过制定产业政策对符合标准的企业给予政策、税收优惠甚至是资金上的扶持,这一似乎并未对任何企业带来直接的利益损失,亦有助于目标的达成。但从市场竞争的角度来看,实际上是将那些未达到政府标准不能享受扶持政策的企业置于不利地位,影响公平竞争这一市场经济的核心原则。审计机关在原则权衡模式下对这一措施进行分析,首先,需要明确隐含于事实中相互冲突的价值或原则:政府的产业扶持政策所欲实现的价值目标是促进产业转型,而与之对抗的则是公平竞争这一市场经济的基础性原则。其次,结合相关的决策性事实衡量优先保护何者更有利于降低交易成本,获得更大收益。由于公平竞争原则在市场经济体制中处于基础性地位与绝对优势的价值地位,前者若要在与后者的竞争中胜出,必须获得具有公益保护的重大性或迫切性特征的决策性事实的支持;否则,一般情形中的促进产业转型目标均无法与公平竞争这一市场经济的根本法则相竞争。然而现实中相关决策性事实并未呈现出上述特征。与市场自发的选择与淘汰机制相比,政府并不具有甄别高新科技产业与优势行业的信息优势,我国产业政策实施过程中的不良情况也会使公众对其实施效果产生怀疑,导致资源浪费、产能过剩甚至是权力寻租等权力异化问题。因此,从审计的视角来看,也可以认为,权力清单审计通过审计的途径发现权力清单中可能存在的隐患,发挥审计的预防功能。

6.3 权力清单审计的方法

基于权力清单审计的内容、重点,权力清单审计效果如何,能否充分发挥审计的监督和控制作用,关键在于开展权力清单审计采用的审计方法。我们认为,在开展权力清单审计过程中,可以借助不同手段,实现监督公共经济权力有效运行的审计目标。

6.3.1 全过程审计

全过程审计是指审计机关有计划地对权力主体的权力清单制度设计、实施、权力运行轨迹图绘制、权力清单编制和权力运行结果评估进行全面和系统的监督。该审计方法可以在监督权力主体编制权力清单过程中及时发现问题,及时弥补制度不足和缺陷。

审计机关在开展全过程审计过程中,第一,应该对进入权力清单的权力进行监督和审查,判断权力清单中是否包含了重要和关键性的权力,以及权力运行轨迹。第二,应该对权力运行轨迹中的权力运行实施过程审计,在实施审计过程中,审查是否存在权力异化的风险和相应的权力制衡措施和规范。第三,应该对权力运行中的风险预警信息进行及时关注和问责机制是否健全进行监控。第四,对权力清单审计中发现的问题的整改落实情况进行持续的关注和跟踪。

6.3.2 大数据审计

党的十九届四中全会通过的《中共中央关于坚持和完善中国特色社会主义制度 推进国家治理体系和治理能力现代化若干重大问题的决定》强调,要"建立健全运用互联网、大数据、人工智能等技术手段进行行政管理的制度规则""建立权力运行可查询、可追溯的反馈机制"。在政府权力监督体系不断发展完善的过程中,权力监督主体逐渐多元化,监督内容逐渐丰富化,"互联网+"模式的应用推动政府事务公开化与透明化。权力监督主体应对权力清单中的权力进行大数据追踪和核查,将宏观制度与微观技术相结合,对权力进行分析,用数据编织制约权力的网,实现对权力清单中权力行为的源头可溯、过程可查、效果可评、责任可追。立足于大数据思维方式,权力监督主体可致力于收集大量真实的、全面的、客观的数据材料,通过运用大数据技术对各种碎片化、杂乱无章的相关联数据进行融合分析,发现传统技术手段所无法感知的逻辑关系和规律,并以此为基础展现权力运行的整体痕迹,构建"制度 + 数据"的权力运行防火墙,实现全天候、全方位的权力监督。

受制于审计人员和审计技术,审计机关开展审计大多采用抽样审计方式。但依靠计算机技术的支撑,审计机关可以通过大数据平台,大量采集和分析审计数据,充实审计证据,并通过多部门连接平台、共享数据,对权力运行中的风险防控和权力运行效果进行实时监控。将信息技术作为支撑,能够强化对政府权力运行的刚性约束。借助大数据平台,审计机关可以有效地收集大量真实可靠的数据,运用信息技术对零散数据进行溯源追踪,分析数据间的内在逻辑关系,从而复原权力运行的轨迹,提高政府权力监督体系的针对性与公信力。

审计机关将大数据运用于权力清单制度审计,首先,应该构建相关的数据分析模型,通过构建算法,实现零散数据的整合,建立跨功能、跨权限、跨层级、支持多元主体共同参与的数据库(图6-1)。其次,应该以权力清单为依据,构建权力运行路径的共享平台。各部门掌握的信息数据较难实现互换共享,审计机关可以借助区块链技术,在权力运行系统中设立信息收集容器,实现对零散数据的智能统合。最后,可以政府内部的数据和权力清单为基础,引入互联网和外部数据进行钩稽验证,通过收集数据和信息,对比关联信息,建立权力清单数据库,智能拟合法定的权力运行轨迹,对公权力的运行进行实时监控和追踪,实现对权力异常行为的预警。

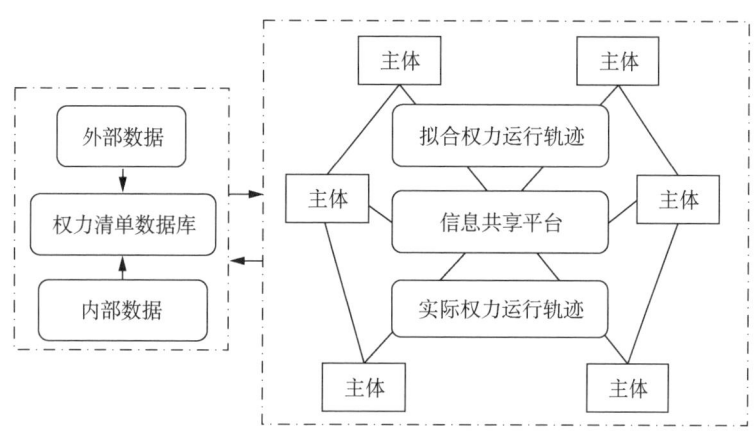

图6-1 大数据审计与权力清单数据库

在具体的操作中,国家需要建立大数据预警监管平台。该平台由基础信息层、数据分析层和终端储蓄层构成。基础信息层是权力运行的数据信息记录平台,主要收集、汇总、整合政府行使权力的相关信息和数据,为数据分析储备基础数据。它在数据的收集和处理中,同时对基础数据进行定期的维护和更新。数据分析层是大数据预警监管分析平台,主要接收从基础信息层传输的数据信息,利用大数据分析方法和技术,产生能够全面认识权力运行风险的信息价值,形成分析结果,并将分析结果及时向权力监督主体进行反馈;特别是,当发现在权力运行过程中出现异常现象时,能够及时提示和预警,并给出初步的措施。终端储蓄层是大数据信息存储和检索平台,其主要作用在于把数据分析层得到的结论和信息集中储存,进行深度分析和整合,形成具备统一目录索引的数据库,以备检索和查询,为规律性把握风向、高效监督权力提供基础平台和数据支撑。

6.3.3 联动审计

公共权力代理者在行使公共权力的时候可能由于自利性偏好,通过寻租增加自身利益,即在设租和寻租的过程中,将最有效的社会资源配置方案排除在外,根据自己的寻租受益选择和决定方案,降低社会资源配置效率。在纵向政府权力配置体系中,不同层级政府的职能和机构设置由上到下保持高度一致。这种职责同构的体系被看作是政策执行和信息传递上通下达,但由于下级组织和权力中心政策执行的目标函数及其面临的约束条件不同,在面临上级权力中心向下输送的政策时,地方政府往往会基于自利性的考虑,选择其中有利部分进行执行,而将对自身影响不利的部分采取失真解读的手段,进行替代性执行、象征性执行或者直接抵触。在当前政府权力空间配置的多层级委托代理结构下,地方政府既是政策执行者,也是政策执行效果的直接评估者。当公共经济权力空间配置制度中的监督机制不完善时,便会出现公共经济权力脱离法定轨道、公共经济权力异化的现象。地方政府的自利性在经济层面的影响主要是会产生行政壁垒,其延伸效应会影响经济的正常发展。此外,行政区域划分成为阻断地区间生产要素自由流动的主要障碍。公共经济权力拥有者或控制者会通过各种手段和途径,如保护本地产品、限制外地产品,重复建设,使产业同质化,最终导致公共经济权力的空间配置体系成为制约经济社会发展的阻力。

在"双循环"的新发展格局下,国内大循环应带动国内国际循环,各层级循环体系的构建需要突破行业壁垒和行政区域的阻碍,实现区域协同发展。那么,审计机关就需要加强对公共经济权力的空间配置体系的审计监控力度,促进经济发展形成跨地区、跨层级、跨部门的联动。

6.3.4 跟踪审计

依据各地方政府管理事务、各部门职能边界、各岗位责任的不同,国家审计根据权责明晰的权力清单形成动态更新的数据库以后,应依托构建的权力清单数据库,以权力为主线,围绕权力起点、权力运行、权力运行后果开展跟踪审计,实现对权力的精准问责。

跟踪审计是一种重要的国家审计类型,是审计机关依据相应的法律法规监督公共经济权力有效执行的一种政策纠偏和反馈机制。审计机关在其职权范围内对权力执行主体、权力运行过程、权力运行的结果和影响,从形式、事实和价值三个维度开展审计监督、审计评价和提出审计建议。

形式维度审计属于事前审计,主要考察权力清单制度的贯彻执行情况。该维度审计关注权力清单制度在被审计单位是否落地,强调对权力清单列示的公共经济权力情况的审查,即制度和政策由中央到地方的落实执行问题。因各地政策落实和地方政策存在差异性,地区经济发展适合度亦存在差异性,对权力清单制度落地执行的评价显得尤为重要。中央负责权力清单制度的顶层设计,但在制度执行过程中还需要充分考虑和结合各地的实际情况。权力清单形式维度的审计应着重审查的内容包括：各地方政府、各职能部门是否出台了与权力清单制度相关的配套政策措施；该配套政策措施是否具备科学性和可操作性，与相关部门的职权契合程度如何；权力清单格式和内容是否在法律法规允许的范围内，是否符合中央政策的要求；权力清单制度的执行是否有配套的考核制度；对出现的权力异化问题是否有相应的惩罚措施；权力清单制度是否为权力主体绩效考核的重要参考依据等。

事实维度审计属于事中审计，主要考察权力清单制度的实施进程和权力运行情况。该维度审计强调权力清单具体列示的公共经济权力是否综合体现了行政机关的重要公共经济权力，即制度在实践中的运行问题。对权力清单事实维度的审计，应着重跟踪审计简政放权的实际落实情况，权力清单制度是否约束了行政机关的核心和重要权力，规范了权力运行模式，保障了公共受托经济责任的有效履行。对权力清单事实维度的跟踪审计，应以对权力清单中的权力运行评估为依据，评估权力运行过程中的风险点、防范和应对风险的方式和措施、权力清单信息公开程度、权力监管责任落实情况，以及是否有变相使用权力的问题等。

价值维度审计属于事后审计或结果审计，主要考察权力清单制度对规范权力运行、促进公共受托经济责任全面有效履行的作用和效果。权力清单制度的事后跟踪审计强调对权力清单执行效果的跟踪评价，具体而言，即将不同职能部门的权力清单与该部门的职能进行对比分析；跟踪分析权力清单对提高职能部门工作绩效、规范权力运行所发挥的效应和效力；评估权力清单制度的执行效果是否与制度的预期目标相符及相符程度；政策是否具有可持续性，是否促进了市场公平竞争和服务型政府的职能转变等。

6.4 基于风险点控制的权力清单审计

审计机关基于权力清单，对权力主体的权力运行过程实施审计，应将审计的重点放在对权力运行过程中各风险点的控制上。

审计机关及审计人员需要了解被审计对象的主要职责和权力运行过程，通过审计关键人、关键事项控制风险，即针对重点业务，按照业务涉及的关键环节实施审计。

6.4.1 预算业务权力清单

预算业务权力清单主要涉及单位或者部门在预算编制流程（图 6-2）、预算执行流程（图 6-3）、预算追加调整流程（图 6-4）、决算管理流程（图 6-5）等环节的权力运行。

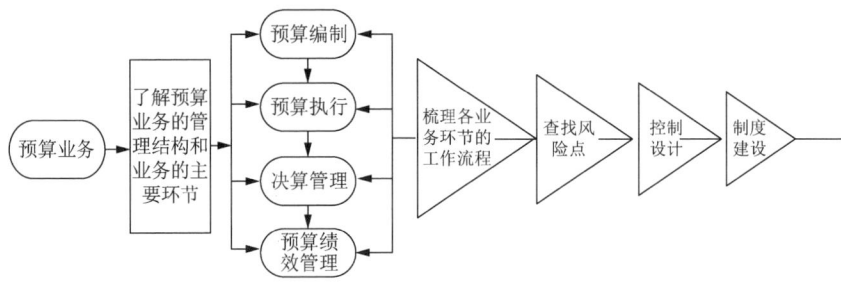

图 6-2 预算编制流程权力清单

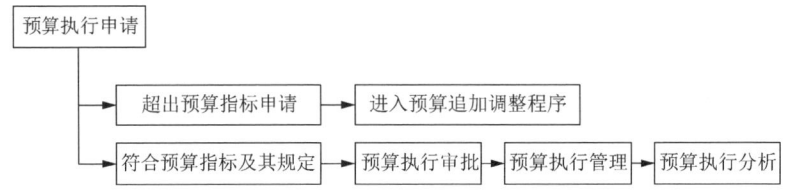

图 6-3 预算执行流程权力清单

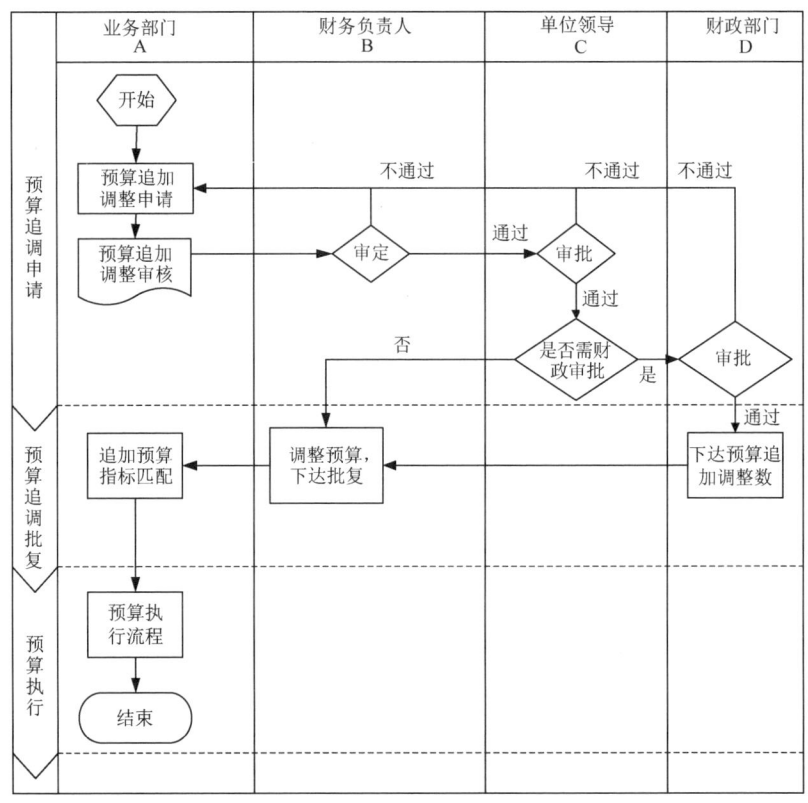

图 6-4 预算追加调整流程权力清单

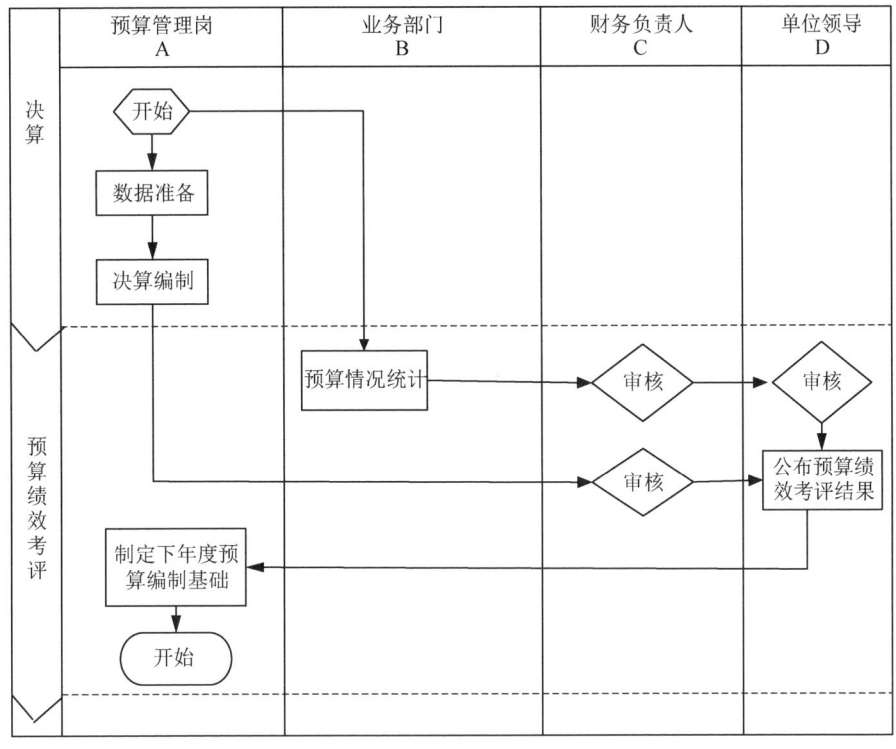

图 6-5 决算管理流程权力清单

在环节中,国家审计应该对以下重要环节加强权力清单审计:①预算执行内部批复的过程和授权,保障预算的执行力度和预算约束力。②预算在执行过程中的实际支出安排与授权,建立的沟通保障机制是否能有效保障预算执行顺利开展。③决算编制内容与审核机制,对预算执行与决算数据分析之间差异的处理方式和解决方案,是否有相应的监督机制。

国家审计结合上述预算编制流程、预算执行流程、预算追加调整流程和决算管理流程权力清单图示,对照审计被审计单位或部门是否开展了预算执行审批,具体涉及哪些程序,相关的财务负责人和单位领导是否按照程序和规定进行审核或审批。

6.4.2 收支业务权力清单

收支业务权力清单(图 6-6)主要对单位或者部门的收入业务与支出业务中的权力运行过程进行监督。

在这些过程和环节中,国家审计应对以下环节加强权力清单审计:①收入管理

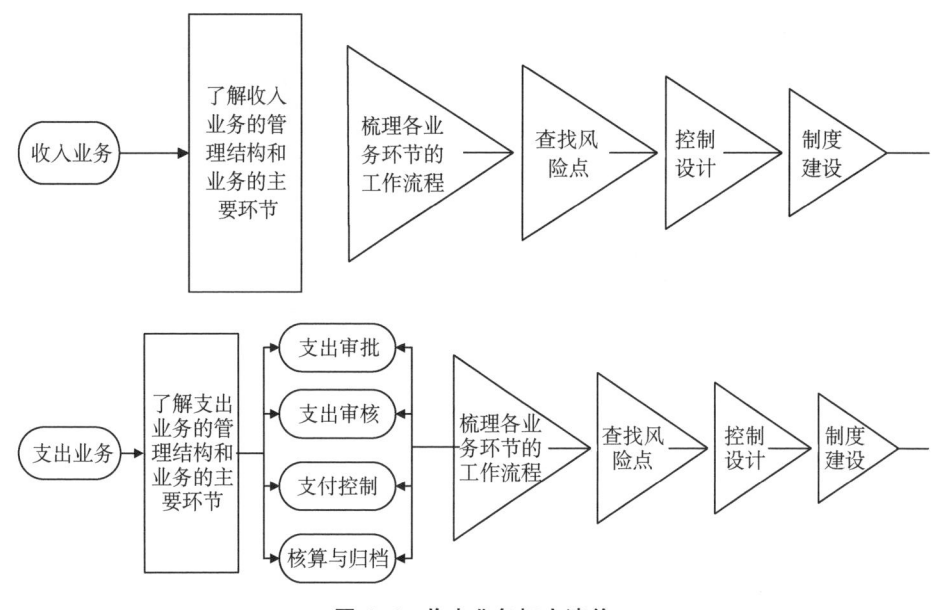

图 6-6 收支业务权力清单

环节,主要关注非税收入稽查制度,是否有相应的权力授权和责任领导,是否有相应的监督和责任追究。②支出管理环节,主要关注是否有支出事项事前申请审核和审批、事后支出审批、支付控制,以及核算和归档控制,相应环节是否有授权和责任领导。

结合收入、支出业务,判断业务部门是否按照资金支付流程权力清单(图6-7)完成借款、报销和资金支付管理;在此过程中,财务负责人和分管领导是否对借款和报销进行了严格的审核。

6.4.3 采购业务权力清单

采购业务活动权力清单(图6-8)主要涉及单位或者部门的采购计划和采购活动的权力运行过程。

在这些过程和环节中,国家审计应该对以下环节加强权力清单审计:①政府采购预算编制的审核流程以及采购计划的审批环节是否有授权和责任监督。②具体的采购过程,从采购信息的发布到采购项目的验收,是否有严格的记录和过程控制,是否有授权和相应的责任主体。

同时,国家审计应关注采购业务流程的合规合法性,结合采购业务流程权力清单(图6-9),在订立采购计划方面,监督政府采购计划的批复授权程序的合规性。在实施采购过程中,采购形式以及采购合同的签署也是监督权力运行的关

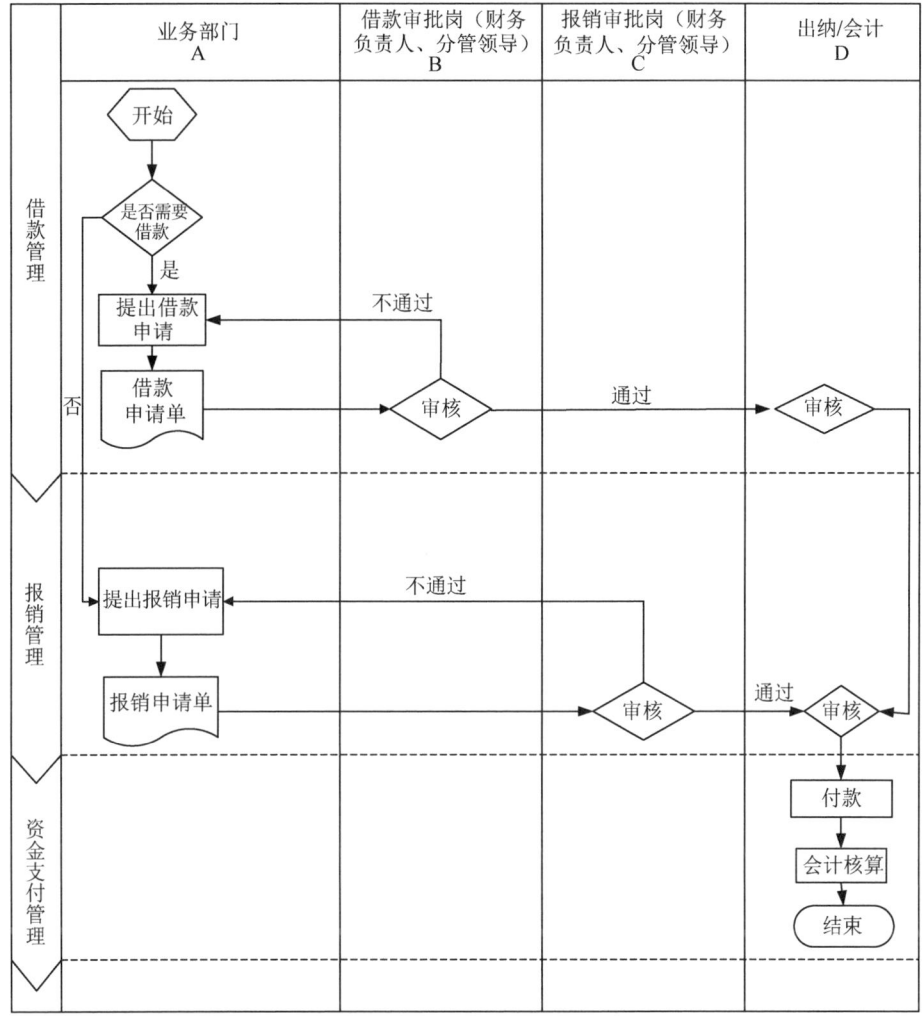

图 6-7　资金支付流程权力清单

键点。实物与合同的一致性、资金支付手续与流程是采购后续验收中审计监督的重点。

6.4.4　建设项目业务权力清单

建设项目业务权力清单(图 6-10)主要涉及单位或者部门的项目决策和资金管理的权力运行过程。

在这些过程和环节中,国家审计应该对以下环节加强权力清单审计:①项目的决策以及项目可行性的审核环节,主要关注是否建立了相应的评估制度和监督机

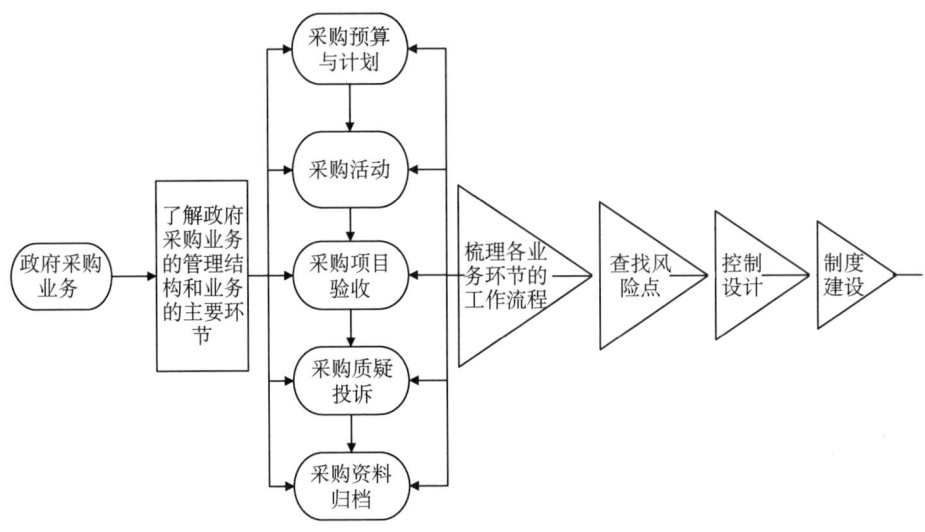

图 6-8 采购业务活动权力清单

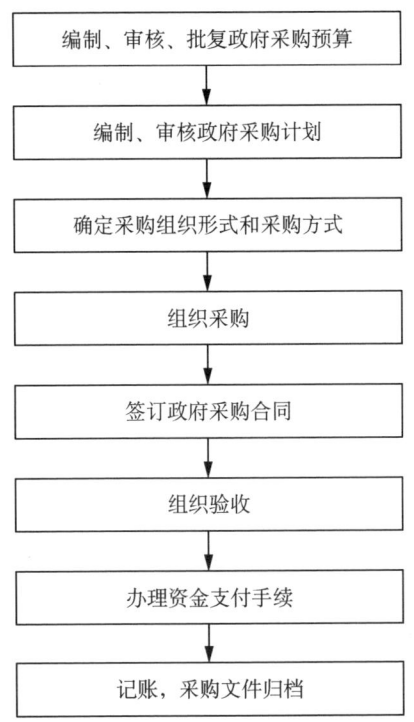

图 6-9 采购业务流程权力清单

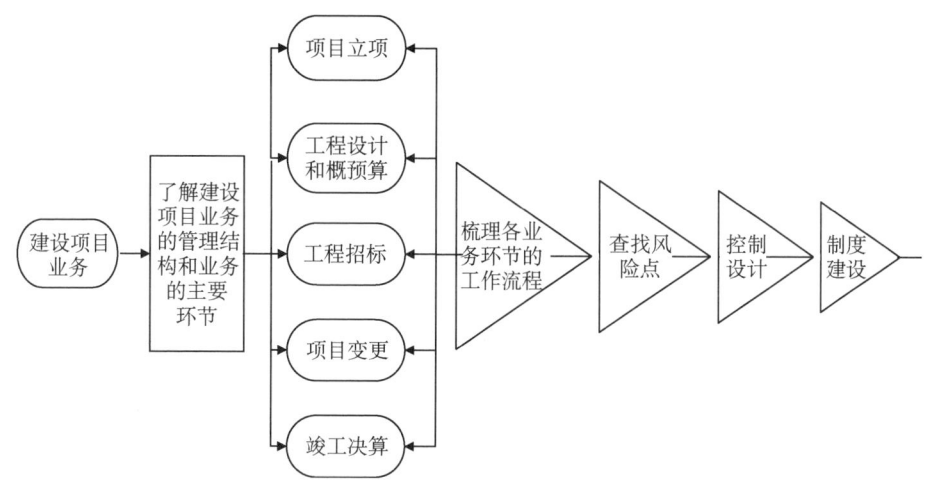

图 6-10　建设项目业务权力清单

制。②建设项目资金专门账户的建立环节,主要关注是否建立账户并有相应的授权和责任主体,是否对资金用途和支付环节开展严格的过程监督和控制。

国家审计结合建设项目权力清单图,梳理项目立项、工程设计和概预算、工程招标和竣工决算环节中权力主体的权力行使的合规性和合法性;同时,对于存在项目变更的建设项目,变更原因、变更内容以及项目责任主体的履责情况也是审计监控的重点。

6.5　地方政府权力清单审计的应用实践

6.5.1　贵阳市出台大数据审计计划,助推公共经济权力监督[①]

2015年1月,贵阳市启动了"数据铁笼"行动计划,在运用大数据提高政府治理水平方面开全国之先河。"数据铁笼"是贵阳市借助以大数据为核心的新技术手段进行权力监督和腐败防治的创新探索。从本质上说"数据铁笼"就是要把权力关进"数据"的笼子里,让权力在阳光下运行。它依托贵州省大数据产业发展优势和互联网技术开展网上政务平台建设,把行政权力纳入网络运行,利用大数据实现政府权力清单、责任清单和负面清单的透明化管理,通过制定统一的数据规则和技术标准,细化、优化、固化权力运行流程,合法、合理分配各项职责,实现权力运行流程的数据化,让权力在阳光下公开透明、规范运行,保证权力运行可追踪、可溯源,使

---

① 案例资料来源:http://www.gov.cn/xinwen/2016-10/23/content_5123376.htm。

腐败行为无处遁形;同时,推动公共治理方式变革,促进政府依法行政、高效行政,从而解决领导干部和公职人员不作为、慢作为、乱作为的问题。2015年2月14日,李克强视察贵阳大数据应用展示中心时,对贵阳市利用执法记录仪和大数据云平台开展监督工作的情况作出了"把执法权力关进数据铁笼,让失信市场行为无处遁形、权力运行处处留痕,为政府决策提供第一手科学依据,实现人在干、云在算"的重要指示。2015年7月,"数据铁笼"正式上线运行。贵阳市"数据铁笼"行动计划率先选择了与群众生活密切相关、政府权力相对集中和具有良好网络技术基础的市交通管理局、市住房和城乡建设局作为试点单位。2015年8月4日,贵阳市召开实施"数据铁笼"试点扩大工作会议,新增了市农委、市水务局、市发展改革委员会、市民政局、市国土局、市卫计委、市食品药品监管局等10家单位作为试点单位。2016年3月,贵阳市制订出台多项政策推进"数据铁笼"行动计划。截至2017年年底,"数据铁笼"行动计划实施单位总数达到40家,几乎覆盖了贵阳市政府所有组成部门,形成了一套特色鲜明、行之有效的思路办法和建设路径。

贵阳市在对权力清单进行审计的过程中,充分利用大数据技术,突出问题导向,找出权力运行和监督中的痛点、难点和风险点,进而明确要解决问题的本质。在此基础上,贵阳市从不同渠道收集多种数据,全面挖掘数据资源,突破"数据壁垒",充分利用大数据趋势分析、异常分析及事前预警等技术优势,强化对权力的规范和约束,对权力进行预警、预测、控制,并提出解决方案;梳理权力清单、责任清单、负面清单及业务工作流程,通过"数据铁笼"对权力运行进行全过程规范和监控;精准定位政府职责,明确权力运行导向,方便利用大数据技术预警和控制分析,更好地解决权力运行风险防控和责任追究问题。贵阳市根据相关法律法规梳理出权力清单与责任清单共570项,其中行政处罚类、行政检查类、行政奖励类、行政强制类、行政许可类、其他行政权力类、日常管理类分别为535项、3项、2项、4项、4项、17项、5项;负面清单,包括安全生产监管执法类和日常办公类,总计87项;廉政风险点和群众关注热点分别为10项和2项。

贵阳市基于互联网和大数据技术,使政府传统的行政管理模式向网上政务模式转变,推动政务管理和公共服务信息化;从社会关注度高,与公民切身利益相关,极易产生权力寻租相关联的业务着手,通过数据留痕记录权力运行的整个过程,实现数据可公开、来源可追溯、去向可追踪、责任可追究的目标;与此同时,强化权力运行的数据关联分析,形成一个自组织系统,能够自动采集、存储数据,并进行权力数据的对比分析,进而达到预警、推送的目标。贵阳市交通管理局建立个人诚信档案系统,把每一位民警的业务信息数据完整地录入系统,通过数据的关联融合和分析记录,真实地反映每一位民警的日常工作、执法情况,把要做什么、做得怎么样、在哪里做等细节完全展示呈现出来。民警执法、办事流程都处在"数据铁笼"的监督之下,避免了执法过程的权力寻租,提高了执法效率和公共服务供给水平。

大数据审计注重对权力运行的整个过程进行风险预警和控制,而权力运行的风险点主要集中在重大决策、行政审批、行政执法和党风廉政四个方面。在重大决策方面,政府运行的风险点主要涉及社会重大公共利益的政策、措施、决定、命令等,若决策过程中出现严重失误则会造成重大损失,严重损害社会公共利益。在行政审批方面,主要涉及行政人员在整个审批工作中是否严格按照审批程序进行操作和规范行使审批权。在行政执法方面,主要涉及执法人员是否严格按照相关法律法规进行执法活动和规范行使执法权。在党风廉政方面,主要涉及领导干部的廉洁自律、权力行使的监督及有效落实"一岗双责"。贵阳市有效控制以上四个关键点,将"数据铁笼"的作用真正地发挥出来。贵阳市住建局的"数据铁笼"行动计划坚持审批依据、流程、过程、结果等"四个公开",坚持政务办理、行政调解、执法过程和市场行为等"四个记录",坚持层级监督、闭合监督、执法监督和社会监督等"四个监督",实现了住建系统关键环节政务公开化,有利于保证决策、审批、执法过程的透明化和规范化。

在大数据技术的协助下,权力有效运行,贵阳市优化了政府权力运行流程,提高了政府治理效能。"数据铁笼"基于自组织系统,全面监控权力运行整个工作流程的数据,对权力运行进行全过程跟踪,实时对权力运行中的多维度数据进行关联分析,查找风险点,保障政府行为的规范化和权力运行的透明化。通过数据让权力履职行为留下痕迹,有迹可循,降低权力主体不规范履职的概率。

6.5.2 北京市西城区优化党政权力配置结构,助推公共经济权力监督[①]

地方政府权力清单审计的应用实践,还可以是这样一种模式:在地方党委的统一领导下,以决策权、执行权、监督权相对分离为目标,推进党政班子优化权力结构,强化权力之间的制约和监督,健全权力运行的制约机制与监督机制,科学配置各项职权,围绕"以责定权"明确各个权力主体的权限范围。以北京市西城区为例,第一,突出区党代会、区委全委会的决策职能,明确区委决策事项的范围,以及区委职能部门和区人大常委会、区政府、区政协的党组需要报经区委决策的重大事项;第二,强化区委常委会、区政府的执行职能;第三,明确区人大、区政协和区纪委的

---

① 案例资料来源:http://dangjian.people.com.cn/n1/2018/1025/c420318-30362928.html。

监督职能。

由此,北京市西城区根据"权力法定"和"以责定权",规范主要党政领导干部职责权限和党政部门权力职能,明确区委与区人大常委会、区政府、区政协之间,以及区人大常委会与区政府、区本级政府与管辖区内的各部门之间的权力界限,明确各类重大事项的决策、执行、监督的主体,使党政班子的权力结构及其配置更加优化。理顺区级领导班子的职能关系,也为解决权力过分集中、权力交叉重叠、权责不清和权责不对称等问题提供了制度依据。

具体地,北京市西城区党委绘制本级区党代会、区委全委会、区委常委会及其成员、区委各部门的权力运行流程图164张。区政府依法绘制行政权力运行流程图2 128张,并在图中注明行使权力的主体条件、承办岗位、办理时限、投诉举报方式等,由此明确党政主要领导干部的职权,强化权力行使的程序制约、责任到位。

6.5.3 江西省遂川县列明权力清单、健全小微权力阳光运行机制[①]

为规范基层小微权力运行,有效治理基层微腐败,江西省遂川县建立健全小微权力阳光运行机制,加强小微权力运行监督检查,严肃查处村级微腐败问题。具体而言,全面开展规范村级小微权力运行工作,梳理、归纳村级组织和村干部在服务群众过程中行使的权力事项,建立健全涉权事项的报告公示、权力运行会商等6项制度,将民主决策、日常管理、便民服务等方面40余项小微权力清单化;绘制出办事流程图,群众可以享受什么政策、如何办理一目了然;县纪委监委主要负责人带队开展调研,和群众及镇村干部面对面进行访谈,总结归纳出小微权力运行监督的重点难点,出台监督实施方案。由此,全县23个乡镇309个行政村,依据自身情况,逐村建立小微权力清单。

此前,碧洲镇良岗村村民梁晖源认为村干部在低保评审过程中违规操作,因而产生抵触心理,拒不支持村里工作。镇纪委了解情况后,带着小微权力清单和智慧民政系统导出的数据到梁晖源家中,耐心解释评审流程及条件,消除了他的疑虑和不满。该镇坚持问题导向,不断完善小微权力运行公示、会商、内控等机制,对村级小微权力监督工作中发现的问题及时分析、及时整改。

之前由于群众对基层政策不了解,政策不透明,基层小微权力运行不规范等,遂川县有40%的信访举报涉及基层农村党员干部问题。阳光"晒"权后,各项惠农惠民政策落实到位,群众信访问题明显减少。仅小微权力运行监督机制推行当年

---

① 案例资料来源:https://www.ccdi.gov.cn/gzdt/dfzf/202108/t20210827_248998.html。

上半年,遂川县有效检举控告量变为 74 件,比 2017 年同期减少了 43.5%。村居两委换届期间,县纪委监委受理村居干部检举控告件 26 件,比 2017 年同期下降了 49%。

权力清单是乡镇(街道)政府和公职人员履职尽责的重要依据,乡村治理是国家治理的重要一环,国家审计应该积极地在乡镇开展权力清单审计,防范小微权力异化。

7 公共经济权力特殊领域审计问题之一
——预算执行审计

预算反映了政府及公共部门承担公共受托经济责任的情况,对预算执行的监督便是对公共受托经济责任履行情况的监督。在现代社会中,政府预算是政府通过政治程序,围绕公共财政资金的分配和使用,对稀缺公共资源寻求有效和公平配置的制度设计,它是政府配置资源的重要工具,能从货币上反映公共受托责任的履行过程,是国家治理有效实现公共受托经济责任目标的重要制度安排。

自1995年《中华人民共和国审计法》实施以来,审计机关不断拓展审计新领域,加强开展本级预算执行审计工作。1998年,审计署提出了金融审计、企业审计和预算执行审计"三大审计"的概念,将国家审计分为三类,确立了预算执行审计在国家审计中的重要地位。2003年,审计署对预算执行审计结果的公开引起了社会的广泛关注,社会公众及新闻媒体的介入和参与,客观上对预算执行审计的发展起到了很好的推动作用。随着公共财政框架的确立,公众更加关注财政资金使用效益情况,审计部门也逐渐强化对财政资金使用绩效的监督。

2014年8月31日,第十二届全国人大常委会第十次会议表决通过了《全国人民代表大会常务委员会关于修改〈中华人民共和国预算法〉的决定》,这是《中华人民共和国预算法》的第一次修正;2018年12月29日,第十三届全国人大常委会第七次会议表决通过了《全国人民代表大会常务委员会关于修改〈中华人民共和国产品质量法〉等五部法律的决定》,对预算法进行了第二次修正。经过两次修订,预算法在顺应社会进步、推进民主政治发展、适应现代预算理念方面有了明显的改进,为预算的编制、审查和批准(审批)、执行、调整、决算、监督等环节提供了法律依据和行为指南。预算执行涉及的经济活动繁多,问题情况复杂,修订后的预算法在为国家审计对预算执行情况的监控提供了更多的法律指导的同时,也对审计工作提出了更高的要求。

7.1 预算执行审计的内涵和目标

7.1.1 预算执行审计的内涵

国家审计是监督和约束政府预算权力的重要制度安排。预算法第八十九条规定:"县级以上政府审计部门依法对预算执行、决算实行审计监督。对预算执行和其他财政收支的审计工作报告应当向社会公开。"审计法第十八条规定:"审计机关对本级各部门(含直属单位)和下级政府预算的执行情况和决算以及其他财政收支情况,进行审计监督。"审计法第十九条规定:"审计署在国务院总理领导下,对中央预算执行情况、决算草案以及其他财政收支情况进行审计监督,向国务院总理提出审计结果报告。地方各级审计机关分别在省长、自治区主席、市长、州长、县长、区长和上一级审计机关的领导下,对本级预算执行情况、决算草案以及其他财政收支情况进行审计监督,向本级人民政府和上一级审计机关提出审计结果报告。"可见,预算执行审计是指审计机关依据法律、法规和政策规定,对本级各部门(含直属单位)和下级政府预算执行情况、决算草案以及其他财政收支情况的真实性、合法性和效益性进行的审计监督。财政预算执行审计围绕财政预算执行过程和结果,对各级政府预算执行情况进行审计,重点关注预算收入统筹、预算支出管理和财政支出标准化推进、预算编制的合规性和完整性、预算执行和绩效管理、政府财务报告体系建设及实施等情况。部门预算执行审计围绕部门预算的完整性、规范性、真实性,重点关注预算执行、中央八项规定精神落实以及财经法纪执行等情况。

从预算本质的角度看,预算执行是指经法定程序审查和批准的预算的具体实施过程,是把预算由计划变为现实的关键步骤和预算管理重心。从审计对象的角度看,部门预算执行审计的对象包括各级党的机关、人大机关、行政机关、政协机关、审判机关、检察机关、民主党派、人民团体和事业单位等[①]。从公共经济权力的角度,狭义的预算执行权是指各级财政部门和纳入部门预算的各国家机关、公营事业单位、国有企业、社会团体和其他单位在收支预算方面的权力。广义的预算执行权还包括预算的编制、审查和批准、执行、调整、决算和监督等方面的权力。作为政府预算管理的一个重要环节,预算执行审计对强化政府责任、促进政府正确行使预算执行权力、提高预算的科学性和透明度、惩治和预防腐败等具有重要的作用。

中央部门和各级地方政府拥有相应的预算执行权,通过预算执行权的行使进

---

① 来自审计署官网对预算执行审计的对象的规定。

行国家管理和确保公共受托经济责任的履行,但在委托受托关系中,由于道德风险和逆向选择的存在,以及激励与约束机制的不健全,预算执行权力存在异化的可能性。因此,预算执行审计既是审计机关开展审计工作的重要内容,也是监督和规范预算权力运行的重要手段。

7.1.2 预算执行审计的目标

政府预算的产生和发展与公众监督政府对公共资源的使用和分配情况的需求密切相关。在现代社会中,政府预算是保障政府对稀缺的公共资源进行公平有效配置的一种制度设计,公共财政资金的分配和使用是政府预算的核心内容。按照公共受托经济责任理论,政府预算是公共资源受托方有效履行其职责,实现公共受托经济责任目标的制度安排,预算的执行过程反映公共受托经济责任的履行过程,也反映其背后公共经济权力的行使过程。因此,对政府预算的执行情况进行管理和监督是必须的。1999年7月8日,《经济日报》"财金报道"栏目在头条位置刊登了一篇题为《预算资金在流血》的文章,该文章披露了审计署对1998年度中央政府预算执行情况进行审计发现的一系列问题,引起了社会的较大反响,预算执行审计也逐渐走入公众的视野。近年来,审计机关推出一系列措施,不断创新审计方法,完善相关制度,使预算执行审计在监督预算权力运行、维护国家和人民利益、促进经济社会发展方面发挥出越来越重要的作用。

因此,开展预算执行审计是审计机关的重要职责。本卷从促进政府预算信息公开、促进政府预算执行的合法合规和促进预算执行绩效的提高三个方面分析预算执行审计的目标。

1. 促进政府预算信息公开

预算执行审计针对政府预算的执行过程和实施情况进行监督和审查。政府预算的执行过程也是政府预算权力的运行过程,对预算执行情况的监督即是对预算执行权力运行的监督。广大社会公众是公共资源的委托人。对委托人负责,维护委托人的利益,是发展社会主义民主政治的必然要求。通过预算执行审计,审计机关能够掌握政府预算编制和执行的基本情况,发现预算执行过程中存在的问题,提出建议并督促整改。2003年《审计结果公告制度》实施以后,审计署每年定期对外发布预算执行审计结果公告和审计工作报告,让公众了解政府预算执行权的运行情况以及政府管理和使用公共资金的情况,提高了政府预算的公开程度。近年来,审计署公布的中央部门预算执行审计结果反映了政府预算执行中主要存在的违规和管理不规范等问题,如部门预算不完整、不真实,预算执行不到位等。公开预算执行情况的审计结果,向公众及时传递反映政府使用公共资金情况的信息,促进了预算公开,提高了政府财政的透明度,有助于公众参与治理,限制政府在公共资源分配和使用上的自由裁量权,抑制在权力运行中可能出现的机会主义行为和寻租腐败行为,进一步强化了预算执行审计的工作效果。同时,审计结果公告引起的广泛社会关注也促使审计机关不断提升预算执行审计的质量。

2. 促进政府预算执行的合法合规

合法合规是对政府预算执行最基本的要求。各级政府部门依法进行预算编制,并按照审核批准后的预算来执行预算,是政府部门具有管理经济资源权力的体现。预算执行权力的运用必须合法合规,以科学配置资源、提高公共服务水平、促进经济健康发展为目标,保障公共资源委托人的权益,对公共资源委托人负责。审计机关通过开展预算执行审计,揭示被审计单位在预算执行过程中的违法违规问题,找出管理缺陷和漏洞,提出整改建议,评价和报告被审计单位受托经济责任履行情况,不断提高政府预算执行的合法合规性。

3. 促进预算执行绩效的提高

绩效是评价政府预算执行效果的核心内容之一。根据公共受托经济责任理论,政府及公共部门具有管理和使用公共资源的权力,但也承担着相应的公共受托经济责任,在保证公共资源管理使用的真实合法性的同时,也要确保公共资源使用的绩效。绩效是指经济活动的经济性、效率性和效果性①。审计署发布的预算执行审计结果公告和审计工作报告披露了在审计中发现的预算管理不善、资金和项目的绩效不佳等问题,说明预算执行审计不仅监督政府预算执行的合法合规性,同时也对预算执行的绩效进行评价。审计通过找出预算执行过程中的低效益现象和管理薄弱环节,并提出改进意见,有利于帮助政府提升管理水平和公共资源的保值增值,进一步促进资源的科学配置和政府预算权力的有效运行。同时,预算执行绩效的审计结果还可以作为政府今后编制预算的基础和参考,促进公共资金使用更为有效,进一步建立健全科学合理的预算绩效评价指标体系,缓解预算决策信息的"理性的无知",减少预算寻租行为和预算棘轮现象,促使政府结合国家战略和重大政策探索中期预算绩效评价制度,将战略规划理念融入预算管理过程之中(池国华和陈汉文,2017)。

---

① 1986年,悉尼召开的第二届最高审计机关国际组织会议提出绩效审计的概念——绩效审计是指对公营部门管理的经济性、效率性和效果性的评价。"

7.2 预算权力与权力配置

7.2.1 预算权力

宪法第八十九条第五项规定了国务院行使编制和执行国民经济和社会发展计划和国家预算的职权。同时，宪法第六十二条第十一项规定了全国人大行使审查和批准国家预算和预算执行情况报告的职权；第六十七条第五项规定了全国人大常委会在全国人民代表大会闭会期间行使审查和批准国家预算在执行过程中所必须作出的部分调整方案的职权。

从权力主体、权力内容、权力客体的角度分析预算权力可知，预算权力主体是权力的行使者，预算权力客体是权力行使的对象（公共资金），预算权力内容主要指预算权力的配置。根据公共受托经济责任理论，预算权力属于政府，但来自公民的让渡。作为公共经济权力重要的内容之一，预算权力运行的实质在于配置和分配公共资源。预算权力的行使必须促进和维护社会公共利益，使预算资金"取之于民，用之于民"。在预算权力关系中，权力主体和客体在资源控制以及信息上具有不对称性，政府所掌握的资源与信息远大于社会公众，而且在权力运行过程中，权力主体无须事前征得权力客体的同意就能够对其产生影响，因此，预算权力的行使必须有合理的范围和边界。

根据不同的标准，预算权力可以被划分为不同的类别。从预算主体的角度，预算权力分为中央预算权和地方预算权。从预算流程的角度，根据预算法对预算过程进行的分章规定①，可以将预算流程划分为预算编制、预算审查和批准、预算执行、预算调整、决算和绩效评价（监督）（图7-1）。预算权力贯穿于预算的各个流程，包括预算编制权、预算审批权、预算执行权、预算调整权、决算权和预算监督权等。

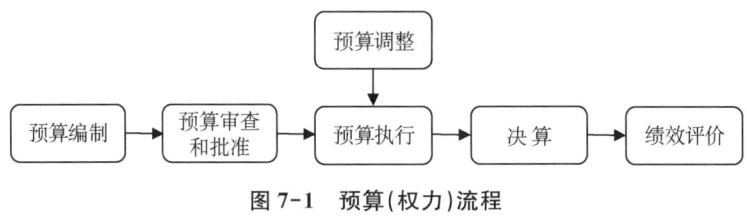

图7-1 预算（权力）流程

---

① 预算法对预算过程进行了分章规定，分为预算编制、预算审查和批准、预算执行、预算调整、决算等，同时另设专章规定对预算和决算的监督。

7.2.2 预算权力的配置

预算权力贯穿于预算流程。从我国实践来看,各级政府部门拥有预算的编制权和执行权以及决算权;各级人民代表大会及其常务委员会拥有预算的审批权和调整权;各级人民代表大会及其常务委员会、审计部门、社会公众等拥有预算监督权。预算权力的运行目标是实现资源的合理有效配置,维护社会公共利益。政府预算部门负责同各预算执行机构联系,提出资金结构性分配的初步建议,预算执行主体制定其内部预算资金的具体分配方案并执行预算。由此可见,政府预算部门可以通过规范预算编制和预算执行流程对预算执行主体进行约束,而预算执行机构在资金的具体分配和预算的具体执行方面拥有一定的自由裁量权。

1994年,预算法的立法宗旨是"为了强化预算的分配和监督职能,健全国家对预算的管理,加强国家宏观调控,保障经济和社会的健康发展",随着改革开放的深入,2014年修正为"为了规范政府收支行为,强化预算约束,加强对预算的管理和监督,建立健全全面规范,公开透明的预算制度,保障经济社会的健康发展",突出了预算约束与预算控制。2018年12月29日,第十三届全国人民代表大会常务委员会第七次会议表决通过了《关于修改〈中华人民共和国产品质量法〉等五部法律的决定》,对预算法进行了第二次修正。预算法内容的两次修正进一步强化了人民代表大会对政府预算权力的约束,细化了各级人民代表大会及其常务委员会在预算审批、调整方面的程序和权限,还对预算收支中的绩效管理提出了要求。党的十九大报告提出,全面深化改革的总目标是"完善和发展中国特色社会主义制度、推进国家治理体系和治理能力现代化",并明确提出要实施全面预算绩效管理。2018年9月1日,中共中央、国务院出台了《关于全面实施预算绩效管理的意见》。2018年11月8日,财政部出台了《关于贯彻落实〈中共中央国务院关于全面实施预算绩效管理的意见〉的通知》(财预〔2018〕167号),就实行全方位、全过程、全覆盖的预算绩效管理体系做出了详细的说明。法律法规等的不断完善为政府有效行使预算执行权提供了制度保障,也为我国进一步健全预算管理体系提供了支持。

7.3 预算执行权力的运行与风险点

健全高效的预算管理监督体系对防范权力腐败和实现国家良治至关重要。许多国家都在探索建立较为完善的预算管理监督体系,目前较为普遍的监督形式主要有议会监督、社会监督和审计监督。我国修订后的预算法也突出了预算监督的重要性,特别规定了人大监督、审计监督和社会监督等形式。审计监督的专业化优势使审计监督在预算监督体系中发挥着特殊的重要作用,而对预算执行权力运行流程与风险点进行分析和把握,是开展预算执行审计的前提。

7.3.1 预算执行权力的运行

前已述及,从预算流程的角度,预算权力包括预算编制权、预算审批权、预算执行权、预算调整权、决算权和预算监督权等。预算只有得到良好的执行,预算的目标才有可能最终实现。预算执行的好坏直接关系到政策目标和公共利益的实现(张献勇,2008)。因此,预算执行部门必须正确行使预算执行权,避免其偏离实现公共财政目标应有的轨道。

预算权力的运行由其权力结构决定。改革开放前,我国实行计划经济体制,财政预算由中央统一配置,并由中央统一进行支出控制。改革开放后至1999年,我国进入预算改革阶段,以财政收入为重心,对财政资源配置权进行了分散。从1999年开始,为适应国际经济形势变化和我国经济发展的要求,我国进一步开展了包括部门预算改革、国库集中收付体制改革和政府采购改革等一系列的预算改革,并逐步建立起一种"控制取向"的政府预算体系。表7-1为我国部门预算改革(基本支出改革)的主要内容,通过改革,实现了基本支出定员定额的管理方式。

表7-1 我国部门预算改革的主要内容——基本支出改革

改革目标	主要内容
完善制度体系,提高基本支出的规范性	2001年,财政部制定《中央部门基本支出预算管理试行办法》,确定了基本支出定员定额管理的新模式,明确了基本支出实行定员定额管理的具体思路
	2002年,财政部修订《中央本级基本支出预算管理办法(试行)》,以更好地规范基本支出管理
	2007年,财政部重新修订印发《中央本级基本支出预算管理办法》
扩大定员定额范围,提高定员定额覆盖面	2001年,率先选择国务院10个部门进行了定员定额试点
	2002年,将试点范围从行政管理经费、公检法司支出扩大到气象、地震、供销社、交通事业费和高校经费、离退休管理机构经费
	此后,试点范围逐年扩大,试点单位也由单一的行政单位扩展到参公管理的事业单位和公益性事业单位
创新管理方法,提高定额标准的合理性	研究建立定额标准的动态调整机制,实行行政单位实物费用定额试点
	从编制2012年部门预算开始,将实物费用定额试点扩大到所有中央部门本级,逐步建立了人员定额和实物费用定额相结合的基本支出标准体系

(续表)

改革目标	主要内容
夯实管理基础,建立基础信息数据库	2009年,财政部启动了中央部门基础信息数据库建设工作
	2015年,基础信息数据库增加了规范津补贴经费申报模块

资料来源:财政部干部教育中心,2017.现代预算制度研究[M].北京:经济科学出版社:132-134.

表7-2为我国部门预算改革(项目支出改革)的主要内容,通过改革,我国建立起一套程序规范、分配科学、机制顺畅的项目支出预算管理体系。

表7-2 我国部门预算改革的主要内容——项目支出改革

改革目标	改革重心
财政预算从传统模式向部门预算模式转变	建立健全适应公共财政要求和部门预算管理需要的项目支出预算管理基本框架
部门项目支出预算管理逐步完善	进一步完善项目支出预算管理的框架,由粗到细地深化项目支出预算管理,加强项目支出预算的相关配套管理措施,提高项目支出预算管理的规范性和科学性,为下一步项目支出预算改革奠定基础
项目预算管理向以标准化定额为基础,产出绩效为导向迈进	建立健全标准化的项目支出定额标准体系,建立项目支出预算绩效评价体系和绩效评价结果的运用机制,探索中长期预算管理机制

资料来源:财政部干部教育中心,2017.现代预算制度研究[M].北京:经济科学出版社:134-136.

预算执行权的运行体现在预算执行的内容中,包括预算批复、预算编制、预算调整、预算收支、资金管理、政府采购、财务核算及全面预算绩效管理等内容[①]。预算法第五十三条规定:"各级预算由本级政府组织执行,具体工作由本级政府财政部门负责。"该条规定明确了预算执行的主体。各主体在行使预算执行权的过程中要保证合法性和合规性。合法性是指在执行预算时必须严格遵循相应的法律程序。一般情况下,经审议批准的预算,其执行程序包括分配拨款以及向各支出单位拨付资金、承诺付款、采购与审核、支付款项四个阶段,每一个阶段都必须严格遵守相关的法定要求(Rechard和Daniel,2001)。合规性是指预算执行的规范化,具体来讲,即通过详细的投入控制避免越轨行为,确保预算的构成(投入组合)在预算执行中不会被改变(王雍君,2010)。随着现代预算制度的建立,在保证预算执行权力运行合法合规的基础上,预算执行的效果日渐受到关注。财政资金的使用是否符合经济

---

① 根据《中华人民共和国审计法》和《中央预算执行情况审计监督暂行办法》对预算执行审计内容的规定,本章所讨论的预算执行权是指包括预算批复、预算调整、预算收支、资金管理、政府采购、财务核算及全面预算绩效管理等在内的预算权力。

性、效率性和效果性的绩效标准,是否实现预算决策的目标,是否达到公众所要求的服务水平,这些成为判断预算执行权是否有效行使的重要标准。

为实现预算目标,使预算执行权合理有效地运行,国家需要建立包括外部监督和内部监督在内的多元化监督体系,其中,审计部门的监督发挥了特殊的重要作用。审计机关通过运用特定的审计技术与方法,分析预算执行权力异化的风险点,确定审计重点,执行进一步审计程序,找出预算执行中存在的问题,提出审计意见并督促整改,能够对权力运行的过程和结果进行有效监督。

7.3.2 预算执行权力异化风险点

预算执行权必须严格按照法律法规的要求规范运行。预算收入与支出要按照立法机构批准的预算方案进行,预算调整必须遵循法定的程序组织实施。实践中,由于执行主体未能合理有效运用权力,各种违反法律规定的情况经常发生,表7-3统计了2013—2020年国家审计发现的中央部门预算执行权运行中的违法违规行为。

表7-3 2013—2020年国家审计发现预算执行权运行中的违法违规行为

年份	违规类型	涉及部门（个）	涉及金额（万元）
2013	采用虚假合同、虚报面积、虚列支出等手段套取财政资金	16	9 233.5
	违规列支用"三公"经费	34	6 213.65
	扩大开支范围、自行调剂项目经费等(预算执行不规范)	26	129 275.3
	政府采购制度执行不规范	20	55 837.5
	滥用职权创设项目、违规出租房屋等(违规收费)	11	185 562.4
	未在法定账簿核算收支等财务核算不规范	15	40 967.15
	违规建造楼堂馆所、违规变更支出支付方式等	8	61 254.22
2014	挪用资金、用虚报面积、虚假合同等方式套取财政资金	23	49 551.46
	违规列支"三公"经费	36	4 938.14
	扩大开支范围、自行调剂项目经费等(预算执行不规范)	35	325 952.4
	政府采购制度执行不规范	31	46 769.26
	利用职权违规收费、违规出租办公房获取收入等	21	44 005.21
	预算收入征收不规范	12	32 255.49
	未在法定账户核算资金、长期挂账等(账务核算不规范)	18	56 053.22
	违规从零余额账户转账、投资损失、违规出借资金等	27	330 951.8

（续表）

年份	违规类型	涉及部门（个）	涉及金额（万元）
2015	以虚假合同、虚假发票、虚报会议费等（套取财政资金）	5	91.42
	违规列支"三公"经费	34	34 390.97
	资金支出不实、扩大项目支出范围等（预算执行不规范）	21	151 269.7
	政府采购制度执行不规范	24	580 887.5
	违规收取费用、违规设立明目收费等	12	13 702.27
	预算收入征收不规范	7	5 119.79
	收入在往来账中核算等（财务核算不规范）	13	457.9
	资金私存账外、从零余额账户转账、违规发放补贴等	31	136 038.3
2016	违规列支"三公"经费	49	17 608.94
	项目结余资金未及时清理，未及时决算等（预算执行不规范）	21	600 277.3
	政府采购制度执行不规范	38	274 691.9
	滥用职权创设项目，违规收取费用、违规出租房屋收费等	34	48 639.55
	预算收入征收不规范	15	48 524.06
	未在法定账户核算资金、长期挂账等（账务核算不规范）	28	39 355.54
	违规从零余额账户转账，无偿使用其他单位固定资产等	26	842 784.2
2017	预决算编报不准确	35	350 400
	未严格执行"收支两条线"规定等（资金资产管理不规范）	23	112 500
	违规列支"三公"经费	34	5 721.71
	依托管理职能或利用行业影响力违规收费	5	16 900
2018	预决算编报不准确	38	142 300
	预算执行及资产管理还不够规范	37	774 700
	违规列支"三公"经费	43	5 469.25
	依托管理职能或者利用行业资源违规收费	3	120
	未及时办理竣工决算等（财务核算不规范）	48	218 400
	违规发放津补贴	2	1 627.01
	未经批准兼职或违规兼职取酬	3	93.47

(续表)

年份	违规类型	涉及部门（个）	涉及金额（万元）
2019	落实过"紧日子"要求不到位	63	404 800
	项目连年结转，连年申领预算，"花旧补新"	16	141 100
	往来账款长期未清理	25	180 700
	未及时办理竣工结算	11	35 200
	资产底数不清、违规处置等	33	189 600
	信息系统应用频率低、管理不到位等	24	—
2020	部门预算不完整准确	20	128 000
	"三公经费"等管理不严	26	7 767.4
	依托管理职能或者利用行业资源违规收费	8	45 073.28
	在年底虚列预算支出，提前支付合同款等	19	37 500
	政府采购制度执行不规范	19	64 551.98
	账外存放、大额提现、出借理财等	23	5 859 522
	少记或未按时上缴收入等	23	402 800
	预算绩效评价不完整、不准确，未按规定开展绩效评价等	24	—

资料来源：根据2014—2021年审计署发布的年度中央预算执行和其他财政收支的审计工作报告、中央部门年度预算执行审计结果公告内容整理。

从暴露的问题来看，相关部门在预算执行过程中操作不规范，主要存在预决算编报不准确、财务核算不规范、套取财政资金、违规支用"三公"经费、政府采购制度执行不规范、预算执行不规范、违规收费等问题，说明预算执行权在具体执行过程中存在被滥用的现象。不少问题甚至反复出现，这些重要问题环节或权力运行关键点正是预算执行权力运行的风险领域。

7.4 预算执行审计重点

审计是监督预算执行权力运行的有效手段。预算法第八十九条规定："县级以上政府审计部门依法对预算执行、决算实行审计监督。对预算执行和其他财政收支的审计工作报告应当向社会公开。"法律赋予审计机关监督预算执行情况的权力，以实现对政府预算权力的约束；同时，将预算执行和其他财政收支的审计工作报告向社会公开，有利于社会公众成为监督预算权力运行的重要力量。2015年，中央全面深化改革领导小组第十五次会议审议通过中共全国人大常委会党组《关于改进审计查出突出问题整改情况向全国人大常委会报告机制的意见》并由中共中央办公厅转发实施,进一步推动了对审计查出问题的整改工作,增强了审计监督和人大监督的合力。

通过开展预算执行情况和其他财政收支审计,国家审计在规范政府预算执行、监督预算执行权的行使中发挥了重要作用。从审计的对象来看,预算执行审计涉及对本级财政部门及其内设机构、本级税务部门及其直属分支机构、本级政府直接管理的一级预算单位、本级金库及下一级财政等有关部门和企事业单位的审计。党的十八大以来,预算执行审计不断深入开展,审计内容涉及预算编制管理、基本支出、项目支出、非税收入收缴、国有资产管理、财务管理、绩效管理等多个方面。预算执行审计揭示预算执行中存在的问题,提出整改建议,充分发挥了审计监督的作用。表7-4统计了2013—2020年审计署预算执行审计发现问题的总体情况,可以看出,审计部门2013—2020年共审计了483个中央部门,发现问题总数达3 159个,涉及金额1 495.58亿元。

表7-4 2013—2020年审计署预算执行审计发现问题的总体情况

年度	审计部门数(个)	发现问题数(个)				问题总金额(亿元)
		问题总数	部门本级	所属单位	本级占比	
2013	37	268	157	111	58.58%	158.78
2014	46	315	186	129	59.05%	91.44
2015	42	272	130	142	47.79%	183.79
2016	71	251	136	115	54.18%	73.43
2017	57	355	165	190	46.48%	340.75
2018	88	616	310	306	50.32%	181.78
2019	99	463	323	140	69.76%	282.18
2020	43	619	245	374	39.58%	183.43
合计	483	3 159	1 652	1 507	52.30%	1 495.58

资料来源:根据2014—2021年审计署发布的年度中央预算执行和其他财政收支的审计工作报告、中央部门年度预算执行审计结果公告内容整理。

以下从预算管理、财政专项资金的使用、非税收入征缴情况、国有资产管理、财务管理和预算绩效管理六个方面讨论预算执行审计的重点。

7.4.1 预算管理

预算管理是指为确保国家预算资金规范运行而进行的一系列组织、调节、控制、监督活动的总称。预算管理是否规范,影响着预算执行权力的运行。表7-5列示了2013—2020年审计署开展中央部门预算执行审计所揭示的预算管理方面存在的问题,主要有:被审计单位收入未纳入预算管理、支出未纳入预算管理;结余资金未纳入预算管理;在本单位的预算中编列非所属单位、非财政拨款单位预算;代编代报下属单位预算或应该编报的预算未编报;编报重复、虚假的预算;预算编制未细化、不完整、不准确;预算申报材料不全等。

表7-5 预算管理方面存在的主要问题

主要问题类型	涉及金额(亿元)								
	2013年	2014年	2015年	2016年	2017年	2018年	2019年	2020年	合计
收入、支出未纳入预算管理	8.6	6.34	4.95	2.16	3.88	4.35	3.32	12.19	45.79
结余资金未纳入预算管理	0	3.89	0.35	0	0	0.023	51.5	27.85	83.61
编列非所属单位、非财政拨款单位预算	0.16	15.72	0.13	0.17	1.19	0	0.019	3.14	20.53
代编代报下属单位预算或应该编报的预算未编报	0.09	2.13	3.45	4.34	1.9	0.88	4.23	3.3	20.32
编报重复、虚假的预算	5.44	0.41	0.62	4.55	2.83	0.16	0.2	0.4	14.61
预算编制未细化、不完整、不准确	83.92	1.41	10.52	1.2	64.91	56.91	25.02	0.66	244.55
预算申报材料不全	0.69	0	0.16	0	0	1.13	0	0.15	2.13

资料来源:根据2014—2021年审计署发布的年度中央预算执行和其他财政收支的审计工作报告、中央部门年度预算执行审计结果公告内容整理。

因此,国家审计人员在审计时应重点关注下列内容:①年初预算编制情况是否规范,是否存在违规代编代报、重复编报和虚假编报情况,被审计单位收支是否全部纳入预算管理。②决算编报是否完整,应纳入决算的收支是否全部纳入;决算报表反映的数据是否真实、完整和准确。国家审计人员还可以通过对预算数据、追加预算数据和决算数据的差异进行分析,找出差异形成的原因,检查是否存在漏报、多报和账表不符等问题。

7.4.2 财政专项资金的使用

预算法第五十七条规定,各级政府财政部门必须依照法律、行政法规和国务院财政部门的规定,及时、足额地拨付预算支出资金,加强对预算支出的管理和监督。各级政府、各部门、各单位的支出必须按照预算执行,不得虚假列支。各级政府、各部门、各单位应当对预算支出情况开展绩效评价。

表 7-6 与表 7-7 分别列示了 2013—2020 年审计署开展中央部门预算执行审计所揭示的财政专项资金基本支出和项目支出方面存在的问题。前者的问题主要有:被审计单位无预算、超预算支出,超标准、超范围支出;违规发放津贴补贴;虚报冒领财政资金;擅自扩大基本支出范围;违规、超预算、超标准的"三公"经费及会议费;调剂使用日常公用经费和人员经费;违规、超预算、超标准执行政府采购;虚列支出、提前列支、延迟列支;公车改革推进缓慢等。后者的问题主要有:被审计单位扩大项目支出范围;以拨作支虚列支出;自行调整调剂,套取挪用项目资金;预算执行缓慢,执行率低;未及时进行项目竣工决算或课题结题;违反国家项目的招投标规定;项目执行过程中的违规行为;超概算的投资项目;违规或超标准构建使用办公用房等。

表 7-6 财政专项资金基本支出方面存在的问题

主要问题类型	涉及金额(亿元)								
	2013 年	2014 年	2015 年	2016 年	2017 年	2018 年	2019 年	2020 年	合计
无预算、超预算支出,超标准、超范围支出	3.82	0.51	4.52	0.1	0.05	1.31	0.26	1.03	11.6
违规发放津贴补贴等	0.05	0.17	1.77	0.06	0.4	0.01	0.0005	0.48	2.95
虚报冒领财政资金	0.1	0.45	0		0.28	0.17	0.003	0.21	1.22
擅自扩大基本支出范围	5.28	2.68	0.59	0.06	0.24	0.03	0.04	0.0009	8.92
违规、超预算、超标准的"三公"经费及会议费	2.43	0.93	0.69	0.49	0.53	0.24	0.37	0.025	5.7
调剂使用日常公用经费和人员经费	1.43	8.8	0.08	0.01	0	0.73	0	0.05	11.1
违规、超预算、超标准执行政府采购	6.69	3.3	58.12	28.94	7.09	4.85	1.71	5.14	115.84
虚列支出、提前列支、延迟列支	6.54	0.35	0.34	0.06	0.37	3.77	0.33	3.2	14.96
公车改革推进缓慢	非金额问题	非金额问题	非金额问题	非金额问题	非金额问题	0.003	0	0.016	0.019

资料来源:根据 2014—2021 年审计署发布的年度中央预算执行和其他财政收支的审计工作报告、中央部门年度预算执行审计结果公告内容整理。

表7-7 财政专项资金项目支出方面存在的问题

主要问题类型	涉及金额(亿元)								
	2013年	2014年	2015年	2016年	2017年	2018年	2019年	2020年	合计
扩大项目支出范围	3.67	0.8	0.46	2.4	0.08	0.048	1.69	1.79	10.94
以拨作支虚列支出	0	0.53	0.55	0.02	0.07	0.97	0.57	0.041	2.75
自行调整调剂,套取挪用项目资金	2.93	2.2	0.01	0.79	0.13	10.91	0	0.87	17.84
预算执行缓慢,执行率低	6.9	2.98	17.4	2.17	95.57	3.69	1.37	0.18	130.26
未及时进行项目竣工决算或课题结题	1.05	0.05	2.71	2.6	0	10.65	109.16	18.27	144.49
违反国家项目的招投标规定	3.53	2.5	0.06	0	1.37	1.29	0.11	1.86	10.71
项目执行过程中的违规行为	0.85	2.55	3.47	0.2	4.2	5.27	0.33	1.74	18.62
超概算的投资项目	0.34	0.03	0	0	0	1.3	0	0.08	1.75
违规或超标准构建使用办公用房等	0	0	0	0	0	0	0	1.72	1.72

资料来源:根据2014—2021年审计署发布的年度中央预算执行和其他财政收支的审计工作报告、中央部门年度预算执行审计结果公告整理。

可见,审计机关在财政专项资金的使用方面应重点关注的内容有:专项资金的分配情况和使用情况,重点专项资金的流向。审计人员应重点追踪检查资金流向,确认是否存在挤占资金、挪用资金或截留资金等违规问题;同时,应通过开展经济效益审计,对专项资金的使用效益进行分析,评价财政专项资金使用的经济性、效率性和效果性。在"三公"经费和会议费管理使用方面应关注的内容有:被审计单位是否严格贯彻落实中央厉行勤俭节约、反对铺张浪费相关规定的精神,是否加强支出控制,是否切实做到了精简会议、减少公务接待等活动。另外,国家审计还应通过对支出结构和比例进行分析,揭示有无超预算支出、无预算支出、挤占挪用、虚列支出等问题。对实际执行情况与预算存在较大差异的情况,分析差异产生的原因;对审计发现的预算执行中存在的问题作出处理并提出改进建议。

7.4.3 非税收入征缴情况

非税收入是纳入预算管理的政府财政收入重要组成部分。《政府非税收入管理办法》第三条规定,非税收入是指"除税收以外,由各级国家机关、事业单位、代行政府职能的社会团体及其他组织依法利用国家权力、政府信誉、国有资源(资产)所有者权益等取得的各项收入。具体包括:(一)行政事业性收费收入;(二)政府性基金收入;(三)罚没收入;(四)国有资源(资产)有偿使用收入;(五)国有资本收益;(六)彩票公益金收入;(七)特许经营收入;(八)中央银行收入;(九)以政府名义接受的捐赠收入;(十)主管部门集中收入;(十一)政府收入的利息收入;(十二)其他非税收入"。表7-8列示了2013—2020年审计署开展中央部门预算执行审计所揭示的被审计单位在非税收入征缴方面存在的问题,主要有:违规的收费收入及其他收入、违规转嫁费用;非税收入未上缴、未纳入统一管理、未收支两条线管理;非税收入收缴不及时;固定资产违规出租、违规经营等的收入等。

表7-8 非税收入征缴方面存在的问题

主要问题类型	涉及金额(亿元)								
	2013年	2014年	2015年	2016年	2017年	2018年	2019年	2020年	合计
违规的收费收入及其他收入、违规转嫁费用	0.57	0.01	5.26	0.74	1.61	0.05	2.41	2.96	13.61
非税收入未上缴、未纳入统一管理、未收支两条线管理	2.18	1.88	6.5	6.07	6.17	2.56	0.74	0.27	26.37
非税收入收缴不及时	0	2.38	0	0.08	0.24	2.41	0.5	2.67	8.27
固定资产违规出租、违规经营等的收入	0	0	0.16	0.18	0	1.18	0.28	0.7	2.49

资料来源:根据2014—2021年审计署发布的年度中央预算执行和其他财政收支的审计工作报告、中央部门年度预算执行审计结果公告内容整理。

因此,国家审计在非税收入征缴情况方面应重点关注以下内容:非税收入征收的合法性和收缴的及时性,有无违规收费、未上缴等现象;非税收入管理和使用的合规性,是否严格执行"收支两条线"制度,有无违规经营等。

7.4.4 国有资产管理

国有资产是对属于国家所有的一切财产和财产权利的总称。优化经济结构、发展国有经济,实现国有资产保值增值是国有资产管理的目的。表7-9列示了2013—2020年审计署开展中央部门预算执行审计所揭示的被审计单位在国有资产管理中的存在问题,主要有:违规出借、出租资产;违规对外投资;违规购买理财产品;固定资产、无形资产管理不善;结余等资金管理问题等。

表 7-9 国有资产管理方面存在的问题

主要问题类型	涉及金额(亿元)								
	2013年	2014年	2015年	2016年	2017年	2018年	2019年	2020年	合计
违规出借、出租资产	0	0	0	0	0	1.08	8.19	16.53	25.8
违规对外投资	1.45	0	0	0	0	0	0.1	0	1.55
违规购买理财产品	0	0	3	1.85	1.51	1.72	3.1	0	11.18
固定资产、无形资产管理不善	3.12	0	0	0.62	14.44	1.44	1.89	3.09	24.6
结余等资金管理问题	1	25.63	28.5	7.27	41.05	27.91	13.75	9.93	155.04

资料来源:根据 2014—2021 年审计署发布的年度中央预算执行和其他财政收支的审计工作报告、中央部门年度预算执行审计结果公告内容整理。

因此,审计机关在国有资产管理方面应关注的内容主要有:国有资产是否有合法的取得渠道;国有资产的账面记录是否真实、完整;是否存在将资产违规对外出租、出借和处置的情况,相关程序是否完善和经过了恰当的审批和授权;对处置国有资产取得收入的情况;单位的核算是否严格执行"收支两条线"制度。对于国有资产管理使用的情况,国家审计要检查从建设、采购、使用到处置的全过程中程序是否合法合规,相关的审批制度是否执行到位。此外,国家审计还应关注结转结余资金的真实性,结转结余资金的使用是否合法合规,有无隐瞒结余或结转和结余的资金不实等问题。

7.4.5 财务管理

预算执行权能否有效行使也体现在被审计单位的财务管理水平上。表 7-10 列示了 2013—2020 年审计署开展中央部门预算执行审计所揭示的被审计单位在财务管理方面存在的问题,主要有:票据、现金管理不规范;往来账长期挂账;财务、账户等管理、核算、结算不正确、不完整、不规范;未采取财政直接支付,采用财政授权支付;违规从零余额账户向实有资金账户划转资金;结算方式不规范;违规报销、支付等。

表 7-10 财务管理方面存在的问题

主要问题类型	涉及金额(亿元)								
	2013	2014	2015	2016	2017	2018	2019	2020	合计
票据、现金管理不规范	0	0	0.03	0	0	0	0	0.11	0.14
往来账长期挂账	0	0	0	0	2.57	15.98	13.89	7.89	40.33
财务、账户等管理、核算、结算不正确、不完整、不规范	0.34	2.23	0.47	0.61	11.47	16.72	35.65	23.46	90.95

(续表)

主要问题类型	涉及金额(亿元)								
	2013	2014	2015	2016	2017	2018	2019	2020	合计
未采取财政直接支付，采用财政授权支付	4.11	0.08	2.45	0	0	0.62	1.18	0	8.44
违规从零余额账户向实有资金账户划转资金	1.51	0.5	5.59	0.15	0.49	0.48	0.24	0.96	9.93
结算方式不规范	—	—	—	—	—	0.95	0.002	0.008	0.96
违规报销、支付	—	—	—	—	—	—	0.03	3.57	3.60

资料来源：根据2014—2021年审计署发布的年度中央预算执行和其他财政收支的审计工作报告、中央部门年度预算执行审计结果公告内容整理。

可见，审计机关在对财务管理和资金使用进行审计时应重点关注：被审计单位财务制度的制定和执行情况；相关经费(会议费、交通费、培训费等)支出的合理性；重点检查相关基本支出和项目支出是否按照批复的预算科目和数额执行，是否存在挤占挪用、虚列支出现象；资金结算方式是否合规，有无违规划转资金；是否存在设立"小金库"，财务结算和报销支付不规范等问题。

7.4.6 预算绩效管理

预算绩效管理对完善预算管理制度、优化财政资源配置、提升财政资金使用绩效和公共服务质量十分重要。审计署在开展中央部门预算执行审计中发现，被审计单位在预算绩效管理方面还存在绩效目标未完成，未按规定开展绩效评价，绩效指标未设置或不细化、不合理、不准确等问题。审计机关对预算绩效管理进行审计，应跟踪监控绩效目标、绩效运行，重点关注预算绩效目标的设定、审核、批复、调整与应用等问题，检查被审计单位是否按照财政部《财政支出绩效评价管理暂行办法》《中央部门预算绩效目标管理办法》等文件的要求，定期开展绩效评价。

7.5 各地预算执行审计的实践探索

7.5.1 陕西省实现预算执行审计全覆盖[①②]

全国各地在开展预算执行审计中，不断创新审计技术与方法，优化审计流程，

---

① 案例资料来源：陕西省审计厅行政事业审计处，2021.积极应用大数据 实现省一级部门单位预算执行审计全覆盖[J].现代审计与经济，(1):22-24.

② 案例资料来源：根据陕西省审计厅网站相关内容(http://sjt.shaanxi.gov.cn/sy/sjdt/sjxw/202011/t20201106_2004431.html)整理。

取得了越来越显著的成果,特别是对大数据技术的应用,大大提升了审计效率,让审计全覆盖成为可能。本节介绍陕西省如何利用大数据实现审计全覆盖及其取得的成效,为预算执行审计的开展提供参考。

1. 实施阶段

从 2019 年开始,陕西省审计厅利用大数据系统正式对省级一级预算部门单位实行审计全覆盖,实施过程共分三个阶段。

第一阶段:数据准备。

陕西省审计厅根据陕西省财政厅在用的 9 个主要业务系统的特点和重点,完成非现场数据分析固定主题选择,根据主题数据分析需求,同步提交后台统一协调抽取数据。对统一采集的系统数据进行还原处理,保证数量一致且无丢失。从财政厅收集主要业务系统前台查询报表、财政预决算报表和内部操作规程,从相关预算单位采集会议纪要、凭证、预算项目等文件资料类非结构化数据。

第二阶段:数据分析。

在数据分析阶段,陕西省审计厅召开非现场数据分析启动会,针对非现场数据分析工作进行布置和培训。非现场数据分析分部门预算、指标管理、国库集中支付、预算单位财务集中管理、部门决算等五个专业小组开展,启动会明确各组分析方向和时间进度。五个专业小组每日开会讨论工作进展、发现的疑点与线索、遇到的难点和需要完善提高的地方,通过比对、验证、实地调查等方式,提高审计精准度,达到"让数据多跑路,让审计人员少跑腿"。

第三阶段:数据核实。

陕西省审计厅将核查结果按单位分别打包,按审计厅各处室审计联系对象分发到对应的业务处室,各相关处室根据核查通知将疑点数据交于被审计对象进行自查。自查报告提交后,派核查小组进驻核查,核查结果经征求意见、审理稽核、分管厅领导签字后,统一以整改函的模式发给被审计单位限期整改,整改结果限期函告。

2. 主要做法

陕西省审计厅采用"四四五"的方式实现审计全覆盖。

第一个"四"是指坚持"四个统一":统一从财政系统采集一级预算部门单位的预算执行相关数据,保证数据准确性和一致性;统一要求各方数据分析人员集中办公,畅通沟通和交流渠道,保证指令统一,步调一致;统一使用预算执行审计分析系统进行分析筛选,并将分析结果分发给各业务处进行核查,确保对部门单位核查标准和核查深度的一致性;统一下发全覆盖审计核查通知书、整改建议书及处理意见模板,保证审计核查时间、审计处理和整改标准的一致性。

第二个"四"是指实行"四个结合":在全覆盖审计工作中全面贯彻"审计两统筹",将计划审计项目与审计核查项目结合、单位自查与审计核查结合、全覆盖审计与预算绩效审计结合、全覆盖审计与软件正版化审计结合,实现一审多项、一审多果。

"五"是指做到"五个一样":在全覆盖审计工作中严格质量控制,切实做到对核查项目和计划项目审前培训的内容和时间一样、对派遣审计人员要求一样、审计质量控制流程一样、审计整改标准一样、审计达到的效果一样。

3. 取得的成效

2019年,陕西省审计厅利用大数据实现了对省级全部126个一级预算部门单位财务数据的审计全覆盖,组织19个处室对数据分析结果进行核查,查处了预算执行和管理、贯彻落实中央八项规定精神、专项资金管理和使用等6个方面17类问题,涉及违纪资金约2.66亿元,发出整改建议200余条。2020年,审计厅对省级全部116个一级预算部门单位进行了审计分析,共筛选出问题32类、疑点数据24 834条。根据分析结果,审计厅将25个单位列入年度审计计划,同时组织30个处室的100余人对其余101个省一级预算部门单位分析筛查出的疑点问题进行了就地核查,共查处预算执行、违反中央八项规定精神、预算绩效管理等方面13类56项问题,提出整改建议260余条。

经过2年时间的探索和实践,陕西省审计厅预算执行审计全覆盖取得了较大进展和成效,目前审计对象已逐步向二三级预算单位延伸,审计内容也逐步向绩效和政策转变。

7.5.2 北京市审计局"2组5团队"创新预算执行审计组织方式[①]

预算执行审计组织方式的创新有利于优化配置审计资源,提高审计效率。2020年,北京市审计局为推进预算执行审计工作,创新大项目组织管理方式,成立"2组"和"5团队"。

"2组"是指综合指挥协调组和现场巡查指导组。综合指挥协调组负责指挥预算执行审计的组织实施全过程,协调处理审计组织实施过程中遇到的各种情况和问题,统筹人员分工和任务分配。现场巡查指导组负责各预算执行审计项目的巡

---

① 案例资料来源:根据中华人民共和国审计署网站相关内容(https://www.audit.gov.cn/n4/n20/n524/c144312/content.html)整理。

查指导工作。

"5 团队"是 5 个执行团队,即"四本预算"审计团队、一级预算单位全覆盖审计团队、重点部门本级和基层预算单位现场审计团队、数据处理团队和审理团队。"四本预算"审计团队负责加强"四本预算"审计之间及与部门预算执行审计之间的统筹协调,组织好"小切口"等重点任务实施审计。一级预算单位全覆盖审计团队承担 202 个市级一级预算单位非现场、现场审计,同时与重点部门本级和基层预算单位现场审计团队加强沟通,做好本级预算疑点数据的推送和解释指导工作。重点部门本级和基层预算单位现场审计团队对重点行业 3 个部门本级和 34 个基层预算单位进行审计,同时对一级预算单位全覆盖审计团队发送的关于重点部门的疑点进行现场审计核实。数据处理团队开展数据收集整理及转换工作。审理团队对项目进行审理,为审计质量控制打下坚实基础。

在"2 组 5 团队"的组织管理方式下,综合指挥协调组积极发挥指导和引领作用,打破处室界限,围绕审计目标混合编组,均衡配置人员力量,按专业特长合理分工,优势互补;现场巡查指导组及时解答各团队在审计过程中遇到的困难问题,及时宣传、交流各团队的先进经验和工作方法,促进各团队取长补短,互通有无。各审计团队注重工作衔接,整体推进,上下贯通,扎实开展工作,团队战斗力得到了更大提升,有力促进了预算执行审计工作顺利开展。

7.5.3 重庆市审计局从"全覆盖"到"三融合"推进部门预算执行审计新发展①②

审计模式的创新有利于强化审计结果运用,实现部门预算执行审计提质增效。2018 年,重庆市审计局以构建财政审计大格局为导向,按照"大数据分析全覆盖、现场核查重点抽审"的原则,对全市一级预算单位电子数据实现全覆盖分析,对 20 个单位进行现场审计,从三个方面创新审计实施模式。

1. 实现组织方式"大格局",强化全过程监管

重庆市审计局积极构建财政审计大格局,将部门预算执行审计与市级财政及区县财政预算审计有机融合、统一部署、统一安排,由财政审计一处总统筹,财政审计二处牵头组织实施,10 个处室共同参与,审计组织方式更加优化,改变了以往更多侧重于预算执行环节这一情况,将审计范围覆盖财政资金运行的每个环节,关注

---

① 案例资料来源:根据中华人民共和国审计署网站相关内容(https://www.audit.gov.cn/n4/n20/n524/c130864/content.html)整理。

② 案例资料来源:根据中华人民共和国审计署网站相关内容(https://www.audit.gov.cn/n4/n20/n524/c144513/content.html)整理。

资金的筹集、分配、拨付、管理、使用、绩效评价等各个流程,对财政管理活动进行全程序、全环节、全覆盖监督。

2. 实施项目"一拖 N",共享审计资源

重庆市审计局积极贯彻"一审多项、一审多果、一果多用"的审计要求,首次采取在大项目下统筹实施小专项的方式,在部门预算执行审计中同步开展党费收支、"三公"经费使用、国有资产管理情况以及网络安全建设等专项审计,同时对 6 个部门单位同步开展领导干部经济责任审计,采取"一个审计组对应一个被审计单位,审核查阅一次资料,解决多个审计目标"的审计模式,高效整合审计资源,提高审计效率。

3. 审计结果"挂好钩",提升审计监督效能

重庆市审计局从 2019 开始与市财政局协同配合,将每年的部门预算审计结果,与市级预算安排挂钩,将审计问题按严重程度分为严重违反预算法等法规、管理不规范、需通过改革逐步改进、性质较轻影响较小共 4 个类别进行扣分,如有屡查屡犯的问题再加扣 50% 预算。通过将审计结果作为预算调整和以后年度预算编制的重要依据,倒逼市级各部门规范预算管理、提升预算使用绩效、增强用好财政资金的责任感,部门预算执行审计监督效能发挥更加显著。

2021 年,为深入推进审计全覆盖,重庆市审计局以"三融合"为抓手,构建新时期财政审计新格局,进一步推动全市部门预算执行审计新发展。

(1) 增强与财政预算执行审计的融合,强化"首尾呼应"的全过程监管。在前期准备中,重庆市审计局注重增强同级部门预算执行审计和财政预算执行审计的协同融合,以本级财政审计为龙头,顺延至重点部门单位预算的编制、执行、绩效评价及最终资金使用单位,构建起财政审计全链条监督的新格局。为推动部门预算执行审计和财政预算执行审计在审计组织、内容、成果运用等多方面实现有效衔接,重庆市审计局在全市部门预算执行审计中增加财政审计需关注或延伸落实的事项,明确两个审计组建立沟通协调机制,并围绕如何在部门预算执行审计中发现、反映财政管理问题进行专题培训,进一步提升审计取证、问题反映、成果利用的协同度,确保效率提升,成果共享,工作有效推进。

(2) 增强市区两级部门预算执行审计的融合,形成"上下联动"的全方位监督。按照全市审计"一盘棋"的思路,重庆市审计局积极转变组织方式,首次编制全市统一的部门预算执行审计工作方案,明确了审计目标、范围、内容、重点、程序和工作要求,将"单打独斗"变为上下联动,进一步提升了审计监督的合力。对部分市级重点专项资金审计,重庆市审计局要求沿资金分配、拨付、管理、使用流向由市级到区县进行追

踪,有效拓展审计监督的深度。在突出问题查处的同时,重庆市审计局聚焦体制性障碍、机制性梗阻、制度性漏洞,通过剖析问题成因、明确责任主体,提出打通难点堵点痛点的意见建议,推动问题解决,充分发挥审计"治已病、防未病"作用。

(3) 增强数据分析与现场审计的融合,实现"点面结合"的全覆盖监督。重庆市审计局在对部分权力集中、资金密集、资源富集的重点部门、单位开展现场审计的同时,加强对全市一级预算单位2020年度预算执行情况的全覆盖数据分析,促进部门预算执行审计在点上有深度,在面上有广度,一定程度上实现了审计全覆盖形式与内容的统一。按照《重庆市市级预算安排与监督检查和绩效评价结果挂钩办法》,重庆市审计局对数据分析发现的共性问题,以预算编制、预算执行、项目绩效管理、资产管理、财务管控与公务支出等类别分别赋分考核,将其结果与部门单位的预算安排挂钩,有效拓宽部门预算执行审计成果运用渠道,倒逼市级各部门规范预算管理,提升预算使用绩效。

7.5.4 辽宁省沈阳市建立本级预算执行审计整改工作定期联席会商制度[①]

预算执行审计的成效体现在所提出的审计意见或建议是否得到落实,审计发现的问题是否得到有效整改。为提高审计整改力度和效果,2020年6月,辽宁省沈阳市审计局和沈阳市财政局建立了本级预算执行审计整改工作定期联席会商制度。

联席会商每年不少于6次,其工作职责包括:以习近平新时代中国特色社会主义思想为指导,深入贯彻落实党的十九大和习近平总书记对审计工作的重要指示精神,在市人大常委会领导下,研究解决预算执行审计整改工作中出现的问题,统筹协调相关部门职责分工,加强联合检查和监督管理,研究商定审计工作中的重点和难点问题,提出解决方案,协调推进预算执行审计发现问题全面整改到位,促进审计机关依法履行审计监督职责。

联席会商的主要内容是研究如何解决预算执行审计整改中遇到的重点和难点问题、需在体制机制方面加以研究解决的问题、需要多部门协调联动解决的问题、市人大财经委关于预算执行审计及审计整改中有关指示精神需要各部门协调配合落实的和其他需要协调研究解决的问题。该制度要求各联席会商成员单位要按照职责分工,主动研究审计整改工作的有关问题,认真落实经联席会商确定并布置的工作任务,按要求准时向联席会商办公室报送工作情况。各成员之间要互通信息,相互配合,相互支持,形成合力,充分发挥联席会商的作用。

---

① 案例资料来源:根据中华人民共和国审计署网站相关内容(https://www.audit.gov.cn/n4/n20/n524/c139968/content.html)整理。

该制度对联席会商结果的运用做出了明确规定,要求有关单位对联席会商形成的决定,在规定的期限内将完成情况函告沈阳市审计局;财政、审计部门要严格督促落实,确保问题整改到位;对拒绝落实或整改不到位的部门,及时将相关情况通报政府有关部门,严肃追责问责。

"本级预算执行审计整改工作定期联席会商制度"的建立有利于进一步落实市人大常委会审议意见,做好预算执行审计;还有利于建立健全市本级预算执行审计整改工作机制,加大审计整改工作力度,确保审计整改工作落实到位,全面提高审计整改工作质量和效果。

7.6 预算执行审计强化权力监控的政策建议

7.6.1 深入推进预算绩效审计

加强预算绩效管理是财政改革发展到一定阶段的必然选择。20世纪90年代以来,随着公共财政理论和效益财政理论的建立,我国逐步开始推进预算绩效管理的实践。表7-11总结了我国预算绩效管理的主要历程。我国预算绩效管理的发展主要经历了预算支出绩效评价的萌芽、分散性支出绩效初评试点、统一制度规范下的预算支出绩效评价以及财政支出绩效评价常态化四个阶段。到目前已确立了完整意义上的预算绩效管理理念,财政支出绩效评价也呈现出常态化的特征。

表 7-11 我国预算绩效管理的主要历程

阶段	主要内容	意义
预算支出绩效评价的萌芽阶段	自1990年起,财政部开始实行文教行政财务管理和经费使用效益考核工作	预算支出绩效评价的开端,为我国下一步探讨建立预算支出绩效评价体系、实行绩效预算奠定了基础
	自1998年起,我国建立起了财政投资评审制度体系	
分散性支出绩效初评试点阶段	2001年,湖北省率先在恩施土家族苗族自治州选择5个行政事业单位进行试点	试点范围逐步扩大,初步的、尝试性的预算绩效评价逐渐开展
	2003年,党的十六届三中全会通过的《中共中央关于完善社会主义市场经济体制若干问题的决定》,财政部印发《中央级教科文部门项目绩效考评管理试行办法》(财教〔2003〕28号,现已废止)《中央级行政经费项目支出绩效考评管理办法(试行)》(财行〔2003〕108号,现已废止)	
	2004年,《财政部关于开展中央政府投资项目预算绩效评价工作的指导意见》(财建〔2004〕729号)发布	

(续表)

阶段	主要内容	意义
统一制度规范下的预算支出绩效评价阶段	2005年,财政部制定《中央部门预算支出绩效考评管理办法(试行)》(财预〔2005〕86号,现已废止)	基本建立起预算绩效评价体系,提高政府管理效能和财政资金使用效益
	2006年起,财政部选择了3部门的4个项目,开展了统一的绩效考评试点工作	
	2008—2010年基本建立起预算绩效评价体系	
财政支出绩效评价常态化阶段	2009年,财政部下发《财政支出绩效评价管理暂行办法》(财预〔2009〕76号,现已废止)	确立了完整意义上的预算绩效管理理念,财政支出绩效评价常态化
	2011年,财政部印发《财政支出绩效评价管理暂行办法》(财预〔2011〕285号)《关于推进预算绩效管理的指导意见》(财预〔2011〕416号)	
	2012年,财政部印发《预算绩效管理工作规划(2012—2015)》(财预〔2012〕396号	
	2014年,第十二届全国人大常委会第十次会议表决通过修改《预算法》的决定,首次以法律形式明确公共财政预算收支中的绩效管理要求	
	财政部将投资评审中心改名为预算评审中心,并于2015年发文《关于充分发挥预算评审中心职能作用切实加强预算管理的通知》(财办预〔2015〕21号)	

资料来源:财政部干部教育中心,2017.现代预算制度研究[M].北京:经济科学出版社:257-260.

预算法明确了对我国公共财政预算收支中的绩效管理要求。因此,在预算执行审计中要对政府管理和使用资源的经济性、效率性和效果性进行评价。通过开展预算绩效审计,建立相应的绩效评估审计标准,对被审计单位的预算绩效进行评价,发现问题并提出改进意见,有助于进一步完善绩效评估机制,推动绩效预算改革,提升预算执行权的运行效果。具体而言,可以采取由小及大,由浅入深的方式逐步推进,先项目后部门,从注重评价结果到注重过程,建立有效的绩效评价体系,探索中长期绩效审计管理。

7.6.2 增强审计的预算问责

预算执行审计不仅要揭露预算执行中的违法违规行为,还要通过预算问责促使相关部门合理规范地行使预算执行权力。预算问责是指各问责主体对违背预算法律法规、滥用预算权力的行为作出处理或惩罚。预算问责是预算治理的重要内容,能够有效地约束政府行为,使预算最大限度地"取之于民,用之于民"。预算问责包括政治问责、行政问责和社会问责。政治问责的主体是立法机构,行政问责的主体是政府部门和审计机关,社会问责的主体是社会组织和社会公众。

审计法赋予了审计机关预算问责的权力。审计法第四十九条规定:"对本级各部门(含直属单位)和下级政府违反预算的行为或者其他违反国家规定的财政收支行为,审计机关、人民政府或者有关主管部门在法定职权范围内,依照法律、行政法规的规定,区别情况采取下列处理措施:①责令限期缴纳应当上缴的款项;②责令限期退还被侵占的国有资产;③责令限期退还违法所得;④责令按照国家统一的会计制度的有关规定进行处理;⑤其他处理措施。"审计法第五十一条规定:"审计机关在法定职权范围内作出的审计决定,被审计单位应当执行。"审计署"十四五"国家审计工作发展规划强调要"督促审计查出问题全面整改落实……推进审计监督与人大预算决算审查监督、国有资产管理情况监督有机结合,形成监督合力……推动健全审计整改约谈和责任追究机制",也强调了审计应对所查处的问题进行监督和追责。

7.6.3 完善审计结果公告制度

审计结果公告制度的实施保障了公民的知情权与参与权。审计署每年定期向社会发布预算执行审计结果的公告,有利于强化社会公众对预算执行权力运行的监督和约束。结合财政部《关于深入推进地方预决算公开工作的通知》《关于切实做好地方预决算公开工作的通知》等文件对地方政府预算信息公开的要求,审计结果公告将预算执行审计的信息进行公开,增强了公众对国家预算的执行及其结果信息掌握的全面性,拓宽了公民参与预算的程度和范围,提高了公众监督的效力。

因此,国家审计应进一步完善审计结果公告制度,不仅从数量上为社会公众提供更多的信息,减少信息不对称;而且进一步提高审计结果公告的质量,使公众了解更准确、更丰富的信息。审计机关可从以下方面提高审计结果公告的质量:通过分析信息披露的质量特征寻找恰当的指标,建立相对全面的审计结果公告质量评价体系;处理好审计信息公开的保密性与透明度之间的关系;进一步健全国家审计相关法律法规,为审计结果公告提供强有力的法律保障。

7.6.4 充分利用信息技术创新审计方法

2014年10月发布的《国务院关于加强审计工作的意见》强调要在审计实践中充分运用大数据技术,在审查问题、分析判断等方面加大对数据的综合利用;同时,审计机关要大力开展联网审计,提升电子数据分析的运用能力和成效。

审计信息技术的发展推动着审计方法的创新发展,特别是大数据技术和云计算的使用,帮助审计机关实现了许多传统审计方法不能完成的任务。预算执行审计关注预算执行权运行的各个方面,创新审计方法,有利于审计目标的实现。因此,国家审计应探索构建适应权力导向审计模式的预算执行审计方法体系,充分运用现代信息技术,开展联网审计,并将其与大数据以及云计算技术相结合;开展持续审计,充分利用 XBRL、Web Service、ETL 等及时有效地获取审计对象信息,并借助大数据平台发现问题和分析问题;推进总体审计模式的实施,从可视化分析、数据挖掘、预测性分析等多种角度进行分析,高效快速地掌握审计对象的整体状况,把握审计对象各具体事项间的内在联系,以期发现存在的问题和潜在的风险;同时,也应合理有效地运用传统审计方法,包括检查法、观察法、询问法、外部调查法、重新计算法、重新操作法和分析法等。

8 公共经济权力特殊领域审计问题之二
——政府采购制度实施情况审计

政府采购制度是国家的一项重要财政支出管理制度,政府采购权力伴随着政府采购活动而产生和运行,政府采购项目多、金额大,涉及多方利益,是权力异化的重灾区,因此,国家审计必须对政府采购制度的实施进行监控。《中华人民共和国政府采购法》第六十八条规定:"审计机关应当对政府采购进行审计监督。政府采购监督管理部门、政府采购各当事人有关政府采购活动,应当接受审计机关的审计监督。"对政府采购制度实施情况进行审计是国家审计的重要任务之一。

8.1 政府采购制度实施情况审计的内涵和目标

8.1.1 政府采购制度实施情况审计的内涵

政府采购制度实施情况审计是指依照法律的规定,由各级审计机关对政府采购的当事人实施政府采购的情况和政府采购监督管理部门的监督管理情况进行审计、监督、评价及鉴证的活动。政府采购制度实施情况审计对遏制政府采购活动中的违法行为和腐败行为,维护良好的市场经济秩序有着重要的作用和意义。

政府采购制度实施情况审计伴随着政府集中采购行为出现,作为外部监督的重要手段,其在规范政府采购行为、强化政府采购支出管理以及提高采购资金使用效益方面发挥了重要的作用。政府采购制度实施情况审计的目的在于审查政府采购活动的合法性、合规性和效益性,促使相关部门或者单位提高政府采购资金的使用效益。政府采购制度实施情况审计具有权威性、系统性、独立性和广泛性的特点,其审计内容包括采购预算的合法性、采购计划的合理性、招投标过程的合规性、采购中介代理资质审查及采购活动的效益性等。

8.1.2 政府采购制度实施情况审计的目标

政府采购制度是国家经济管理中的一项重要制度,这项制度只有得到有效的实施才能发挥出其应有的作用与功能。根据政府采购法第十四条的规定,在政府采购活动中,享有权利和承担义务的各类主体为政府采购的当事人,具体包括采购人、供应商和采购代理机构等。图 8-1 呈现了政府采购各主体间的关系,政府采购的参与者是采购人、代理机构和供应商,政府采购活动受到监督部门、社会公众和新闻媒体等的广泛监督。

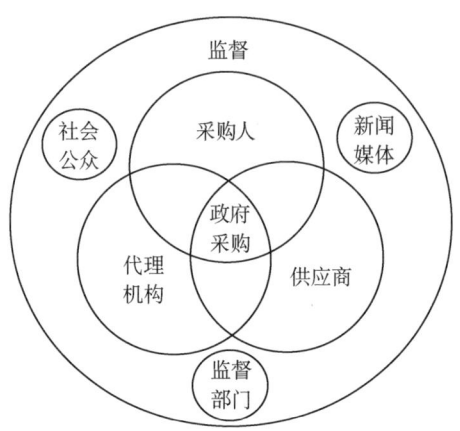

图 8-1　政府采购各主体间的关系

在政府采购制度实施情况审计中,审计作为重要的外部监督工具,是制约和监督政府采购权力运行的重要手段。有效的审计监控能够促进政府采购行为的公开、公正、公平,有利于规范政府采购行为,强化财政支出管理,提高政府采购资金的使用效益,维护国家利益和社会公共利益。

政府采购制度实施情况审计的目标之一是监督政府采购制度实施的公平公正性。审计机关对政府采购制实施情况进行审计要关注采购活动的公平公正性,防止产生有失公允的腐败行为。例如,供应商的选择环节往往涉及多个主体的经济利益,是腐败发生的高风险领域。

政府采购制度实施情况审计的目标之二是提高政府采购绩效。例如,对政府采购制度实施情况进行审计还应关注政府采购的绩效。例如,审计政府采购规模,查清资金流向及使用情况,帮助采购主体细化预算管理,提高资金使用效益;审计固定资产使用效率,检查固定资产间比例关系及闲置率,分析固定资产闲置原因,发现固定资产不当使用行为和不合理固定资产投资行为;审计采购机构的办公经费拨发情况及人员数量、素质,以便发现采购机构规模与其采购规模不相匹配之处。

8.2 政府采购制度及其运行机制

8.2.1 政府采购制度

政府采购是指国家机关或公共部门及其所属机构为了满足日常行政工作需要和维护公众利益,对所必需的服务、物资和工程项目进行的采购行为。政府采购法将政府采购定义为"各级国家机关、事业单位和团体组织,使用财政性资金采购依法制定的集中采购目录以内的或者采购限额标准以上的货物、工程和服务的行为"。该定义明确了我国政府采购的主体为各级国家机关、事业单位和各类团体组织;采购资金主要来源为国家财政性资金;采购的项目为纳入各级政府采购管理部门所确定的集中采购目录以内的服务、工程和物资。可见,政府采购是一种政府购买活动,具有采购主体特殊、采购对象广泛、采购目的非营利性、采购资金公共性、采购方式和程序规范性等特征。

政府采购制度是一种公共管理制度,是国家管理直接支出的一项基本手段,从决策到监督的整个政府采购活动都体现公平、公正和规范的特征,被人们称为"阳光下的交易"。政府采购制度的实施离不开采购主体、采购对象、采购目的、采购资金、采购方式和程序等要素。

(1)采购主体。政府采购的主体是各级国家机关、事业单位和团体组织。采购主体作为政府采购的直接参与者,拥有一定的采购权力,承担相应的采购职责,执行特定的采购任务。

(2)采购对象。政府采购法第二条明确,政府采购是指"以合同方式有偿取得货物、工程和服务的行为,包括购买、租赁、委托、雇用等"。其中,货物是指各种形态和种类的物品,包括原材料、燃料、设备、产品等;工程是指建设工程,包括建筑物和构筑物的新建、改建、扩建、装修、拆除、修缮等;服务是指除货物和工程以外的其他政府采购对象。可见,政府采购的对象十分广泛。

(3)采购目的。政府采购的目的是实现政府职能,为公众提供公共服务,满足一定范围内公众的需求,以及发展公共事业,满足开展日常政务活动的需要。因此,政府采购具有非营利性的特征。

(4)采购资金。政府采购的资金属于公共资金,包括财政拨款和需要由财政来偿还的公共借款。与私人采购资金来源于私有财产不同,政府采购资金的来源具有公共性,资金渠道主要为税收、政府债务收入以及公共服务收费等公共收入。也正因如此,政府采购实际上是一种公共受托经济责任的变形,必须对其进行有效监督,防止受托方滥用政府采购权力,造成公共资源的损失和浪费。

(5)采购方式和程序。政府采购必须在法律、法规、政策或制度规定下依照法定的采购方式和程序进行。政府采购活动必须遵循国家政策的规定,保证采购过程遵循公开透明原则、公平竞争原则、公正原则和诚实信用原则,接受财政部门、审计部门和社会公众的监督。

我国政府采购制度构建于20世纪90年代中期,其发展大致分为三个阶段,表8-1列出了政府采购制度的建立与主要发展历程。第一阶段为政府采购制度的试点阶段(1996—1998年)。在这一阶段,政府采购对财政资金支出的节约效果已经彰显出来。第二阶段为政府采制制度的扩大试点阶段(1999—2003年)。在这一阶段,财政部组建国库司,并在其下设立了政府采购处,各地方也建立了政府采购管理部门,2003年政府采购法实施。第三阶段为政府采购国际化与规范化阶段(2004年至今)。随着政府采购范围的逐步扩大,政府采购的社会效益和经济效益也日益显现;2007年12月28日,我国政府正式提交了加入WTO政府采购协议的申请,政府采购开始国际化。财政部制定了《政府采购货物和服务招标投标管理办法》等30多个规章制度,初步建立了以政府采购法为统领的政府采购法律体系;2014年8月31日第十二届全国人民代表大会常务委员会第十次会议通过了《全国人民代表大会常务委员会关于修改〈中华人民共和国保险法〉等五部法律的决定》,对政府采购法进行了修订;2014年12月31日国务院第七十五次常务会议通过《中华人民共和国政府采购法实施条例》,自2015年3月1日起施行;2016年6月29日,财政部印发《关于加强政府采购活动内部控制管理的指导意见》,政府采购逐步规范化和法制化。

表8-1 政府采购制度的建立与主要发展历程

时期	主要内容		成效
试点阶段 (1996—1998年)	上海市财政局按照国际政府采购规则,对上海市胸科医院采购双探头装置实行政府采购		此次试点节省了一大笔采购费用,政府采购的优势初显,标志着我国政府采购制度开始实行
	中央层面	卫生部在中央单位率先开展了政府采购试点工作	政府采购的节支效果彰显出来
	地方层面	1998年10月,深圳市出台了《深圳经济特区政府采购条例》	

（续表）

时期	主要内容	成效
试点扩大阶段（1999—2003年）	2000年6月,财政部组建国库司,并在其下设立政府采购处,同时各地方也设立相应的政府采购管理部门	进一步扩大了政府采购的规模和范围,推进了政府采购制度的规范化建设
	建立采购机构:各级财政部门成立集中采购机构	提高了政府采购工作的操作规范性
	确立采购方式:政府采购协议供货制度确立并推广	节约招标成本的同时扩大公开招标占全部政府采购的比重
	2003年政府采购法实施	保障了政府采购工作的规范性
国际化与规范化阶段（2004年至今）	政府采购范围逐步扩大,已经由单纯的货物类采购扩大到工程类采购和服务类采购	政府采购的社会效益和经济效益日益显现
	财政部制定了《政府采购货物和服务招标投标管理办法》等30多个规章制度	初步建立了以政府采购法为统领的政府采购法律体系
	从2004年开始,财政部先后在扶持采购节能产品、环境标志产品、自主创新产品和保护国家信息安全产品等领域实行政府采购制度	取得了明显的效果
	2007年12月28日,我国政府正式提交加入WTO政府采购协议申请和初步出价清单	政府采购工作逐步与国际接轨
	2014年8月31日,第十二届全国人民代表大会常务委员会第十次会议通过了《关于修改〈中华人民共和国保险法〉等五部法律的决定》,对政府采购法进行了修订	为进一步规范政府采购工作提供法律依据
国际化与规范化阶段（2004年至今）	2014年12月31日,国务院第七十五次常务会议通过《中华人民共和国政府采购法实施条例》	
	2016年6月29日,财政部印发了《关于加强政府采购活动内部控制管理的指导意见》	

资料来源:财政部干部教育中心,2017.现代预算制度研究[M].北京:经济科学出版社:192-195.

8.2.2 政府采购的运行机制

政府采购法第七条规定:"政府采购实行集中采购和分散采购相结合。集中采购的范围由省级以上人民政府公布的集中采购目录确定。"集中采购是指一个或多个采购人将财政部门确立的集中采购目录内的采购项目委托给采购代理机构进行集中采购。分散采购是指采购人拥有完整的采购权限,在确定采购需求后可以自行组织具体的采购事宜,不需要代理机构。表8-2为2014—2020年我国政府采购规模的基本情况,可以看出我国的政府采购以集中采购为主,但近几年分散采购的比重逐渐提高。

表8-2 2014—2020年全国政府采购规模的基本情况

年度	政府采购总规模			政府采购情况					
				政府集中采购		部门集中采购		分散采购	
	金额(亿元)	占全国财政支出比重	占GDP比重	金额(亿元)	占比	金额(亿元)	占比	金额(亿元)	占比
2014	17 305.34	11.4%	2.7%	11 734.5	67.8%	2 940.44	17%	2 630.4	15.2%
2015	21 070.50	12.4%	3.1%	集中采购共计:16 705.5;占比:79.3%				4 365.0	20.7%
2016	31 089.80	11.0%	3.5%	16 446.6	52.9%	6 132.9	19.7%	8 510.8	27.4%
2017	32 114.30	12.2%	3.9%	15 286.6	47.6%	5 492.0	17.1%	11 335.7	35.3%
2018	35 861.4	10.5%	4.0%	15 767.8	44.0%	5 211.1	14.5%	14 882.5	41.5%
2019	33 067	10.0%	3.3%	13 042.4	39.4%	4 913.0	14.9%	15 111.5	45.7%
2020	36 970.6	10.2%	3.6%	12 385.1	33.5%	4 086.7	11.1%	20 498.8	55.4%

数据来源:根据中华人民共和国财政部网站(http://www.mof.gov.cn/)发布的历年政府采购情况整理。

在政府采购法的要求下,各地区按需设立政府采购机构。实践中,根据采购业务的类别的不同,政府采购机构分别归属不同的部门。我国在1996年政府采购制度改革探索时期,就初步形成了由财政部门、纪检部门和审计部门分工协作,共同监管的政府采购管理运行机制。

按照政府采购法的规定,财政部门是我国政府采购的监管主体,管理和指导集中采购代理机构和社会代理机构。设区的市、自治州以上的人民政府根据完成本级政府采购项目组织集中采购的需要设立集中采购机构(政府采购中心)。图8-2为我国大多数省(自治区、直辖市)采用的政府采购机构设置模式。该模式的特点是集中采购机构分级设置、独立运行、互不隶属,各级采购机构自主实施对人员、财务、采购事项以及交易平台的决策管理和运行控制权,在各自职权范围内接受采购人委托,独立自主地开展政府采购活动。

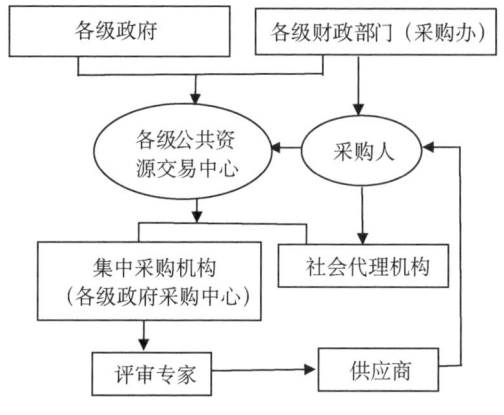

图 8-2 政府采购机构设置模式

除此之外,还有少数地区(如安徽省)的政府采购机构设置采用集中管理与分级管理相结合的模式(图 8-3)。在该模式下,省和省会城市的集中采购机构的职能合二为一,省层面不设集中采购机构,只在省会所在市设立一个集中采购机构,省级采购业务工作并入省会城市的公共资源交易中心。

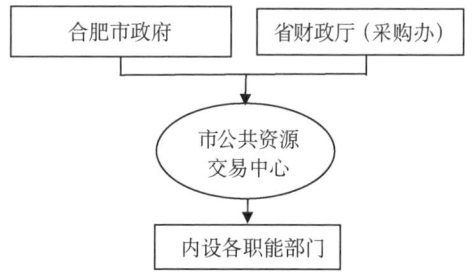

图 8-3 政府采购机构设置——集中管理与分级管理相结合

8.3 政府采购权的运行与风险点

随着市场经济的发展,市场竞争中的供求关系日趋复杂,政府采购能够充分发挥信息优势,寻找更为适合的产品和服务。从公共受托责任的角度,公民委托政府管理公共资源,政府接受委托代理行使采购权力。在政府采购的委托代理关系(图 8-4)中,政府执行采购原则、采购方式、采购流程的同时也是政府采购权力的运行过程。在政府采购代理行为中,无论是采购成本的付出和采购效益的实现,政府都必须对公民负责,政府采购权必须得到正确的行使。

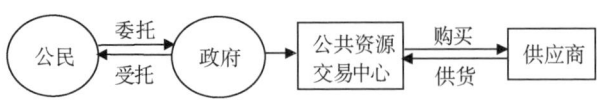

图 8-4 政府采购的委托代理关系

8.3.1 政府采购权的运行

我国的政府采购从确定采购需求、编制政府采购预算,到选择政府采购方式、签订政府采购合同,再到最后执行合同、履约验收和政府采购绩效评价,涉及多个环节,涉及多个利益主体。采购主体能否正确行使政府采购权关系到政府采购的成败,而政府采购权的运行就贯穿在政府采购流程中,如图 8-5 所示。

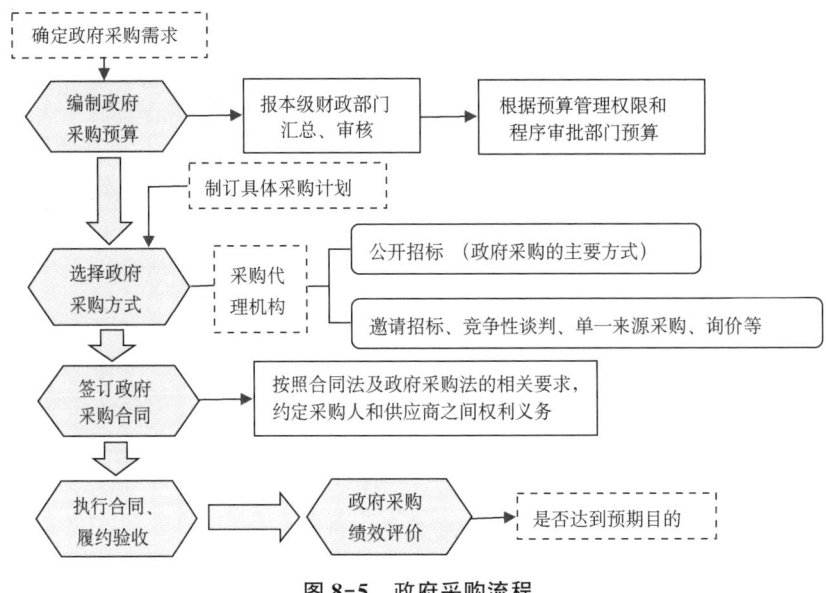

图 8-5 政府采购流程

1. 确定政府采购需求,编制预算

政府采购需求由采购人确定,在编制部门预算时以政府采购预算的形式提出,经过预算审批程序列入年度采购计划。政府采购预算是部门预算的组成部分,具体是指行政事业单位年度内政府采购项目及资金使用的计划。确定政府采购需求、编制政府采购预算是政府采购活动起点。政府采购法第三十三条规定:"负有编制部门预算职责的部门在编制下一财政年度部门预算时,应当将该财政年度政府采购的项目及资金预算列出,报本级财政部门汇总。部门预算的审批,按预算管理权限和程序进行。"此条明确了对政府采购预算编制的要求。编制政府采购预算有利于规范采购行为。以省级部门为例,政府采购预算编制工作由省级财政厅(局)向省直各部门及单位部署,省直各部门及单位按要求编制本部门或本单位的政府采购计划。在内容上,凡是属于将在预算年度内使用财政性资金进行采购的货物、工程和服务项目,都需要编制政府采购预算计划。政府采购需求的确定是否科学合理,直接影响采购绩效。因此,采购人应从实际需求、采购项目的特征、产品原产地和经济性等多方面考虑,避免重复采购、盲目采购及低效采购等情况,确保采购需求的科学性和合理性。

2. 选择政府采购方式

编制政府采购预算以后,政府需要制订采购计划。政府采购计划实际上是政府采购的实施方案,科学、细致、明确的政府采购计划是保障政府采购活动顺利进行的前提条件。政府采购计划主要包括采购的具体项目、采购具体方式、采购资金构成以及资金支付方式等。根据政府采购法第七条、第十六条和第十八条,政府采购实行集中采购和分散采购相结合的方式,纳入集中采购目录的项目应当实行集中采购。设区的市、自治州以上人民政府根据需要设立集中采购机构(采购代理机构)。采购人采购纳入集中采购目录的项目必须委托集中采购机构代理采购;对未纳入集中采购目录的项目可以自行采购,也可以委托集中采购机构在委托的范围内代理采购。政府采购法第二十六条规定,政府采购方式包括公开招标、邀请招标、竞争性谈判、单一来源采购以及询价等,其中,公开招标应作为政府采购的主要方式。采购部门应严格按照法律法规的要求选择恰当的采购方式,在达到公开招标条件时采用公开招标方式,在其他情况下选择的采购方式也要坚持合法合理原则。另外,政府在制订计划时还应考虑采购过程可能出现的风险,提前做好应对准备,以确保采购目标的实现。

3. 审查供应商资格,签订政府采购合同

确定政府采购方式后,采购人(采购代理机构)应采用规定的采购方式选择供应商,在确定供应商并签订政府采购合同之前对供应商进行资格审查。政府采购法第二十二条规定,供应商参加政府采购活动应当具备下列条件:①具有独立承担民事责任的能力;②具有良好的商业信誉和健全的财务会计制度;③具有履行合同所必需的设备和专业技术能力;④有依法缴纳税收和社会保障资金的良好记录;⑤参加政府采购活动前3年内,在经营活动中没有重大违法记录;⑥法律、行政法规规定的其他条件。政府采购法第二十三条规定:"采购人可以要求参加政府采购的供应商提供有关资质证明文件和业绩情况,并根据本法规定的供应商条件和采购项目对供应商的特定要求,对供应商的资格进行审查。"因此,在正式进行采购前,采购人应该对供应商进行资格审查,只有具备条件的供应商才能参加政府采购竞标活动。招标过程应公平公正,对中标的供应商,应按照既定的程序和要求与之签订采购合同。政府采购合同应按照合同法及政府采购法相关要求,本着平等、自愿原则约定采购人和供应商之间的权利义务。

4. 执行政府采购合同,履约验收

双方当事人应严格按照约定履行合同,不得擅自变更、中止或者终止合同。供应商若要采取分包方式履行合同,须经采购人的同意。在合同履行过程中,采购人需要追加采购,在不改变合同其他条款的前提下,可与供应商签订不超过原合同金额10%的补充合同。在履约验收环节,采购人应对供应商提供的产品和服务进行检查,确认其是否符合合同要求,防止供应商降低采购项目的标准和要求,违反合同约定,偷工减料,以次充好等。只有达到合同要求时,采购人才能确认该政府采购项目验收合格。

5. 政府采购绩效评价

政府采购绩效评价是检验政府采购目标实现的重要方式。政府采购主体和相关管理部门、监督部门应对政府采购项目的运行进行全过程的监控,并对运行情况和运行效果进行评估,判断采购主体的决策能力、管理能力以及供应商的履约能力,评价政府采购的经济性、效率性和效果性,为促进政府绩效的不断提升提供经验。

8.3.2 政府采购权力异化风险点

政府采购权来自公民让渡的权力,政府采购活动理应为公众服务,保障公众利益。从政府采购流程可以看出,流程中每一个环节都涉及相应政府采购权力的运行,尤其在一些关键环节,如采购方式的选择、招标过程、合同的履约验收等,权力行使者牟取私利,会导致权力异化从而产生腐败行为。

1. 政府采购方式的选择

政府采购法第二十六条规定,政府采购可以采用公开招标、邀请招标、竞争性谈判、单一来源采购、询价方式以及国务院政府采购监督管理部门认定的其他采购方式。其中,公开招标应作为政府采购的主要采购方式。政府采购方式直接影响采购方对供应商的选择。实际操作过程中可能出现采购方利用政府采购权力和供应商相互勾结,进行设租和寻租活动的违法违规现象。例如,为规避公开招标,采购人将应当以公开招标方式采购的货物或者服务化整为零;为进行指定供应商的邀请招标或采用竞争性谈判方式采购,虚拟设置标的物的特殊性或复杂技术,使其满足只能从有限范围的供应商处采购的条件;设置信息公开障碍,使有资质的供应商得不到招标的信息,将供应权留给关系户,扰乱公平竞争的市场环境。

2. 招标过程

招标是政府采购的核心环节,也是违法违规的重灾区。《政府采购货物和服务招标投标管理办法》第三条规定,货物和服务招标分为公开招标和邀请招标。其中,公开招标是指采购人依法以招标公告的方式邀请非特定的供应商参加投标的采购方式;邀请招标是指采购人依法从符合相应资格条件的供应商中随机抽取3家以上供应商,并以投标邀请书的方式邀请其参加投标的采购方式。在实际操作中,供应商为了中标或采购人为了让特定的供应商中标可能存在违规操作,产生权力异化现象。例如,采购人向供应商索要或者接受其给予的赠品、回扣或者与采购无关的其他商品、服务;采用邀请招标形式时未同时向所有受邀请的供应商发出投标邀请书,使部分供应商错过竞标活动等。

3. 合同的履约验收

采购人与供应商签订政府采购合同后,在履约验收环节应对供应商提供的产品和服务进行检查,确认其符合合同要求。但是在实际的采购过程中,有些供应商因为自身实力不足,在投标的过程中通过一些游说、贿赂的手段使自己中标;而在真正的履约验收环节,为了能够让自己蒙混过关,便会在验收环节向采购部门寻租,从而降低采购项目的标准和要求,完全不按照合同的规定办事,偷工减料、以次充好,从中获取高额利润。

可见,政府部门拥有采购权力,政府采购项目有着特定的采购目标和利益相关者,采购方与供应商都有追求利益最大化的动机,这就使政府采购权力运行过程中产生了寻租的动机和可能。

8.4 政府采购制度实施情况审计重点

政府采购活动的风险点也是政府采购制度实施情况审计应关注的重点领域。从历任审计署审计长在全国人民代表大会常务委员会上做的年度中央预算执行和其他财政收支的审计工作报告内容来看,几乎每年的报告都提到了审计中发现的政府采购违规问题,有的年份还详细说明了具体违法违规问题(表8-3),主要存在对政府规定执行不严格、不规范,招标采购进度慢,利用职权或影响力输送利益,采购预算不完整,未公开招标、违规转分包等问题。因此,审计机关对政府采购制度实施情况进行审计监督应重点关注包括采购人、供应商以及采购代理机构在内的利益相关各当事人①在重要采购环节中的行为,特别关注采购人是否合理、有效地行使政府采购权,实现政府采购的目标。

表8-3 审计发现的政府采购活动中的违法违规问题

年度	政府采购活动中主要违法违规问题
2013	政府采购规定执行不严格
2014	政府采购制度执行不规范
2015	政府采购制度执行不规范
2016	未严格执行政府采购规定
2017	资金使用效率低,招标采购进度慢
2018	在项目招标和政府采购等活动中设置地域、注册资本等不合理条件;利用职权或影响力,直接插手、居间协调或借道中介干预政府采购,向特定关系企业或个人输送利益
2019	资金使用效率低,招标采购进度慢
2020	政府采购预算(计划)不完整;未公开招标或违规转分包等

资料来源:根据2014—2021年国务院关于中央预算执行和其他财政收支审计查出问题整改情况的报告整理。

8.4.1 对政府采购部门的审计

政府采购部门(采购人)是指依法进行政府采购的国家机关、事业单位和团体组织。作为政府采购的需求方,政府采购部门按照相关规定承担并完成采购任务。对政府采购部门的审计主要审查其管理和制度执行的规范性,重点关注:①政府采购预算编制是否遵循法定程序,是否进行调查研究、充分论证、科学预测和可行性分析。②确定的采购范围、规模、数量、品种、金额是否合理。③有无盲目采购,重复采购现象。④采购合同的合理合法性。⑤是否按照先验收后结算的规定,对采购项目按照合同要求和相关标准进行验收,对验收合格的标的物是否按照规定的流程进行资金支付。⑥政府采购资金拨付是否到位,资金的来源和金额是否与预算一致。⑦基本支出和项目支出的采购单项及采购金额与政府采购预算是否一致。⑧政府采购预算执行是否到位。⑨对采购管理是否从资金分配延伸到使用环节,是否对行政事业单位现有财产进行清查登记,是否加强对新增固定资产的管理等。

---

① 根据政府采购法第十四条的规定,在政府采购活动中享有权利和承担义务的各类主体为政府采购的当事人,具体包括采购人、供应商和采购代理机构等。

8.4.2 对采购代理机构的审计

政府采购代理机构是指受采购人委托,在委托范围内代理采购人办理采购事宜的机构①。对组织实施政府采购活动的采购代理机构的审计,应重点关注:①采购代理机构的内部控制制度,分析其是否存在管理混乱、职责不清现象,判断其从事政府采购的能力。②采购代理机构是否具备相应资质条件,是否达到政府采购主管部门的要求,是否存在不良业绩,是否脱离主管部门的监督。③采购代理机构及其分支机构有无在所代理的采购项目中投标或者代理投标,是否为所代理的采购项目的投标人参加本项目提供投标咨询。④招投标方式的选择是否合理、合规,特别是招投标中是否存在预先内定中标者或者向投标者泄露标底等违规行为,是否存在"暗箱"操作等舞弊行为。⑤代理签订政府采购合同的过程是否合规。⑥资金运作规模、资金管理方式和管理情况。⑦代理采购活动是否存在违规营利的情况。⑧政府采购的后续管理等。

8.4.3 对采购方式选择的审计

采购方式直接影响采购部门对供应商的选择,而供应商的选择往往涉及多方经济利益。政府采购法规定公开招标应为政府采购的主要采购方式。但在实际情况中,有的采购方利用政府采购权力和供应商相互勾结,为规避公开招标,违法违规地进行设租和寻租活动。因此,国家审计应审查采购单位选用的采购方式是否合理,是否存在以下违规情况:①未将属于集中采购目录内的商品、服务及工程委托给集中采购机构进行采购。②采购人(代理机构)将本应当以公开招标方式采购的货物或者服务化整为零,或以各种非正当条件转为邀请招标、竞争性谈判、单一来源采购、询价等其他方式进行,故意规避公开招标。③采购人(代理机构)为采取指定供应商的邀请招标或采用竞争性谈判方式采购,虚拟设置标的物的特殊性或复杂技术,使其满足只能从有限范围的供应商处采购的条件。④采购人(代理机构)设置信息公开障碍,使有资质的供应商得不到招标的信息,将供应权留给关系户,扰乱公平竞争的市场环境。

8.4.4 对招标过程的审计

招标过程是否合法合规决定了政府采购的公开、公平、公正性。对招标过程的审计应重点关注:①招标文件、资格预审文件的内容是否违反法律、行政法规、强制性标准、政府采购政策,或者违反公开透明、公平竞争、公正和诚实信用原则。②采购代理机构有无在所代理的采购项目中投标或者代理投标,是否为所代理的采购项目的投标人参

---

① 政府采购法第十六条规定:"集中采购机构为采购代理机构。设区的市、自治州以上人民政府根据本级政府采购项目组织集中采购的需要设立集中采购机构。集中采购机构是非营利事业法人,根据采购人的委托办理采购事宜。"

加本项目提供投标咨询。③投标人是否遵循公平竞争的原则,有无恶意串通,妨碍其他投标人参加竞标活动或者损害采购人或其他投标人的合法权益。④是否存在"陪标"、招标前确定中标者或投标人共同抬高或压低标价的现象。⑤是否存在招标方向投标人泄露标底的现象。⑥是否存在投标人向招标方进行利益输送的现象。另外,供应商是政府采购活动的履约方,供应商的资质和诚信直接关系到政府采购的成败。因此,国家审计必要时还应对供应商的生产过程、供货情况、后续服务等进行监督。

8.4.5 审计政府采购执行结果

审计政府采购的执行结果,是从总体上审查政府采购执行情况,具体而言:①将采购明细、采购金额与采购需求进行总体比较,分析采购目的是否达到。②审查是否存在超预算或者无预算的政府采购行为。③将实际采购情况与采购计划进行详细比较,审查实际采购是否与计划相符。④审查采购资料的真实完整性,分析是否存在虚假采购现象。⑤抽取部分采购合同进行详细审查,分析所采购商品的数量、金额、名称、型号等与签订的采购合同是否一致。

8.4.6 对政府采购绩效的审计

政府采购活动是否达到目的,体现在采购绩效上。政府采购制度实施情况审计还应关注政府采购绩效。政府采购绩效包括以下两个方面:一是经济性,即是否实现货币价值最大化,财产物资利用是否充分、有效;二是效率性,即必要的财产物资保障是否提高了工作效率;效果性,即政府采购制度的实施是否切实加强了财政支出管理,实际支出是否比预算支出明显下降,以及是否促进了政府政策目标的实现和宏观效益的发挥。审计机关在确保采购货物质量的前提下,可以选用以下方法,对政府采购绩效作出评价,以便为政府决策提供参考:①审计政府采购规模,查清资金流向及使用情况。②审计固定资产使用效率,检查固定资产间比例关系及闲置率,分析固定资产闲置原因,发现固定资产不当使用行为和不合理固定资产投资行为。③审计采购机构的办公经费拨发及人员数量、素质,以便发现采购机构规模与采购规模不相匹配之处。

8.5 政府采购制度实施情况审计的实践探索

8.5.1 审计署济南特派办利用"三库"推动廉洁政府采购[①]

2017年以来,为进一步加强廉洁机关建设,推进机关管理制度改革,审计署济

---

① 案例资料来源:根据中华人民共和国审计署网站相关内容(https://www.audit.gov.cn/n4/n20/n526/c118597/content.html)整理。

南特派办(以下简称济南办)探索创新审计模式,推动实施政府采购小组制度,充分利用好采购的"专家库""法规库"和"项目公司库"三个库,促进政府采购工作要求的落实,推进廉洁采购。

1. 利用好采购"专家库",责任落实到人

济南办采取处室推荐的方式,选出11名熟悉采购工作的人员,组成采购评审委员会,对采购评审委员会坚持"能进能出"原则,实行动态化管理;采购实行"一事一议"制度,针对每个采购项目,随机从采购委员会中选择3名同志组成采购小组,负责实施采购所有环节,并全程留痕,压实责任。

2. 利用好采购"法规库",依法依规采购

济南办安排专人收集财政部、审计署以及相关部门对政府采购工作的相关政策、制度、法规,定期进行更新。采购小组严格按照采购法律法规要求开展工作,违反采购程序的事情坚决不做。采购委员会每年年初按照机关预算情况和预算执行进度编制采购计划,坚决做到"按计划采购"。

3. 利用好"项目公司库",坚持质优价廉采购

根据中央政府采购平台和山东省政府采购平台中的合格供应商名单,济南办建立项目公司库,协议供货、自行采购均只面向纳入项目公司库中的公司进行,按照质优价廉的原则选择供货商和货物;对项目公司库实行黑白名单制,进行动态管理,将验收不合格、社会失信企业纳入黑名单,禁止交易。采购小组严把验收关,发现与合同约定不一致或存在质量问题的货物一律不予签收,采购款项验收后再行支付。

通过建立和利用三个库,创新采购制度,济南办加强了对采购过程的监督,最大限度地保证了采购过程各环节的透明度,保证每一分钱都用在了"刀刃"上,推进廉洁机关的建设。

8.5.2 浙江省杭州市审计局与多部门联动推进政府采购规范管理[①]

为进一步规范非公开招标方式的政府采购行为,2020年,浙江省杭州市审计局积极与市纪委、市财政局等部门多方联动,开展了全市违规实施单一来源采购(直接发包)联合重点督查,共抽查市直部门16家,市属国有企业、高校、医院9家,共计检查项目145个。审计局通过对制度依据使用的正确性、采购程序执行的完整性、监管职责履行的有效性三个方面的重点督查,推动各部门及企事业

---

① 案例资料来源:根据中华人民共和国审计署相关内容(https://www.audit.gov.cn/n4/n20/n524/c142340/content.html)整理。

单位"强意识、建机制、促规范",进一步加强了全市政府采购规范管理。

1. 强化依法采购意识

此次专项检查进一步提高了全市各单位依法采购意识,推动了全市25家市直部门及市属企事业单位开展专项自查工作,并对下级事业单位委托项目及市级公共交易平台项目等事项进行了全面排摸。在检查过程中,审计依托政府采购法及其实施条例和相关规章制度的规定,对全市各单位在政府采购活动中,是否存在以化整为零的方式拆分政府采购项目或违法规避政府采购程序等方面进行了检查,要求采购人必须严格按照政府集中采购目录和采购限额标准规定依法实施采购,全面加强了各单位对政府采购行为的正确认识。

2. 建立完善内控制度

重点关注了法律法规具体适用、审批备案程序实施、采购发包项目交易过程及下属单位内控管理等方面。针对存在问题的单位,审计要求建立健全政府采购预算与计划管理、政府采购活动管理、验收管理等政府采购内部管理制度,确定负责政府采购工作的专职(兼职)人员,对每项政府采购项目进行签字确认,积极做好政府采购文件备案、合同上网备案、信息统计编报、档案资料管理等工作,从制度层面严格要求承揽单位必须严格具备相应资质资格条件、公开招标失败转直接发包的程序务必到位,防止借"集体决策""一事一议"等形式违规采用单一来源采购或直接发包方式,有效杜绝了单一来源采购方式的滥用。

3. 督促问题整改落实

针对检查中发现的问题,梳理并发送"整改清单"至抽查单位。审计要求各单位坚持问题导向,积极采纳审计建议,并结合廉政风险排查,明确相关问题的责任单位和责任领导,及时制定整改措施,限期完成整改任务;同时,进一步查漏洞、补短板、强弱项,注重从招标采购领域的个案问题以点带面、举一反三、破题克难,从源头上有效规范政府采购、工程建设领域交易行为,提高财政资金使用绩效。

8.5.3 湖北省宜昌市审计局规范购买投资审计服务优化营商环境[①]

为规范政府购买和投资活动,湖北省宜昌市审计局自2021年以来按照"预算约束、以事定费、公开择优、诚实信用、讲求绩效"的总体原则,采取了以下三条举措来规范购买服务流程,为社会中介机构营造公开、公平、竞争的执业环境。

---

① 案例资料来源:根据中华人民共和国审计署相关内容(https://www.audit.gov.cn/n4/n20/n524/c145030/content.html)整理。

1. 明确审计服务费预算标准

宜昌市审计局对接政府集中采购要求,改变审计服务费在项目结束后统一结算的付费模式,以落实财政预算管理改革要求、强化项目经费预算控制为目标,以历年来各类审计服务的社会平均成本、法定税金和合理利润为基础,综合考虑审计实际情况、地方经济发展水平、财政承受能力等因素,按照竣工决(结)算审计、跟踪审计项目、财务审计项目、聘请中介人员四个类型制定计算基数,在集中采购前编制审计经费最高限价,实际支付时按招标采购确定的预算标准进行结算。

2. 严格执行政府集中采购程序

宜昌市审计局落实全省优化营商环境政策措施要求,清理撤销原有投资审计中介机构库。及时修订投资审计服务采购制度,出台《选聘社会中介机构暂行办法》。按制订投资审计计划,编制采购需求和经费预算,网上公示采购意向,报政府采购计划备案,提交政府采购中心核准及分类执行的程序,通过公开招标或政府采购"网上商城",直接确定投资审计项目的中标服务供应商,确保了经费预算公开、招标资格条件公开、评标评判标准公开、采购服务过程公开。

3. 强化政府投资审计合同管理

针对采购制度改革后审计机关对中标机构不熟悉、对接融合不够的新情况新问题,进一步明确审计机关与中介机构的责任、权利和义务关系,强化审计合同制管理。分类修订完善合同内容,明确约定参审人员资质、审计时间要求、出具报告内容及成果考核、服务费控制标准、违约责任和保密责任等核心要素,及时与项目招标人签订合同,并将中介机构履约情况纳入社会信用体系建设,与其他主管部门形成监管合力,区分程度对违约行为做出有效惩戒。

8.5.4 四川省泸州市审计局建立联动执法协作机制维护政府采购秩序①

为维护政府采购秩序,四川省泸州市审计局2020年实施了市本级政府采购专项审计调查,对审计发现的政府采购运行管理不规范等问题,提出完善政府采购监督机制建议。进一步的,泸州市审计局又与泸州市纪委监委、财政局、公安局、市场监管局等部门联合印发《泸州市政府采购领域多部门联动执法协作机制》,旨在强化部门间协同联动,巩固审计调查成果,推动形成协作互动的政府采购监管新格局。该协作机制主要有以下特点:

(1)强化舆论宣传,营造法治氛围。该协作机制充分利用电视、报纸、网络、微

---

① 案例资料来源:根据中华人民共和国审计署相关内容(https://www.audit.gov.cn/n4/n20/n524/c10023454/content.html)整理。

信等媒体宣传政府采购联动执法协作机制;在涉及政府采购的各大公共场所通过LED屏滚动播放有关法律适用知识;及时曝光重大、典型案件,形成有力震慑。

(2)建立联席机制,密切交流沟通。该协作机制定期召开联席会议,通报联动监督、查处及执法工作相关进展;会商工作中发现的问题并研究解决方案;部署联动执法工作,明确工作部署,促进部门间交流协作。

(3)细化职责分工,严格落实责任。该协作机制细化职责范围,各部门分工合力,加强对政府采购中重点领域、关键环节的全过程监督,深挖线索疑点,及时移送和侦查,对重大典型案例依法依规查办督办。

(4)加强探索推进,健全完善制度。该协作机制畅通部门间信息渠道,共享政府采购案件信息,逐步建立证据互信制度,提高联动执法工作效率,提升政府采购违法案件办理水平。

8.6 政府采购制度实施情况审计强化权力监控的政策建议

8.6.1 全方位运用数据对比创新审计方法

政府采购审计的内容包括政府采购预算编制、政府采购制度的执行和绩效情况等与政府采购有关的各项活动和各个环节。审计机关在审计中运用数据对比分析,能够较清晰地发现政府采购活动中的问题,以判断政府采购任务的完成情况和目标的实现程度。在常见的数据对比基础上,审计机关应进一步扩大数据来源,从纵向、横向、逻辑等角度综合考虑,全方位地运用数据对比,创新审计方法。例如,国家审计人员综合来自财政部门、市场监管部门、工商系统、税务系统以及调研的数据,将政府采购计划、预算、合同、执行、资产、纳税等事项进行关联对比,建立分析模型,分析是否存在环节不完整或者环节之间数据出现前后矛盾的情况,再针对发现的异常采取相应的措施进行详细审查,以确认是否存在造假、违规等通过滥用政府采购权力谋取私利的问题。

8.6.2 审查政府采购活动的内部控制

健全有效的内部控制是规范权力运行的重要保障。党的十八届四中全会对政府采购等业务提出了实行"分事行权、分岗设权、分级授权、定期轮岗、强化内部流程控制"的要求。2016年6月29日,财政部印发了《关于加强政府采购活动内部控制管理的指导意见》,为强化政府采购活动内部控制管理提供了依据。

国家审计对政府采购制度和政策的执行情况进行审计,必须关注政府采购权力运行的环境,即政府采购活动的内部控制。具体来讲,审计机关可以从以下方面审查政府采购活动的内部控制：内部控制制度设计是否完善，执行是否有效；是否进行有效的风险管理，对关键环节加强控制；各个岗位的分工和职责是否明确；不相容岗位是否分开设置，相关人员是否定期轮岗；采购事项决策机制是否完善；发现问题是否能够及时整改；是否有提高政府采购绩效的相关措施等。

8.6.3　强化对政府采购的绩效审计

政府采购绩效作为权力运行的结果反映了政府采购的资金使用效益以及是否高效实现了采购目的。审计机关应加强对政府采购绩效的关注，审查是否存在低效率采购和无效采购的问题，比如通过追踪采购物资的实际使用情况，可以判断采购行为的必要性和采购物资的适用性等；同时，也可以通过制定政府采购绩效审计的评价标准，围绕合规性、经济性、效率性和效果性等重点要素选取相应指标，建立科学、全面的政府采购审计评价体系，对采购绩效进行打分评价，分析存在的问题并提出改进建议，以提升政府采购制度与政策实施情况审计的作用和效果。

9 公共经济权力特殊领域审计问题之三
——税收制度与政策执行情况审计

审计署《"十四五"国家审计工作发展规划》指出,税收、非税收入和社会保险费征管审计应围绕税务、海关等部门职责履行和权力运行,重点关注税费征管真实完整性、税费优惠政策落实、口岸通关便利化、进出境货物监管、征管风险防范,以及收入征管制度改革推进等情况,推动健全收入征管制度,提升收入征管质效,完善税务、海关执法制度和机制,规范执法行为。可见,开展税收制度与政策执行情况审计既是国家审计工作的重要内容,也是监督税收权力运行的有效手段。

9.1 税收制度与政策执行情况审计的内涵和目标

9.1.1 税收制度与政策执行情况审计的内涵

税收制度与政策执行情况审计是指对税务机关执行税收法规、税收政策、履行税收征收管理职责以及纳税人履行纳税义务进行的监督活动。《中华人民共和国税收征收管理法》第八十四条规定:"审计机关、财政机关依法进行审计、检查时,对税务机关的税收违法行为作出的决定,税务机关应当执行;发现被审计、检查单位有税收违法行为的,向被审计、检查单位下达决定、意见书,责成被审计、检查单位向税务机关缴纳应当缴纳的税款、滞纳金。税务机关应当根据有关机关的决定、意见书,依照税收法律、行政法规的规定,将应收的税款、滞纳金按照国家规定的税收征收管理范围和税款入库预算级次缴入国库。税务机关应当自收到审计机关、财政机关的决定、意见书之日起 30 日内将执行情况书面回复审计机关、财政机关。"审计署网站对税收征管审计作出了定义:"审计机关根据法律、法规和政策规定,对税务部门和海关部门组织税收的真实性、合法性和效益性进行的审计监督,是财政审计的重要组成部分。"①税收征管审计的审计对象主要为地方政府、财政部门、税务机关、各类企事业单位,以及有纳税义务的单位和个人等。审计内容包括税种、

---

① 定义来自审计署官网(https://www.audit.gov.cn/)。

税目、税率、征税对象、计税依据、减税免税等税收要素执行情况和征管工作。

审计机关作为独立的第三方对税收制度与政策执行进行监控,有利于缓解信息不对称,制约税收权力,维护公共利益,促进资源有效分配。税收制度与政策执行情况审计的政策性较强,审计的衡量标准为国家的税收政策、法规。审计依据包括税收法律,国务院有关财政税收的条例、规定和政策,财政部、国家税务总局制定的各项财政税收政策、制度、办法,财政部、国家税务总局制定的地方性税收法规和制度。税收制度与政策执行情况审计目前主要以开展真实性、合规性审计为主,并探索进行税收征管质量和税收政策执行效果的评价;审计重点在于监督税款征收是否正确、足额、到位,被审计单位是否存在少缴漏缴税收的现象等。

9.1.2 税收制度与政策执行情况审计的目标

税收是国家以法律规定的标准,强制地、无偿地取得财政收入的一种分配形式,它介入社会经济生活的各个方面,包括地方政府、财政税务部门、行政事业单位,以及有纳税义务的单位和个人等。开展税收制度与政策执行情况审计主要有以下目标。

1. 促进税收权力的规范运行

能否有效行使税收权力是保证税收制度和政策执行效果的关键。国家审计以独立的第三方身份对税收制度与政策的执行情况进行监控,有利于缓解信息不对称,促使税务机关有效行使权力。国家审计监督税务机关权力运行的各个环节,评价税务机关职责履行情况,揭示权力运行中的违法违规行为,不仅能够促进税制改革、税收政策的贯彻落实,还能通过发现的问题分析机制体制缺陷和管理薄弱环节,为国家进一步科学制定和执行税收政策提供参考,规范税收权力运行,提高资源分配效率,推动经济高质量发展。

2. 监督税收制度和政策的正确运用

由于经济发展的不平衡,国家对不同地区、不同产业制定的税收政策并不相同,国家基于"公平税负,区别对待"的原则对不同情况有不同的具体要求。公平税负是指国家创造平等竞争环境,对纳税人按受益征税,使纳税人依能力负担,以促进竞争,提高经济效益。区别对待则是指国家对不同地区、不同产业、不同产品在税收上采取的某种差别待遇。公平税负体现了市场经济条件下的价值规律和竞争规律,区别对待体现了国家税收政策对经济的调节作用。正是因为税收政策并不是"一刀切",税务机关在运用税收政策和执行税收权力时就有了一定的自由裁量权,也让权力异化和腐败行为有了空间。国家审计查处和揭露税收活动中的违法违规行为,有助于防止税务机关滥用职权与权力寻租,监督其对税收制度和政策的正确运用。

9.2 税收制度与税收权力配置

9.2.1 税收制度

税收制度是指关于税收立法、执法与司法的正式制度(如税收实体法与税收程序法等)与非正式税收制度的总和,是一种规范税收事务社会关系的规则。在改革开放前,我国实行计划经济体制,那时国家对税收倾向于合并与简化;而改革开放后,我国由计划经济体制转变为市场经济体制,税收制度改革,税收结构不断优化,表 9-1 为改革开放后我国的税制改革历程。随着经济体制改革的深入推进,我国税收制度不断走向成熟与完善,税收的收入分配作用逐渐显现。党的十八大以来,国家税务总局先后修订《税收规范性文件制定管理办法》和《税务部门规章制定实施办法》,发布税务部门规章 21 部,以公告形式发布税收规范性文件 211 件,在落实各项税收政策、推进税制改革进程、完善税收征管程序等方面发挥了重要作用[①]。

表 9-1 我国税制改革历程

时期	税制改革主要内容
有计划的商品经济时期 (1978—1993 年)	从 1980 年 9 月至 1981 年 12 月,第五届全国人大会议先后通过《中华人民共和国中外合资经营企业所得税法》《中华人民共和国个人所得税法》和《中华人民共和国外国企业所得税法》
	对中外合资企业、外国企业和外国人继续征收工商统一税、城市房地产税和车船使用牌照税
	1983 年,国务院决定在全国试行国有企业利改税,将 1949 年以后实行了 30 多年的国有企业向国家上缴利润的制度改为缴纳企业所得税
	自 1984 年 10 月起,在全国实施第二步利改税和工商税制改革,发布了关于国有企业所得税、国有企业调节税、产品税、增值税、营业税、盐税、资源税的一系列行政法规
	1991 年,七届全国人大四次会议将《中华人民共和国中外合资经营企业所得税法》与《中华人民共和国外国企业所得税法》合并为《中华人民共和国外商投资企业和外国企业所得税法》

---

① 《新中国税收 70 年》编写组,2020.新中国税收 70 年[M].北京:中国税务出版社.

(续表)

时期	税制改革主要内容	
社会主义市场经济时期（1994—2012年）	1994年,工商税制改革,全面改革流转税,对内资企业实行统一的企业所得税,统一个人所得税,取消原个人收入调节税和城乡个体工商户所得税,调整、撤并和开征资源税、城市维护建设税等税种,初步形成以流转税和所得税为支撑的"双主体"税制体系	
	2000年10月22日,国务院颁布《中华人民共和国车辆购置税暂行条例》,自2001年1月1日起在全国范围内征收车辆购置税,同时取消车辆购置附加费	
	2004年7月1日起,在东北老工业基地选择装备制造业等八个行业启动增值税转型试点;2007年7月1日起,试点扩大到中部6省26个城市;2008年7月1日起,试点扩大到内蒙古东部和汶川地震灾区;2009年起向全国推开增值税转型,解决了机器设备所含增值税不能抵扣的问题	
	2005年12月29日,第十届全国人大常委会第十九次会议通过从2006年1月1日起废止《中华人民共和国农业税条例》的草案。2006年3月14日,第十届人大四次会议通过决议,宣布在全国范围内彻底取消农业税	
	2006年年底,国务院重新修订颁布了《中华人民共和国城镇土地使用税暂行条例》,公布《中华人民共和国车船税暂行条例》	
	2007年,第十届全国人大第五次会议审议通过了《中华人民共和国企业所得税法》,自2008年起正式实施,实现了企业所得税的内外税制统一	
	2008年年底,国务院发布第546号令,自2009年起,外商投资企业、外国企业和组织以及外籍个人统一适用《中华人民共和国房产税暂行条例》,实现了房产税的内外税制统一	
	2010年10月,《国务院关于统一内外资企业和个人城市维护建设税和教育费附加制度的通知》(国发〔2010〕35号)发布,自2010年12月1日起,对外商投资企业、外国企业及外籍个人开征城市维护建设税、教育费附加	
党的十八大以来（2013年至今）	分步实施增值税改革	第一步,2012年1月1日起,率先将上海市交通运输业和6个现代服务业作为营改增试点
		第二步,2013年8月1日起,将广播影视服务业纳入试点范围,并将试点推广到全国
		第三步,2014年,在全国范围开展营改增"3+7"试点
		第四步,2016年5月1日起,将建筑业、房地产业、金融业、生活服务业纳入试点范围,实现增值税对货物和服务的全覆盖
		第五步,2017年7月1日起,简并增值税税率结构,由四档变为三档,取消13%的税率
		第六步,2018年5月1日起,降低增值税税率并统一小规模纳税人标准

(续表)

时期	税制改革主要内容	
党的十八大以来（2013年至今）	持续推进消费税改革	2014年11月至2015年1月,连续三次提高成品油消费税税率
		2015年2月1日起,对电池、涂料产品征收消费税,税率为4%
		2015年5月10日起,将卷烟批发环节消费税税率由5%提高至11%,并按0.005元/支加征从量税
		2016年10月1日起,取消对普通美容、修饰类化妆品征收消费税;将"化妆品"税目名称更改为"高档化妆品",税率调整为15%
		2016年12月1日起,对超豪华小汽车在零售环节加征消费税,税率为10%
	不断深化资源税改革	2014年12月1日起,煤炭资源税由从量计征改为从价计征,同时全面清理涉煤收费基金
		2015年5月1日起,稀土、钨、钼资源税由从量计征改为从价计征
		2016年7月1日起,全面实施资源税从价计征改革,同时清理相关收费基金
		2016年7月1日起,在河北省率先实施水资源税改革试点。2017年12月1日,在北京等9个省(自治区、直辖市)扩大水资源税改革试点,由征收水资源费改为征收水资源税
	2016年12月25日,第十二届全国人大常委会第二十五次会议表决通过《中华人民共和国环境保护税法》,自2018年1月1日起实施。2017年12月,国务院审议通过《中华人民共和国环境保护税法实施条例》	
	2017年12月27日,第十二届全国人大常委会第三十一次会议表决通过了《中华人民共和国烟叶税法》和《中华人民共和国船舶吨税法》,自2018年7月1日起实施	

资料来源:根据国家税务总局网站提供的信息整理。

9.2.2 税收权力配置

税收是国家财政收入的主要渠道。税收权力是由国家行政机关所行使的与税收有关的权力。税收权力具有政治性、经济性和社会性等属性。税收权力的政治性体现为它的阶级性和由此形成的强制力保证;税收权力的经济性体现为它对经济的调节作用;税收权力的社会性表现为在某种程度上它是社会关系的反映。与其他公共经济权力一样,税收权力同样来自公民的让渡。根据权力运行的阶段,税收权力的内容包括税收立法权、税收征管权和税收收益权。

税收立法权是对税收行为进行立法规范的权力。广义的税收立法权包括全国人民代表大会及其常委会制定税收法律的权力,国务院、国务院各部委以及地方各级人民代表大会和地方人民政府制定法规、规章(条例)的权力。狭义的税收立法权仅指全国人民代表大会及其常委会制定税收法律的权力。根据公共受托经济责任理论,权力和责任是对等的。一方面,政府拥有税收权力,人民具有依法纳税的义务;另一方面,人民拥有使用公共产品和公共服务的权利,政府具有满足人民需要的义务。

税收征管权是指国家行政机关按照法律或行政法规的规定对纳税人进行税款征收以及开展相关行政管理活动的权力。税收征管权内容丰富,主要包括税款征收权、税务检察权、税收处罚权、税收减免权、税务行政复议裁决权和其他税务管理权等。能否正确行使税收征管权,直接关系到税收立法目的的实现。因此,国家审计应对税收征管涉及的各项内容进行有效的监督。税收制度与政策执行主要体现在税收征管环节,对税收征管权力进行审计也是税收制度与政策执行情况审计的核心。

税收收益权是在税收征管权的基础上产生的权力,是指对税收收入收缴入库和对税收收入进行分配的权力。税收收入的初次分配由中央政府决定,并通过转移支付等形式来弥补地方政府的收支缺口。税收收益权的划分结果决定了各级政府的财政收入规模。

税收制度和政策的有效执行主要通过税务机关有效行使税收征管权实现。1992年9月4日,第七届全国人民代表大会常务委员会第二十七次会议通过了《中华人民共和国税收征收管理法》,后经两次修订。2015年4月24日,第十二届全国人民代表大会常务委员会第十四次会议通过《全国人民代表大会常务委员会关于修改〈中华人民共和国港口法〉等七部法律的决定》,对税收征管法进行了第三次修订,标志着我国依法治税迈向新的台阶。同时,作为对税收征管法的补充,2002年9月7日,中华人民共和国国务院令第362号公布《中华人民共和国税收征收管理法实施细则》;2016年2月6日,根据《国务院关于修改部分行政法规的决定》,我国对税收征管法进行了第三次修订。2021年3月,中共中央办公厅、国务院办公厅印发《关于进一步深化税收征管改革的意见》,进一步指导了税收征管体制和税务监管体系的优化工作。我国税收征管法律制度的不断完善,为加强税收征收管理、规范税收征收和缴纳行为、保障国家税收收入和纳税人合法权益提供了法律依据。税收征管法赋予了国家税务机关征收管理的各种税收的职责和权力,体现在具体的税收执法工作中。

9.3 税收权力的运行与风险点

税收权力有以下特点:第一,税收权力的主体只能是国家以及经过授权的国家机关及其特定工作人员;第二,税收权力体现为立法、执法、司法等具有公共职权性质的公务行为;第三,税收权力具备国家强制力,必须依法行使,放弃或者转让就是失职,要承担相应的法律责任。

税收制度的执行过程也是税收权力的实现过程,税收制度设计直接影响税收权力的运行效果。例如,税收制度不合理,缺少对纳税人权利的保护,会使纳税人产生对税收征管的抵触心理,影响税收执法权的运行;如果税收司法制度不完善,权力行使者存在侥幸心理,则可能产生寻设租的现象。同样,税收权力在运行的过程中也可能偏离税收制度和政策,脱离既定的轨道,发生异化。

9.3.1 税收权力的运行

税收具有强制性的特点,税收权力是税收强制性的基础。为强化对税收征管权力运行的制约和监督,2014 年,国家税务总局下发《国家税务总局关于推行税收执法权力清单制度的指导意见》(以下简称《指导意见》),要求税务机关将税收执法权力事项及权力运行流程向社会公开,并要求从 2014 年 12 月起逐步推行税收执法权力清单制度,具体包括税务行政许可、税务行政处罚、税务行政征收、税务行政强制、税务行政检查和其他税收执法权力清单制度。根据该《指导意见》的要求,各地税务机关陆续编制地方税务局行政执法权力清单,以清晰反映其税收执法权力及其运行过程。本节选取河南省地方税务局 2016 年 10 月 31 日发布的根据其权力清单绘制的行政执法流程图的部分内容来分析税收权力的运行[①]。

1. 税务行政许可权

税务行政许可权是指税务机关根据纳税人的申请,经依法审查,准予其从事特定税务活动行为的权力。行使税务行政许可权需要遵循一定的程序,并以正式的文书、格式、日期等形式予以批准。以最常见的延期缴纳税款审批流程(图 9-1)为例:申请人提出延期缴纳税款行政许可申请,税务机关再行使税务行政许可权,依法受理并对申请人提供的材料进行审查,判断其是否符合延期纳税的条件,并做出准予许可或不准予许可的决定。

---

① 2016 年 10 月 31 日,河南省地方税务局发布《河南省地方税务局关于印发省本级行政执法权责清单(行政执法流程图)的通知》。

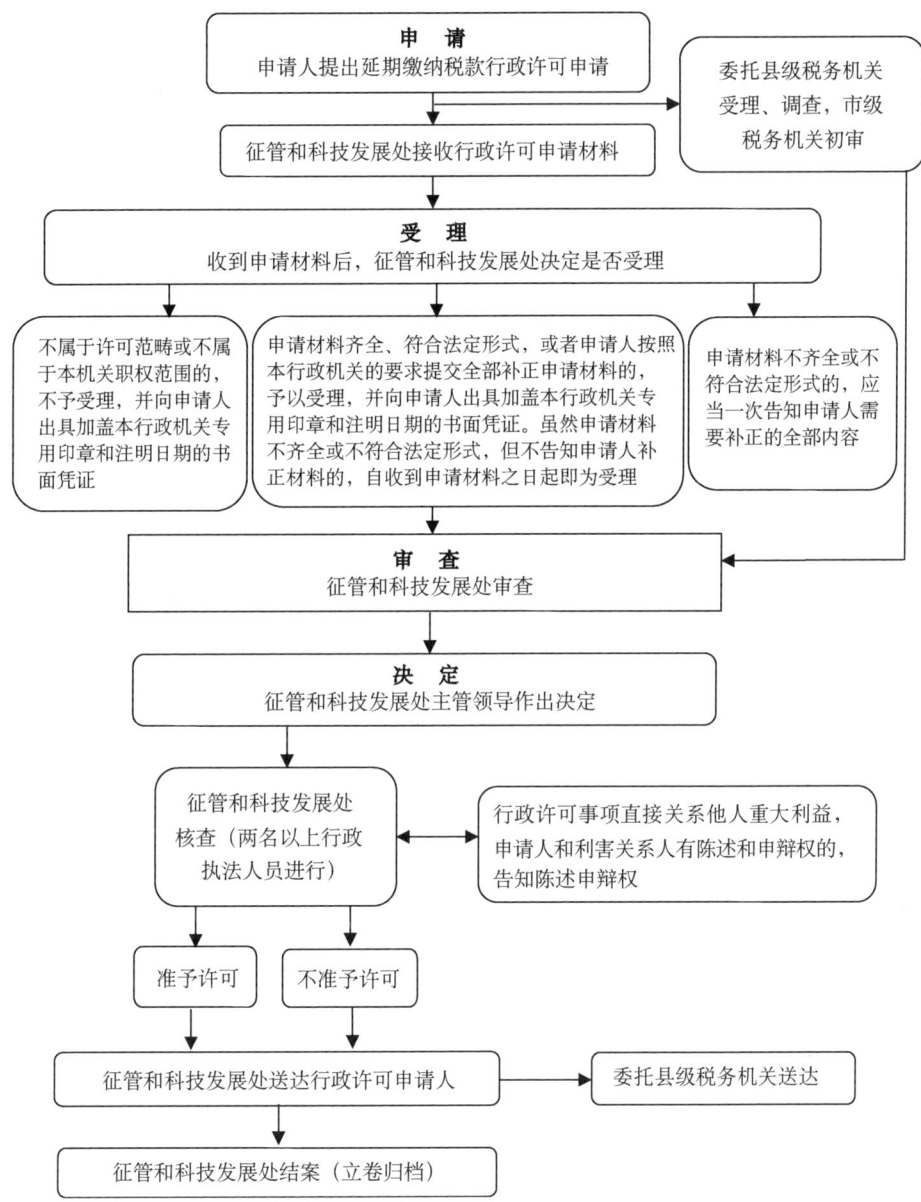

图 9-1　延期缴纳税款审批流程

资料来源：2016 年《河南省地方税务局关于印发省本级行政执法权责清单(行政执法流程图)的通知》。

2. 税务行政处罚权

税务行政处罚权是指税务机关依照税收法律、法规有关规定，依法对纳税人、扣缴义务人、纳税担保人以及其他与税务行政处罚有直接利害关系的当事人(以下简称当事人)违反税收法律、法规、规章的规定进行处罚的权力。各类罚款以及税收法律、法规、规章规定的其他行政处罚,都属于税务行政处罚的范围。以适用于对公民(个体工商户)处以50元以上罚款或者对法人(其他组织)处以1 000元以上罚款的行政处罚流程(图9-2)为例,当发现或接到举报投诉违法案件,税务机关在初步确认违法事实后责令其停止违法行为,同时登记立案,并对案件进行调查和审查,根据违法严重程度等情况作出后续处理和决定,最后执行行政处罚决定。

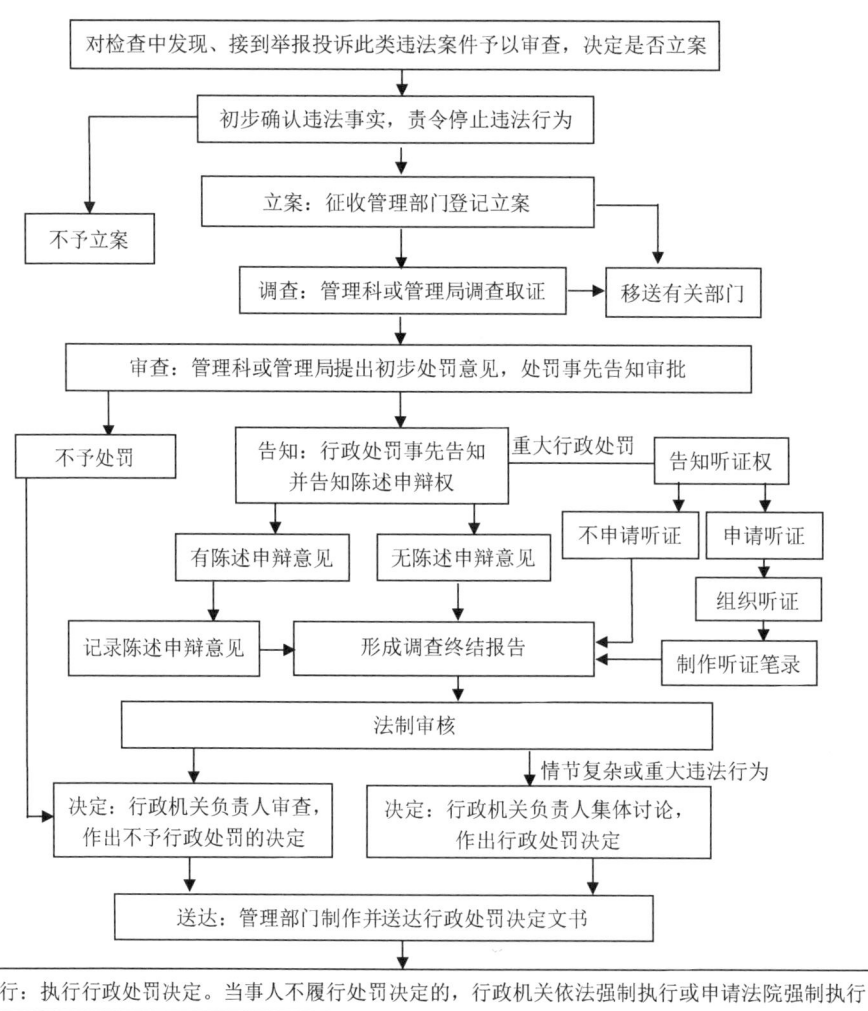

图 9-2 行政处罚流程图

资料来源:2016年《河南省地方税务局关于印发省本级行政执法权责清单(行政执法流程图)的通知》。

3. 税务行政征收权

税务行政征收权是指税务机关依照法定税率计算税额,依法向纳税人征收税款的权力。税收征管法第五条规定:"国务院税务主管部门主管全国税收征收管理工作。各地国家税务局和地方税务局应当按照国务院规定的税收征收管理范围分别进行征收管理。地方各级人民政府应当依法加强对本行政区域内税收征收管理工作的领导或者协调,支持税务机关依法执行职务,依照法定税率计算税额,依法征收税款。"以适用于地税各税种(附加费)的征收流程(图9-3)为例,纳税人通过上门、邮寄和互联网等方式申报纳税,税务机关行使税务行政征收权,受理并审核纳税资料,确认准确无误后征收税款,并开具完税凭证,解缴款项。

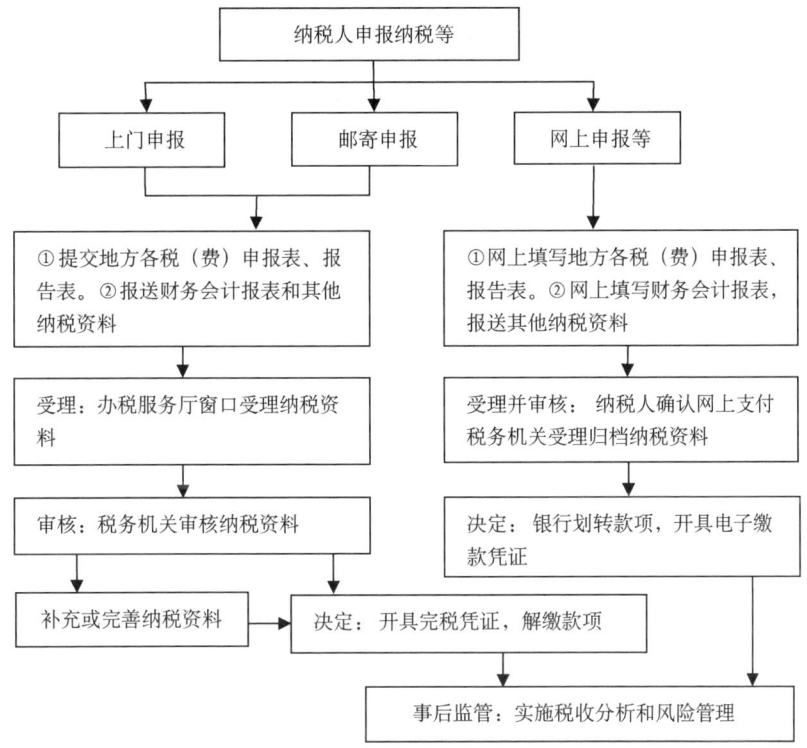

图 9-3 税费征收流程

资料来源:2016年《河南省地方税务局关于印发省本级行政执法权责清单(行政执法流程图)的通知》。

4. 税务行政强制权

税务行政强制权是指对纳税人主观上不主动履行纳税义务的情况,税务机关行使一定的手段来保证实现税务行政处理决定的强制执行权。以税务行政强制中较为常见的扣押、查封纳税人价值相当于应纳税额的商品、货物流程(图9-4)为例,征收管理部门发现纳税人有未按规定办理税务登记、未缴纳税款等逃避纳税义务行为时,责令其限期缴纳应纳税款。对纳税人不缴纳的,税务机关通过行使税务行政强制权,决定是否采取行政强制措施,对纳税人财产进行查封和扣押,直至其缴纳税款、滞纳金或罚款后再解除税收保全措施。

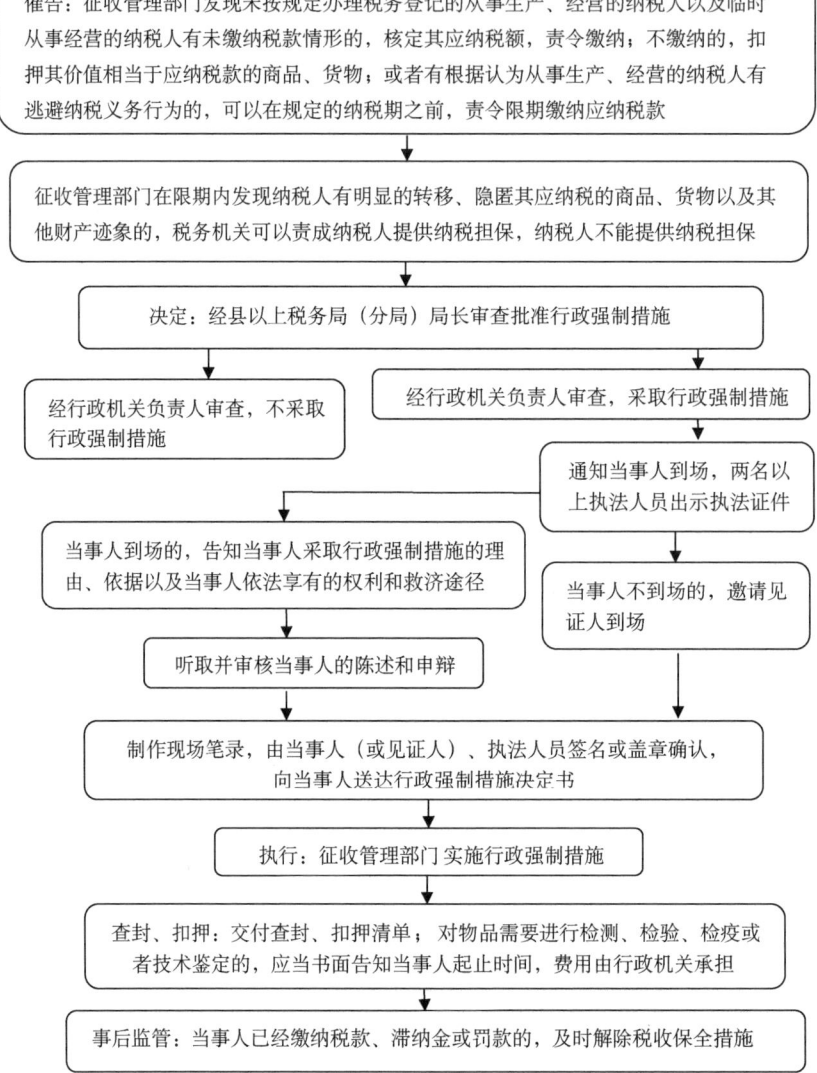

图9-4 扣押、查封纳税人价值相当于应纳税额的商品、货物流程图

资料来源:2016年《河南省地方税务局关于印发省本级行政执法权责清单(行政执法流程图)的通知》。

5. 税务行政检查权

税务行政检查权是税务机关对内检查和对外检查监督权力的统称。对内检查是指各级税务机关根据国家的税收政策法规、税收管理体制和税务人员管理制度，对下级税务机关及税务人员贯彻执行税收政策、法规、体制情况进行检查监督的一种方式。其中，各级税务机关对税务人员的检查，通常称为税务监察。对外检查是指税务机关根据国家税收政策、法规及财务会计制度，对纳税人履行纳税义务情况进行检查监督的一种方式，一般称纳税检查或税收检查。税务机关对内检查和对外检查各有不同的目的、任务和作用。以常见的税务检查流程（图 9-5）为例，对于经批准确定为稽查案源的事项，税务机关行使税务行政检查权，按照有关程序和方法进行检查，根据检查出的税收违法行为作出相应处置措施，并不定期将违法案件的查处结果向社会公开。

9.3.2 税收权力的异化风险点

如前所述，税收制度与政策执行权的运行体现在税务机关对各项具体税收执法权力的行使上。税务机关必须正确使用权力、公正执法，才能真正保障国家税收收入和纳税人合法权益。但在权力的运行中，由于利益关系的存在，权力行使者可能利用职权贪污腐败或玩忽职守，这会导致税款少征、漏征而损害国家利益。权力行使者也可能滥用权力，通过非法寻租、不正当罚款等途径获取私利而损害纳税人利益等权力异化现象。

1. 滥用职权

滥用职权主要发生在税收信息不对称的情况下，税收征管人员利用税收管理权限向纳税人传递不利于纳税人的虚假信息，使纳税人只能选择向其输送利益以避免损失的发生。在征管实践中，税收管理员的自由裁量权和政策解释权为其进行敲诈提供了机会。例如，在核定税额时，税收管理员负责信息采集，并向税务机关汇报影响税额的倾向性意见；在减免缓抵退税申请核实环节，税收机关核实不严，滥批资格。又如，当遇到由税务机关核定应纳税额的情形时[1]，由于纳税人经

---

[1] 税收征管法第三十五条规定："纳税人有下列情形之一的，税务机关有权核定其应纳税额：（一）依照法律、行政法规的规定可以不设置帐簿的；（二）依照法律、行政法规的规定应当设置帐簿但未设置的；（三）擅自销毁帐簿或者拒不提供纳税资料的；（四）虽设置帐簿，但帐目混乱或者成本资料、收入凭证、费用凭证残缺不全，难以查帐的；（五）发生纳税义务，未按照规定的期限办理纳税申报，经税务机关责令限期申报，逾期仍不申报的；（六）纳税人申报的计税依据明显偏低，又无正当理由的。"税收征管法第三十七条规定："对未按照规定办理税务登记的从事生产、经营的纳税人以及临时从事经营的纳税人，由税务机关核定其应纳税额，责令缴纳；不缴纳的，税务机关可以扣押其价值相当于应纳税款的商品、货物。扣押后缴纳应纳税款的，税务机关必须立即解除扣押，并归还所扣押的商品、货物；扣押后仍不缴纳应纳税款的，经县以上税务局（分局）局长批准，依法拍卖或者变卖所扣押的商品、货物，以拍卖或者变卖所得抵缴税款。"

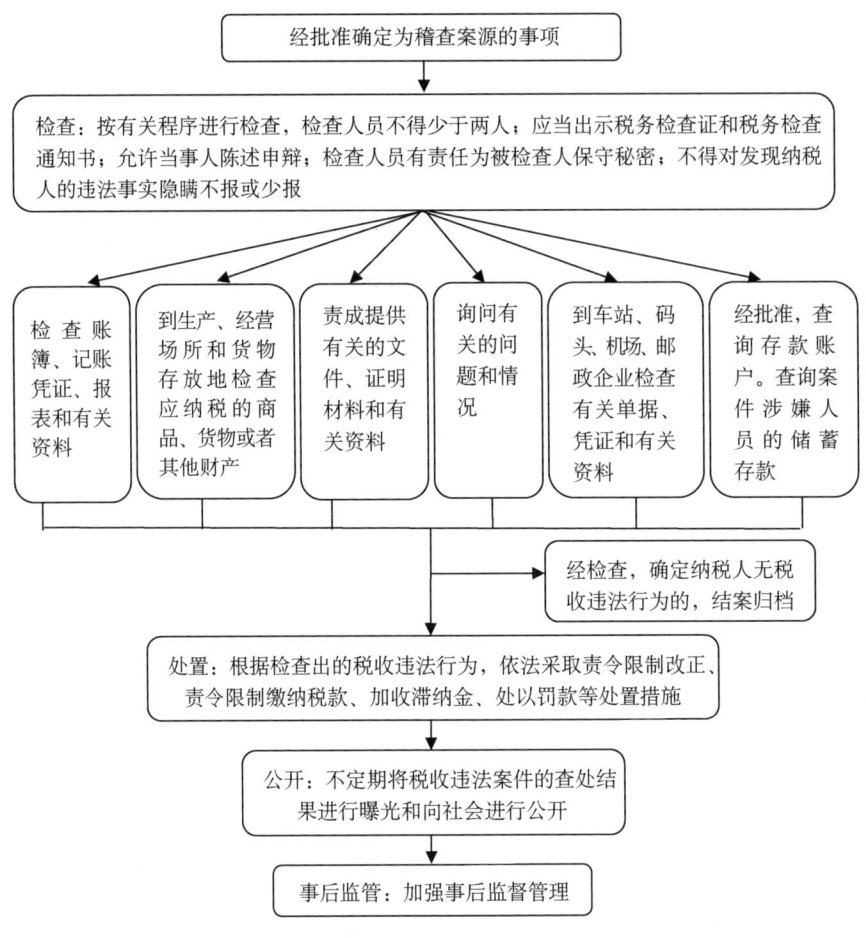

图 9-5 税务检查流程

资料来源：2016年《河南省地方税务局关于印发省本级行政执法权责清单（行政执法流程图）的通知》。

营不规范，财务信息质量较低，税额由税收机关相关人员来核定，主观性较大。

2. 权力寻租

税收制度与政策执行中的贪污腐败多与权力寻租相关。权力寻租是指拥有公共经济权力的部门及人员，以对经济活动的管制为前提，设置门槛，诱使被管制方为达到要求而对其进行贿赂，以获取特殊利益。例如，税务机关对纳税人进行身份划分，设定相关抵税、退税、免税等政策，纳税人满足这些条件将会获得相应的税收优惠。由此，某些企业就会想尽办法获得或者维持这种资格，如果在税收征管政策的制定中存在漏洞和缺陷，那么权力异化就有了发生的可能性和机会。现实中发现的征纳"合谋"现象，正是税务管理人员利用征税权力，为获取利益对准入资格进行不当审批而产生的。

9.4 税收制度与政策执行情况审计重点

我国已形成以流转税和所得税为主体的多税种、多环节、多层次的复合税制，而各税种课征对象和计征方法各不相同，因此，审计的内容十分复杂，具有很大挑战性。目前关于税收制度与政策执行情况审计的内容包括纳税申报、税款征收、税款退还、税务登记管理、发票管理、票证管理、欠税延缓税免税管理、代扣代收代征管理、核定征收管理、税务稽查、纳税评估分析、代征业务和税收核算管理等。税收制度与政策执行情况审计是财政审计的重要组成部分，有利于促进各方对国家税收制度与政策的贯彻执行，维护公共利益。从对税收权力异化风险点的分析可以看出，要预防腐败寻租等权力异化现象，审计应特别关注税收政策制定与执行等重要环节。表9-2为2015—2021年中央预算执行和其他财政收支审计中发现的2014—2020年度税收征管违法违规问题，从发现的问题来看，主要存在税务机关征管不严造成税收流失，税费优惠政策未全面落实及后续管理不到位，违规征收，违规减税，违规返还税款，税款征缴入库不及时，非税收入收缴不及时足额，发票监管不严，纳税人偷逃税款等涉税涉票问题。

表9-2 中央预算执行和其他财政收支审计中发现的2014—2020年度税收征管违法违规问题

年度	发现的主要问题
2014	①征管不严造成税收流失。②发票监管不严，药品购销领域偷逃税。③未及时足额收缴非税收入
2015	部分关税和进出口环节税征缴入库不及时
2016	农副产品、黄金、药品等领域偷逃税
2017	①偷逃税款等涉税违法问题。②税收优惠政策后续管理不到位。③制造业增值税抵扣链条不完善
2018	①偷逃税款等涉税涉票问题。②高新技术企业未享受研发费用加计扣除优惠政策。③向不符合条件单位减税
2019	①偷逃税款等涉税违法问题。② 税费优惠政策未全面落实。③有的部门和地方税费征管不够规范
2020	①偷逃税款等涉税涉票问题。②税费优惠政策未全面落实。③违规返还税款造成财政收入流失。④违规征收过头税费增加企业负担

资料来源：根据2015—2021年审计署发布的年度中央预算执行和其他财政收支审计工作报告内容整理。

除预算执行和其他财政收支审计发现的税收征管存在的问题外,审计署还发布了三份关于税收征管的专项审计结果,更为详细具体地披露了税收征管专项审计中发现的违法违规问题(表9-3)。可以看出,税务部门存在不规范使用税收制度与政策执行中的自由裁量权,违规批准税款延期、税收优惠,违规提前或延缓征收、征管不力导致税款流失等情况。

表9-3 税收征管审计中发现的违法违规问题

公告标题	审计重点	发现的主要问题
788户企业税收征管情况审计调查结果(2004年第4号)	2002—2003年9月,788户企业纳税申报、税款缴纳、税收优惠政策执行和税收流失等情况	(1) 税务部门受税收计划和地方财政预算刚性等因素影响,人为调节税收进度 (2) 企业会计核算和纳税申报不实,导致税收严重流失 (3) 地方政府干预税收政策执行情况仍然存在 (4) 税务部门征管不力,造成税收大量流失
16个省(区、市)①国税部门税收征管情况审计调查结果及18个省(自治区、直辖市)财政预算管理情况审计调查结果(2009年第9号)	广东、湖北、内蒙古等16个省(自治区、直辖市)国税部门2007—2008年的税收征管情况	(1) 违规延期征收税款、违规批准企业延期申报缴税,违规提前征税和多征税款 (2) 违规批准不符合条件的企业享受高新技术税收优惠 (3) 对具备查账征收条件的企业实行核定征收,违规执行较低的应税所得率等,导致税款少征 (4) 消费税税制设计不合理,税收流失较严重 (5) 税收优惠政策与产业政策要求不协调
国家税务局系统税收征管情况审计结果(2011年第34号)	国家税务总局和18个省(自治区、直辖市)国税系统2009年至2010年的税收征管情况	(1) 人为调节税收收入进度,提前或延缓征收税款,影响年度税收真实性 (2) 涉税审批或涉税意见不合规,对企业不实申报审核不严,造成税款流失 (3) 税务机关违规代开发票,企业违法购买使用发票、虚开增值税发票,造成税款流失 (4) 高新技术企业税收优惠政策执行不严 (5) 跨地区经营汇总纳税企业所得税管理办法不够完善,造成税款流失

资料来源:根据审计署2004年第4号、2009年第9号和2011年第34号审计结果公告内容整理。

9.4.1 税收政策制定情况

具体税收政策的制定应符合法律法规的要求。税收征管法第三条规定:"税收的

---

① 应为省(自治区、直辖市),公告原文如此。

开征、停征以及减税、免税、退税、补税,依照法律的规定执行;法律授权国务院规定的,依照国务院制定的行政法规的规定执行。任何机关、单位和个人不得违反法律、行政法规的规定,擅自作出税收开征、停征以及减税、免税、退税、补税和其他同税收法律、行政法规相抵触的决定。"但实践中,有的地方却存在违反法律规定,擅自越权开征、停征或违规制定地方性税收政策的情况。例如,为特定对象减免税款,超越合法的税收优惠政策,私自制定更大程度的税收优惠政策或扩大税收优惠政策的适用范围。因此,国家审计应对越权随意制定税收政策、曲解税收政策的现象进行监控。

9.4.2 税款征收管理

税款征收管理是否规范影响税收制度与政策执行权力运行的有效性,国家审计应对税务机关税款征收管理情况进行审计,重点关注:①税务机关是否严格依照法律、行政法规的规定征收税款,有无违反法律、行政法规的规定开征、停征、多征、少征、提前征收、延缓征收或摊派税款的情况。②税务机关是否将各种税收的税款、滞纳金、罚款,按照国家规定的预算科目和预算级次及时缴入国库,有无占压、挪用、截留现象,有无缴入国库以外或者国家规定的税款账户以外的其他账户。③是否存在未经税务机关批准私自印制缴款书、印花税票、扣(收)税凭证等各种完税证明的现象。④是否存在变造或伪造完税凭证行为。⑤有关机关是否存在将履行职责过程中发现的税款、滞纳金自行征收入库或者以其他款项的名义自行处理、占压现象。⑥征收的税款是否按规定全部缴入国库,有无擅自变更各级财政之间的收入划分范围和分解留成比例,破坏税款入库的正常秩序。

9.4.3 税款征收过程

税款征收是税收制度与政策执行中最关键的环节,直接影响国家税收收入能否足额实现以及纳税人权益能否得到保障。审计机关审计税款征收情况主要关注:①税务机关是否按照税法及相关政策规定及时足额地征收税款。②税务机关是否存在错误解读或滥用税收优惠政策、违规下放减免缓税审批权限、混淆税收入库级次等现象致使税款少征。③税务人员是否存在索贿受贿、徇私舞弊、玩忽职守、不征或者少征应征税款现象。④税务人员是否存在滥用职权多征税款或者故意刁难纳税人和扣缴义务人的问题。⑤在延伸审计中,纳税人有无按照规定安装和正确使用税控装置,是否存在损毁或擅自改动税控装置的情况。⑥税务机关是否执行了无效的减免税政策,如地方人民政府及其主管部门、单位和个人违反法律、行政法规规定,擅自作出的减税、免税的决定,本应认定为无效并上报上级税务机关,但该税务机关却明知不可为而为之,依然执行。⑦税务机关有无违规加收滞纳金现象。

9.4.4 税款入库情况

对税款入库情况进行审计的目的是防止人为调节税收计划完成情况,避免税收收入不实现象的发生。尽管法律规定税务机关不得违反法律、行政法规的规定开征、停征、多征、少征、提前征收、延缓征收或者摊派税款,但在税务机关实际征收税款的过程中,可能出现人为调整入库现象。因此,国家审计在审计时应重点关注:①税务机关在税收任务完成的情况下,有无通过滞留、延解税款的方式隐瞒收入。②税务机关在未完成税收计划的情况下,有无提前预征税款。③入库级次是否正确,有无混淆入库级次,截留上级收入或同级次之间相互挤占非征管辖区内的税收收入,导致税收征管秩序混乱的现象。④税务机关是否为了自身利益,采取截留上级收入的手段为地方政府作贡献,从而获取超收收益。⑤税务机关是否为了完成地方政府下达的税收收入计划,多方协税,侵占非本辖区内的税收收入。

9.4.5 预算收入退库情况

预算收入的退库,必须在国家统一规定的范围内办理,必须从收入中退库的,应严格按照财政管理体制的规定,从各级预算收入的有关项目中退付。国家审计人员在审计过程中应重点关注:①税务机关是否存在不按规定程序办理审批退税或越权办理高级次的收入退库等情况。②税务机关是否自行扩大先征税后退税的范围,人为对不属于退税范围的单位或虽属于退税范围的单位但不属于退税项目的已入库税款办理退库。③税款的退库是否通过国库,是否存在不符合国家规定要求办理退库的情况。

9.5 各地税收制度与政策执行情况审计的实践探索

9.5.1 重庆市审计机关与审计署重庆特派办税收审计工作的协作与配合①

为高效完成税收审计工作,2019年12月至2020年4月,重庆市审计机关配合审计署重庆特派办,采取了多项措施统筹组织审计项目的实施。

1. 落实"两统筹",实现审计全覆盖

按审计署工作部署,重庆市审计机关成立由审计署重庆特派办和市审计局人员共同组成的市级审计组,统一组织全市40个区(县)审计小组200余名审计人员对重庆市税务局和下属57个三级预算单位实施全覆盖审计。强化项目统筹融合,实现对税务部门重大政策措施落实、预算执行、税收收入和非税收入征管等情况的

---

① 案例资料来源:根据中华人民共和国审计署网站相关内容(https://www.audit.gov.cn/n4/n20/n524/c138818/content.html)整理。

审计全覆盖。

2. 加强协调配合,形成监督合力

审计署重庆特派办和市审计局共同组织召开项目视频培训会和审中碰头会,双方分管领导多次组织审计组召开专题会议,讨论审计方案、审计组织方式和审计报告等相关事项,共同起草工作动态,经双方审定后下发各区(县)审计小组,组成由重庆特派办、市审计局和区(县)审计业务骨干参加的数据分析团队,在审计署统一数据分析的基础上,结合重庆实际情况,创新性开展数据分析,形成审计思路50余项。市审计局人员参加特派办审计业务会,共同形成审计报告。

3. 克服疫情影响,确保项目顺利实施

面对新冠疫情的严峻形势,审计组迅速制定应对措施,统筹推进疫情防控和税收审计工作:一是及时调整审计组织方式,由异地审计调整为同城审计,有效避免审计人员跨区域流动增大疫情防控风险。二是创新会议方式,通过网络会议形式召开审计组业务会和审中碰头会。三是加大非现场数据分析力度,拓展数据分析的广度和深度,突出重点,精准延伸,尽量减少现场审计。四是根据疫情分区分级,分批次开展送达审计和现场审计,从严控制延伸调查,将现场审计和非现场审计有机结合,确保项目顺利完成。

4. 强化指导控制,提高审计质量

审计机关通过视频培训会和审中碰头会,讲解审计目标、审计重点和查证方法等,帮助审计人员厘清审计思路:一是下发6期审计工作动态和2期问题答疑,将统一采集整理的财务数据、分析形成的疑点数据、审计署相关要求等资料及时下发至各区县审计小组,将审计工作方案明细化、表格化,确保审计方向更加精准。二是加强数据分析的精准性,对分析形成的疑点数据进行"初核试错",不断优化和完善审计分析模型,促进审计小组精准查找问题,避免因疫情影响而降低审计质量。三是收集汇总区(县)审计小组3期现场情况报告,准确掌握审计现场情况,通过电话、微信、邮件等方式直接指导区县审计小组,及时解答问题咨询,确保信息渠道畅通。四是市级审计组提前介入审核,规范取证,定性准确,确保审计质量。

9.5.2 湖南省岳阳市地税征管审计多措并举助推房地产税收入库①

为使房地产税收顺利入库,湖南省岳阳市审计局在开展的2017年度地方税收

---

① 案例资料来源:根据中华人民共和国审计署网站相关内容(https://www.audit.gov.cn/n4/n20/n524/c123124/content.html)整理。

征管审计中,延续"大数据"审计思维,挖掘外围相关税源信息,采取多维对比分析等方法,创新审计合作模式,审计期间,实现中心城区房地产行业地方税收入库8 900余万元。具体做法如下。

1. 善用历史数据,纵向分析定重点

岳阳市审计局充分利用当年及以前年度取得的审计数据,进行纵向比对、税源控制分析以确定审计重点。例如,岳阳市审计局结合同期经济发展形势对各区、各税种和各行业税收进行趋势分析;分析比对重点税源户纳税情况的增减变化是否合理;分析比对房产税、城镇土地使用税两税的缴纳情况是否与经营情况相匹配等。岳阳市审计局通过纵向分析比对,确定房地产行业税收的征收管理为审计重点,并着重关注契税、土地使用税和土地增值税的征收情况。

2. 巧用外围数据,横向比对出疑点

岳阳市审计局通过分析上述税收的计税依据及各税种之间的钩稽关系,获取财政部门的土地出让金入库数据、国土部门的国有土地转让数据用于对比分析土地受让方的契税、印花税和土地使用税的申报缴纳情况,发现多宗土地涉税未及时申报缴纳的疑点;获取住建部门的房屋网签信息、楼盘预售信息用于对比分析土地增值税和印花税的申报缴纳情况,发现多家纳税单位房屋网签销售情况与纳税申报缴纳情况不匹配的疑点。

3. 合理调配力量,上下联动查问题

为促进对上述疑点的落实,岳阳市审计局市局地税审计组牵头,统一调配岳阳楼区、经开区等四个中心城区审计力量开展税收征管审计;审计中,采取市局组统一获取数据、统一对比分析形成疑点,市、区审计组上下联动对中心城区近20家房地产企业进行延伸调查,落实相关疑点,促进了多家企业地方税收的申报缴纳,取得了较好的审计成果。

9.5.3 山东省潍坊市高新区审计局突出"四新"开展税收征管审计[①]

2018年,山东省潍坊市高新区审计局按照审计法规定和省审计厅工作部署,开展税收征管审计,重点对税收优惠政策制定执行、税收征管质量和减免缓退税政策执行等情况进行审计,同时开展企业税费负担审计调查。本次审计工作的特点突出以下"四新"。

---

① 案例资料来源:根据中华人民共和国审计署网站相关内容(https://www.audit.gov.cn/n4/n20/n524/c122637/content.html)整理。

1. 突出新思路，明确审计重点

潍坊市高新区审计局认真贯彻落实新发展理念，结合高新区产业结构特征和发展要求，重点关注高新技术企业所得税减免、高新技术企业和科技型中小企业研发费用加计扣除、小微企业所得税减免等政策执行情况，促进税收优惠政策在推动供给侧结构性改革和新旧动能转换方面充分发挥作用；选取30户不同行业、不同规模、具有代表性的典型企业开展企业税费负担调查，重点审计是否存在多向企业征收税费、虚收空转等加大企业税收负担的问题，核实企业税费负担比例，摸清企业税费负担真实情况。

2. 突出新方法，提升审计效率

潍坊市高新区审计局按照"总体分析、发现疑点、分散核查"的数字化审计思路，依托大数据分析平台，在汇总整理税收征管基本情况、税收优惠情况、企业纳税明细情况的基础上，将税收征管数据与国土数据、工商登记数据进行综合比对和分析，构建税收审计数据分析模型，多角度挖掘数据关联关系，精准锁定审计疑点，以此确定延伸核查企业名单。

3. 突出新成效，促进审计整改

潍坊市高新区审计局坚持"边审计、边整改、边规范、边提高"的原则，采取现场督办、问题跟踪、审计回访等方式督促整改，从源头堵塞税收征管漏洞，促进地税部门税收征管水平提升。审计期间，督促3户企业整改补缴了印花税；注重从体制机制和政策制度层面揭示问题、分析原因、提出建议，为加强地税征管和推进全区经济发展提供决策依据，提升审计成果层次和水平。

4. 突出新作风，树立审计形象

潍坊市高新区审计局驰而不息纠正"四风"，严格"十不准"工作纪律和廉政、保密纪律，组织参审人员签订承诺书，将工作纪律和监督举报电话在进点会上进行宣读、在地税大厅明显位置进行张贴，自觉接受被审计单位和纳税企业的监督，做到廉洁审计、文明审计；严格审计程序和审计质量管控，根据工作需要及时到企业、财政、国土、市场监管等相关单位进行延伸核查，不流于形式、不走过场，确保审计证据和相关资料真实可靠。

9.5.4 辽宁省大连市审计局针对"营改增"加强税收征管审计工作[①]

为加强税收征管审计工作，2016年，辽宁省大连市审计局开展了大连市地税

---

① 案例资料来源：根据中华人民共和国审计署网站相关内容（https://www.audit.gov.cn/n4/n20/n524/c84843/content.html）整理。

系统2015年度税收征收管理情况的审计。这次审计正值"营改增"工作全面展开，该局抓住这一时期税收工作的特点，分析宏观经济环境对税收征管工作的影响，重点从现行税收体制是否存在障碍、配套征管机制是否存在缺陷等方面开展审计工作。

1. 全面把握年度税收征管工作特点，确定审计重点，落实审计工作目标

该局从地区经济发展情况入手，运用税负比较、弹性分析等方法，从宏观分析2015年度全市主体税种、行业税收总量等税收与经济总量的关系，总体评价税收增减变化与经济发展是否协调、税源管理和税款征收情况是否正常，通过全面分析税收征管工作的特点，确定审计重点。此次审计以揭示税收征管中存在的主要问题和体制机制中存在的突出矛盾，促进地税部门依法征税、应收尽收，提高征管质量和服务水平为目标。

2. 坚持"揭露问题、规范管理、促进改革"的工作思路，促进提高地税征管审计工作的效率和水平

该局以检查税收业务真实性和合规性为重点，分析税款征收入库情况，关注地税部门内控制度执行中纳税申报、评估、监管制度的落实情况，揭露和反映税收征管工作中存在的问题；以关注"营改增"试点有关工作开展情况及对税收工作产生的影响、"小微企业"税收优惠政策落实等情况为抓手，分析减轻纳税人负担有关政策的落实情况，检查税收政策执行中有无随意性和不确定性现象，进而提出审计意见和建议，促进税收征收管理工作的科学发展，促进地税部门进一步优化纳税服务、依法征税，提高征管质量和水平。

3. 依托审计信息化平台建设成果，运用财税联网审计系统实施计算机审计

该局通过精心编制计算机审计实施方案，充分发挥信息分析平台在处理大数据中的作用，组织应用计算机审计筛查选户，确定需要延伸的企业，对企业纳税申报和税款缴纳情况予以重点关注，有重点地抽查企业税款的缴纳情况；通过对企业生产经营活动的分析、同行业平均税负比较和纳税评估等方法，及时发现企业税款缴纳过程中存在的问题，针对税收征管工作中存在的薄弱环节提出审计建议，为促进建立公平、公正的税收法制环境，推动经济社会和谐发展，发挥审计的监督和服务职能。

9.6 税收制度与政策执行情况审计强化权力监控的政策建议

9.6.1 开展全过程审计

税收制度与政策执行流程中的多个环节都存在着权力异化的风险,因此,审计机关应开展税收制度与政策执行的全过程审计。审计机关可以与工商系统、海关等其他部门合作,通过数据分享、联合办案等方式,对税款征收的重要节点进行审查,并结合税收制度执行的全过程,建立模型,进行数据分析,以便及时发现问题和异常,防范和查处滥用职权、违法违规事件。同时,审计机关还应加大税收制度与政策执行审计在财政审计中的比重,监督更多的税收制度与政策执行环节。税收制度与政策执行审计在审计内容上还要加强对税收征管效能的关注,提高税收制度与政策执行的成效。

9.6.2 推进审计系统与税务系统信息互通

审计系统与税务系统的信息互通有利于提高审计效率,实现税收制度与政策执行审计的实时跟踪和审计范围的全覆盖。审计署 2008 年发布的《地方税收审计数据规划——计算机审计实务公告第 9 号》将地方税收审计数据规划分为 9 大类 20 小类,如表 9-4 所示。

表 9-4 地方税收审计数据规划

一级分类	明细分类
基础资料	基础资料
测评数据	内部控制测评、信息系统测评
征收数据	纳税申报数据、税款征收数据、税款退还数据
管理数据	税务登记管理数据、发票管理数据、票证管理数据、欠税延缓税减免税管理数据、代扣代收代征管理数据、核定征收管理数据
稽查数据	税务稽查数据
评估分析数据	纳税评估分析数据
代征数据	基金费征收数据、社保基金征收数据
核算数据	税收核算管理数据
审计数据	审计项目数据、审计统计数据、外部数据

审计机关应进一步优化税收制度与政策执行审计的流程,提升对系统内税收征管大数据的利用程度,充分掌握数据之间的逻辑关系,对数据进行深度挖掘、甄别、对比和分析,快速发现问题和线索,扩大审计的覆盖面。

10 公共经济权力特殊领域审计问题之四
——指标审批制度执行情况审计

近年来,根据党中央全面深化改革的战略部署和国务院推进简政放权、放管结合、优化服务的总体要求,各级政府落实精简审批事项工作任务,降低制度性交易成本,使市场在资源配置中起决定性作用。各级审计机关对各级政府的各类指标审批制度执行情况等开展了专项审计调查,审计结果表明,现行的审批制度、审批程序、审批部门设置与目前"放管服""最多跑一次"改革要求存在不一致的情况。国家审计应从审批流程、审批环节、审批系统等方面强化对公共经济权力的制约和监督,加强事中事后监管,并同步跟进、落实;重点关注指标审批过程中的核心环节和关键风险点,推进政府职能转变,发挥审计的职能和作用。

10.1 指标审批制度执行情况审计的内涵和目标

10.1.1 指标审批制度执行情况审计的内涵

公共经济权力异化是行权者没有按照委托人要求行使公共经济权力,致使无法全面有效履行公共受托经济责任,这实际上就是权力的行使偏离了正常的轨道。依据新制度经济学的观点,它实际上是权力行使者在自利动机驱使下为追求个人利益最大化,经过成本和收益权衡后做出的一种理性选择。而制度则通过影响个人对成本收益的计算而最终影响个人选择。公共经济权力行使者在通过公共经济权力异化这种方式达到个人利益最大化时,通常会理性地考虑为实现个人利益最大化借助公共经济权力异化而可能遭到的制裁和处罚,在权衡了"异化"和"处罚"之间的收益和成本关系之后,做出是否会异化权力达到个人利益最大化的决定。公共经济权力异化成为一种可使一部分公共经济权力行使者达到个人利益最大化的手段和方式。国家应将审计作为监督公共经济权力行使者的制度安排,尝试去发现现行制度安排中的不足和缺陷,以审计的方式防止公共经济权力的异化。这需要审计机关关注公共经济权力的特殊领域和重点领域。

指标审批制度执行情况审计是国家对行政部门执行指标审批制度的情况进行的审计。各级政府关于不同指标审批事项的流程与标准的规定不尽相同,指标审批权力运用不当极易影响经济社会事务的管理效率和公众满意度。

10.1.2 指标审批制度执行情况审计的目标

行政审批权是某一行政主体享有的能够决定行政审批实施的权力。行政审批权的分配和运行是整个行政审批制度的核心。行政审批制度的运转是对行政审批权的设定、行政审批权的分配以及行政审批权的使用的具体体现。与行政审批权有关的权力包括设定权和实施权。行政审批权的设定是一种立法行为,需要基于法律、法规的形式。行政审批权的实施是一种行政行为,具体包括实施主体的确定、申请与受理、审查与决定等。

指标审批权正是行政审批权中非常重要的一种,具有特殊性。指标审批过程中易产生寻租现象,是权力异化的高风险领域,因此我国应强化对指标审批制度执行情况的审计监控。指标审批权的运行与监督逻辑如图10-1所示。

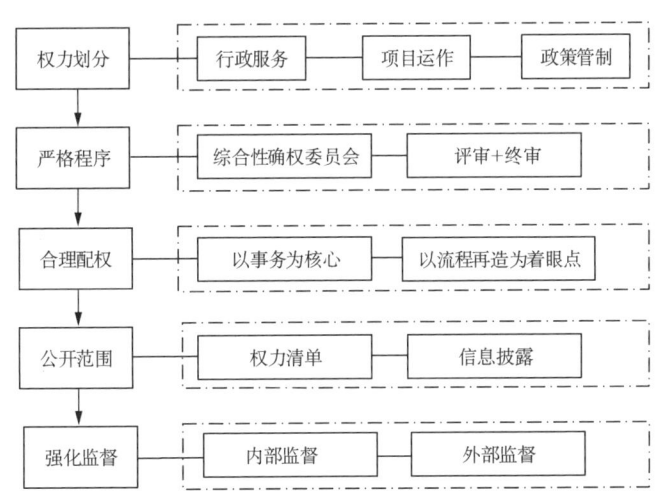

图 10-1　指标审批权的运行与监督逻辑

《国务院关于规范国务院部门行政审批行为改进行政审批有关工作的通知》的公开发布意味着我国对审批工作的控制目标已从着力削减审批事项"数量",向依法规范审批行为、限定自由裁量边界的"质量"转变,促进政府在审批数量上做"减法"、在权力运行效率上做"加法"、在权力运行流程上做"乘法",推动政府权力运行流程再造,提升政府效率和效能。

审计可以充分发挥在指标审批内控制度测试、绩效考评方面的优势,解决审批环节多、时间长、随意性大、公开透明度不够等问题,从而提高政府工作效率和服务水平。

10.2 指标审批与权力配置

10.2.1 指标审批权的权力配置

审计指标审批以及指标审批权的权力配置问题,先需要厘清一项权力的基本构成要素:一是权力主体,即权力的具体归属;二是权力范围,即权限;三是权力内容,或者说是权力的表现形式;四是权力配置。从四个权力的基本维度诠释指标审批权,有助于我们更好地理解行政审批权的配置。

1. 权力主体

指标审批权的主体大致可分为指标审批权的设定主体、指标审批权的实施主体和指标审批权的裁量主体三类。

指标审批权的设定需要依据法律、法规。由于我国各方面对权力寻租和指标审批权缺乏认识,指标审批权的设定主体比较混乱,不论是立法机关还是行政机关,不论是中央国家机关还是地方国家机关,都在设定指标审批权。为了更好地落实指标审批制度改革精神,指标审批权的设定由全国人大,国务院,有权制定地方性法规的地方人大及其常委会,有权制定地方政府规章的地方人民政府行使。对于有权设定指标审批权的主体,其设定指标审批权的范围也限于法律规定的范围,并可根据不同的层级,层层下放指标审批权限。

指标审批权的实施是指标审批权的重要组成部分。在确立指标审批权设定主体的基础上,指标审批权的实施直接关系到市场主体的经济活动,指标审批权的实施主体包括直接享有指标审批权的行政机关和被授权的组织单位。由于指标审批权的实施是一种具体行政行为,指标审批权一般由享有行政权的行政机关实施,总体而言,指标审批原则上由行政机关负责实施。立法机关、司法机关、社会团体和组织无权实施指标审批。拥有指标审批权的行政机关负责依规实施指标审批。在中央,享有实施指标审批权的行政机关包括:①国务院;②国务院各部、委员会;③国务院的直属机构;④国务院各部、委员会管理的国家局。依据地方组织法规定,地方各级人民政府都享有指标审批的实施权。由于大部分指标审批都直接或间接地涉及稀缺资源,一些地方各级政府会在利益的驱动下自主设定指标审批权,并在自我授权后实施指标审批权。

根据《中华人民共和国行政许可法》的规定,行政机关在一定条件下可以委托其他行政机关实施行政许可。换言之，指标审批权的实施主体不仅包括由法律、法规、规章直接授权的行政机关，还包括被具有指标审批权的行政机关委托实施指标审批权的其他组织。

指标审批权的设定和实施过程需要其他组织和个人，即指标审批权的裁量主体的监督。指标审批权的裁量主体能够影响指标审批权的设定和实施，并且可以在指标下达前设置一道防线，防止指标审批过程中的权力寻租和权力异化问题。指标审批权的裁量主体是能够对指标审批权的设定、实施的合法性和合理性进行最终评判的主体。指标审批权事关行权对象的合法权益，其不当行使势必造成行权对象权益受到损害。依据《中华人民共和国行政复议法》的相关规定，实施指标审批权主体的上级行政机关可以通过行政复议的方式判定指标审批权是否被滥用，对指标审批权的具体实施过程进行审查，对抽象的行政行为只能进行附带审查。

2. 权力范围

指标审批权的适用范围十分广泛，具体而言，指标审批权适用范围为：国家安全、公共安全；自然资源的开发利用和公共资源的配置及特定行业的市场准入；公民、法人或其他组织的资格资质确认；确立企业或其他组织的主体资格。其中，经济性指标审批项目占有较大比重。指标审批应该成为市场失灵时的辅助手段，但不能妨碍市场配置资源的自主性。在市场经济条件下，应当让市场在资源配置中起决定性作用。在简政放权的背景下，指标审批权的实施范围也应该逐步缩小。指标审批权应设定在什么样的范围里，不同领域的指标审批权差异如何，值得深入研究。

3. 权力内容

市场准入、资格资质是指标审批权的主要呈现方式。

政府通过设定指标的形式，决定哪些企业进入或退出市场的权力是指标审批权的主要内容之一。政府对各种微观主体进入市场设定指标：一是旨在将微观主体纳入合法经营、政府监督的范围；二是为了控制进入某些行业的主体数量，这主要涉及自然垄断和信息不对称的行业国家，如能源行业。

对一般的主体进入市场，国家通常采取准则主义模式。该模式由法律规定，只要企业符合法定条件，不必经过指标批准，企业即可登记成立。随着经济社会的发展，我国政府将权力下放，放宽了一般竞争类企业进入市场的门槛，让更多的企业进入市场参与竞争，发挥了市场机制的作用。

此外，还有一种模式是行政许可主义模式，即主体进入市场须经国家行政机关批准。此种模式亦属于针对特殊主体进入市场的特别制度,依据此种模式,企业进入市场从事经营活动必须经两道程序:在进行登记前,市场主体是否能够从事该活动需经过政府有关部门审批,此为第一道必经程序;在审批后,市场主体方能继续进行工商登记申请,此为第二道必经程序。以募集方式设立股份有限公司公开发行股票的,还应当向公司登记机关报送国务院证券监督管理机构的核准文件。同样,律师事务所的设立也需要经过司法部门的事先批准。由此,行政许可主义模式亦是对特殊行业采取双审批进入的严格模式。许可或特许模式实质是政府赋予企业的一种特权,是特殊公共主体进入市场的特别程序。政府对公用事业进行规制的一个传统的法律依据是,企业从政府获取特许权方可进入该领域。政府通过控制许可证的指标数量,如对出租车、烟草业许可证的控制:一方面可以保护现有市场份额分配情况;另一方面可以有效地抑制想要进入市场的企业。因此,这实质也是政府设置限制市场进入的一种形式。审计机关对许可形式的指标审批权实施审计,需要明确它存在的合理性。例如,对可以通过市场机制调节的行业,政府就不应该设定指标审批。如果能源、资源有限的行业确实需要通过许可限制,则政府可以尝试改革配置许可方式,降低政府寻租的可能性。例如,中国汽车行业,由于中国对整车生产实行严格的管控,即使拥有资金和技术,企业也很难获得特许经营资格;而一些拥有牌照的汽车生产企业,即使经营绩效不佳、面临倒闭,也不愿放弃生产汽车牌照退出市场。对一些特殊行业准入的特许应该从进入和退出两个方向实行规制,避免产生一些低效却占用大量资源的空壳企业。

资质资格的认定和审批亦是指标审批的重要内容。资质资格是指政府依法对经营活动主体(即法人)或个人授予的证明其能力、水平的证书、执照、批文。证明文件通常在申请主体通过行政审批之后发放,如面向个人的护士执业许可证、律师执业证,面向企业的工程勘察资质、工程设计资质、建筑业企业资质等。并非进入所有的行业的主体都需要经过资质资格的认定和审批,此种审批针对的是对技术水平、资金能力有较高要求的行业,通常需要由法律、行政法规进行特别规定,如《中华人民共和国建筑法》对工程监理资质的要求,《中华人民共和国注册会计师法》对注册会计师和会计师事务所的要求。基于审计的视角,审计人员需要重点关注指标审批权在特定行业运行的合理合规性,防止出现权力寻租和权力异化。

4. 权力配置

公共行政领域存在着政府与社会的分权。指标审批权的权力配置问题是指标审批权在政府、社会、市场不同主体中间的配置问题。依据行政程序的不同阶段,指标审批权的配置主要涉及两个方面的内容：一方面，指标审批权的配置是指标审批权的设定。指标审批权的设定实则是一种行政立法权分配，它是指具有行政立法权的机关，通过法律、法规、规章等规范性文件决定哪些事项需要设定指标审批，哪些不能或不需要设定指标审批。依据行政许可法的规定，指标审批权的设定内容可分为谁有权通过立法设定指标审批权，可以设定哪些审批，以及哪些事项可以设定指标审批权，哪些应当交由市场自主调节等。由此可见，指标审批权的设定是指标审批权实施的前提，只有通过指标审批权的设定，具体的实施主体才能被赋予实施的权力。行政许可法为指标审批事项提出了划定边界的概念，但对于如何界定边界，表述并不清晰，可操作性不强。解决指标审批权设定的核心问题是政府与市场边界的划分：确定哪些需要政府规制，哪些留给市场、社会自我调节，即政府、市场、社会三者之间的指标审批权的横向配置问题。另一方面，指标审批权的配置则是指标审批权的实施。指标审批权的配置本应当在指标审批权的设定阶段解决，指标审批权的实施是在行政机关行政立法赋予其行政权力的前提下，对指标审批权的具体运用。然而，在指标审批权的具体实施阶段，由于委托审批以及指标审批权下放所带来的权力重构，加上超越指标审批权限的权力滥用和自由裁量等实际情况的存在，指标审批权的实施仍然存在指标审批权的配置问题。

指标审批权作为一种特殊的权力，形式上表现为拥有指标审批权的组织设定排他性的行政性限制，限制其他组织或个人参与经济活动；实质上是指标审批权在不同主体间的分配问题，既包括传统意义上的指标审批权在不同层级的政府间的分配，又包括政府与市场在指标审批权配置中的权限划分。指标审批权的取消实质是政府放权于市场和社会的过程。

按照权力配置的方向，指标审批权的配置包括主体之间纵向配置和横向配置两个维度。指标审批权的纵向配置，是有隶属关系的上下级指标审批权主体之间权力范围的划分；指标审批权的横向配置，是无隶属关系的指标审批权主体之间权力范围的划分。指标审批权在不同主体之间的横向配置表现出不同的性质。配置给政府的指标审批权表现为国家权力或公共权力；配置给市场的指标审批权表现为私人权利；配置给社会的指标审批权表现为公共权力或私人权利。

1）纵向配置

纵向配置是中央与省级地方政府间，省、市、区（县）政府之间的配置。

按照宪法规定，中央行政机关主要负责影响全国公共利益的事项，具体包括外交事务、国防事务、货币、度量衡、行政区划调整、财政拨款、国民经济和社会发展与布局规划等全国性的行政管理任务。地方行政机关主要负责影响地方经济、社会发展的事项,具体包括地方性经济建设规划、文化、教育、卫生、环保、生活福利设施等。尽管法律对中央和地方政府的职责分工有明确的规定,但在指标审批权方面,职责的划分并不是很明确,中央行政机关往往会统筹各地在某个特殊领域或事务中的指标数量。但随着2002年第一次指标审批权的下放,理论界和实务界也开始思考指标审批权的层级适用性。

在指标审批权的纵向配置中,除了有中央与地方之间存在纵向权力配置问题,不同层级的地方政府之间也存在纵向权力配置的问题。这一类纵向权力配置主要解决指标审批权在实施过程中事权和职权是否匹配的问题。省、市、区(县)级政府及其所属部门之间的指标审批权限,主要是依据其所面对的市场主体不同、行政级别不同进行划分。指标审批权的配置结构,在省、市、区(县)政府间呈倒三角分布,政府权力依照行政级别呈向上集中的趋势,即政府行政级别越高,所享有的指标审批权就越多。指标审批权如何在各个不同层级之间配置,配置是否合理是指标审批责任能够得到是否有效履行的关键。

2) 横向配置

与指标审批权的纵向配置不同,指标审批权的横向配置是指指标审批权在不存在隶属关系的指标审批权主体之间的配置。横向配置既要考虑政府、市场、社会之间的配置,又要考虑同级别政府之间的权力配置。

一方面,横向配置要考虑政府、市场、社会之间对指标审批权的配置问题,也即清晰界定政府可以设定和实施指标审批的范围是关键环节;另一方面,横向配置要结合当前"简政放权"的政策要求和各级政府、各职能部门的权力清单范围,确定可以配置给市场和法律、法规授权组织的权力。

同级别政府之间的指标审批权力配置,容易出现两类问题:其一是政出多门,即不同行政机关之间因分工协调未果而出现多头管理,职权滥用。其二是不同行政机关之间权责不清,相互推诿。解决两类问题需要解决协同性的问题,在配置指标审批权力的同时,明晰责任。政府在对外公布权力清单的同时,可以建立相应的责任清单,并接受审计机关的监控,保障受托责任的有效履行。

10.2.2 对指标审批的必要性进行审计

国家审计对指标审批的必要性进行审计,对审批事项设立情况、审批流程、配套机制等进行梳理和研究,可以监控政府是否有必要获得某项指标的审批权力。行政机关拥有和行使不必要的权力不仅无益,而且会增加寻租空间,造成资源的不合理分配。

10.2.3 对指标审批的合理性进行审计

行政审批的设置应该符合合理性原则。国家审计人员审计时应关注：行政审批事项的审批流程是否有全面的总体设计；是否有关于审批事项内容、要件、流程、时限、问责的细化规定和要求；是否有清晰、具体的审批流程设置，特别是多部门联合审批事项；部门间审批流程是否互相衔接。审计人员可以通过比例、效益、效率等方面的指标来分析衡量审批的设置是否合理。

对指标审批权的合理性审计应注意到，指标审批权的设定和实施可能完全符合行政许可法的规定，但公众的反馈可能并不佳，这种指标审批权对经济社会发展造成不利影响，是不合理的指标审批权。指标审批权的合理性应该至少包含以下几个方面：第一，指标审批行为本身应该符合法律的目的。第二，指标审批行为必须具有合理的动机。第三，指标审批行为必须考虑相关的因素。第四，指标审批行为必须符合最小侵害原则。如果还有对个人利益限制更小的可替代的措施，政府就不应采取现有的措施来实现既定的合法目的。在具体的实践中，指标审批的合理性原则主要用于对指标审批自由裁量权的限制，说明在指标审批行为实施时，权力主体即使合法地运用自由裁量权，也可能被认定为失当行政行为，导致自由裁量权被撤销或宣告无效。

10.2.4 对指标审批范围和权限进行审计

对行政审批范围和权限进行审计，国家审计人员需监控审批的范围是否合法合理，权力的行使者是否严格按照相关规定正确行使权力；还要弄清审批事项的清理下放情况，检查是否存在名义上被取消实质被变相并入了其他审批事项之下，或是转移到部门所属的行业协会、学会等情况；检查下放审批事项的衔接情况，接受下放审批事项的行政机关是否及时建立相关制度；检查政府职能与所经办的审批事项之间的匹配程度；关注审批事项的效率、收费情况以及配套监管机制建立情况等。

10.2.5 指标审批权力配置效果的评估机制

基于指标审批权的权力配置，除了对指标审批权力的合理性、指标审批范围和权限进行审计，审计机关还应关注指标审批权力配置的效果和效率。简政放权的主要目的是伴随一些行政权力下放和取消，实现政府职能的转变。全面推进简政放权，要让市场能够在资源配置中起到决定性作用。指标审批权是一种重要的一种公共经济权力。在这个过程中，国家审计需要厘清哪些指标审批权力应当取消，哪些又需要保留；一些指标审批权力是直接取消以交还市场，还是由中央转移到地方；如果地方政府接受了放权而并不将权力还给市场，其合理性如何甄别，其合理性应当由谁判别。解决这些问题，不仅要分析指标审批权的主体、客体和内容，还要对指标审批权的权力配置效果进行评估。指标审批权权力配置效果的评估就是要分析在指标适用的产业或组织中，指标审批权下放、取消或保留对适用主体行为和经济后果的影响。

指标审批权力配置效果的评估机制不仅可以评价现存的指标审批配置模式和预测改革模式的效果，为指标审批权配置改革提供证据支持，为信息的公开化提供技术支持，减少权力寻租和权力异化的发生。

建立指标审批权力配置效果的评估机制，需要对指标审批权进行公开、依法限权，并建立指标审批的责任制。首先，政府依据行政许可法的规定，对哪些事项能够设定指标审批权、哪些事项不能设定指标审批权进行清理：一是各级政府对以往的行政法规、规章、决定等进行内部审查，以甄别文件内容的合法性。二是各级人民代表大会要对各级政府的指标审批权设定进行监督，尤其是要求各级政府严格地向人大履行规范性文件的备案制度。三是依法将各级政府的指标审批权透明化。其次，政府建立指标审批的责任制。在指标审批制度中，责任也是保护行政相对人合法权益的最终屏障，实现指标审批的法治化，需要建立指标审批的责任机制，以确保指标审批权不被滥用，保障行政相对人的合法权益。建立有效的指标审批责任制，一是要求相关部门认真清查、清理内部的指标审批权，做到该取消的要取消、该下放的要下放，对不认真进行自查自清，对该清理的没有清理，或者避重就轻、化整为零的有关部门，应当追究有关负责人及领导的责任。各级机关凡超过职权，不严格依照行政许可法的规定设定指标审批的，应当追究有关负责人的法律责任；二是要求指标审批权原则上应当由专门部门行使，要避免多头、重复审批，要最大限度地减少审批人员的自由裁量权；三是要求对部门领导人和审批人员定期实行审批责任检查，实行指标审批过错责任追究制度；四是要求制定故意拖延、不审批投诉制度和追究制度，以解决重审批、轻管理的问题。最后，鼓励不同主体对指标审批权力配置进行效果评判。市场的评价是否会被政府所接受，谁能够有最终的权力评判指标审批权配置的合理性，是十分关键的问题。如果由市场作出评价，而政府认为该评价不符合实际情况，因此充耳不闻，这可能会造成指标审批权的有效配置受阻。审计是一种有效的外部监督机制，独立于政府与市场之外，国家审计应该充分发挥审计的监督治理作用，在开展审计监督的过程中，积极开展对权力清单和责任清单的审计工作。

10.2.6 指标审批权力配置效益的检验

指标审批权配置效益实质是资源配置带来的收益。根据指标审批权主体划分,指标审批权配置效益可分为私人效益和社会效益两类。私人效益指的是指标审批权配置带来的个人和企业收益的增加;社会效益指的是指标审批权配置带来的社会福利的提高。例如,政府解除市场准入的指标审批权,更多的参与者进入市场创业,通过竞争打破垄断,从而使市场中产品的价格下降,消费者得到了实惠。

10.3 指标审批权力的运行与风险点

10.3.1 指标审批权力清单

政府将分散在单行立法中的行政审批事项汇集起来,经过清理和审查后对保留的审批事项以清单的形式列明向社会公布,让公众对行政审批权力一目了然。指标审批权作为其中一种行政审批权,亦是如此。指标审批权力清单是约束指标审批权力的一项重要举措。指标审批权力清单的建构是一个长期、动态的过程,清单建构涉及对每一项进入清单的指标审批权的合法性的判断,不仅是一项行政活动,而且是一项法律活动。

针对不同层级的指标审批权,国家审计应关注不同层级的指标审批权力清单的完整性审计。第一,指标审批权力清单的编排体例是否完备、合理。涉及指标审批权最重要的事项如子项、共同审批部门、审批对象、设定依据、服务指南、审批流程图等是否完备、合理。指标审批权力清单的总体设计是否能抓住指标审批的要点和痛点。第二,指标审批权力清单是否与有关的政策法规实时同步更新。在国务院发布新的指标审批改革文件的同时,各部门能否及时调整和修改权力清单内容,并在指标审批权力清单中设置"各部门指标审批事项变更情况"专栏,将各个部门的指标审批权的调整进行汇总说明,使指标审批权力清单的调整过程透明化、公开化。第三,审查各部门对指标审批权是否进行了统一的编码。是否不仅可以分部门查看指标审批事项,还可以依据编码统一查看所有部门的指标审批事项,使指标审批事项井然有序。第四,审查在某些指标审批之下是否设置了向社会公开征求意见的投票机制。社会公众是否可以针对审批事项选择"保留""取消"或者"下放",并填写理由,直接在网站上提交,即是否将公众对指标审批事项的监督融入权力清单制度之中。第五,指标审批流程和事项是否必要,是否可以进一步简化。以资源配置类指标审批为例,在最重要的国有资源配置领域,审批仍是不同主体进入市场最主要的方式。而按照行政许可法规定的标准,有相当部分资源配置类审批是应通过市场竞争机制解决的,国家审计需要对相关指标审批权设定依据的合法性进行重新评价。不少资质认证、资格认定事项属于行业组织或者中介机构能够提供服务的事项,行政机关只要加强事中、事后监管即可,但目前的权力清单仍保留了相当数量的此类指标审批事项。第六,审查指标审批事项的设定依据与子项的设定依据是否一致,是否符合法律标准。这主要是指国家审计审查除了法律、行政法规设定的指标审批事项,各部门是否存在指标审批事项的设定依据是部门规章和规范性文件的情况,对该类指标审批事项和指标审批权力的必要性实施审计监督。

10.3.2 指标审批权力运行的风险点

在开展指标审批权力运行审计过程中,国家审计应该关注指标审批权力清单中关于指标审批事项的合法性标准可能存在的风险点。例如,这些指标审批事项是否应该进入权力清单,指标审批流程是否符合法律法规标准。第二,在制定指标审批权力清单时,是否所有的指标审批权和审批事项都列入了权力清单。

进入权力清单的指标审批事项应该符合行政许可法关于行政许可事项设定的规定。行政许可法第十二条规定了可以设定行政许可的事项范围,第十七条规定了不得设定行政许可的情形,这两条是检验指标审批事项合法性的标准。但行政许可法的这些规定是原则性、指引性的,具体到某一领域的管理事项是否应该设定审批,人们很难简单地通过这些原则性的规定进行判断。实践中人们对行政许可法的这些规定也多有不同的认识和理解,这就产生了一定的风险点。为此国家审计需要对这两条规定分别考察,寻找使其含义具体化、标准化的路径。

行政许可法第十二条以列举的方式规定了可以设定行政许可的事项,其中涉及许多内涵抽象的不确定法律概念(如"国家安全""公共安全""经济宏观调控""生态环境保护""公共利益"等),这些概念都被作为可以设定指标事项的判定标准。以"公共"为例,就理论上而言,在某一时代环境下人们并不能从抽象的概念出发得到"公共"的内涵,而必须扎根于现实,根据现实概括。实际上,全国人大法工委在2003年对行政许可法第十二条规定的行政许可事项范围的复杂性、解决模式、各类许可事项的含义都有一定程度的阐述,对多种不确定法律概念采取了简单解释和举例说明的界定方法,至今仍有参考价值。然而随着经济社会的发展,指标审批的改革也在持续地推进,每一项不确定法律概念的外延都可能会有所变化。全国人大常委会可以结合新时代发展需要,对规定中的一些不确定法律概念进行立法解释。这就为法律、行政法规、地方性法规、政府规章设定或修改行政审批事项提供了具有法律效力和可操作性的法律标准。有意识地针对一些共同的不确定法律概念进行规定或解释,可以逐步消除不确定法律概念的模糊性所带来的行政机关执行上的困难。

此外,行政许可法第十三条规定了四项可以不设行政许可的情形,即在行政许可法第十二条规定的可以设立行政许可事项范围的基础上再反向规定排除标准,得出确需设立审批的事项范围。由于法律条款设定的是"可以不设"并非"不得设定",这给予了有权设定行政许可的主体是否设定的自由裁量权。

10.4 指标审批制度执行情况审计重点

第一,梳理指标审批权力。国家审计根据各级权力主体在权力清单中列示的权力,区分权力的性质,按照权力清单中的内容以及表述方式,把指标审批权细分为决定权、审核权、建议权和审批权。决定权是指直接对指标配置作出程序性或处置决定的权力;审核权是指对拟作出的指标配置决定进行审查核准的权力;建议权是考虑指标配置对象情况,提出综合意见和建议的权力;审批权是审查批准或不批准指标配置方案的权力。

第二,梳理指标审批程序。国家审计明确具体的指标配置权力以及权力清单,梳理指标审批主管部门和领导的具体行权过程,并将其罗列于清单中。

对于指标审批执行过程,国家审计将指标层层落实情况和指标审批目标达成情况作为指标审批的审计要点和审计评价重点。在实施审计的过程中,设置指标审批过程审计和指标审批目标达成度审计两个分项。

10.4.1 指标审批过程审计

指标审批过程审计包括指标规模确定、指标分配标准、指标审批流程、指标审批权力配置四个方面。

(1) 指标规模确定。审计机关在实施审计的过程中主要审查相关部门是否根据国家政策的要求,结合经济社会发展需求和指标被授予对象的实际情况,确定指标规模,包括对指标规模制定的规范性与科学性的分析和考察。指标制定的规范性强调指标规模确定过程是否依据一定的程序、形成适当的机制,以及经过了恰当的评估和论证。指标制定的科学性主要审查具体指标政策的推行计划是否经过了科学论证。例如,应该采用指标分配的方式还是市场竞争选择的方式;指标配置是否具有可行性,是否考虑了风险因素。

(2) 指标分配标准。审查指标分配对象的范围是否符合相关的法律规范和政策要求;行政机关对指标分配对象的确定是否有统一的制度安排,对获取指标配额的对象是否进行了系统的资格审查;每类指标分配对象的指标分配数量是否有统一的标准,最终确定的指标配置情况是否形成了有效的证据和支撑材料。

(3) 指标审批流程。审计机关审查各类指标审批权的组织和部门是否制定了详细的指标审批流程,并对各类指标审批流程进行穿行测试,检查指标审批流程的有效性,判断是否存在风险和权力异化问题。关注指标审批过程是否按照统一的制度推行,在指标配置的各个重要环节是否有权力授权和权力制衡的合理方法;指标审批执行过程中是否有专门的机构、专门的人员安排,是否推行责任制度,对指标审批过程推进的持续性和各环节权力主体的履职情况是否进行评估。

(4) 指标审批权力配置。审计的重点:一是权力配置主体的权责是否对等,是否存在权力过于集中或权责不对等的问题;二是指标审批权力运行过程中,约束权力主体有效履行公共受托经济责任的机制是否建立和完善。在实施审计过程中,审计机关需要审查指标审批内部控制制度是否存在不足和缺陷。

10.4.2 指标审批目标达成度审计

指标审批目标达成度审计包括经济效益、社会效益和政治效益三个方面。

(1) 经济效益。经济效益反映的是某项指标的行政审批制度建立后,政府部门能否通过对指标权限的再分配为地区经济发展带来经济收益,并且在指标审批执行过程中充分利用稀缺资源,提高资源利用效率。

(2) 社会效益。这里主要是审查指标审批权对地区环境质量和人民生活水平的影响。关注政府没有将某项权力交给市场,而是设定指标审批事项,是否会造成不公平现象或地区性的破坏事件。

(3) 政治效益。政治效益也是指标审批目标达成度的重要考量方面。设定指标审批权限,不能仅分析市场竞争对行业发展的贡献,还需要考虑国家政策和国家战略意图,分析指标审批带来的政治效益。

10.5 各地指标审批制度执行情况审计的实践探索

10.5.1 重庆市审计局加强涉企审批审计助力营商环境优化[①]

重庆市审计局积极发挥审计监督作用,重点关注优化营商环境政策措施完善和工作推进、优化经常性涉企审批和服务,助力提高政务服务效能。

---

① 案例资料来源:https://www.audit.gov.cn/n4/n21/c10296077/content.html。

九龙坡区审计局深入企业跟踪调查,查看招商引资项目落地后运营质量、企业发展现状及完成合同约定经济指标情况,及时揭示招商引资管理活动中存在的薄弱环节,促进全区加强招商引资项目管理。渝北区审计局走访区发展改革委、区市场监管局等部门,关注改革事项工作方案细化及配套政策文件制定情况,核查行政审批是否畅通、部门监管是否到位、政务服务是否高效,助推相关政策落地见效。大足区审计局走访行政审批部门,关注一体化政务服务平台建设、要素市场化配置、市场准入负面清单制度执行、"双随机一公开"工作、"一次办好"改革、"放管服"改革等内容,推进政务服务高效化、便民化。铜梁区审计局聚焦招投标工作开展情况,重点关注政府采购项目招投标管理、各类保证金的解缴清退、招标文件中投标人资质及综合评分法加分项设置等内容,揭示违规行为,促进规范管理,助力营造公平竞争环境。

重庆市审计局通过延伸调查 304 家部门单位、439 家企业,着力围绕各领域存在的准入门槛高、办理事项多、流程复查耗时过长等企业和群众反映集中的痛点难点堵点问题,深入分析各区营商环境状况和惠企便民举措的落实效果,对标国际、国内先进措施和指标,量化评价各类事项办理环节、办理时间、成本费用等方面的差距不足;分析政策尚未落实到位或落实效果不好以及在体制机制、政策措施上存在的短板,找准审计服务高质量发展的着力点,推动改革与发展深度融合、高效联动。

10.5.2 郑州市审计局聚焦民生助力政策落地增效[①]

郑州市审计局在对市自然资源和规划局的相关审计中,重点关注职能流程、政策落实及土地供应市场相关情况,重点审查土地、资源审批手续及工作流程是否合规,各类土地、资源政策是否落到实处,针对建设用地审批、收储土地供应、闲置土地查处等环节开展全过程审计,指出存在的问题,协助自然资源和规划局从体制机制层面分析原因,提出建议,推动市自然资源市场营商环境优化,推进惠民惠企政策落地生根;密切关注郑州市承担的南水北调中线工程丹江口库区外迁移民扶持基金使用情况;围绕水库移民后期扶持基金落地到位情况、移民安置区基础设施建设是否结合当地移民实际、已竣工项目办理移交手续及项目质量效益等,深入项目现场,查验移民新村的水利设施、文化广场及乡村道路等各类建设,指出存在问题,提出针对性建议,责令相关部门落实整改,促进移民扶持基金发挥实效。

10.5.3 江苏省扬中市审计局开展"五水联治"审计助力指标审批制度有效执行[②]

江苏省扬中市自 2016 年实施"五水联治"行动以来,按照"五水联治、治污先

---

① 案例资料来源:https://www.audit.gov.cn/n4/n20/n524/c145377/content.html。
② 案例资料来源:https://www.audit.gov.cn/n4/n20/n524/c144515/content.html。

行"的原则,陆续实施了城区、集镇及村庄居民点水环境整治工程,原计划于2021年年底完成上述区域雨污水分流改造,实现污水集中收集。针对这一重点工程,扬中市审计局紧扣"工程建设、资金使用、投资绩效"三条主线,开展水环境综合整治专项审计调查。

一是紧扣"工程建设"这条主线。扬中市审计局通过调查,查看该市水环境整治覆盖情况,检查是否存在部分区域、地段、居民户遗漏,有无管外排污现象及是否存在治理死角;污水是否实现应收尽收,是否均进入污水处理厂或污水处理设施集中处理。扬中市审计局通过查阅12345工单及第三方监督资料,查看相关建设问题是否及时整改,有无形成闭环;对在建工程进行现场跟踪,重点审查管道开挖断面、支护、沟槽回填等主要工序。

二是紧扣"资金使用"这条主线。扬中市审计局理清水环境综合整治资金来源渠道,查看上级补助资金是否专款专用,是否被截留或挪作他用;关注资金拨付环节,结合招标文件、施工合同及该市相关规定,检查有无过付或拖延支付工程价款的现象;重点审查工程变更的必要性与合理性,对达到限额的工程量变更进行梳理,查看是否履行审批手续。

三是紧扣"投资绩效"这条主线。扬中市审计局检查通过水环境综合整治,原来既定的建设目标是否实现:城区及集镇多处严重积水问题是否得到解决或有效缓解,河道有无返黑、断面水质是否符合要求;查看污水处理厂进水量及浓度指标是否提高,有无漏失、渗水问题;相关职能单位是否建立长效管理机制,定期对管道、箱涵、污水处理设施进行检测、维护,确保管道通畅。

10.5.4 山东省临邑县审计局以"代入式"思维开展审计工作,推动指标审批制度执行[①]

临邑县全域范围内用气补贴发放采取根据用户用气量据实补贴的政策,审计人员通过了解补贴发放方式,发现2020年及以前年度都是通过各乡镇进行发放,而部分乡镇对2017—2018年的用气补贴采取的发放方式是以300元/户的标准先行发放,调整发放政策后改为根据用气量据实补贴。审计人员认为,乡镇采取"前期先行发放给农户的300元/户补贴,在实行据实补贴政策后,根据实际用气量结算用气补贴"的方式,前期发给燃气实际使用费用低于300元的农户的补贴资金很难收回,乡镇在无法收回多发放给农户的补贴的情况下,若实行据实补贴政策,乡镇必须另行贴

---

① 案例资料来源:https://www.audit.gov.cn/n10018889/n10166446/n10169759/c10248554/content.html。

补资金,因此,县财政将据实补贴资金拨付到乡镇后,乡镇很难落实到位。

农机补贴在资金安排上分为农机购置补贴以及农机报废更新补贴两部分。当地政府发放农机购置补贴时依据"一机一牌,一机一出厂编号"的情况,这些信息被录入全国联网的系统,存在风险漏洞的可能较小。但当地政府在发放农机报废更新补贴时不需要在系统内录入牌照、发动机号等信息,那么存在风险漏洞的可能性较大。审计人员通过梳理工作流程,找出在农机报废整个链条中的风险点,根据整个链条的风险点收集证据,最终证实了伪造照片档案、一机多报骗取补贴共计100余万元的情形。

10.6 指标审批制度执行情况审计强化权力监控的政策建议

10.6.1 加快建立和完善有关指标审批法规,推进审计依法监督

随着权力清单制度的实施和不断推进,政府也在深化落实简政放权,指标审批权是一项重要的行政审批权,政府需要进一步规范指标审批行为,保障改革深入推进。审计机关应在各地开展的指标审批制度执行情况审计中,收集和总结好的经验做法,对指标制度执行过程中因为法律法规制度滞后产生的影响,以审计整改的方式提出审计意见和建议。

政府应推进指标审批制度化,为后续开展审计工作提供法律保障和执行依据。具体而言,科学合理地设置审批权限,减少不同层级政府之间、同级政府不同部门之间的权责交叉,明晰政府机构权责体系、运行机制,将行政审批事项设定和调整的权责细化,减少自由裁量、寻租设租的空间。

10.6.2 加强对指标审批权力运行的审计力度

审计机关将指标审批权力运行审计与指标审批制度改革密切联系起来,以"审"促进指标审批制度的改革。具体而言,第一,促进行政机关建立一体化的改革平台,将分散在各审批部门的职能集中到一点上,集中力量进行审批。第二,促进行政机关开展多部门联合审批,在完成多项审批任务的综合行政审批体系中,注重指标审批权力主体的权力规范。第三,促进行政机关在法律框架内进行指标审批,并加强事中和事后监督,规范审批流程。

此外,审计人员依据权力清单对指标审批权和权力运行轨迹进行审计,并适时对审计结果进行对外公布,增强审计监督的溢出效应。

10.6.3 进一步明晰指标审批权的内容

第一,在指标审批制度执行过程中,审计人员应关注各职能部门的具体指标审

批内容,明确审批范围和内容,监督各职能部门是否严格按照法律规定设置指标审批事项,是否存在随意变更指标的配置标准或分配方式,是否存在越权审批或者变相收取审批费用的情况。

第二,在对指标审批制度执行情况实施审计的过程中,审计人员还应该关注职能部门对指标分配情况是否充分考虑了有关权益主体的实际情况,在公平合理的基础上充分征求公众意见,依法确定、遴选和公布许可数量。

第三,在指标分配完成后,审计人员还应该针对指标分配后权益主体的使用情况及产生的经济效益进行评估,判断是否需要对配置标准或分配方式进行调整,并形成有关报告,提交相关部门。

10.6.4 夯实审计监督全覆盖

国家审计将指标审批事项、指标审批流程和指标审批自由裁量权纳入审计工作重点。第一,审计人员对指标审批的范围、时间和收费等方面的规范性实施审计,监督审批事项是否有法律法规依据。第二,审计人员对核准、同意、受理、登记、检查等指标审批流程进行监督。第三,审计人员对指标审批中的审批权限、审批内容、审批方式和审批时间进行监督,检查各职能部门是否编制了可以量化的表格,重点监控指标审批过程中的自由裁量权空间。

在指标审批制度执行情况审计过程中,国家审计可以充分利用信息技术和数据平台,以数据和审计技术手段的创新和提升来夯实审计监督全覆盖,规范权力主体在指标审批执行过程中的权力运行,防止权力异化。

11 公共经济权力审计问题实证研究的探索

本章探讨如何对公共经济权力审计问题开展实证研究,主要对公共经济权力审计监控效果、经济责任审计运行效果、审计结果公告对审计移送处理效率影响、权力清单审计这四个方面的问题进行了探索。

11.1 公共经济权力审计监控效果的实证研究探索

为了对公共经济权力审计监控效果进行实证检验,我们应考虑选择公共经济权力审计监控效果的衡量指标作为被解释变量,选择公共经济权力审计情况的衡量指标作为解释变量,并构建相应的计量模型。

11.1.1 公共经济权力审计监控效果的衡量指标

公共经济权力审计监控效果的衡量指标是被解释变量。根据衡量方式,我们可以将其划分为直接衡量指标和间接衡量指标。

1. 直接衡量指标

公共经济权力审计监控效果的直接衡量指标包括反映审计检查力度的指标和反映被审计单位纠正力度的指标。其中,反映审计检查力度的指标主要是指关于审计查出的问题金额的指标,审查力度越大,则审计机关查出被审计单位的问题金额占经审计复核认定的应查问题金额的比重也就越大,审计监控的初步效果也就越好;反映被审计单位纠正力度的指标包括纠正类型、纠正金额和纠正率指标。被审计单位针对审计决定中的应纠正违规行为可以进行某种纠正类型(不纠正、定性纠正或者定量纠正)的选择。纠正金额是一个绝对指标,纠正率是一个相对指标。针对审计决定所提出的应纠正违规金额,被审计单位的反应程度代表了审计机关对被审计单位经济权力进行监控的效果。

2. 间接衡量指标

除了直接衡量指标,我们还可采用间接衡量指标衡量公共经济权力审计监控效果,如GDP行政管理费比(行政管理费/GDP)等指标。行政管理费是行政部门的日常经费开支,是为了管理公共事务而发生的必要开支。不同地区由于经济发展水平不同、行政管理工作量不同,其行政管理费金额大小也不同。行政管理费是经费开支权的具体体现,行政管理费的大小反映了公共经济权力运用是否恰当。为了消除经济发展对行政管理费用的影响,我们可以用行政管理费用除以 GDP,所得数表明创造每元 GDP 需要耗费的行政管理费。单位 GDP 耗费的行政管理费越少,说明公共经济权力运用效率越高,也说明公共经济权力审计监控效果越好。

11.1.2 公共经济权力审计情况的衡量指标

公共经济权力审计情况的衡量指标是解释变量,可采用的指标主要包括审计力量、审计任务强度、审计执行力度、审计处罚力度、审计信息披露力度、审计独立性等。

审计力量包括审计组织和审计人员。审计组织是由审计人员构成的,因此,审计人员是审计力量的核心。审计力量包括审计人员的专业胜任能力和审计人员数量两个方面。在审计人员专业胜任能力一定的情况下,审计力量取决于审计人员数量。

审计任务强度是指审计活动覆盖的被审计单位数量,它表示审计的覆盖范围。

审计执行力度是指审计人员查出的违规金额、管理不规范金额和损失浪费金额。

审计处罚力度是指审计组织定出的处罚金额,如应上交财政金额等。

审计信息披露力度是指用来衡量审计组织提供审计信息程度的指标,用提交的审计报告、专题报告数量以及审计信息被采纳的百分比衡量。

审计独立性是一个用来衡量被审计单位与审计机关之间关系的衡量指标。

公共经济权审计情况的衡量指标如图 11-1 所示。

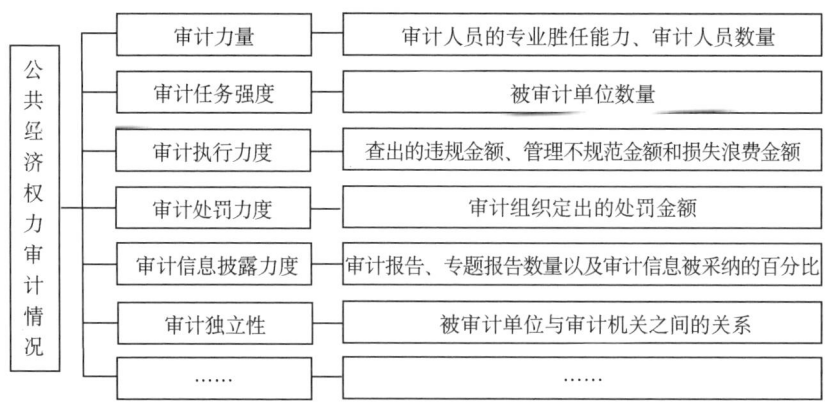

图 11-1 公共经济权力审计情况的衡量指标

11.1.3 计量模型

根据公共经济权力审计监控效果的衡量指标,结合解释变量可选取的指标,可以构建以下模型。

$$\text{Ln}(Ave\_Sfinance_{i,t}) = \beta_1 \text{Ln}(Per\_Audited_{i,t}) + \beta_2 \text{Ln}(Per\_Amount_{i,t}) + \beta_3 \text{Ln}(Ave\_Economical_{i,t}) + \beta_4 Ave\_Disclose_{i,t} + \beta_5 R_i + \beta_6 Control_{i,t} + \varepsilon$$

模型(1)

$$\text{Ln}(Ave\_Finance_{i,t}) = \beta_0 + \beta_1 \text{Ln}(Per\_Audited_{i,t}) + \beta_2 \text{Ln}(Per\_Amount_{i,t}) + \beta_3 \text{Ln}(Ave\_Economical_{i,t}) + \beta_4 Ave\_Disclose_{i,t} + \beta_5 R_i + \beta_6 Control_{i,t} + \varepsilon$$

模型(2)

$$Prop_{i,t} = \beta_0 + \beta_1 \text{Ln}(Per\_Audited_{i,t}) + \beta_2 \text{Ln}(Per\_Amount_{i,t}) + \beta_3 \text{Ln}(Ave\_Economical_{i,t}) + \beta_4 Ave\_Disclose_{i,t} + \beta_5 R_i + \beta_6 Control_{i,t} + \varepsilon$$

模型(3)

其中,被解释变量分别为应纠正违规金额 $\text{Ln}(Ave\_Sfinance)$(按被审计单位数量平均的应纠正违规金额取对数)、已纠正违规金额 $\text{Ln}(Ave\_Finance)$(按被审计单位数量平均的已纠正违规金额取对数)和纠正违规金额占应纠正违规金额的比例 $Prop$。审计任务强度 $\text{Ln}(PerAudited)$(平均每个审计人员所审单位数的对数)、审计执行力度 $\text{Ln}(Per\_Amount)$(平均每个审计人员所查出的违规金额的对数)、审计处罚力度 $\text{Ln}(Ave\_Economical)$(被审单位数平均的经济处罚金额的对数)、审计信息披露力度 $Ave\_Dislcose$(被审单位数平均的审计信息数量)等是解释变量。$Control$ 是一系列控制变量。ε 是残差。

11.2 经济责任审计运行效果的实证研究探索[①]

11.2.1 研究背景

经济责任审计是一项具有中国特色的经济监督制度,是现代审计制度在中国的一种创新(蔡春和陈晓媛,2007)。经济责任审计的落脚点是对"人"作出评价,在

[①] 本节部分内容引用和改编自李江涛等(2011)的研究。

公共经济权力监控中发挥着特殊的重要作用。通过实证检验经济责任审计运行的效果,有助于拓展经济责任审计权力监控的路径,促进经济责任审计转型。

11.2.2 理论分析与研究假设

经济责任审计的开展,有利于促使领导干部增强遵纪守法意识和自我约束能力,从机制上、源头上预防和治理腐败。经济责任审计的基础是对财政财务收支的审计,审计评价和责任追究侧重于领导干部本人(董大胜,2007)。对经济责任审计的运行效果,本卷着重从领导干部腐败预防与惩治、财政收支与财务收支绩效两个角度进行分析。

1. 领导干部腐败预防与惩治角度的经济责任审计效果分析

犯罪倾向论认为,人都存在着侵害他人利益以满足自己欲望的犯罪倾向,犯罪人与正常人之间只有犯罪倾向程度的差异,没有生理或心理上的质的区别。犯罪行为的发生机制表现为外界的情景诱惑对个体犯罪倾向的驱动。根据犯罪倾向论的观点,领导干部也有犯罪倾向,可能实施违规行为,也可能存在职务犯罪的情况。为了抑制职务犯罪倾向,国家必须采取相应的控制手段,审计即是其中一种。"免疫系统"论认为,审计监督具有预防功能,国家审计具有内生性的威慑作用,因而有条件、有责任及时发现苗头性、倾向性问题,及早发出警报,可起到预警作用。审计监督还具有揭露功能,审计必须查出经济犯罪、损失浪费、奢侈铺张、破坏资源、污染环境、损害人民群众利益、危害国家安全、破坏民主法治等各种行为,并进行依法处置(刘家义,2008)。审计的预防和揭露功能可以抑制贪污贿赂等职务犯罪的发生。根据审计控制论的观点,审计是确保受托经济责任全面有效履行的一种特殊的经济控制,通过直接纠偏或间接纠偏的方式对受托人进行控制(蔡春,2001)。每一种特定类型的审计都是一种特定的审计控制手段或形式,经济责任审计是一种特殊的、新的审计控制手段或形式,其直接对组织的主要负责人进行审查。经济责任审计发挥作用主要表现在以下三个方面。

1) 经济责任审计力量

经济责任审计业务由审计组织执行并完成,审计组织由审计人员构成,审计人员形成了审计力量的核心。在经济责任审计过程中,审计人员采取恰当的审计方法,发现被审计单位及其领导干部存在的与经济业务相关的问题,通过提出审计建议等方式促进被审计单位及领导干部进行整改,充分发挥审计监督的预防功能,进而阻止领导干部腐败的发生,由此,我们提出假设1(H1)。

H1:经济责任审计力量越强大,腐败的领导干部人数越少。

2) 经济责任审计执行力度

经济责任审计执行力度是指经济责任审计查处被审计单位及其领导干部涉及的违规金额、管理不规范金额和损失浪费金额的大小。审计人员通过查处被审计单位中存在的违规、管理不规范和损失浪费问题,明确被审计领导干部的直接责任、主管责任和领导责任,分析问题的根源,提出具体的、有针对性的审计建议,促进被审计单位完善内部控制,改善管理,进而避免领导干部发生腐败。由此,我们提出假设2(H2)。

H2:经济责任审计执行力度越强,腐败的领导干部人数越少。

3) 经济责任审计业务量

审计业务量是指审计对象的数量,对经济责任审计而言,主要是指被审计的领导干部人数的多少。在经济责任审计过程中,审计机关将发现的腐败案件线索移交司法机关、纪检监察机关,增加腐败案件的侦破量。经济责任审计对象越多,发现的腐败案件线索越多,被查处的腐败干部就越多。由此,我们提出假设3(H3)。

H3:经济责任审计业务量越大,查处的腐败领导干部人数越多。

2. 财政收支与财务收支绩效角度的经济责任审计效果分析

审计的本质目标是保障和促进受托经济责任的全面有效履行。受托经济责任包括行为责任和报告责任两大部分,其中行为责任包括保全责任、节约责任、效率责任和效果责任等。经济责任审计的实施,应能保障领导干部受托经济责任的全面有效履行。审计监督具有抵御功能,经济责任审计通过分析问题的原因,提出应对措施和建议,进而提高被审计领导干部所在单位的绩效。经济责任审计力量越强大,越能够发现被审计单位存在的管理问题及控制漏洞,进而促进被审计领导干部所在单位增收节支。由此,我们提出假设4(H4)。

H4:经济责任审计力量越强大,越能够降低行政成本,提高财政财务收支绩效。

如果经济责任审计执行力度越强,越能够发现被审计单位涉及的违规金额、管理不规范金额和损失浪费金额。审计作出的处理处罚促使被审计单位整改,实现增收节支。由此,我们提出假设5(H5)。

H5:经济责任审计执行力度越强,越能够降低行政成本,提高财政财务收支绩效。

如果经济责任审计业务量越大,被审计的领导干部越多,慑于审计的威力,领导干部整改的力度就越大,进而提高单位的财政收支财务收支绩效。由此,我们提出假设6(H6)。

H6：经济责任审计业务量越大，越能够降低行政成本，提高财政财务收支绩效。

11.2.3 研究设计与主要结论

1. 样本选择与数据来源

本卷以中国内地省级行政区为研究样本，时间区间为2003—2009年。所用的数据中，职务犯罪中贪污贿赂立案数据来自历年的《中国检察年鉴》，经济责任审计数据来自历年的《中国审计年鉴》，财政支出的有关数据来自历年的《中国财政年鉴》及《中国统计年鉴》；年鉴中没有披露的数据，按照遗失值处理。

2. 模式设计与变量定义

为验证领导干部腐败预防与惩治角度的经济责任审计效果，我们构建模型(1)和模型(2)。

$$COUNTYhead_{it} = \beta_0 + \beta_1 AUDITOR_{it-1} + \beta_2 VIOLAT_{it-1} + \beta_3 AUDITEE_{it-1} + \beta_4 NUNcivil_{it-1} + \beta_5 GDPper_{it-1} + \beta_6 WAGEgap_{it-1} + \mu$$

模型(1)

$$MAYOR_{it} = \beta_0 + \beta_1 AUDITOR_{it-1} + \beta_2 VIOLAT_{it-1} + \beta_3 AUDITEE_{it-1} + \beta_4 NUNcivil_{it-1} + \beta_5 GDPper_{it-1} + \beta_6 WAGEgap_{it-1} + \mu$$

模型(2)

为检验财政财务收支绩效角度的经济责任审计效果，我们构建模型(3)和模型(4)。

$$GDPfee_{it} = \beta_0 + \beta_1 AUDITOR_{it-1} + \beta_2 VIOLAT_{it-1} + \beta_3 AUDITEE_{it-1} + \beta_4 NUNcivil_{it-1} + \beta_5 GDPper_{it-1} + \beta_6 WAGEaverage_{it-1} + \mu$$

模型(3)

$$EXPENDfee_{it} = \beta_0 + \beta_1 AUDITOR_{it-1} + \beta_2 VIOLAT_{it-1} + \beta_3 AUDITEE_{it-1} + \beta_4 NUMcivil_{it-1} + \beta_5 GDPper_{it-1} + \beta_6 WAGEaverage_{it-1} + \beta_7 NCPratio_{it-1} + \mu$$

模型(4)

模型中具体的变量定义如表11-1所示。

表 11-1 变量及定义

变量类型	变量名称	变量说明
被解释变量	存在职务犯罪的县处级以上领导干部人数（COUNTYhead）	因职务犯罪被检察机关查处的县处级以上领导干部的人数
	存在职务犯罪的地厅级领导干部人数（MAYOR）	因职务犯罪被检察机关查处的地厅级领导干部的人数
	行政管理费国内生产总值比（GDPfee）	该省（自治区、直辖市）公共管理支出中行政管理费与国内生产总值的比值，即单位国内生产总值所耗费的行政管理支出
	行政管理费财政支出比（EXPENDfee）	该省（自治区、直辖市）公共管理支出中行政管理费与财政支出的比值，即行政管理支出在财政支出中的比例
解释变量	审计人员数量（AUDITOR）	省级审计机关的人员数
	审计发现的问题金额（VIOLAT）	审计人员在审计过程中发现的违反法规、管理不规范和损失浪费金额合计
	被审计人数（AUDITEE）	该省（自治区、直辖市）经济责任审计对象的总人数
控制变量	公共管理人数（NUMcivil）	该省（自治区、直辖市）公共管理和社会组织的职工人数
	人均国内生产总值（GDPper）	该省（自治区、直辖市）的人均国内生产总值
	工资消费差（WAGEgap）	公共管理和社会组织职工平均工资与平均消费水平的差距，用平均工资减去居民消费水平
	平均工资（WAGEaverage）	公共管理和社会组织职工的平均工资
	公共管理人员比（NCPratio）	该省（自治区、直辖市）中公共管理和社会组织职工人数在总人口中的比例

3. 回归结果分析

本卷对四个模型采取了面板数据的处理方法，根据 Hausman 检验结果，模型（1）、模型（3）、模型（4）采用随机效应模型，模型（2）采用固定效应模型。为了消除异方差的影响，本卷采用 Robust 检验，回归结果见表 11-2 所示。

对于模型（1），从稳健估计的结果来看，审计人员数量与县处级以上领导干部职务犯罪人数负相关，并且在 1% 的水平上显著，H1 得到验证，表明强大的经济责任审计力量有助于阻止领导干部职务犯罪的发生。审计发现的问题金额与存在职务犯罪的县处级以上领导干部人数负相关，并且在 5% 的水平上显著，验证了 H2，说明经

表 11-2　多元回归结果

变量	模型(1)	模型(2)	模型(3)	模型(4)
AUDITOR	−0.0960374*** (−2.70)	−0.0098285 (−0.86)	−0.000242* (−1.87)	−0.0000931** (−2.50)
VIOLAT	−7.99e−07** (−2.19)	−177e−07** (−2.52)	−4.85e−11 (−0.45)	9.83e−10*** (4.10)
AUDITEE	0.0066063 (1.14)	0.0014544 (134)	1.39e−06 (1.03)	1.33e−06 (0023)
NUMeivil	1.307366*** (4.14)	0.1537698 (0.87)	−0.0002503** (−2.46)	0.0005731*** (3.24)
GDPper	6.349144 (1.60)	−1.418415 (−0.58)	−0.018772*** (−4.36)	−0.0278836*** (−4.99)
WAGEgap	−0.0004099 (−0.87)	0.0001607 (0.63)		
WAGEaverage			2.60e−06*** (5.29)	4.38e−06*** (693)
NCPratio				−0.1552593 (−0.14)
cons	40.28844 (2.81)	0.0587349 (0.01)	0.0076656 (1.57)	0.0548026 (4.14)
F 值		1.95		
Wald chi2	25.58		40.21	95.41
N	114	79	152	152

注:在模型(1)、模型(3)和模型(4)中,括号里的数字表示 Z 值;在模型(2)中,括号里的数字表示 T 值。*、**、*** 分别表示在 10%、5%、1% 的水平上显著。

济责任审计查处力度越大,越能够发现领导干部业务处理过程中存在的问题,进而阻止领导干部职务犯罪的发生。被审计人数与存在职务犯罪的县处级以上领导干部人数正相关,但不显著。

对于模型(2),审计发现的问题金额与存在职务犯罪的地厅级领导干部人数负相关,并且在 5% 的水平上显著,说明经济责任审计力度有助于预防地厅级领导干部职务犯罪,进一步验证了 H2;但审计力量和审计业务量的系数都不显著。

对于模型(3),审计人员数量与行政管理费国内生产总值比负相关,并且在 10% 的水平上显著,说明经济责任审计力量能够降低单位国内生产总值耗费的行政管理费,H4 得到验证;但经济责任审计执行力度和经济责任审计业务量的系数均不显著。

对于模型(4),审计人员数量与行政管理费财政支出比负相关,并且在 5% 的水平上显著,进一步验证了 H4;但审计发现的问题金额与行政管理费财政支出比显著正相关,且在 1% 的水平上显著,这与原假设相矛盾,可能是经济责任审计发现问题后被审计单位进行调整、增加行政管理费所致。

4. 主要结论

第一,经济责任审计力量越强大,经济责任审计的执行力度越强,越能够预防领导干部腐败案件的发生;但经济责任审计业务量与领导干部职务犯罪之间的关系并不显著,这说明仅扩大经济责任审计对象,对县处级以上领导干部腐败预防与惩治的效果并不明显。国家审计应当合理选择被审计对象,加强经济责任审计力量,加大查处力度,最终才能提高经济责任审计的运行效果。

第二,审计人员数量与财政收支财务收支绩效负相关,即审计人员数量越多,审计力量越强大,经济责任审计的效果越好,能够促使被审计的领导干部节约开支,最终达到节约使用经费的效果。经济责任审计业务量与财政财务收支绩效的系数不显著,说明被审计的领导干部越多,审计的效果可能会越差,难以对被审计领导干部产生较大的影响。

11.3 审计结果公告对审计移送处理效率影响的实证研究探索

11.3.1 研究背景

作为党和国家监督体系的重要组成部分,国家审计在对权力的制约和监督、预防和打击职务犯罪等方面发挥着重要的特殊作用。在全面推进依法治国的背景下,我国从 2015 年 5 月 1 日起实行立案登记制度,案件受理由立案审查制变为立案登记制,要求人民法院对依法应该受理的案件,做到有案必立、有诉必理,保障当事人诉权,并加大立案信息网上公开的力度。审计移送是指审计机关依法将所查出的违纪违法问题和线索,向司法机关、纪检监察机关和被审计单位上级主管部门进行移送,以便相关机构和部门进一步处理。审计机关在审计的过程中查出侵害国家和人民利益的违纪违法问题,将这些问题和线索进行移送,定期跟踪了解案件的查处情况,并将已有处理结果的违纪违法问题对外公布,这是审计监督职能的体现。审计移送不仅有利于提升处理和惩治经济违法违纪活动的效率,还能提高审计成果利用程度,树立审计权威,形成监督合力,推动依法治国。

随着审计结果公告制度的实施,公民越来越关注国家审计,关注的焦点从"审计出了什么问题"拓展到"这些问题究竟得到了怎样的处理"。审计署也逐渐加强对审计问题处理情况、整改情况的专项公告。从2010年开始,审计署把审计移送处理结果作为重点内容进行公告,截至2020年年底已累计发布20余篇关于审计移送处理结果的公告。现有研究表明,审计移送对相关部门充分利用审计成果作用十分明显,但目前审计移送处理落实的效率并不理想。

因此,我们研究审计署发布审计结果公告对审计移送处理落实效率的影响。本节可能的贡献主要体现在三个方面:第一,检验审计结果公告对审计移送处理落实效率的影响。审计结果公告是政府信息公开的重要内容,本卷在一定程度上说明了政府信息公开能够影响政府治理效率。第二,检验审计结果公告效果在不同制度背景、不同经济发达程度区域的差别。第三,考察地方政府本身的腐败治理力度以及全国司法改革对审计结果公告作用产生的调节效应。

11.3.2 理论分析与研究假设

1. 审计结果公告披露强度与审计移送处理落实效率

我们衡量政府审计的作用时不仅应关注其是否"发现"和"报告"了违法违纪问题,还应关注其是否履行了"矫正"职责。审计机关将在审计过程中发现的问题和案件线索移送至相关部门,再将移送处理的结果通过审计结果公告发布出来,既做到了发现和报告问题,又跟踪了问题的后续处理,并对处理结果进行了公开。从审计署发布的移送事项处理结果公告可以看出,审计机关将案件按照所发现违法违规问题和案件线索的不同性质,分别移送至司法机关、纪检监察机关和被审计单位的上级主管部门,移送案件涉及的主体以个人为主、以法人为辅。

审计移送的及时处理对提高审计成果利用率以及相关部门办案效率十分重要,关系到我国能否及时纠正和解决经济活动中的违纪违法问题,完善体制机制,但现阶段我国还存在审计移送后,并没有得到受理部门的重视而被长期搁置的情况。由于审计移送的特殊性,相关审计结果公告中披露的都是对违纪违法行为的处理结果,社会关注度高,审计机关将移送事项的处理结果进行公开,让信息在政府与公众之间有效传递,让公众了解这些问题和案件的后续处理情况,不仅减少了公众与政府之间的信息不对称,也对权力运行进行了制约和监督,有利于强化审计监督与司法监督、行政监督以及舆论监督的合力效果,并在社会范围内形成威慑作用,从而促进地方政府提高对审计移送的重视程度和处理落实效率。基于以上分析,我们提出假设1(H1)。

H1:审计结果公告对审计移送处理结果披露的强度越大,所涉地区的审计移送处理落实效率越高。

2. 制度环境、审计结果公告与审计移送处理落实效率

由于制度背景的不同,我国政府审计在不同地区的作用存在着巨大差异,制度环境影响审计需求和审计作用的发挥,进而影响审计结果公告作用的发挥。20世纪70年代后期,中央政府开始进行分权化改革,到目前,各个地区的市场化进程仍存在很大差异,各地区政府与市场在经济运行、资源分配等方面的地位和力量不同,可能导致审计需求与供给的差异,从而引起审计结果公告效果的差异。林斌和刘瑾(2014)研究了市场化程度与审计绩效的关系,并检验出两者呈正相关关系。在制度环境越好的地区,审计结果的利用程度和执行效果也越好,审计结果公告的作用越能够得到发挥。而在制度环境相对较弱的地区,审计意见和决定难以被迅速有效执行,不利于发挥审计结果公告的作用。基于以上分析,我们提出假设2(H2)。

H2:审计结果公告对审计移送处理落实效率的提升作用在制度环境较好的地区更为明显。

3. 经济发达程度、审计结果公告与审计移送处理落实效率

审计环境制约审计理论和实务的发展。作为重要的审计环境因素,地区经济发展的不平衡也会影响国家审计功能的发挥。一个地区的经济发展程度反映了其政治法律制度建设等情况,能够对审计监督的对象、范围等产生影响。经济发展水平越高,该地区的经济活动就越频繁,财政收支范围也越大,就越需要审计监督,政府对审计的支持力度和重视程度也会越高。同时,经济发展水平的不同也使各地区在科学技术发展、人民受教育水平、公民意识、政府信息公开程度等方面存在差异,对政府行政效率、司法效率、公众对审计监督的需求、公众参与治理的程度以及审计技术的进步和变革等产生广泛影响。相较于经济发展相对落后的中西部地区,在经济较为发达的东部地区,政府工作重心、人民生活水平、资源配置等各方面条件都更有利于强化审计监督,从而审计结果公告的作用也会得到更好发挥。基于以上分析,我们提出假设3(H3)。

H3:审计结果公告对审计移送处理落实效率的提升作用在经济较发达的地区更为明显。

11.3.3 研究设计与主要结论

1. 样本选择与数据来源

本卷以中国内地省级行政区为研究样本,参照一般经济学文献的主流做法,检验时除去数据缺失较多的西藏自治区等地,采用30个省(自治区、直辖市)的有关数据,时间区间为2010—2016年。所用的数据中,审计移送处理落实效率的数据来自历年的《中国审计年鉴》;审计结果公告数据来自审计署官方网站;其他财政收支数据来自历年的《中国统计年鉴》和国家统计局官方网站;贪污受贿、渎职等职务犯罪立案数据来自历年的《中国检察年鉴》和各省级行政区人民检察院年度工作报告以及各地区检察机关官方网站;网络普及率数据来自历年的《中国互联网络发展状况统计报告》。本卷对所有连续变量按照1%和99%的分位进行缩尾处理。

2. 模型设计与变量定义

我们构建模型(1)和模型(2)检验假设。对于H1,我们采用全样本回归来检验审计结果公告对地区审计移送处理效率的影响;对于H2,采用王小鲁和樊纲等编制的《中国分省份市场化指数报告(2016)》中的各省份市场化总指数衡量各地区的制度环境的差异,将不同地区按照该指数的年度中位数进行分组,分为制度环境高、低两组进行考察;对于H3,按照省级行政区属于东部地区还是中西部地区,将地区分为经济发达程度高、低两组进行考察。

$$Case_{it} = \beta_0 + \beta_1 Report_{it} + \gamma Control_{it} + v_t + \mu_i + \varepsilon_{it} \quad \text{模型(1)}$$

$$Suspect_{it} = \beta_0 + \beta_1 Report_{it} + \gamma Control_{it} + v_t + \mu_i + \varepsilon_{it} \quad \text{模型(2)}$$

模型中,下标i和t分别代表省份和年度;被解释变量$Case_{it}$表示省份i在t年度的审计移送事项处理落实效率;$Suspect_{it}$表示省份i在t年度的审计移送人员处理落实效率;解释变量$Report_{it}$表示省份i在t年度审计结果公告中被提及移送处理结果的次数,它代表审计结果公告披露强度。本卷关注的是$Report_{it}$的系数β_1,它衡量了审计结果公告披露强度对该省份审计移送处理效率的影响;v_t表示年度固定效应;μ_i表示省份固定效应;$Control_{it}$为控制变量。根据现有文献通常的做法,本卷控制了其他可能影响审计移送处理效率的因素,包括进出口水平(Tra)、财政自给率(Sef)、人口规模($Posize$)、资本积累($Finv$)、不明支出项($Otexp$)、行政管理效率($Effi$)、人口受教育程度($Edqu$)、网络普及率($Iuser$)、政府支出规模($Gfee$)、公职人员规模(Ges)、地方审计结果公告数($Numb$)等。具体变量及其定义如表 11-3 所示。

表 11-3 变量及定义

类型	名称	代码	定义
被解释变量	审计移送事项处理落实效率	$Case$	移送事项处理落实数÷移送事项数
	审计移送人员处理落实效率	$Suspect$	移送人员处理落实数÷移送人员数
解释变量	审计结果公告披露强度	$Report$	该地在审计结果公告中被提及移送处理结果的次数
控制变量	进出口水平	Tra	折算为人民币的进出口总额/GDP
	财政自给率	Sef	一般预算总收入÷一般预算总支出
	人口规模	$Posize$	年末人口总数的自然对数
	资本积累	$Finv$	固定资产投资额÷GDP
	不明支出项	$Otexp$	其他支出/公共财政支出
	行政管理效率	$Effi$	（1—一般公共支出）÷GDP
	人口受教育程度	$Edqu$	大专以上文化程度人数÷总人口数
	网络普及率	$Iuser$	网民数量÷总人口数
	政府支出规模	$Gfee$	平均每万元财政收入需供养的公职人员数量
	公职人员规模	Ges	公共管理和社会组织从业职工数÷总人口数
	地方审计结果公告数	$Numb$	地方审计结果公告数加1的自然对数
	年度固定效应	v_t	年度固定效应
	省份固定效应	μ_i	省份固定效应

3. 回归结果分析

本卷采用面板数据固定效应模型进行估计，标准误聚类到省级层面。模型的主回归结果在表 11-4 中列出，其中，第（1）～（5）列为对审计移送事项处理落实效率（$Case$）的回归结果，第（6）～（10）列为对审计移送人员处理落实效率（$Suspect$）的回归结果。

1) 审计结果公告披露强度与审计移送处理落实率

表 11-4 第（1）列和第（6）列全样本的回归结果显示，审计结果公告披露强度（$Report$）与审计移送事项处理落实效率（$Case$）的回归系数为 0.0142，在 1% 水平上显著为正；与审计移送人员处理落实效率（$Suspect$）的回归系数为 0.0158，在 10% 水平

上显著为正。这表明审计结果公告披露移送处理信息的强度越大,越能刺激和促进提升所涉地区对审计移送的重视,提高其对问题和线索的处理落实效率,验证了假设1(H1)。

表11-4 主回归结果

模型(1)					
被解释变量 $Case$	全样本	制度环境—高	制度环境—低	东部地区	中西部地区
	(1)	(2)	(3)	(4)	(5)
$Report$	0.0142*** (2.8466)	0.0163** (2.8792)	0.0138 (1.6433)	0.0216** (2.5829)	0.0069 (1.1690)
控制变量	控制	控制	控制	控制	控制
年度	控制	控制	控制	控制	控制
省份	控制	控制	控制	控制	控制
N	210	105	105	77	133
adj. R^2	0.4309	0.5751	0.4380	0.5769	0.5042
模型(2)					
被解释变量 $Suspect$	全样本	制度环境—高	制度环境—低	东部地区	中西部地区
	(6)	(7)	(8)	(9)	(10)
$Report$	0.0158* (1.8954)	0.0226** (2.6841)	−0.0044 (−0.2084)	0.0437*** (3.4724)	−0.0112 (−0.7115)
控制变量	控制	控制	控制	控制	控制
年度	控制	控制	控制	控制	控制
省份	控制	控制	控制	控制	控制
N	210	105	105	77	133
adj. R^2	0.2752	0.4441	0.2958	0.5104	0.3143

注:括号内为系数的 t 值,*、**、*** 分别表示在10%、5%、1%的水平上显著。

2) 制度环境、审计结果公告与审计移送处理落实效率

在表11-4中第(2)、第(3)列和第(7)、第(8)列为以制度环境强弱分组的回归结果。可以看出,在制度环境较好的地区,审计结果公告披露强度($Report$)与审计移送事项处理落实效率($Case$)的回归系数为0.0163,在5%水平上显著为正;与审计移送人员处理落实效率($Suspect$)的回归系数为0.0226,在5%水平上显著为正。而在制度环境相对较弱的地区,审计结果公告披露强度($Report$)的系数均小

于制度环境较好的地区,且不显著。这说明审计结果公告对审计移送处理落实效率的提升作用在制度环境较好的地区更为明显,良好的制度环境有利于审计结果公告作用的发挥,验证了假设 H2。

3) 经济发展程度、审计结果公告与审计移送处理落实率

第(4)、第(5)列和第(9)、第(10)列为按经济发展程度划分的分组回归结果。可以看出,在经济较为发达的东部地区,审计结果公告披露强度($Report$)与审计移送事项处理落实效率($Case$)的回归系数为 0.0216,在 5% 水平上显著为正;与审计移送人员处理落实效率($Suspect$)的回归系数为 0.0437,在 1% 水平上显著为正。而在经济相对落后的中西部地区,审计结果公告披露强度($Report$)的系数均小于东部地区,且不显著。这说明审计结果公告对审计移送处理落实效率的提升作用在经济较发达的地区更为明显,良好的经济环境有利于审计结果公告作用的发挥,验证了假设 3(H3)。

4. 主要结论

研究发现,审计署通过发布审计结果公告对移送问题和线索的处理结果进行公开,显著提升了各地方政府对审计移送的处理落实效率,在制度环境较好和经济较为发达的地区,这种效果更为明显。

11.4 权力清单审计问题的实证研究探索

11.4.1 权力清单审计研究现状分析

权力清单是一项制度,公布权力清单在一定程度上促进了政府简政放权的开展和社会对政府权力运行的监督。审计机关对权力清单开展审计,正是要促进制度的落地执行和制度本身的完善;同时,以权力清单为基础和依据,开展公共经济权力审计监控,保障公共受托经济责任的全面有效履行。

目前,针对权力清单审计的研究也主要围绕以下两个方面展开。

1. 通过对权力清单形式、事实的审计,促进权力清单制度执行效果提升。

1) 权力清单形式的合规性审计

权力清单是指基于明确的法律依据将政府合法权力转换为权力清单。权力清单被视为行政规范性文件,可以不针对特定的对象普遍、反复适用,具备法律渊源的特征。审计发现,无论是中央还是地方,都还没有制定专门的法律法规对这项制度进行立法规范,即权力清单制度无论在形式、内容还是在运行操作上,其法制化程度尚有很大的提升空间。权力清单尽管可以归入广义的规范性法律文件的范

畴,但还是缺乏真正的法律效力。中央要求各地政府及其所属部门必须按照权力清单确立的权力范围行使职权,审计机关也会依据权力清单确立的权力范围对权力主体实施审计。如果权力主体的行为突破了权力清单的限制,审计机关会在审计报告中记录情况并移交相关部门,追究权力主体的相关责任。但是,审计机关在实施审计过程中会发现,当权力清单不具备法律强制效力时,审计机关对违反权力清单的权力主体无法开展有效的问责和处罚。权力清单审计的目的之一便是让权力清单由一项改革策略转化为一项长期制度实施下去,形成约束权力的长效机制。如果权力清单法制化,那违反权力清单的权力主体行为人要承担的不仅有行政责任或者道德责任,还有法律的强制性责任,权力清单制度就会获得强制力的保障。

2) 权力清单制度执行效果审计

权力清单制度要发挥规范和约束权力的效力,不仅权力清单本身要具有法律效力,还需要完善的配套制度。审计机关在开展权力清单审计时,需要审查权力清单制度的执行效果,而审查其执行效果并非孤立地看权力清单制度本身,而是要看多个制度的融合和合力。任何制度都需要具备与之对应的监督机制作为有效施行的保障,权力清单制度自然也一样。如果仅通过权力清单制度公开政府权力事项,权力清单就只是一份列示政府权力的文件和规范。权力清单制度体系的构建,还需监督制度、责任制度等多种制度的配套施行。在权力清单制度的执行过程中,受有限理性和自利因素的影响,权力主体可能会出现有违权力清单规则或有损权力清单运行的行为,造成权力清单制度运行的规范性不足,需要有配套的监督机制。从对各地推行权力清单的职能部门开展的审计工作来看,不少权力清单制度缺乏与之对应的内部监督规范。这必然影响权力清单制度的执行效果。

2. 通过对权力清单内容和价值的审计,关注权力运行,监督和规范权力运行,防范权力异化带来的风险,提高权力清单制度的功能和作用

1) 权力清单制度推行的有效性审计

审计和评估一项政府制度的有效性和价值,不仅要考察其是否具备理论的支撑,而且要检验这项制度是否切实可行并取得了良好的实践效果。如果一项制度难于有效实施,或者实施的作用和价值不大,那么该项制度就会失去继续存在的意义。权力清单制度是中央明确要求实施的全国性制度,从审计结果来看,不同区域和不同层级的政府部门对权力清单制度的落实情况存在差异。审计发现,不同层级的政府部门推行权力清单制度的动力和积极性存在差异。高层级政府将及时推行权力清单制度视为落实中央决策的重要体现,而有的中低层级政府认为权力清

单制度不仅会增加工作量,还会降低工作弹性,给政府具体工作的开展造成某些不便。目前各地公布的权力清单内容和结构比较简略,权力的具体划分界限和归属不够清晰,可操作性不足,导致权力清单推行时出现了各种偏差。例如,一些部门在权力清单制定时,将一些益于自身利益的待放职权合并到其他事项条款,将可能会导致自身承担责任的权力事项从职权项目中略去,这些行为会造成权力清单制度在推行中的有效性受到影响,有违设立权力清单制度的初衷。

2) 权力清单制度的控权审计

依照权力清单规范和约束政府行为,比把权力事项写入权力清单更为重要和有难度。权力清单制度通过权力公开的方式,督促政府认真清权、谨慎用权,从而达到控权的目的。目前,从审计情况来看,权力清单制度在规范权力主体的权力运行以及限定权力的边界和范围时,还不够准确和清晰。权力清单制度要达到控权的目的,需要通过有效设立权力清单,增加权力主体滥用权力或权力寻租的难度和成本。

11.4.2 权力清单审计实证研究假设

针对权力清单审计研究现状和存在的问题,权力清单制度要想获得法律效力,具备由制度向法律过渡的条件,其制定、运行和调整的每个阶段必须遵循一套统一、严格的法定程序。目前我国政府权力清单制定的实践情况是:中央政府的权力清单由国务院各部门自行制定后统一进行公布,地方政府的权力清单一般由地方各级政府分别编制并由省级政府汇总公布。政府不仅是权力清单的制定主体,而且还负责权力清单的执行工作,出现自我授权和自我监督的法律悖论。政府作为行政机关,其本职权限应是执行立法机关所立法律,并作出相应的具体行政行为。权力清单制度不应仅由政府自身制定,而应该由各级人民代表大会来确定,并由独立的第三方监督机构对权力清单的形式和内容实施审计。由此,我们提出假设1(H1)。

H1:权力清单授权的正当性,会提高权力清单约束公共经济权力的力度。

"十四五"规划再次强调依法治国的重要性。依法治国的一个重要特征就是权力与责任的对等统一。责任的存在能够促使权力主体合法合理地行使职权,政府不得通过任何方式免除或者缩减自身应当履行的公共受托经济责任。政府如果不当行权就必须承担相应的后果。当前推行的权力清单制度,政府集权力清单制定、执行、裁判等所有职能于一体。如果权力主体的权力理念是把自己置于权力的一端,选择性忽视责任的一端,权力清单就很有可能成为他们摆脱责任的一种工具,他们可以通过权力清单的空白或交叉地带规避其本应承担的责任。换言之,权力清单中列示的权力内容必须能够代表职能部门的重要和核心权力范围,并接受审计的监督,只有这样才能保障权力清单制度的执行效果。

在权力清单制度的实践中,当权力主体出现违反权力清单列示的行为时,往往难以对此进行有效规制,究其原因主要是缺乏对权力主体,也是责任主体的明确追责体系。改变权力主体滥用权力的情况,应从制度建构的层面,建立一项完备的制度,包括对权力主体的责任规定、责任追究的具体内容、责任追究机制和制度。由此,我们提出假设2(H2)。

H2:匹配相应的责任清单,有助于权力清单制度执行效果审计质量的提升。

权力清单制度的总体推进规划缺乏,会造成上下级政府权力清单内容产生权责冲突和流程矛盾。在清权放权环节中,由于在权力认定和权力清理的标准方面存在一些问题,不同区域不同层级的政府职能部门存在着显著的差异。因为缺乏统一的标准,权力清单审计实施过程中缺少了评判的依据,出现了政府职能部门对权力清单的公开不够重视的现象,权力清单或者内容简单、笼统,无法为简政放权提供参考,或者变相保留一些指标审批等权力,对权力运行的公开和透明化造成阻碍。政府应通过统一的清理范围、权力分类、编制标准、审核口径等规范,落实权力清理和确认工作,建立权力运行所有环节的制度规范,实现政府权力的标准化运行。由此,我们提出假设3(H3)。

H3:制定统一的权力清单制度规范和审核流程,有助于提升权力清单制度推行的有效性。

实施对权力清单制度的控权审计,即对各级政府对外公布的权力清单内容本身开展审计工作,分析和评估权力主体实际接受权力清单约束的行为,以及与权力清单配套的强制性约束措施。

从当前政府职能改革来看,政府职能部门滥用权力的原因在于有法不依和执法不严。权力清单列示的权力必须体现职能部门的主要权责,以及其行为与清单相冲突时的问责和处罚机制。这需要将权力清单编制程序法治化,并强化权力清单制度的制约效力。权力异化是权力自身的公共性与行使主体的私人性难以调和的结果。如果只是依靠原则性的法规规范政府职能部门的权力,实际上难以发挥权力清单对权力主体行使公共经济权力的制约效力。要想让权力清单的主体和客体自觉地遵守权力清单的规定,还应该在实际操作层面和意识层面提升权力清单的法制化水平,这不仅需要政府落实清单的规范细则,实现内部制约;还需要依靠市场与社会的互动配合以实现外部制约。由此,我们提出假设4(H4)。

H4：加强对权力清单制度的控权能力审计，有利于权力清单审计质量的提升。

11.4.3 权力清单审计实证研究设计

针对上述研究假设，在实证研究设计中，我们认为，可以收集各级政府各职能部门的权力清单授权情况，按部门和层级对权力清单对外披露的内容进行分组统计，分析不同类型的权力清单授权方式、权力清单对权力主体的行为约束力。

我们可以参考冯志峰(2018)的研究思路，选择某一类权力主体——县(市)地方党委书记作为研究对象。冯志峰先后对江西省、江苏省、北京市、重庆市、河南省、湖南省、湖北省、云南省、辽宁省、贵州省、山西省、陕西省、四川省 36 个县(市)地方党委书记权力运行与制约的具体做法进行实地调研，现场考察其权力实际运行与实际效果。在实地调研期间，其与多位地方党委书记进行了深入持续的讨论交流，为能够达到对地方党委书记群体进行"画像"精准定位奠定基础。其结合地方政府对外公布的权力清单，分析地方党委书记"法定赋予权"与"自由裁量权"的运用问题以及规范权力运行轨迹的内在逻辑。其对地方党委书记权力运行背景、权力制约理论、权力运行条件、权力运行现状、权力腐败行为、权力腐败成因和权力制约路径的系统比较分析，紧紧围绕着建立健全地方党委书记权力运行与制约机制。此外，其在权力选任流程制度化研究环节、权力运行结构科学化研究环节、权力绩效监控廉政化研究环节，综合运用访谈、问卷调查等方法，收集地方党委书记违规违纪案例数据，从性别构成、级别构成、案发方式、贪腐金额、地域划分和判处结果等方面进行因素关联分析，形成了"核、点、线、网、体"五要素的统计分析网络结构，真实还原地方党委书记队伍构成要素和权力运行规律。

我们也可以考虑对开展试点的各级政府的某些职能部门进行案例分析，深入分析在权力清单制度推行的探索和推广阶段，权力清单的效力变化。

根据《中国城市营商环境报告 2020》，我们可以从政务环境、法制环境、创新环境等 7 个维度展开评价，其中北京、上海、深圳、天津、杭州、南京等排名靠前，可以考虑选择选择其中部分地方作为研究案例。

12 美国国家审计机关服务公共经济权力监控的经验

本章以美国审计署为例,从财政预算审计、政府采购审计和税收征管审计这三个公共经济权力的特殊领域来介绍美国国家审计机关服务公共经济权力监控的经验。

12.1 美国国家审计机关财政预算审计

政府的公共受托经济责任是政府财政预算产生和发展的基础,对预算执行的监督即对公共受托经济责任履行情况的监督。在现代社会中,政府财政预算是通过政治程序,围绕公共财政资金的分配和使用,对稀缺公共资源寻求有效和公平配置的制度设计。它是政府配置资源的重要工具,能从货币上反映政府公共受托责任的履行过程,是国家治理有效实现政府公共受托责任目标的重要制度安排。

12.1.1 美国国家审计机关财政预算审计的工作重点

美国审计署财政预算审计的工作重点包括:着重检查联邦政府支出信息透明度,全面推进联邦政府债务审计,重点关注预算管理流程设计。

1. 着重检查联邦政府支出信息透明度

2020财年,联邦政府支出7.4万亿美元,其中1.6万亿美元用于应对2019年新冠(COVID-19)疫情。联邦政府支出比2019财年高出46.3%,相当于2020财年美国国内生产总值(GDP)的35.3%。鉴于这一庞大且不断增加的支出,国家审计机关追踪和了解联邦资金的使用方式和用途尤其重要,透明的支出信息能为国会、各机构和公众深入了解和监督联邦政府支出提供依据。

美国政府支出信息网站(https://www.usaspending.gov)是联邦机构根据《联邦资金问责和透明度法案》(FFATA,简称《数据法案》)在线上发布公共支出信息的门户网站,覆盖了联邦采购数据系统和绩效管理系统等财政收支系统的数据。

2020年,美国财政部已将联邦政府应对COVID-19疫情的支出数据发布在美国政府支出信息网站上,发布的数据包含紧急赈灾基金的标签代码,公众可通过这些代码查询救济资金的具体信息,其中包括与应对疫情相关支出的用途与数据,以及联邦机构、资金使用人和各种预算类别等详细信息。

2017年9月,美国财政部推出了Data Lab网站,旨在让公众更好地了解政府支出。Data Lab是一个与美国政府支出信息网站链接的独立网站,提供对政府支出数据的可视化解读。该网站包括针对特定群体(如高校、无家可归者和联邦雇员)支出的专题分析和可视化分析(如数字和图表),以及2020财年的新冠疫情补充支出。

根据《数据法案》相关条款要求,审计署检查了其实施情况,回顾了对美国政府支出信息网站、Data Lab网站和新冠疫情监督网站提供的联邦和COVID-19疫情支出数据的使用和用途。具体来说,列举网站用户对现有实施活动存在挑战的看法以及网站上的支出和相关数据;评估美国政府支出信息网站和Data Lab网站的使用方式和可用性信息在多大程度上反映网站设计和运营的更新情况;分析美国财政部在多大程度上解决了美国政府支出信息网站在信息披露和数据限制方面存在的问题。

美国审计署使用滚雪球抽样技术从63份个人和组织的不可归纳样本中收集用户信息,还分析了相关文件,将美国财政部的行动与指导方针和良好做法进行了比较,并采访了机构官员。美国审计署审计发现,美国财政部已通过各种渠道收集整理网站使用者的意见。作为对使用者意见的回应,美国财政部官员在网站上增加未报告数据的信息,创建数据字典,并提供多种格式的文件供用户下载。与以用户为中心的网站设计原则相一致,美国财政部通过开发用户"角色"(如公民和收件人)确定特定类型的预期用户,每个用户都有不同的兴趣和需求。然而,美国审计署分析发现,存在证据表明,美国财政部针对这些用户进行网站使用培训,但一般不会针对这些角色进行网站宣传。因此,美国财政部可能会错失鼓励更多用户使用本网站或充分满足不同用户需求的机会。有网站用户称,在美国政府支出信息网站网站上查找数据披露信息存在一定困难,这些信息通常在用户搜索或查看数据的页面上不可用。此外,用户还发现美国政府支出信息网站没有搜索功能,此功能可以使用户更容易定位数据信息。如果用户无法轻松查询到数据限制披露信息,这可能会导致用户从数据中得出不准确的结论。

针对以上问题,美国审计署向财政部提出四项建议,其中包括应针对特定用户进行美国政府支出信息网站推广和培训,以便用户获取信息。美国财政部同意此建议。

2. 全面推进联邦政府债务审计

联邦政府应对COVID-19疫情的财政措施使政府借款需求大幅增加,美国财政部通过发行国债筹集所需资金。在疫情期间,政府开支逐渐增加而收入越来越少,此时迅速且低价借入大量资金的能力尤其重要。投资者对国债的需求降低或国债市场运转出现中断,都可能使联邦政府和纳税人付出高昂代价。美国审计署应《关怀法案》相关规定要求,对与COVID-19疫情相关的工作进行检查,包括美国国债的成本和流动性在COVID-19疫情期间如何变化,美国财政部为预防未来混乱采取了哪些行动,美国财政部为资助联邦政府应对疫情采取了哪些措施。

调查发现,2020年3月,众多投资者为应对COVID-19疫情迅速出售国债换取现金,这导致二级市场上国债和债券价格下跌,交易成本上升,出现了严重的流动性中断。美联储迅速采取行动支持市场运作,其中包括购买数万亿美元的国债。这一市场动荡凸显了美国国债市场面临的挑战。例如,联邦债务的增长和监管改革可能会降低券商为投资者提供中间交易(促进买卖)的意愿和能力。此外,2021年4月,美国财政部与其他部门合力研究缓解未来市场动荡的方案。受COVID-19疫情不确定性影响,美国财政部持有的运营现金余额达到了历史最高的1.6万亿美元。既定政策是持有的现金能够应对1周内资金周转,但是政策并未明确反映疫情期间影响现金余额的其他因素。而现金余额的水平和趋势会影响市场对国债发行规模、银行准备金供应和短期贷款利率的预期,从而对商业战略和市场运作产生重要影响。此外,现金余额的不确定性可能导致金融市场波动,这反过来又会影响财政部的借贷成本。美国审计署建议财政部进一步明确部门营运现金管理政策,尤其是确定现金余额时所考虑的所有相关因素,并将该政策传达给公众。美国财政部同意这一建议。

3. 重点关注预算管理流程设计

2016年,美国审计署应国会要求,研究如何改进联邦预算编制过程,以提供有关税收支出带来的财政影响的信息。审计报告描述了与可自由支配和强制性支出项目相比,税收支出被纳入联邦预算程序的程度;评估了管理和预算办公室(Office of Manangement and Budgeo,OMB)和各机构确定税收支出对机构目标进展的贡献程度;研究了进一步将税收支出纳入联邦预算编制过程的空间。

税收支出①代表了联邦政府的一项重大承诺。美国财政部统计数据显示，2015 财年，财政部因 169 项税收支出放弃了 1.23 万亿美元的税收收入，相当于其全部的可自由支配支出。税收支出通常旨在实现与联邦支出项目类似的政策目标。例如，一些税收支出政策的出台是为了刺激贫困地区的经济发展，资助高等教育，或促进研究和发展。一项设计良好并得到有效实施的税收支出政策能够成为推动国家优先事项发展的有效工具。

美国审计署之前发布的报告表明，税收支出应该受到更为严格的检查。1994 年，审计发现决策者鲜有机会在税收支出和联邦支出项目之间进行比较；2005 年，审计发现税收支出作为联邦政府用来实现国家目标的一项工具，应该接受定期且有效的检查和重新检查以确保达到预期目的。该报告建议管理和预算办公室采取必要行动，以确保决策者和公众获得有助于作出正确决策的有效信息，并对税收支出实施更加严格的检查；管理和预算办公室已采纳报告中的一项建议，但其他方面进展有限。

美国审计署审计发现，联邦预算的制定过程缺少全面的控制和检查，也缺乏完整的税收支出信息。例如，在总统预算中，税收支出造成的收入损失估计数与其他支出分开显示，导致它们对国家优先事项的相对贡献明显低于其他支出项目。此外，只有拟议或到期的税收支出才被纳入国会预算程序进行检查，而现有的、未到期的税收支出未被检查。根据预算和税务专家的评估报告以及审计署之前的报告，审计署发现将税收支出纳入预算编制过程有助于实现既定目标，但政策制定者在决定是否以及如何实施政策时，需充分权衡风险和收益。

美国审计署建议管理和预算办公室与美国财政部及其他各机构加强合作，确定哪些税收支出项目有助于实现既定目标。管理和预算办公室大体上同意审计署的建议。

12.1.2　美国国家审计机关财政预算审计报告与证词要览

2011—2021 年，美国审计署在"预算和支出"主题方面共发布 669 份审计报告和证词，本部分精心选出与本主题内容最为相关的 24 份报告和证词进行分享。

1. 联邦支出透明度：财政部需提高美国政府支出网站的使用效率

编号：GAO-22-104127。

发布时间：2021 年 12 月 16 日。

用户可在美国政府支出信息网站网站上搜索、分析与下载政府支出相关数据。

---

① 税收支出包括特殊的抵免、纳税扣除和其他减少纳税人纳税义务的税收条款。

财政部积极收集网站用户反馈意见并作出修改。

2. 联邦支出透明度：美国政府支出网站提供的信息有待完善

编号：GAO-22-104702。

发布时间：2021 年 11 月 8 日。

财政部及管理和预算办公室负责监督联邦各机构在政府支出网站上公开披露信息的准确性和完整性，以确保联邦政府支出的透明度。

3. 联邦债务管理：财政部迅速为政府应对 COVID-19 疫情的历史性举措提供资金，并正在评估市场运作的风险

编号：GAO-21-606。

发布时间：2021 年 8 月 17 日。

联邦政府为应对 2019COVID-19 疫情拨付大量资金，财政部迅速通过出售证券筹集 3.8 万亿美元的资金。同时，财政部决定将持有的现金增加到 1 万亿美元以应对疫情带来的不确定性。

4. 联邦预算：一些机构和项目的预算资金使用效率不高

编号：GAO-21-432。

发布时间：2021 年 5 月 25 日。

若联邦机构未在规定的时间内使用国会拨付的资金，国会将收回拨款。

5. 联邦债务管理：财政部应加强市场拓展和分析政策，保持证券市场的广泛需求

编号：GAO-20-131。

发布时间：2019 年 12 月 5 日。

国会预算办公室预计，联邦赤字将在 2020 年达到 1 万亿美元，2029 年将增长到平均每年 1.2 万亿美元。财政部将进一步增加由公众持有的 16 万亿美元的流动债务。

6. 联邦预算：1995—2015 财年政府范围内支出和永久拨款的账目清单

编号：GAO-19-36。

发布时间：2018 年 11 月 29 日。

并非所有的联邦资金每年都会作为年度拨款程序的一部分被检查。例如，国会可以制定一项法律，允许机构收取服务费如版权登记费，并在国会不采取进一步行动的情况下使用这笔钱。

7. 批准的支出：总统执行办公室 2015 财年核定支出用于指定用途

编号：GAO-17-116R。

发布时间:2016年11月17日。

审计署发现,在2015财年,美国总统根据《美国法典》第3编第105节(d)项的(1)、(3)和(5)条款批准拨款14 103 046美元,美国副总统根据《美国法典》第3编第106节(b)项的(2)和(3)条款批准拨款76 807美元。

8. 税收支出:需加强对预算和部门绩效制定流程的监督

编号:GAO-16-622。

发布时间:2016年7月7日。

审计发现,联邦预算制定过程缺乏有效的控制和检查,税收支出信息也较为匮乏,与自由裁量或强制性支出相比,2015财年的税收支出约为1.23万亿美元。

9. 联邦支出责任制:保持恢复运营中心的能力有助于维持对联邦支出的监督

编号:GAO-15-814。

发布时间:2015年9月14日。

审计署发现,恢复问责和透明度委员会(Recovery Board)的恢复运营中心(ROC),主要是为了向总监察长办公室(OIG)提供重要的数据分析服务,以支持反欺诈和其他活动。

10. 预算问题:评估联邦账户余额时需要考虑的关键问题

编号:GAO-13-798。

发布时间:2013年9月30日。

审计署发现,2012财年账户结转余额2.2万亿美元,有8 000亿美元的义务尚未履行。

11. 2014年国税局预算:预算编制和成本估算流程有待改进

编号:GAO-13-835。

发布时间:2013年9月26日。

审计署发现,对于2014财年的预算编制流程,美国国税局(IRS)在2014财年预算编制过程中实施了一个新流程,即使用模板来帮助筛选、确定优先次序和选择新举措,随后再通过制订详细的商业计划书申请资金。

12. 税收支出:国税局需增强提供数据的可用性

编号:GAO-13-479。

发布时间:2013年4月30日。

经审计署发现,在审计署检查的涉及4 930亿美元的税收支出项目中,无法通过国税局所提供的数据确定哪些机构申请了这些支出和具体金额。

13. 税收管理:国税局可以利用国家研究项目改善检查工作

编号:GAO-13-480。

发布时间:2013年5月24日。

国税局官员表示,国税局的国家研究计划(NRP)已经帮助测试或开发用于个人报税业务检查的软件。

14. 国税局:关于2014财年预算草案的初步审查意见

编号:GAO-13-599R。

发布时间:2013年5月3日。

2014财年预算显示的2013财年持续决议(119亿美元)并不符合已公布的资金水平,实际金额比该数字少6.89亿美元。

15. 国税局:2013年纳税申报季的表现和预算数据

编号:GAO-13-541R。

发布时间:2013年4月15日。

迄今为止,在2013年纳税申报季,审计署发现了以下情况:尽管税法发生了重大变化,国税局和利益相关者称一切依旧正常运转。

16. 企业税收支出:收入损失估计和相关联邦支出项目信息

编号:GAO-13-339。

发布时间:2013年3月18日。

审计署发现,在过去几十年里,联邦政府因企业税收支出而损失的税收收入逐年增加,企业税收支出总数增加。

17. 政府透明度:努力改善联邦支出信息

编号:GAO-12-913T。

发布时间:2012年7月18日。

审计署发现,管理和预算办公室和其他联邦机构已采取措施完善美国政府支出网站上的联邦支出数据。

18. 国税局:2012年税务申报季中期结果和2013财年预算申请摘要

编号:GAO-12-566。

发布时间:2012年3月20日。

到目前为止,国税局在2012年纳税申报季总通话量增加(主要来自纳税人),国税局服务水平下降导致纳税人平均等待时间大幅度增加;已经处理6 800万份退税申请,电子申报数量继续增加。

19. 债务管理:债务回购有助于财政部应对不断变化的市场条件

编号:GAO-12-314。

发布时间:2012年5月7日。

在各种预算和市场条件下,债务回购有助于财政部实现其目标。

20. 预算问题:更好的费用设计将改善联邦保护服务和联邦机构的安全规划和预算

编号:GAO-11-492。

发布时间:2011年5月20日。

联邦保护局(FPS)是国土安全部(DHS)下设的一个收费机构,主要为9 000多个联邦设施提供实体安全。

21. 预算过程:执行财政决策的选择

编号:GAO-11-626T。

发布时间:2011年5月4日。

当国会考虑设计适当的预算执行机制和改变政府财政决策时,本证词提供了一些有助于实现财政长期可持续发展的方法。

22. 税务管理:国外实践经验借鉴

编号:GAO-11-540T。

发布时间:2011年4月12日。

无论各国法律的具体规定是否相同,国税局与外国税收管理机构都会面临相似的问题,如帮助纳税人准备和提交申报表,以及解决税务合规问题。

23. 税务师条例:国税局需制定文件化框架以提高纳税人申报过程的合规性

编号:GAO-11-336。

发布时间:2011年3月31日。

由于文件问题,报税人只准备了约60%的报税单,这对国税局税法执行能力产生极大影响。

24. 2011年纳税申报:国税局成功应对挑战,但需加强合规性检查

编号:GAO-11-481。

发布时间:2011年3月29日。

在面临巨大工作量的报税季,国税局通过处理报税表、发放退款、接听电话以及提供线下或线上服务与纳税人进行互动。

12.2 美国国家审计机关政府采购审计

政府采购是指各级政府及其他公共部门为了满足开展日常政务活动和为公众提供公共服务的需要，在财政的监督下，以法定的方式和方法从国内外市场上购买所需商品、工程及服务的一种经济行为。政府采购是公共经济权力的重要内容之一。

12.2.1 美国最高审计机关政府采购审计的工作重点

美国审计署政府采购审计的工作重点包括：注重检查政府采购法律法规实施情况，加强完善小额采购监督控制机制，助推政府采购工作流程规范化。

1. 注重检查政府采购法律法规实施情况

2017 财年，联邦各机构通过签订产品和服务合同承付近 5 000 亿美元，涉及军用飞机、信息技术软件和维修服务等方面。事实上，在此之前，面对巨额支出，联邦政府已采取措施改革采购流程以提升效率。例如，2003 年颁布《服务采购改革法》，成立采购咨询专家组负责检查与政府采购有关的法律法规实施情况。该小组于 2007 年发布最终报告，指出联邦政府面临诸多采购挑战，并提出应对挑战的具体建议。

审计署应要求检查自专家组发布最终报告以来联邦政府的采购改进情况。审计报告确定了联邦政府为解决专家组报告中的关键问题而采取的行动和现存收购挑战。为了明确专家组发现的关键问题，审计署查阅专家组发布的报告，按问题领域对调查结果进行分类，并根据合同生命周期阶段对问题领域进行归类整理：授标前阶段，活动通常涉及定义要求、计划采购和准备招标；授标阶段，活动通常涉及评估报价、价格谈判和确定中标者；授标后阶段，活动通常涉及管理合同、监督供应商合同收尾。

出于识别联邦政府为应对关键问题领域的挑战所采取的措施和现存挑战的目的，审计署检查了之前发布的报告、相关法规以及美国管理和预算办公室（OMB）下设的联邦采购政策办公室（OFPP）、美国国防部（DOD）、美国总务管理局（GSA）和小企业管理局（SBA）发布的采购指南，并采访了以上机构的官员。

审计发现，国会和行政部门已采取许多措施来解决采购咨询专家组在 2007 年报告中指出的关键问题，但问题并未被完全解决。目前，尚存三个关键问题和挑战贯穿于合同生命周期的全部阶段：①采办团队。专家组发现，联邦采办团队面临工作量和培训挑战。审计署发现，尽管国防部在一定程度上扩大了员工规模，但各部门仍存在员工缺口。②联邦采购数据。审计署发现,部门政府采购数据的可靠性有待考察。此外,审计署还发现数据系统存在局限性。例如,OMB 指南要求各机构收集具体的合同授予数据,但现有系统无法收集此数据。③小企业参与。审计署发现,挑战阻碍了各机构实现小企业目标的努力。审计署发现,小企业参与数量有所增加,但许多机构并未完全遵循管理小企业和弱势企业的要求。例如,办公室主任应直接向机构负责人汇报,但某些机构并未建立直接汇报机制。

审计署并未提出新的建议,但在已有的审计报告中向国防部、军队、预算管理局提出了诸多建议。

2. 加强完善小额采购监督控制机制

美国实施政府采购卡计划,旨在简化小额商品和服务采购。政府采购卡是美国联邦政府为雇员办理的用来进行政府公务采购的信用卡,该卡由美国政府特制,适用于行政官员从事小额采购或行政部门从事一定数额的大额采购,只能用于采购"政府采购卡购物清单"所列项目,且采购金额不超过 2 500 美元。行政部门的工作人员经授权可以绕过采购官员,使用采购卡直接向供应商购买产品。采购卡的数据库系统能够采集持卡人的采购时间、采购数量、采购金额以及折扣、供应商的状况等信息;发卡银行可将这些信息传达给持卡人所在的行政部门以及采购监管部门,这有利于审计署政府采购活动进行监督控制。

2014 财年,联邦政府使用采购卡进行了 87 亿美元的小额采购。在 2008 年对该计划进行的政府审计中,审计署发现,采购卡计划中的内部控制缺陷导致政府受到欺诈、浪费和滥用行为的影响。审计署应要求进一步检查采购卡小额采购计划是否仍然存在缺陷。

审计署检查了以下内容:①联邦总务署(GSA)同管理和预算办公室自 2008 年以来为加强小额采购项目控制而采取的措施。②审批流程是否存在缺陷、不当或潜在欺诈性采购的迹象。审计署还分析了 OMB 和 GSA 发布的采购卡政策和指南,获取了 2014 财年的采购卡交易数据,从 1 700 多万人口中抽取 300 笔交易的不可归纳样本,测试审批流程三要素,并针对不当或潜在欺诈性采购进行了有针对性的数据挖掘。

自 2008 年以来,联邦总务署同管理和预算办公室采取了几项措施,部分是为执行审计署之前提出的建议,以加强谁对小额采购的采购卡计划控制。这些措施包括开发培训、监控工具和指导。例如,根据 OMB 指南,持卡人应保存文件,包括购买请求文件和自行生成购买的预批准,以最大限度降低错误和不当购买的风险。

审计署发现,由于缺乏完整的文件,小额采购的审批流程存在缺陷,22%的交易没有完整的交易批准流程的证明文件。此外,审计署估计,23%的国防部(DOD)交易和13%的退伍军人事务部(VA)交易的文件不完整。

审计署对潜在不当采购的选定类别进行了检查,并有针对性地进行了数据挖掘,没有发现小额采购交易中存在不当或潜在欺诈性采购,但是不完整的文件会增加欺诈、滥用信用卡和其他滥用行为发生的风险。内政部(DOI)是一个为持卡人在小额购买限额下的交易提供购买权限的机构,因此不需要任何购买请求或预批准文件。这种全面授权可能会增加欺诈、不当和其他滥用行为发生的风险。

审计署建议 GSA 遵循 OMB 指南,以获取和保留小额购买的完整文件。此外,内政部要求持卡人记录购买请求,并对自行生成的购买进行预批准。

3. 助推政府采购工作流程规范化

2015 财年,政府使用购物卡支出约 190 亿美元。审计署应要求检查各个机构在使用采购卡时是否充分利用购买力,以及采购卡持卡人使用该卡时是否节约成本。审计署分析了 3 家银行的数据,这 3 家银行与 6 家机构合作,涉及不同级别的采购卡支出;进行了政策评估,检查了与购买卡相关的战略采购工作,并采访了官员;采访了管理政府采购卡合同的美国总务管理局官员以及采购卡支出最高的 2 家机构的持卡人。

审计署检查的机构包括国防部、退伍军人事务部、内政部(DOI)、国土安全部和能源部(Energy)以及环保局(EPA),这些机构已对采购卡的数据进行了充分的使用。

管理和预算办公室的指南要求机构官员将采购卡的数据纳入战略采购分析,并建议机构检查和分析采购卡支出模式,以获得可能的折扣、改善购买流程和充分利用购买力的机会。审计署检查的所有机构都将采购卡的数据纳入总体支出分析,以支持 OMB 要求的战略采购工作,但官员们认为采购卡的数据检查存在诸多问题。尽管如此,审计署检查的 6 家机构中还是有 4 家未遵循 OMB 的建议采取额外措施,独立分析购买卡支出模式。其中,两个机构(环保局和内政部)通过分析确定节约空间。然而,能源部和国防部的某些部门,如空军和海军没有对购买卡支出进行分析。审计署指出,如果不对采购卡的数据进行集中分析,这些机构会错失节约成本的机会。

审计署建议能源部和国防部充分分析采购卡数据,制定指南以激励地方官员检查购买卡支出模式,并分享这些信息。

12.2.2 美国最高审计机关政府采购审计报告的证词要览

本部分精心挑选出 2016—2021 年与本主题最为相关的 18 份报告的证词进行简要介绍,以供读者全面了解政府采购领域的审计工作。

1. 弗吉尼亚州采购管理:供应链现代化面临挑战

编号:GAO-22-105483。

发布时间:2021 年 11 月 18 日。

审计署证实退伍军人事务部(VA)在采购管理和供应链现代化方面长期存在问题。2019 年,VA 采购管理被添加到审计署的高风险列表中。

2. GSA 在线市场:需要进一步制订衡量进展和监测数据保护工作的计划

编号:GAO-21-104572。

发布时间:2021 年 9 月 28 日。

联邦总务署(GSA)开发了一项"在线市场计划",使各机构更容易购买产品与服务。自 2018 年以来,GSA 开始测试该项目,并与 3 家线上供应商签订合同,但关于进展和监测数据保护工作的计划缺失。

3. 联邦承包:高层领导应该利用领先企业的关键实践来提高绩效

编号:GAO-21-491。

发布时间:2021 年 7 月 27 日。

政府每年购买大量产品和服务,从军用飞机到普通办公用品。审计署研究了 7 家行业领先公司的采购管理,并检查了联邦政府是否遵循类似的做法。

4. 联邦购买力:OMB 可通过关注需求、数据和培训推进品类管理计划

编号:GAO-21-40。

发布时间:2020 年 11 月 30 日。

品类管理计划旨在帮助联邦机构改善购买产品和服务的方式,充分利用政府的购买力,减少不必要的成本,避免重复合同。

5. 联邦合同:关于机构使用技术上可接受的最低价格过程的信息

编号:GAO-19-691。

发布时间:2019 年 9 月 26 日。

联邦机构可采用"技术上可接受的最低价格"的流程,挑选符合要求的最低报价,执行最有竞争力的合同。但对于需求很复杂的服务(如 IT 服务),此流程可能不是最佳选择。

6. 国际贸易:政府采购中的外国采购

编号:GAO-19-414。

发布时间:2019年5月30日。

在全球范围内,政府采购构成了约4万亿美元的国际贸易市场,其中一些是从外国供应商处采购的。

7. 联邦采购:国会和行政部门已采取措施解决关键问题,但挑战依然存在

编号:GAO-18-627。

发布时间:2018年9月12日。

2007年,美国国会的顾问小组提出了更具成本效益的购买商品和服务的方法。

8. 购买商业产品:评估电子商务门户网站实施计划

编号:GAO-18-578。

发布时间:2018年7月30日。

国会要求联邦总务署(GSA)同管理和预算办公室(OMB)制订一项计划,使各机构更容易从线上(电子商务门户网站)低价购买商品。

9. 国家调解委员会:审计署的建议取得进展,但需采取行动应对管理挑战

编号:GAO-18-301。

发布时间:2018年3月22日。

国家调解委员会(NMB)是根据《铁路劳动法》成立的,旨在通过调解和仲裁劳动争议以及监督工会选举,促进铁路和航空业的劳动关系,目前面临管理挑战。

10. 美国邮政总局:美国邮政垄断业务潜在变化的关键考虑因素

编号:GAO-17-543。

发布时间:2017年6月22日。

美国邮政总局(USPS)是一个自立独立的联邦机构,提供可以到达全国各个地址的送货服务。国会授给USPS递送信件和访问邮箱的垄断权以保护其收入。

11. 合同数据分析:评估整个政府支出趋势

编号:GAO-17-244sp。

发布时间:2017年3月9日。

2015年,联邦机构在商品和服务合同上花费了超过4 300亿美元——几乎占所有可自由支配支出的40%。

12. 工会活动:VA应改进获取员工办公时间的方式

编号:GAO-17-412t。

发布时间:2017年2月16日。

工会官员表示,在某些情况下他们使用工会资金购买了额外的办公设备,通过办公设备获取员工办公时间信息。

13. 政府采购卡:在小额购买中没有发现潜在欺诈的证据,但存在文件问题

编号:GAO-17-276。

发布时间:2017年2月14日。

审计署建议GSA遵循管理和预算办公室的指导,获取和保留完整的小额采购文件。

14. 联邦采购:制订科学的采购计划有助于节约成本,但需要改善监督和问责制

编号:GAO-17-164。

发布时间:2016年10月26日。

在过去5年中,联邦政府通过"科学购买计划"(如利用政府集体购买力购买办公用品)节约了近5亿美元,但这与它本可以省下的钱相比微不足道。

15. 政府采购卡:购买力有待充分利用

编号:GAO-16-526。

发布时间:2016年5月19日。

审计署建议能源部、采购部和国防部分析采购卡数据并制定指导方针,以激励地方官员检查购物卡消费模式。

16. 经费管理:需采取措施以解决赠款支付及时性和未支付余额问题

编号:GAO-16-362。

发布时间:2016年4月14日。

审计署报告,在2008年和2012年,最大民用赠款支付系统PMS中过期赠款账户存在数亿美元的未支付余额。

17. 2016年度报告:亟须采取措施减少碎片化、重叠和重复,实现财务收益最大化

编号:GAO-16-375sp。

发布时间:2016年4月13日。

本报告介绍了国会及行政部门机构可以采取的提高政府效率和效力的92项新行动,以及旨在37个涉及旨在政府任务和职能的领域实现财务效益的措施。

18. 国家调解委员会:在审计署关于加强业务的建议方面取得进展,但仍需要加强关键控制

编号:GAO-16-240。

发布时间:2016年2月12日。

审计署建议国家调解委员会制定并实施书面政策和流程,以反映当前的采购环境。

12.3 美国国家审计机关税收征管审计

税收制度是关于税收立法、执法与司法的正式制度(如税收实体法与税收程序法等)与非正式税收制度的总和,是一种规范税收事务社会关系的规则。税收征管是国家财政收入的主要渠道。税收征管权力是由国家行政机关所行使的与税收有关的权力,是公共经济权力的重要组成部分。

12.3.1 美国国家审计机关税收征管审计的工作重点

美国审计署税收征管审计的工作重点包括:着重检查税收政策的宏观调控功能,加快推进税收信息化建设,重点监督税收管理体制机制问题,促进税收法律法规体系健全完善,审计监督加强维护纳税人合法权益。

1. 着重检查税收政策的宏观调控功能

宏观调控措施是美国联邦政府调控经济运行、调节利益分配的载体。大部分宏观调控措施的有效实施都要依托于税收政策的运用,因此,从税收角度观察宏观调控措施的实施效果是美国审计署发挥作用的重要路径。这一特点体现在全面脱贫、环境保护与社区福利建设等领域。

在全面脱贫方面,为实现消除贫困目标,2017年年底美国政府颁布的《减税与就业法案》包括一项税收优惠措施——设立"机会特区"(opportunity zone),刺激对贫困落后地区的投资,通过市场激励手段扶持落后地区的低收入群体。投资者及企业家可以通过"机会特区基金"这一投资渠道,持续投资"机会特区"并报告信息,从而在资本利得方面享受延迟纳税或税收优惠政策。此项税收激励政策的实施和管理情况由国税局负责。2021年,审计署应要求检查由"低收入社区"转变为"机会特区"的认定过程,比较"机会特区"和"非机会特区"不同特点,介绍各州税收政策激励措施及设立"机会特区基金"的实施经验,分析国税局的现有数据并评估国税局的纳税人合规计划等的进展。美国审计署建议,国税局应增强风险意识,采取必要举措应对数据限制带来的一系列风险。

在环境保护方面,自2004年以来,联邦政府一直为精煤生产提供税收抵免,旨在减少煤炭燃烧时排放的氮氧化物、二氧化硫和汞。2021年,审计署检查联邦政府对该税收抵免政策的执行情况,检查生产者要求精煤生产税收抵免的程度,联邦政府对煤炭生产商能否达到减排要求的了解情况。审计署分析了国税局的汇总数据、相关法律法规以及其他机构文件,采访了国税局、财政部、环保署和能源部官员,以及符合税收抵免政策的生产商、随机抽取的发电厂与代表。通过检查环保署(EPA)减排项目,采访燃烧精煤的厂商代表,审计署发现税收抵免额度可能与其他联邦项目重合,如环保署监管汞排放的项目,但国税局、财政部、环境保护署和能源部并未进行统筹协调检查以避免和解决潜在的项目重复交叉问题。为此,审计署分别向财政部、国税局、环境保护署和能源部提出四条建议,指出财政部应与国税局、环保署和能源部进行协调配合,检查税收抵免政策是否达到预期效果,并实施进一步的整改措施。

在社区福利建设方面,美国有一半以上的社区医院是私立非营利性组织。国税局和财政部为促进社区福利建设,规定这些非营利性医院可以通过开展慈善社区活动获得免税资格。2010 年,美国总统奥巴马签署的《患者保护与平价医疗法案》(*Patient Protection and Affordable Care Act*,PPACA)指出,若要获得免税资格,医院必须满足一定的条件。2021 年,审计署应要求检查国税局对医院免税资格认定的执行情况,评估国税局对免税医院提供的社区福利活动的监督质量,以及PPACA 与免税医院相关的政策执行情况。审计署发现,虽然国税局被要求至少每 3 年对医院的社区福利活动加以检查,但其并未制定出一个完善规范的流程来检查这些活动。2015—2019 年,国税局将 1 000 多家医院的潜在违规情况提交给了审计部门,但国税局无法确定这些违规情况是否与社区福利活动有关。审计署分析国税局的数据发现,2016 年有 30 家医院报告没有社区福利支出这一项,这表明它们可能未遵守法案中要求提供社区福利的规定。为此,审计署建议国税局建立完善的检查流程,并创建代码跟踪与医院社区福利活动相关的活动,从而确保社区福利活动得到系统检查。

2. 加快推进税收信息化建设

美国财政部的国税局大量依赖信息技术,每年完成 3 万多亿美元的税款征收,分发 4 000 多亿美元的退款,并实现为美国纳税人履行纳税义务提供服务的目标。2016 财年,国税局的信息技术投资金额约为 27 亿美元,其中 70% 用于系统运营。

美国审计署以前的报告指出,有效和高效地管理信息技术收购和运营投资一直是联邦政府面临的挑战。因此,美国审计署 2015 年 2 月提出政府高风险新领域,即改善信息技术收购和运营管理。美国审计署还在以前的报告中指出,国税局管理信息技术收购和运营既面临挑战,也存在改进管理的机会。鉴于这些挑战,美国审计署应检查国税局的信息技术管理情况。为此,美国审计署总结了以往对国税局信息技术管理的审计工作,包括对机构运营管理、老化系统及信息技术系统的审计。

近年来,美国审计署连续发布系列报告,反映国税局在改进其管理重要收购和运营、老化系统、信息技术投资等方面有着诸多机遇。例如,2016年6月,美国审计署报告称国税局已经开发出一套结构化程序,根据最佳实践分配营运活动资金。然而,美国审计署发现国税局并没有把类似的结构化程序优先使用在现代化项目中,以便该机构分配2016财年的数亿美元。而国税局官员表示他们已经展开讨论确定最现代化的工作,以符合国税局未来愿景和技术路线图,并考虑人力资源和所处生命周期阶段。然而,国税局没有使用正式标准进行最后的测定。美国审计署认为,为确定开展现代化活动的重点建立结构化程序,将更好地帮助国会和其他决策者确保资金能够正确用于优先事项。因此,美国审计署建议国税局建立、记录和实施政策和程序,以确定现代化项目的重点。

另外,2020年国会发布的《金融服务和一般政府拨款法案》要求美国审计署检查国税局的信息技术投资状况。本次检查的目标是:①评估国税局既定信息技术投资项目的绩效,包括客户账户数据引擎(CADE 2)。②确定2019年国税局信息技术现代化项目的进展。③识别国税局已经采取的信息技术相关行动的风险,以最大限度提高远程工作效率和降低COVID-19疫情对工作的不利影响。美国审计署发现,除了客户账户数据引擎(CADE 2),其所检查的五项投资均达到了2019财年和2020财年设定的大部分绩效目标。为了应对COVID-19疫情,国税局采取了一些与信息技术有关的措施,如花费1.04亿美元的紧急拨款购买全新技术设备,升级其网络基础设施,以最大限度提高远程工作效率。

3. 重点监督税收管理体制机制问题

在国际税收争议解决机制方面,随着全球化进程日益加快,跨国公司会利用各国税收制度之间的差异以及税收管理上的漏洞逃避纳税义务或减轻税收负担。但当跨国公司不同意其他国家作出的税收决议时,全球化经营也可能带来国际税收争端。为此,美国审计署应要求检查美国处理国际税收争议的程序。美国的跨国公司在经营国以及美国都要纳税,其纳税申报表由美国或其他国家审计,审计过程会调整应纳税所得额,进而有可能导致部分收入在各国重复纳税。如果跨国公司不同意调整,就可以向美国国税局的税务主管当局(USCA)提出申请,通过相互协商程序(MAP)解决双重征税问题。审计署审计发现,税务主管当局执行相互协商程序的过程存在一些漏洞,包括:既没有跟踪关键数据,也没有使用现有数据来实现项目资源的合理分配;未建立控制措施来监督控制数据的可靠性;缺少对税收争议事件的数据分析,无法帮助管理层进行决策及提高公司运营效率。

在纳税人上诉程序机制管理方面,《纳税人权利法案》赋予纳税人对国税局(IRS)的决定提出上诉的权利。美国审计署应要求检查国税局的行政上诉流程。该流程用于解决纳税人提出的各种请求,如对国税局的处理决定进行上诉,评估附加税和罚款或所欠税款。为此,美国审计署检查了国税局关于上诉程序的指南、出版物和文件,分析了2014—2017财年结案的行政上诉案件数据,比较不同类型案件的上诉案件解决时间,采访了国税局官员和了解上诉程序的外部利益相关者。除此之外,美国审计署还将美国国税局的行动与联邦内部控制和客户服务标准进行比较。最后,美国审计署就该上诉程序的控制机制和透明度方面向国税局和财政部提出七项建议。

4. 促进税收法律法规体系健全完善

美国审计署重视促进税收法律法规健全完善,而且还力促税收法律法规与其他法律的有效衔接。美国联邦政府的税收法律法规包含复杂的规则,而且其中很多专业术语具有相同或类似的解释。这些规则和定义可能针对特定的纳税人群体,因此有存在的必要性,但是也给纳税人理解、运用有关规则进行纳税申报带来了障碍。美国审计署通过查阅有关文献、访问国税局官员等途径,揭示了税收法律法规存在的法条晦涩难懂、定义容易被误读等多种问题,分析了复杂的税法对纳税人造成的各种不利影响,如数百万个人和企业纳税人欠联邦数十亿美元税收债务。美国国税局若能向信用机构提供债务人的欠缴情况,可以在某种程度上促使债务人偿还税收债务。然而,由于美国联邦法律保护纳税人的隐私信息,不能直接向信用机构提供纳税人的税收债务情况,只有在特定法律背景下,经过授权,国税局才可以披露应纳税人的个人身份信息。美国审计署在此领域实施审计时发现,是否有必要向信用机构提供纳税人的税收债务信息,取决于披露信息能否实现预期收益和目标、数据是否准确完整等。

5. 审计监督加强维护纳税人合法权益

纳税人倡导处(TAS)是一个独立的美国政府机构并且设立于美国国税局内,旨在保护纳税人权益,协助纳税人了解税务权益,确保纳税人在税务体系下被公平公正对待,并协助纳税人解决其税务问题。根据美国法律,TAS每年必须向国会提交两份报告[①],审计署应检查纳税人倡导处的项目执行过程,重点关注资源和报

---

① 其中,一份是"年度报告",包括纳税人遇到的10个最严重的问题;另一份被称为"目标报告",包括TAS在下一年度内计划的目标和活动。

告,包括:说明 TAS 的资源和工作情况;评估 TAS 向国会提交的报告,识别改进空间。

2011—2020 财年,TAS 的预算下降了约 14％。2020 财年,纳税人倡导处将大部分资源用于帮助个人纳税人,即进行个案倡导,投入了近 76％的预算资金和 86％的全职员工。过去 10 年中,用于个案倡导的资源占比有所下降,2011 财年只有 85％的预算用于此;同时,用于系统倡导的资源从总预算的 9％增加到 14％,意在解决影响纳税人群体的广泛问题。产生这一转变的原因部分在于工作人员的重新分配及系统倡导工作的有效开展,另外,2011—2019 财年,TAS 的人员流失率增加了一倍多,达到 15.9％。自 2011 年以来,TAS 已收到 200 多万起纳税人的案件,其中近一半是由国税局其他机构提交的。2012—2017 财年,TAS 每年结案数大于新收案件数量,但自 2018 财年以来,个案倡导工作人员的流失以及寻求援助的纳税人数量的增加,导致案件大量积压,未结案数量随之出现。

TAS 修改了提交给国会的两份报告,缩短了报告的长度并单独编制立法建议。报告长度缩短主要是由于《纳税人第一法案》将要求的最严重的纳税人问题的数量从"至少 20 个"减少到"10 个"。美国审计署识别出报告还存在如下一些改进空间:

(1) 应报告以结果为导向的目标和进展。在最近的报告中,TAS 提到的下一财政年度目标并不明确,且所描述的各种计划活动未与年度目标紧密结合。此外,报告的结果缺乏可衡量的数据,也未详细说明目标的实际完成情况,因此无法评估相关的绩效和进展。进一步改善绩效报告有助于 TAS 和国会更为明确了解哪些项目有助于实现目标,了解目标实现过程中存在的阻碍和解决措施。

(2) 与国会和其他利益相关者协商。在年度报告发布后,TAS 应向国会委员会提交简报,征求利益相关者的意见并予以采纳。然而,TAS 并未遵循至少每 2 年向国会委员会咨询意见的惯例,报告内容没有反映利益相关者的诉求。美国审计署建议为 TAS 在目标中加入国会和其他利益相关者的意见和建议,使其报告满足各方利益需求。

(3) 公布建议执行情况的最新信息。根据法律规定,为了解决纳税人面临的最严重的问题,TAS 的年度报告必须包括国税局对 TAS 所提出建议采取的全部、部分和尚未采取的行动措施。如果措施需多年才能得到实施,需要及时更新清单。但在实际目标报告中,TAS 只提供了一份清单,列出了国税局对 TAS 在前一年提出的建议的回应,其中包括国税局接受并实施的计划和初步行动。在随后的年度报告中,TAS 并未更新清单来反映国税局为回应 TAS 的建议而采取或不采取的行动。这种报告没有提供关于国税局为解决纳税人面临的严重问题而采取的行动状况的完整信息,也没有按照要求及时更新信息以便国会进行监督。

除此之外,审计署对 2019 年纳税申报情况进行检查发现,国税局成功克服重大税法变更给工作带来的挑战,但内容翻译更新程序存在缺陷,导致在线网站无法及时更新相关信息,需进一步提高网站在线服务,为英语水平有限的纳税人提供服务。

12.3.2　美国最高审计机关税收审计报告与证词要览

2016—2021 年,美国审计署在"税收政策与管理"话题下共发布 114 份审计报告和证词,本部分精心选出与本主题内容最为相关的 34 份报告的证词进行分享,简要介绍如下。

1. 精煤生产税收抵免:加强机构间协调以确保政策达到预期效果

编号:GAO-22-104637。

发布时间:2021 年 12 月 15 日。

自 2004 年以来,联邦政府为精煤生产提供税收抵免。从 2010 年开始,生产者申请了近 90 亿美元的税收抵免。税法对有资格获得抵免的公司设定了具体要求,即相对于燃烧同等数量的未炼制煤,燃烧精煤必须少生产 20% 的氮氧化物和 40% 的二氧化硫或汞。该税收抵免政策可能与其他联邦项目存在重合,但国税局、财政部、能源部和环保局并未协调检查以识别潜在的重合,也未检查税收抵免政策是否达到预期目的。如果国会决定延长这项将于 2021 年 12 月到期的优惠政策,各个机构需要协调检查以识别潜在的政策重合,进一步完善该政策。

2. 钢铁和铝的关税:商务部应更新指南,以反映关税豁免程序的变化

编号:GAO-22-104564。

发布时间:2021 年 12 月 13 日。

总统于 2018 年签发的一项政策规定,对进口钢铁和铝制品征收关税,并允许某些公司在特定情况下减免支付。2020 年,商务部对此项"关税豁免请求"的程序进行部分修改。例如,对某些产品实施关税豁免,由此一些进口商便不需要申请逐案批准。然而,商务部的《公开指南》并未及时更新以反映这些变化。审计署建议商务部定期更新其公开指南以反映其程序的变化。

3. 机会特区:特区认定、投资活动和国税局确保纳税人合规投资的挑战

编号:GAO-22-104019。

发布时间:2021年10月7日。

国会于2017年颁布一项税收优惠政策,成立"机会特区"以刺激对贫困地区的投资,投资者可通过投资"机会特区基金"获得税收优惠。国税局数据显示,截至2019年,已有6 000多项"机会特区基金"投资了近290亿美元,这一税收优惠措施吸引了广大投资者对住房、可再生能源企业和其他项目的投资,国税局需审查其合规性。

4. 信息技术:国税局部分投资成本和进度表现

编号:GAO-22-104387。

发布时间:2021年10月19日。

国税局报告称,在2020财年,其用于征收税款、分配退款等的信息技术投资金额约为28亿美元,审计署发现其检查的五项IT投资均达到了2019财年和2020财年设定的大多数绩效目标,但有一个旨在使税务处理现代化的项目可能要到2030年才能完成。

5. 纳税人倡导处:向国会提交的报告有待完善

编号:GAO-21-217。

发布时间:2021年6月16日。

国税局的纳税人倡导处通过以下方式帮助纳税人解决税务问题:①解决个别纳税人的案件,进行个案倡导。②与国税局合作解决影响纳税人群体的系统性问题,即进行系统倡导。该倡导处被要求每年向国会提交两份报告:一份报告纳税人遇到的10个最为严重的问题;另一份则报告纳税人倡导处下一年度的目标。审计署识别出该报告存在改善空间。例如,"目标报告"中提及的目标需更加清晰明确,且所描述的各种计划活动应与目标紧密结合,以帮助国会更好地了解该机构的目标及其为实现目标付诸的行动。

6. 优先公开的建议:美国国税局

编号:GAO-21-547PR。

发布时间:2021年6月4日。

每年,审计署向各部门提出1 000多条建议以帮助节约公共资金,其中包括针对资金闲置或损失浪费问题的改进措施,还发布高风险清单并提出解决措施等帮助联邦政府改善运作效率。此项报告包括2021年6月之前审计署向国税局提出的25项优先公开建议,其中6项建议的重点是使纳税人依法自觉纳税,增强纳税意识。

7. 减税与就业法案：国际商业条款涉及的文书工作负担及经济影响信息需详细披露

编号：GAO-21-277。

发布时间：2021年4月28日。

2017年《减税与就业法案》改变了美国公司国际收入的征税方式。审计署检查了财政部和国税局发布的关于新的国际规定的条例。检查发现，尽管财政部和国税局总体上遵守相关法律法规的要求，但仍存在改进空间。例如，国税局应估计企业纳税人在完成与法规相关的文书工作方面所需的时间和金钱。对文书工作负担进行准确估计是《减少文书工作法》所规定的事项，国税局和其他机构应严格遵循。

8. 纳税申报：亟须采取行动应对2021年纳税申报延迟相关风险

编号：GAO-21-251。

发布时间：2021年3月1日。

受COVID-19疫情的影响，国税局在2020年申报季面临诸多挑战。例如，出于对健康和安全的考虑，所有线下处理设施被关闭，这导致数以百万计的邮件尚未被处理。审计署检查了国税局在处理报税单、为纳税人提供服务以及为2021年申报季做准备方面的工作，并向包括国税局在内的机构提出7项建议。

9. 税收管理：国税局通过加强合作，更好地使用第三方信息报告，以减小税收缺口

编号：GAO-21-102。

发布时间：2020年12月15日。

国税局如何确保纳税人金额的准确性？国税局从雇主、银行和其他第三方机构获得影响纳税人收入的相关信息，经过仔细核对若发现该信息与纳税人所报信息息有所出入，表明可能存在错误或潜在的欺诈违规行为。经审计发现，国税局处理第三方信息报表的系统存在风险，纸质版报表与电子版报表有着不同的截止日期，并且被国税局办公室不同的项目所使用。为此，审计署建议各部门加强协调以改善国税局对信息的使用状况。

10. 税收管理：医院税收抵免监督工作存在改善空间

编号：GAO-20-679。

发布时间：2020年9月17日。

非营利性社区医院符合以下条件可以申请免税资格：一是提供社区福利；二是

符合《病人保护和可负担医疗法案》的要求。对国税局来说,检查社区医院是否符合法律要求的流程并不复杂,但要核实医院是否提供社区福利则比较困难,因为法律并没有具体规定哪些服务属于社区福利。另外,国税局并未严格按照要求每年检查医院是否提供社区福利。审计署建议国税局应建立完善的检查流程,以确保社区福利活动得到系统检查。

11. 减税与就业法案:国税局在条款执行方面取得显著进步,但仍面临行政与合规风险

编号:GAO-20-103。

发布时间:2020年2月25日。

据国税局称,2017年颁布的《减税和就业法案》是30多年来最全面的税法变革,其中涉及86项条款的修改、增加或废除。国税局优先考虑和实施该法案的关键条款,并为纳税人提供指导。审计署认为,国税局仍面临行政与合规风险。

12. 2019年纳税申报:国税局成功实施税法改革,需改进纳税服务以帮助英语水平有限的纳税人

编号:GAO-20-55。

发布时间:2020年1月15日。

国税局在2019年纳税申报季来临之前对税法进行了重大修改。审计署识别出国税局可以改善客户服务和促进税务合规的几个领域。例如,该机构只有少数的服务对象是英语水平有限的纳税人,其网站上的翻译内容已经过时;国税局也没有评估是否需要翻译其许多常见的税表(如1040表)。审计署建议,国税局需改善对英语水平有限的纳税人的服务,帮助纳税人尊法、学法、守法。

13. 税收管理:国税局应充分考虑纳税人的意见以改进在线服务

编号:GAO-20-71。

发布时间:2019年12月19日。

国税局提供一系列的在线服务,包括允许纳税人跟进退税情况或查看他们的账户。国税局虽然认识到纳税人希望有更多的在线选择,但在开发新服务时,并未充分考虑纳税人的意见。长期以来,国税局一直依靠私营公司帮助纳税人进行电子申报,缺乏对行业达成长期协议所伴随的成本与收益的评估。审计署提出7项建议以帮助国税局应对风险和挑战。

14. 烟草税:市场偏好低税率产品导致联邦收入持续减少

编号:GAO-19-467。

发布时间:2019年6月13日。

2009年的一项法律带来了不同类型烟草产品之间的税收差异,香烟、自制卷烟和小雪茄按一个税率征税,烟斗、烟草和大雪茄的税率较低。审计署检查2012年的一份报告发现,由于制造商和消费者倾向于生产和购买更多的低税产品,法律实施后,联邦税收下降。审计署曾建议国会均衡税率,如考虑对自制卷烟和烟斗征收相同的税率。

15. 税收缺口:需采取多种策略减少违规行为

编号:GAO-19-558T。

发布时间:2019年5月9日。

据国税局估计,纳税人统一支付了他们所欠税款的82%。税务机关实际征收到的税额与纳税人在如实申报情况下的应纳税额之间的差额被称为税收缺口。国税局估计2008—2010年每年税收缺口平均为4 580亿美元。国税局需采取多种策略减少违规行为。

16. 税收管理:国税局国际税收争议管理机制有待完善

编号:GAO-19-81。

发布时间:2019年3月13日。

美国跨国公司在国内和国外都要纳税。两个或两个以上的国家以不同的税收方式对相同的收入进行征税,可能导致双重征税现象。税务主管部门(USCA)旨在帮助美国跨国公司解决与外国当局和国税局的双重征税争议。

17. 吹哨者计划:处罚数据有效性需进一步完善

编号:GAO-18-698。

发布时间:2018年9月28日。

自2007年以来,举报他人逃税漏税已经帮助国税局追回36亿美元的税款。国税局根据收到的举报信息进行收缴税款,举报人可以获得该税款的15%～30%作为奖励。但处罚数据的有效性需进一步完善。

18. 税收管理:上诉程序的监管力度和透明度有待提高

编号:GAO-18-659。

发布时间:2018年9月21日。

纳税人能够以进入法庭之外的方式对国税局的决议提出上诉,如选择将案件提交给国税局的上诉办公室。上诉办公室将以独立公正的方式解决税务争议,为纳税人提供更加便捷的服务。但解决税务争议的透明度有待提高。

19. 税收管理：国税局未来愿景

编号：GAO-19-108R。

发布时间：2018年10月3日。

面对不断缩减的预算和日益落后的信息技术，国税局从2014年开始设想与纳税人互动的新方法，即"未来状态"，并以"未来状态"而非改革国税局的具体计划为指导原则。

20. 2018年纳税申报：国税局积极应对税法变化的挑战

编号：GAO-18-471。

发布时间：2018年9月10日。

国税局在2018年报税季面临诸多挑战。国税局尽管在报税当日系统发生故障，但在纳税人服务方面有所改进，并按期完成退税金额审核与发放工作。

21. 税务欺诈与违规：国税局需全面检查纳税申报单以加强税收执法

编号：GAO-18-544。

发布时间：2018年7月24日。

退税申报审查计划（RRP）是国税局识别税务欺诈和避免无效退款的关键系统之一，在2017年申报季，RRP防止了约44亿美元的不良退款。审计署建议国税局全面检查纳税申报单以加强税收执法。

22. 联邦税款扣除：财政部和国税局需明确指出更新年度扣税表的意义

编号：GAO-18-548。

发布时间：2018年7月31日。

纳税人如何获取退税申请审批结果或确定是否未缴税款？雇主必须从雇员的工资中预扣联邦所得税，而雇员可以申请津贴，使其工资被排除在预扣之外。国税局公布预扣表告知预扣比例。

23. 税务欺诈与违规：国税局应完善退款前验证程序

编号：GAO-18-224。

发布时间：2018年1月30日。

2016年，犯罪分子实施了至少16亿美元的身份盗窃退税欺诈行为。为解决欺诈和违规问题，国会决定把雇主提交申请表的截止日期提前，并通知国税局从2017年开始对申请税收抵免的人延迟退款。

24. 销售税：征收远程销售税可以增加各州收入，但会导致企业合规成本增加

编号：GAO-18-114。

发布时间:2017年11月16日。

消费者远程订购商品时,如从网站或邮购目录中订购,会缩减各州对销售征税的空间。根据现行法律,一个州无权向远程销售商征收销售税,除非销售商在该州进行实体经营,如设有商店或仓库。审计署建议征收远程销售税。

25. 税收缺口:国税局需制定目标和策略以提高合规性

编号:GAO-18-39。

发布时间:2017年10月31日。

据国税局估计,纳税人统一支付了他们所欠税款的82%。税务机关实际征收到的税额与纳税人在如实申报情况下的应纳税额之间的差额称为税收缺口。国税局估计2008—2010年每年税收缺口平均为4 580亿美元。审计署建议国税局提高征税合规性。

26. 就业税:应充分利用国家科研成果以提高合规性和税收缺口测量的准确性

编号:GAO-17-371。

发布时间:2017年4月18日。

国税局利用国家研究项目来研究税收合规问题,最近一项研究对2008—2010年提交的就业税申报情况进行调查,但尚未制订计划来分析这项研究成果。

27. 2016年纳税申报:国税局改进了电话服务,但仍需为身份盗窃受害者提供援助以及识别、防范欺诈性退款

编号:GAO-17-186。

发布时间:2017年1月31日。

国税局致力于提高纳税人税法遵从度,并为纳税人提供税费办理服务。在2016年纳税报税季,国税局的电话服务尽管有所改善,但总体来说还存在改进的空间。

28. 国际税收:关于修改国际转移定价指南对国税局和跨国公司存在潜在影响的信息

编号:GAO-17-103。

发布时间:2017年1月27日。

2015年,经济合作与发展组织开展行动打击跨国公司利用各国税收制度差异进行利润转移。

29. 税收支出:需加强对预算和机构绩效制定流程的监督

编号:GAO-16-622。

发布时间:2016年7月7日。

审计署发现,联邦预算编制过程缺乏有效控制和检查,也缺少全面完整的税收支出信息。与自由裁量或强制性支出相比,2015 财年的税收支出约为 1.23 万亿美元。

30. 可退税税款抵减额:国税局需制定合规策略并确保数据可靠性以解决违规问题

编号:GAO-16-475。

发布时间:2016 年 5 月 27 日。

审计署发现,收入所得税抵免(EITC)、儿童税收抵免(ACTC)和美国机会税收抵免(AOTC)政策为数以百万的纳税人提供了税收优惠,其中包括许多正在工作、抚养子女或接受高等教育的低收入纳税人。审计署建议国税局确保抵免依据可靠。

31. 身份盗窃与税务欺诈:国税局需对纳税人保护项目现有风险进行准确评估

编号:GAO-16-508。

发布时间:2016 年 5 月 24 日。

美国国税局称其在 2014 年阻止大量身份盗窃相关的税收欺诈案件,涉案金额约为 225 亿美元,但仍为身份盗窃退款欺诈支付了 31 亿美元。

32. 低收入住房税收抵免:某些做法备受争议,国税局需改善报告及数据

编号:GAO-16-360。

发布时间:2016 年 5 月 11 日。

审计署发现,美国低收入住房税收抵免政策(LIHTC)的负责机构在执行项目要求方面具有一定的"灵活性",这些机构以各不相同的方式来"完成"项目。但国税务某些做法备受争议,审计署建议国税局改善报告和数据。

33. 纳税申报:国税局需制定全面客户服务战略,以更好地打击身份盗窃犯罪,减少欺诈事件,保护纳税人数据

编号:GAO-16-578T。

发布时间:2016 年 4 月 19 日。

审计署发现,与 2015 年相比,国税局在 2016 年仅优化了为纳税人提供的电话服务,但这远远不够。

34. 企业所得税:尽管大多数公司已缴清税款,但税率存在瑕疵。

编号:GAO-16-363。

发布时间：2016年3月17日。

审计署发现，2006—2012年，每年至少有2/3的公司结清了联邦所得税负债，但实际税率与法定税率存在较大差异。

附　　录

附录1　权力清单相关制度文件

附录1.1　关于推行地方各级政府工作部门权力清单制度的指导意见

推行地方各级政府工作部门权力清单制度,是党中央、国务院部署的重要改革任务,是国家治理体系和治理能力现代化建设的重要举措,对于深化行政体制改革,建设法治政府、创新政府、廉洁政府具有重要意义。近年来,一些地方在推行权力清单和相应责任清单方面进行了有益探索,取得了积极成效。为全面推进这项工作,现提出以下指导意见。

一、基本要求

(一)工作目标。将地方各级政府工作部门行使的各项行政职权及其依据、行使主体、运行流程、对应的责任等,以清单形式明确列示出来,向社会公布,接受社会监督。通过建立权力清单和相应责任清单制度,进一步明确地方各级政府工作部门职责权限,大力推动简政放权,加快形成边界清晰、分工合理、权责一致、运转高效、依法保障的政府职能体系和科学有效的权力监督、制约、协调机制,全面推进依法行政。

(二)实施范围。地方各级政府工作部门作为地方行政职权的主要实施机关,是这次推行权力清单制度的重点。依法承担行政职能的事业单位、垂直管理部门设在地方的具有行政职权的机构等,也应推行权力清单制度。

二、主要任务

(三)全面梳理现有行政职权。地方各级政府工作部门要对行使的直接面对公民、法人和其他组织的行政职权,分门别类进行全面彻底梳理,逐项列明设定依据,汇总形成部门行政职权目录。各省(自治区、直辖市)政府可参照行政许可、行政处罚、行政强制、行政征收、行政给付、行政检查、行政确认、行政奖励、行政裁决和其他类别的分类方式,结合本地实际,制定统一规范的分类标准,明确梳理的政策要求;其他类别的确定,要符合国家法律法规。

(四)大力清理调整行政职权。在全面梳理基础上,要按照职权法定原则,对现有行政职权进行清理、调整。对没有法定依据的行政职权,应及时取消,确有必要保留的,按程序办理;可下放给下级政府和部门的职权事项,应及时下放并做好承接工作;对虽有法定依据但不符合全面深化改革要求和经济社会发展需要的,法定依据相互冲突矛盾的,调整对象消失、多年不发生管理行为的行政职权,应及时提出取消或调整的建议。行政职权取消下放后,要加强事中事后监管。

(五)依法律法规审核确认。地方各级政府要对其工作部门清理后拟保留的行政职权目录,按照严密的工作程序和统一的审核标准,依法逐条逐项进行合法性、合理性和必要性审查。需修改法律法规的,要先修法再调整行政职权,先立后破,有序推进。在审查过程中,要广泛听取基层、专家学者和社会公众的意见。审查结果按规定程序由同级党委和政府确认。

(六)优化权力运行流程。对确认保留的行政职权,地方各级政府工作部门要按照透明、高效、便民原则,制定行政职权运行流程图,切实减少工作环节,规范行政裁量权,明确每个环节的承办机构、办理要求、办理时限等,提高行政职权运行的规范化水平。

(七)公布权力清单。地方各级政府对其工作部门经过确认保留的行政职权,除保密事项外,要以清单形式将每项职权的名称、编码、类型、依据、行使主体、流程图和监督方式等,及时在政府网站等载体公布。垂直管理部门设在地方的具有行政职权的机构,其权力清单由其上级部门进行合法性、合理性和必要性审核确认,并在本机构业务办理窗口、上级部门网站等载体公布。

(八)建立健全权力清单动态管理机制。权力清单公布后,要根据法律法规立改废释情况、机构和职能调整情况等,及时调整权力清单,并向社会公布。对权力清单未明确但应由政府管理的事项,政府部门要切实负起责任,需列入权力清单的,按程序办理。建立权力清单的动态调整和长效管理机制。

(九)积极推进责任清单工作。在建立权力清单的同时,要按照权责一致的原则,逐一厘清与行政职权相对应的责任事项,建立责任清单,明确责任主体,健全问责机制。已经建立权力清单的,要加快建立责任清单;尚未建立权力清单的,要把建立责任清单作为一项重要改革内容,与权力清单一并推进。

(十)强化权力监督和问责。权力清单公布后,地方各级政府工作部门、依法承担行政职能的事业单位、垂直管理部门设在地方的具有行政职权的机构等,都要严格按照权力清单行使职权,切实维护权力清单的严肃性、规范性和权威性。要大力推进行政职权网上运行,加大公开透明力度,建立有效的权力运行监督机制。对不按权力清单履行职权的单位和人员,依纪依法追究责任。

三、组织实施

(十一)加强组织领导。各级党委要高度重视推行权力清单制度工作,切实履行对改革的领导责任,把这项工作列入重要议事日程,研究重大问题,把握改革方向。各省(自治区、直辖市)政府要制定本地区推行权力清单制度工作方案,明确工作步骤,细化政策措施,认真研究部署。上级政府要加强对下级政府的指导和督促检查,重要事项及时向党委报告。国务院各部门要支持地方推行权力清单制度工作,实行垂直管理的部门要指导督促本系统设在地方的具有行政职权的机构落实权力清单制度。

(十二)坚持问题导向。要把有利于服务人民、有利于群众办事作为推行权力清单制度基本出发点,抓好清权、减权、制权、晒权等主要环节,把与企业生产经营活动关系紧密、审批权力集中的部门作为重点,把与群众生活密切相关的职权事项放在优先位置,着力解决行政许可、行政处罚、行政强制等领域社会反映强烈的突出问题,让公众切身感受到改革带来的变化。

(十三)坚持实事求是。推行权力清单制度是一项艰巨复杂的工作,要立足于我国法治建设实际,渐进有序、积极稳慎推行。政府工作部门要按照权力清单行使职权,防止乱作为;也要积极主动履行职责,避免不作为。对关系人民生产生活、社会发展稳定的事务,要勇于负责、敢于担当,切实履行职责。

(十四)坚持因地制宜。各地要紧密结合本地实际制定工作部署,提出有针对性的政策措施,扎实推行权力清单制度,勇于探索、勇于实践,创造性地开展工作。要把推行权力清单制度与简政放权、政府职能转变等结合起来,形成改革合力。已经推行权力清单制度的地方,要不断深化和完善;尚未推行的地方,要学习借鉴其他地方经验,抓紧做好相关工作。

(十五)统筹协调推进。省级政府2015年年底前、市县两级政府2016年年底前要基本完成政府工作部门、依法承担行政职能的事业单位权力清单的公布工作。

乡镇政府推行权力清单制度工作由各省(自治区、直辖市)结合实际研究确定。垂直管理部门设在地方的具有行政职权的机构的权力清单公布,要与当地政府工作部门权力清单公布相衔接。中央编办、国务院法制办要加强对地方的指导,地方各级机构编制部门和政府法制部门要切实负起责任,在同级党委和政府领导下,会同有关部门积极做好推行权力清单制度工作。对推行权力清单制度情况,相关部门要适时组织督查。

附录1.2　国务院部门权力和责任清单编制试点方案

推行政府部门权力和责任清单制度是党的十八届三中、四中全会部署的重要改革任务,是国家治理体系和治理能力现代化建设的重要举措,对于深化行政体制改革,建设法治政府、创新政府、廉洁政府和服务型政府具有重要意义。根据党中央、国务院的部署和要求,现就开展国务院部门权力和责任清单编制试点工作,制定以下方案。

一、基本要求

(一)工作目标。

按照简政放权、放管结合、优化服务和转变政府职能要求,以清单形式列明试点部门的行政权责及其依据、行使主体、运行流程等,推进行政权责依法公开,强化行政权力监督和制约,防止出现权力真空和监管缺失,加快形成边界清晰、分工合理、权责一致、运转高效、依法保障的政府职能体系。要把加强党的领导、依法全面正确履行政府职能作为试点工作的基本遵循。通过开展试点,为全面推进国务院部门权力和责任清单编制工作探索经验。

(二)试点范围。

根据部门职责特点,确定在国家发展改革委、民政部、司法部、文化部、海关总署、税务总局、证监会开展试点。未列入试点范围的部门,可参照本方案先行做好本部门权责事项梳理,为下一步开展权责清单编制工作做好准备。

二、试点任务

(三)全面梳理部门现有权责事项。

各试点部门可将权力和责任事项结合起来,并参照行政许可、行政处罚、行政强制、行政征收、行政给付、行政检查、行政确认、行政奖励、行政裁决和其他类别的分类方式,对行政权责事项进行全面梳理并逐项列明设定依据;可根据实际履职情况,将规划制定等宏观管理职责及标准拟订等权责事项一并进行梳理分类汇总。

(四)清理规范权责事项。

在全面梳理基础上,对权责事项逐项提出取消、下放和保留的意见,需要对有关法律、行政法规进行立改废的,同时提出建议。对没有法定依据的,原则上予以取消,确有必要保留的,按程序办理。试点部门在依法审核清理规范基础上,形成部门基础权责清单,列明权责事项名称、类型、设定依据、调整意见以及追责情形等内容,于2016年6月底前报送中央编办。

(五)审核权责清单。

中央编办、国务院法制办会同有关方面对部门基础权责清单进行研究审核。审核过程中,对于拟取消和下放的权责事项,要建立第三方评估机制,并充分听取有关部门、地方党委和政府的意见。要逐项确认审核结果,需要对有关法律、行政法规进行立改废的,依照法定程序办理。

(六)优化权力运行流程。

对保留的行政权责事项,试点部门要按照透明、高效、便捷的原则,制定行政权力运行流程图,切实减少工作环节,规范行政裁量权,明确每个环节的承办主体、办理标准、办理程序、办理时限、监督方式等,提高行政权力运行的科学化、规范化水平。

根据研究审核情况,对于社会关注度高、群众反映强烈、能够很快显现效果的重点领域或事项,可优先编制专项权责清单。

三、组织实施

(七)加强组织领导。

各部门要认真贯彻落实党中央、国务院关于建立权力和责任清单制度的各项决策部署和要求,积极稳妥有序开展试点工作。中央编办、国务院法制办要会同有关方面加强对试点工作的组织指导,及时研究解决试点中的困难和问题,重大事项按程序请示报告。

(八)强化部门责任。

试点部门要切实负起本单位试点工作的领导责任,周密部署、扎实推进。对于试点中出现的新情况、新问题,要创新思路、积极探索,创造性开展工作,重大问题及时报告。试点部门设在地方具有行政职权的机构,其权力和责任清单由试点部门进行合法性、合理性和必要性审核确认,明确标准规范,并做好本系统各地机构清单之间的衔接。

(九)加强统筹协调。

试点工作要与简政放权、放管结合、优化服务和推动政府职能转变等相关改革任务结合起来,统筹考虑、协调推进,着力解决社会反映强烈的突出问题,让公众切身感受到改革成效。

(十)做好总结评估。

试点工作要在2016年12月底前完成。中央编办、国务院法制办会同有关方面组织对试点情况进行跟踪和评估,总结经验,在此基础上研究提出全面开展国务院部门权力和责任清单编制工作的意见。

附录2　重庆市和四川省公布的权力清单

附录2.1　重庆市人民政府关于公布市政府部门和有关单位行政权力清单和责任清单(2015年版)的公告

为认真贯彻落实党的十八届三中、四中、五中全会和市委四届四次、五次、六次、七次全会精神,深化行政体制改革,进一步转变政府职能,推进行政权力规范公开透明运行,按照《中共中央办公厅国务院办公厅印发〈关于推行地方各级政府工作部门权力清单制度的指导意见〉的通知》(中办发〔2015〕21号)精神,市政府组织开展了市政府部门和有关单位行政权力清理工作。按照"行政权力进清单、法无授权不可为"的要求,经全面清理规范,目前市政府部门和有关单位共保留行政权力3 709项,其中,行政审批677项、行政处罚2 034项、行政征收43项、行政强制144项、行政确认132项、行政裁决11项、行政给付31项、行政奖励42项、行政检查74项和其他行政权力521项。同时,按照"有权必有责、法定职责必须为"的要求,对应每项行政权力逐一厘清相应的责任事项,共25 644项。

现将《重庆市政府部门和有关单位行政权力清单和责任清单(2015年版)》在网上公布(其中9项为涉密项目,按规定不予公开),欢迎社会各界监督。

重庆市人民政府
2015年11月27日

附表2.1　重庆市市级部门行政权力、责任事项目录表(共性行政权力)

序号	实施主体	权力类别	项目名称	权力实施主要依据
1	市级有关部门	其他行政权力	行政许可申请人隐瞒有关情况或者提供虚假材料申请行政许可的处罚	《行政许可法》第七十八条(行政许可申请人隐瞒有关情况或者提供虚假材料申请行政许可的,行政机关不予受理或者不予行政许可,并给予警告;行政许可申请属于直接关系公共安全、人身健康、生命财产安全事项的,申请人在一年内不得再次申请该行政许可。)

(续表)

序号	实施主体	权力类别	项目名称	权力实施主要依据
2	市级有关部门	其他行政权力	被许可人以欺骗、贿赂等不正当手段取得行政许可的处罚	《行政许可法》第七十九条(被许可人以欺骗、贿赂等不正当手段取得行政许可的,行政机关应当依法给予行政处罚;取得的行政许可属于直接关系公共安全、人身健康、生命财产安全事项的,申请人在三年内不得再次申请该行政许可;构成犯罪的,依法追究刑事责任。)
3	市级有关部门	其他行政权力	对超越行政许可范围进行活动的处罚	《行政许可法》第八十条(被许可人有下列行为之一的,行政机关应当依法给予行政处罚;构成犯罪的,依法追究刑事责任:(一)涂改、倒卖、出租、出借行政许可证件,或者以其他形式非法转让行政许可的;(二)超越行政许可范围进行活动的;(三)向负责监督检查的行政机关隐瞒有关情况、提供虚假材料或者拒绝提供反映其活动情况的真实材料的;(四)法律、法规、规章规定的其他违法行为。)
4	市级有关部门	其他行政权力	对未经许可从事应当经过行政许可方能从事的事情的处罚	《行政许可法》第六十五条(个人和组织发现违法从事行政许可事项的活动,有权向行政机关举报,行政机关应当及时核实、处理。)
5	市级有关部门	其他行政权力	责令当事人改正或限期改正违法行为	《行政处罚法》第二十三条(行政机关实施行政处罚时,应当责令当事人改正或者限期改正违法行为。)
6	市级有关部门	其他行政权力	责令监护人管教或治疗	《行政处罚法》第二十五条(不满十四周岁的人有违法行为的,不予行政处罚,责令监护人加以管教;已满十四周岁不满十八周岁的人有违法行为的,从轻或者减轻行政处罚。第二十六条,精神病人在不能辨认或者不能控制自己行为时有违法行为的,不予行政处罚,但应当责令其监护人严加看管和治疗。间歇性精神病人在精神正常时有违法行为的,应当给予行政处罚。)
7	市级有关部门	其他行政权力	抽样取证	《行政处罚法》第三十七条第一款(行政机关在调查或者进行检查时,执法人员不得少于两人,并应当向当事人或者有关人员出示证件。当事人或者有关人员应当如实回答询问,并协助调查或者检查,不得阻挠。询问或者检查应当制作笔录。)

(续表)

序号	实施主体	权力类别	项目名称	权力实施主要依据
8	市级有关部门	其他行政权力	先行登记保存证据	《行政处罚法》第三十七条第二款(行政机关在收集证据时,可以采取抽样取证的方法;在证据可能灭失或者以后难以取得的情况下,经行政机关负责人批准,可以先行登记保存,并应当在七日内及时作出处理决定,在此期间,当事人或者有关人员不得销毁或者转移证据。)
9	市级有关部门	其他行政权力	加处罚款	《行政处罚法》第五十一条(当事人逾期不履行行政处罚决定的,作出行政处罚决定的行政机关可以采取下列措施:(一)到期不缴纳罚款的,每日按罚款数额的百分之三加处罚款;(二)根据法律规定,将查封、扣押的财物拍卖或者将冻结的存款划拨抵缴罚款;(三)申请人民法院强制执行。)
10	市级有关部门	其他行政权力	行政复议	《行政复议法》第十二条(对县级以上地方各级人民政府工作部门的具体行政行为不服的,由申请人选择,可以向该部门的本级人民政府申请行政复议,也可以向上一级主管部门申请行政复议。)
11	市级有关部门	其他行政权力	行政指导	《地方各级人民代表大会和地方各级人民政府组织法》第六十六条(省、自治区、直辖市的人民政府的各工作部门受人民政府统一领导,并且依照法律或者行政法规的规定受国务院主管部门的业务指导或者领导。自治州、县、自治县、市、市辖区的人民政府的各工作部门受人民政府统一领导,并且依照法律或者行政法规的规定受上级人民政府主管部门的业务指导或者领导。)
12	市级有关部门	其他行政权力	行政监督检查	《重庆市行政执法监督条例》第三条(市、区县(自治县、市)人民政府负责本行政区域内的行政执法监督工作。市、区县(自治县、市)人民政府法制工作机构负责本行政区域内行政执法监督的具体工作。市人民政府工作部门负责本系统的行政执法监督工作。市人民政府工作部门应当明确本部门行政执法监督工作的具体承办机构。)
13	市级有关部门	其他行政权力	规范性文件制定	《重庆市行政规范性文件管理办法》(重庆市人民政府令第290号)第八条(制定机关应当依照法定职权或者法律、法规、规章规定为实施行政管理制定规范性文件。上级机关明确要求制定配套规范性文件的,制定机关应当在规定时间内及时制定。公民、法人或者其他组织提出规范性文件制定建议的,由制定机关进行调查研究并决定是否制定。领导小组等议事协调机构、部门派出机构、临时机构、内设机构不得制定规范性文件。)

(续表)

序号	实施主体	权力类别	项目名称	权力实施主要依据
14	市级有关部门	其他行政权力	对经济社会发展有贡献的信访奖励	《信访条例》第八条(信访人反映的情况,提出的建议、意见,对国民经济和社会发展或者对改进国家机关工作以及保护社会公共利益有贡献的,由有关行政机关或者单位给予奖励。)
15	市级有关部门	其他行政权力	重大复杂跨区域案件查处	1.《环境保护法》第二十条(国家建立跨行政区域的重点区域、流域环境污染和生态破坏联合防治协调机制,实行统一规划、统一标准、统一监测、统一的防治措施。前款规定以外的跨行政区域的环境污染和生态破坏的防治,由上级人民政府协调解决,或者由有关地方人民政府协商解决。) 2.《工商行政管理机关行政处罚程序规定》(国家工商行政管理总局令第58号)第六条(县(区)、市(地、州)工商行政管理机关依职权管辖本辖区内发生的案件。省、自治区、直辖市工商行政管理机关依职权管辖本辖区内发生的重大、复杂案件。国家工商行政管理总局依职权管辖应当由自己实施行政处罚的案件及全国范围内发生的重大、复杂案件。第十四条,跨行政区域的行政处罚案件,共同的上一级工商行政管理机关应当做好协调工作,以及各领域相关法律法规等。)

附录2.2 四川省行政权力指导清单(2019年版)

各市(州)、县(市、区)人民政府要对照清单,认真梳理本地区行政权力事项清单并向社会公开,接受社会监督。各地各部门(单位)不得行使未列入清单的行政权力事项并按照权责一致原则对应调整责任清单,按程序向社会公布。除法律法规另有规定外,各地各部门(单位)要将行政权力事项纳入省一体化政务服务平台统一管理并进行动态调整,确保线上线下运行一致。

在公布的行政权力指导清单中,按照行政许可、行政处罚、行政征收、行政强制、行政确认、行政裁决、行政给付、行政检查、行政奖励、其他行政权力10个项目,分部门对相应权力的行使层级给出指引。

一、行政许可

附表2.2 行政许可权力清单(节选)

对应省直部门	序号	具体权力名称	行使层级			备注
			省	市	县	
省发展改革委	1	企业投资项目核准	√	√	×	技术改造类除外
省发展改革委	2	固定资产投资项目节能审查	√	√	√	企业技术改造项目除外
经济和信息化厅	3	成品油零售经营资格审批	×	√	×	
经济和信息化厅	4	企业投资项目核准	√	√	×	技术改造类
经济和信息化厅	5	固定资产投资项目节能审查(企业技术改造项目)	√	√	√	
经济和信息化厅	6	新建、扩建或者改建用于生产第二、三类监控化学品和第四类监控化学品中含磷、硫、氟的特定有机化学品的设施建设初审	√	×	×	
经济和信息化厅	7	第二、三类监控化学品和第四类监控化学品中含磷、硫、氟的特定有机化学品生产特别许可初审	√	×	×	
经济和信息化厅	8	第二类监控化学品使用许可	√	×	×	
经济和信息化厅	9	变质或者过期失效的监控化学品处理方案批准	√	×	×	
经济和信息化厅	10	建立卫星通信网和设置卫星地球站审批	√	×	×	
经济和信息化厅	11	无线电台(站)设置审批	√	√	×	
经济和信息化厅	12	研制、生产无线电发射设备进行实效发射实验审批	√	×	×	暂停
经济和信息化厅	13	无线电设备进关核准	√	×	×	
经济和信息化厅	14	铬化合物生产建设项目审批	√	×	×	
经济和信息化厅	15	在电力设施周围或电力设施保护区内进行可能危及电力设施安全作业的审批	×	√	√	
经济和信息化厅	16	供电营业许可	√	×	×	

(续表)

对应省直部门	序号	具体权力名称	行使层级 省	行使层级 市	行使层级 县	备注
经济和信息化厅	17	食盐定点批发许可	√	×	×	
经济和信息化厅	18	食盐定点生产企业审批	√	×	×	
教育厅	19	实施高等专科教育、中等学历教育、非学历高等教育、自学考试助学、文化补习、学前教育等的中外(含内地与港澳台)合作办学机构设立、变更和终止审批	√	×	×	
教育厅	20	实施高等专科教育、非学历高等教育和高级中等教育、自学考试助学、文化补习、学前教育的中外(含内地与港澳台)合作办学项目审批	√	×	×	
教育厅	21	实施中等及中等以下学历教育、学前教育、自学考试助学及其他文化教育的学校设立、变更和终止审批	×	√	√	
教育厅	22	实施专科教育的高等学校和其他高等教育机构的设立、变更和终止审批	√	√	×	
教育厅	23	地方政府主管的高等学校及其他高等教育机构章程核准	√	×	×	
教育厅	24	开办外籍人员子女学校审批	√	×	×	
教育厅	25	适龄儿童、少年因身体状况需要延缓入学或者休学审批	×	×	√	
教育厅	26	文艺、体育等专业训练的社会组织自行实施义务教育审批	×	×	√	
教育厅	27	中小学地方课程教材审定	√	×	×	
教育厅	28	地方性中小学教学地图审定	√	×	×	
教育厅	29	教师资格认定	√	√	√	
教育厅	30	校车使用许可	×	×	√	
教育厅	31	高等学校修业年限调整审批	√	×	×	
科技厅	32	实验动物生产和使用许可	√	×	×	
科技厅	33	外国人来华工作许可	×	√	×	与人力资源社会保障厅按职责分工分别行使

二、行政征收

附表2.3 行政征收权力清单

对应省直部门	序号	具体权力名称	行使层级 省	行使层级 市	行使层级 县	备注
经济和信息化厅	1	无线电频率占用费的征收	√	√	×	
自然资源厅	2	矿产资源补偿费征收	√	√	√	暂停
自然资源厅	3	矿业权出让收益征收	√	√	√	
自然资源厅	4	矿业权占用费征收	√	√	√	
自然资源厅	5	耕地开垦费征收	√	√	√	
自然资源厅	6	土地复垦费征收	×	√	√	
住房城乡建设厅	7	城市基础设施配套费的征收	×	√	√	
住房城乡建设厅	8	市政管理占道费的征收	×	√	√	
住房城乡建设厅	9	绿化异地建设费的征收	×	√	√	
住房城乡建设厅	10	城市园林绿地占用费的征收	×	√	√	
住房城乡建设厅	11	城市生活垃圾处理费的征收	×	√	√	
住房城乡建设厅	12	污水处理费的征收	×	√	√	
住房城乡建设厅	13	征收建筑垃圾处置费	×	√	√	
交通运输厅	14	渔船检验费的征收	√	√	√	暂停
水利厅	15	征收水资源费	√	√	√	
水利厅	16	征收水土保持补偿费	√	√	√	
水利厅	17	征收河道砂石资源费	√	√	√	
农业农村厅	18	渔业资源增殖保护费的征收	√	√	√	
农业农村厅	19	渔业船舶登记费的征收	√	√	√	暂停
农业农村厅	20	水生野生动物资源保护费的征收	√	√	√	暂停
农业农村厅	21	农机监理费的征收	√	√	√	暂停
农业农村厅	22	国内植物检疫费的征收	√	√	√	暂停
农业农村厅	23	动物及动物产品检疫费的征收	×	×	√	暂停

(续表)

对应省直部门	序号	具体权力名称	行使层级 省	行使层级 市	行使层级 县	备注
省卫生健康委	24	对不符合法律法规规定生育的公民征收社会抚养费	×	×	√	
省人防办	25	对人防工程易地建设费的征收	√	√	√	
省林草局	26	草原植被恢复费的征收	√	√	×	
省电影局	27	对电影事业发展专项资金的征收	√	×	×	

三、行政确认

附表2.4 行政确认权力清单

对应省直部门	序号	具体权力名称	行使层级 省	行使层级 市	行使层级 县	备注
省发展改革委	1	涉案财物价格认定	√	√	√	涉密
教育厅	2	对普通高等学校学生跨省转学的确认	√	×	×	
教育厅	3	对民办教育机构重要事项变更的审核确认	√	√	√	
科技厅	4	技术合同认定登记	√	√	×	
省民族宗教委	5	公民民族成分确认和变更	×	√	√	
公安厅	6	户口登记(包括注销、恢复、变更)	×	√	√	
公安厅	7	养犬登记	×	×	√	
公安厅	8	国际联网备案	×	√	√	
公安厅	9	网约车平台涉及信息网络安全的线上能力认定	√	×	×	
公安厅	10	出入境证件真伪认定	√	√	√	
公安厅	11	对中国境内出生外国婴儿的停留或者居留登记	√	√	√	
公安厅	12	对中国境内死亡的外国人注销停留居留证件	√	√	√	

（续表）

对应省直部门	序号	具体权力名称	行使层级			备注
			省	市	县	
公安厅	13	对外国人的住宿登记	×	×	√	
公安厅	14	对港澳居民的暂住登记	×	×	√	
公安厅	15	对台湾居民的暂住登记	×	×	√	
公安厅	16	对华侨的暂住登记	×	×	√	
公安厅	17	对签证、外国人停留居留证件等出境入境证件的宣布作废	√	√	√	
公安厅	18	对护照、出入境通行证的宣布作废	√	√	√	
公安厅	19	对外国人身份信息的核实	√	√	√	
公安厅	20	外国人护照报失证明	√	√	√	
民政厅	21	外国人、港澳台居民、华侨及出国人员与四川省户籍居民婚姻登记	√	×	×	涉密
民政厅	22	外国人在四川收养子女登记	√	×	×	涉密
民政厅	23	华侨及居住在香港、澳门、台湾地区的中国公民在内地收养子女登记	×	√	×	涉密
民政厅	24	中国内地公民婚姻登记	×	×	√	涉密
民政厅	25	中国公民收养子女登记	×	×	√	涉密
民政厅	26	撤销受胁迫婚姻登记	√	×	√	涉密
民政厅	27	慈善组织认定	√	√	√	
自然资源厅	28	不动产登记	×	√	√	
自然资源厅	29	基本农田划区定界验收确认	√	√	×	
自然资源厅	30	地质灾害治理责任认定	√	√	√	
交通运输厅	31	船舶登记确认	×	√	×	
水利厅	32	水利水电工程施工企业主要负责人、项目负责人和专职安全生产管理人员安全生产考核	√	×	×	
农业农村厅	33	无公害农产品认定	√	√	√	
农业农村厅	34	农业机械事故认定	×	√	√	

(续表)

对应省直部门	序号	具体权力名称	行使层级 省	行使层级 市	行使层级 县	备注
农业农村厅	35	农村机电提灌站的产权登记	×	√	√	
农业农村厅	36	国家级、省级畜禽遗传资源保种场保护区认定	√	√	×	
农业农村厅	37	主要农作物品种审定	√	×	×	
农业农村厅	38	蚕品种审定	√	×	×	
农业农村厅	39	农机鉴定能力认定	√	×	×	
农业农村厅	40	农村能源新技术、新工艺、新产品的评估认定	×	×	√	
农业农村厅	41	出售废旧机电提灌设备及其主要零部件的确认	×	×	√	
农业农村厅	42	非主要农作物品种认定	√	×	×	
商务厅	43	二手车交易市场是否符合规划的确认	×	√	×	
商务厅	44	经第三地转投资的台湾投资者确认（与省台办按职责分工分别行使）	√	×	×	
文化和旅游厅	45	对本级非物质文化遗产代表性项目组织评审、推荐认定	√	√	√	
文化和旅游厅	46	对本级非物质文化遗产代表性项目的保护单位和代表性传承人的认定	√	√	√	
文化和旅游厅	47	省级旅游度假区审核	√	×	×	
省卫生健康委	48	新生儿疾病筛查、诊治机构指定	√	×	×	
省卫生健康委	49	对因生育病残儿经鉴定获准再生育者,需要进行胎儿性别鉴定或者选择性别的人工终止妊娠的核实	√	×	×	
省卫生健康委	50	四川省妇幼保健机构等级评审	√	√	×	
省卫生健康委	51	医院评审	√	√		
省卫生健康委	52	对尸检机构认定的确认	×	√	×	
省卫生健康委	53	对符合法律法规规定申请再生育的审批	×	×	√	

（续表）

对应省直部门	序号	具体权力名称	行使层级 省	行使层级 市	行使层级 县	备注
退役军人厅	54	退役军人及相关法律法规规定应由退役军人主管部门负责伤残抚恤的其他人员伤残等级评定	√	×	×	涉密
应急厅	55	危险物品的生产、经营、储存单位以及矿山、金属冶炼单位主要负责人和安全生产管理人员安全生产知识和管理能力考核发证	√	√	×	
省市场监管局	56	动产抵押登记	×	√	√	
省林草局	57	对主要林木品种审定的确认	√	×	×	
省林草局	58	草原等级评定	×	√	√	
省文物局	59	文物认定	×	√	√	
省文物局	60	文物定级	√	√	×	
省文物局	61	市级文物保护单位建设控制地带划定	×	√	×	
省文物局	62	县级文物保护单位建设控制地带划定	×	×	√	
省新闻出版局	63	对非法出版物和违禁出版物的鉴定	√	√	×	
省新闻出版局	64	对作者或其他著作权人的作品的登记	√	×	×	
省国防科工办	65	武器装备科研生产单位保密资格认定	√	×	×	
省保密局	66	对涉密信息系统投入使用前的保密审查	√	√	×	
省残联	67	用人单位按比例安置残疾人就业情况审核确认	×	√	√	
省残联	68	《中华人民共和国残疾人证》核发	×	√	√	

附录3 中华人民共和国预算法(节选)

(1994年3月22日第八届全国人民代表大会第二次会议通过 根据2014年8月31日第十二届全国人民代表大会常务委员会第十次会议《关于修改〈中华人民共和国预算法〉的决定》第一次修正 根据2018年12月29日第十三届全国人民代表大会常务委员会第七次会议《关于修改〈中华人民共和国产品质量法〉等五部法律的决定》第二次修正)

目　　录

(略)

第一章　总　　则

(略)

第二章　预算管理职权

(略)

第三章　预算收支范围

(略)

第四章　预　算　编　制

(略)

第五章　预算审查和批准

(略)

第六章　预算执行

第五十三条　各级预算由本级政府组织执行,具体工作由本级政府财政部门负责。

各部门、各单位是本部门、本单位的预算执行主体,负责本部门、本单位的预算执行,并对执行结果负责。

第五十四条　预算年度开始后,各级预算草案在本级人民代表大会批准前,可以安排下列支出:

(一)上一年度结转的支出;

(二)参照上一年同期的预算支出数额安排必须支付的本年度部门基本支出、项目支出,以及对下级政府的转移性支出;

（三）法律规定必须履行支付义务的支出，以及用于自然灾害等突发事件处理的支出。

根据前款规定安排支出的情况，应当在预算草案的报告中作出说明。

预算经本级人民代表大会批准后，按照批准的预算执行。

第五十五条 预算收入征收部门和单位，必须依照法律、行政法规的规定，及时、足额征收应征的预算收入。不得违反法律、行政法规规定，多征、提前征收或者减征、免征、缓征应征的预算收入，不得截留、占用或者挪用预算收入。

各级政府不得向预算收入征收部门和单位下达收入指标。

第五十六条 政府的全部收入应当上缴国家金库（以下简称国库），任何部门、单位和个人不得截留、占用、挪用或者拖欠。

对于法律有明确规定或者经国务院批准的特定专用资金，可以依照国务院的规定设立财政专户。

第五十七条 各级政府财政部门必须依照法律、行政法规和国务院财政部门的规定，及时、足额地拨付预算支出资金，加强对预算支出的管理和监督。

各级政府、各部门、各单位的支出必须按照预算执行，不得虚假列支。

各级政府、各部门、各单位应当对预算支出情况开展绩效评价。

第五十八条 各级预算的收入和支出实行收付实现制。

特定事项按照国务院的规定实行权责发生制的有关情况，应当向本级人民代表大会常务委员会报告。

第五十九条 县级以上各级预算必须设立国库；具备条件的乡、民族乡、镇也应当设立国库。

中央国库业务由中国人民银行经理，地方国库业务依照国务院的有关规定办理。

各级国库应当按照国家有关规定，及时准确地办理预算收入的收纳、划分、留解、退付和预算支出的拨付。

各级国库库款的支配权属于本级政府财政部门。除法律、行政法规另有规定外，未经本级政府财政部门同意，任何部门、单位和个人都无权冻结、动用国库库款或者以其他方式支配已入国库的库款。

各级政府应当加强对本级国库的管理和监督，按照国务院的规定完善国库现金管理，合理调节国库资金余额。

第六十条 已经缴入国库的资金，依照法律、行政法规的规定或者国务院的决定需要退付的,各级政府财政部门或者其授权的机构应当及时办理退付。按照规定应当由财政支出安排的事项,不得用退库处理。

第六十一条 国家实行国库集中收缴和集中支付制度,对政府全部收入和支出实行国库集中收付管理。

第六十二条 各级政府应当加强对预算执行的领导,支持政府财政、税务、海关等预算收入的征收部门依法组织预算收入,支持政府财政部门严格管理预算支出。

财政、税务、海关等部门在预算执行中,应当加强对预算执行的分析;发现问题时应当及时建议本级政府采取措施予以解决。

第六十三条 各部门、各单位应当加强对预算收入和支出的管理,不得截留或者动用应当上缴的预算收入,不得擅自改变预算支出的用途。

第六十四条 各级预算预备费的动用方案,由本级政府财政部门提出,报本级政府决定。

第六十五条 各级预算周转金由本级政府财政部门管理,不得挪作他用。

第六十六条 各级一般公共预算年度执行中有超收收入的,只能用于冲减赤字或者补充预算稳定调节基金。

各级一般公共预算的结余资金,应当补充预算稳定调节基金。

省、自治区、直辖市一般公共预算年度执行中出现短收,通过调入预算稳定调节基金、减少支出等方式仍不能实现收支平衡的,省、自治区、直辖市政府报本级人民代表大会或者其常务委员会批准,可以增列赤字,报国务院财政部门备案,并应当在下一年度预算中予以弥补。

第七章 预算调整

（略）

第八章 决　　算

（略）

第九章 监　　督

（略）

第十章 法律责任

（略）

第十一章 附　　则

（略）

附录4 中华人民共和国政府采购法(节选)

(2002年6月29日第九届全国人民代表大会常务委员会第二十八次会议通过 根据2014年8月31日第十二届全国人民代表大会常务委员会第十次会议《关于修改〈中华人民共和国保险法〉等五部法律的决定》修正)

目 录

(略)

第一章 总 则

(略)

第二章 政府采购当事人

(略)

第三章 政府采购方式

第二十六条 政府采购采用以下方式:

(一)公开招标;

(二)邀请招标;

(三)竞争性谈判;

(四)单一来源采购;

(五)询价;

(六)国务院政府采购监督管理部门认定的其他采购方式。

公开招标应作为政府采购的主要采购方式。

第二十七条 采购人采购货物或者服务应当采用公开招标方式的,其具体数额标准,属于中央预算的政府采购项目,由国务院规定;属于地方预算的政府采购项目,由省、自治区、直辖市人民政府规定;因特殊情况需要采用公开招标以外的采购方式的,应当在采购活动开始前获得设区的市、自治州以上人民政府采购监督管理部门的批准。

第二十八条 采购人不得将应当以公开招标方式采购的货物或者服务化整为零或者以其他任何方式规避公开招标采购。

第二十九条 符合下列情形之一的货物或者服务,可以依照本法采用邀请招标方式采购:

（一）具有特殊性，只能从有限范围的供应商处采购的；

（二）采用公开招标方式的费用占政府采购项目总价值的比例过大的。

第三十条 符合下列情形之一的货物或者服务，可以依照本法采用竞争性谈判方式采购：

（一）招标后没有供应商投标或者没有合格标的或者重新招标未能成立的；

（二）技术复杂或者性质特殊，不能确定详细规格或者具体要求的；

（三）采用招标所需时间不能满足用户紧急需要的；

（四）不能事先计算出价格总额的。

第三十一条 符合下列情形之一的货物或者服务，可以依照本法采用单一来源方式采购：

（一）只能从唯一供应商处采购的；

（二）发生了不可预见的紧急情况不能从其他供应商处采购的；

（三）必须保证原有采购项目一致性或者服务配套的要求，需要继续从原供应商处添购，且添购资金总额不超过原合同采购金额百分之十的。

第三十二条 采购的货物规格、标准统一、现货货源充足且价格变化幅度小的政府采购项目，可以依照本法采用询价方式采购。

第四章 政府采购程序

第三十三条 负有编制部门预算职责的部门在编制下一财政年度部门预算时，应当将该财政年度政府采购的项目及资金预算列出，报本级财政部门汇总。部门预算的审批，按预算管理权限和程序进行。

第三十四条 货物或者服务项目采取邀请招标方式采购的，采购人应当从符合相应资格条件的供应商中，通过随机方式选择三家以上的供应商，并向其发出投标邀请书。

第三十五条 货物和服务项目实行招标方式采购的，自招标文件开始发出之日起至投标人提交投标文件截止之日止，不得少于二十日。

第三十六条 在招标采购中，出现下列情形之一的，应予废标：

（一）符合专业条件的供应商或者对招标文件作实质响应的供应商不足三家的；

（二）出现影响采购公正的违法、违规行为的；

（三）投标人的报价均超过了采购预算，采购人不能支付的；

（四）因重大变故，采购任务取消的。

废标后,采购人应当将废标理由通知所有投标人。

第三十七条 废标后,除采购任务取消情形外,应当重新组织招标;需要采取其他方式采购的,应当在采购活动开始前获得设区的市、自治州以上人民政府采购监督管理部门或者政府有关部门批准。

第三十八条 采用竞争性谈判方式采购的,应当遵循下列程序:

(一)成立谈判小组。谈判小组由采购人的代表和有关专家共三人以上的单数组成,其中专家的人数不得少于成员总数的三分之二。

(二)制定谈判文件。谈判文件应当明确谈判程序、谈判内容、合同草案的条款以及评定成交的标准等事项。

(三)确定邀请参加谈判的供应商名单。谈判小组从符合相应资格条件的供应商名单中确定不少于三家的供应商参加谈判,并向其提供谈判文件。

(四)谈判。谈判小组所有成员集中与单一供应商分别进行谈判。在谈判中,谈判的任何一方不得透露与谈判有关的其他供应商的技术资料、价格和其他信息。谈判文件有实质性变动的,谈判小组应当以书面形式通知所有参加谈判的供应商。

(五)确定成交供应商。谈判结束后,谈判小组应当要求所有参加谈判的供应商在规定时间内进行最后报价,采购人从谈判小组提出的成交候选人中根据符合采购需求、质量和服务相等且报价最低的原则确定成交供应商,并将结果通知所有参加谈判的未成交的供应商。

第三十九条 采取单一来源方式采购的,采购人与供应商应当遵循本法规定的原则,在保证采购项目质量和双方商定合理价格的基础上进行采购。

第四十条 采取询价方式采购的,应当遵循下列程序:

(一)成立询价小组。询价小组由采购人的代表和有关专家共三人以上的单数组成,其中专家的人数不得少于成员总数的三分之二。询价小组应当对采购项目的价格构成和评定成交的标准等事项作出规定。

(二)确定被询价的供应商名单。询价小组根据采购需求,从符合相应资格条件的供应商名单中确定不少于三家的供应商,并向其发出询价通知书让其报价。

(三)询价。询价小组要求被询价的供应商一次报出不得更改的价格。

(四)确定成交供应商。采购人根据符合采购需求、质量和服务相等且报价最低的原则确定成交供应商,并将结果通知所有被询价的未成交的供应商。

第四十一条 采购人或者其委托的采购代理机构应当组织对供应商履约的验收。大型或者复杂的政府采购项目,应当邀请国家认可的质量检测机构参加验收工作。验收方成员应当在验收书上签字,并承担相应的法律责任。

第四十二条 采购人、采购代理机构对政府采购项目每项采购活动的采购文件应当妥善保存,不得伪造、变造、隐匿或者销毁。采购文件的保存期限为从采购结束之日起至少保存十五年。

采购文件包括采购活动记录、采购预算、招标文件、投标文件、评标标准、评估报告、定标文件、合同文本、验收证明、质疑答复、投诉处理决定及其他有关文件、资料。

采购活动记录至少应当包括下列内容:

(一)采购项目类别、名称;

(二)采购项目预算、资金构成和合同价格;

(三)采购方式,采用公开招标以外的采购方式的,应当载明原因;

(四)邀请和选择供应商的条件及原因;

(五)评标标准及确定中标人的原因;

(六)废标的原因;

(七)采用招标以外采购方式的相应记载。

第五章 政府采购合同

(略)

第六章 质疑与投诉

(略)

第七章 监督检查

(略)

第八章 法律责任

(略)

第九章 附 则

(略)

附录5　中华人民共和国税收征收管理法（节选）

（1992年9月4日第七届全国人民代表大会常务委员会第二十七次会议通过　根据1995年2月28日第八届全国人民代表大会常务委员会第十二次会议《全国人民代表大会常务委员会关于修改〈中华人民共和国税收征收管理法〉的决定》第一次修正　根据2001年4月28日第九届全国人民代表大会常务委员会第二十一次会议修订　根据2013年6月29日第十二届全国人民代表大会常务委员会第三次会议《全国人民代表大会常务委员会关于修改〈中华人民共和国文物保护法〉等十二部法律的决定》第二次修正　根据2015年4月24日第十二届全国人民代表大会常务委员会第十四次会议《全国人民代表大会常务委员会关于修改〈中华人民共和国港口法〉等七部法律的决定》第三次修正）

目　录

第一章　总则

第二章　税务管理

第三章　税款征收

第四章　税务检查

第五章　法律责任

第六章　附则

第一章　总　　则

第一条　为了加强税收征收管理,规范税收征收和缴纳行为,保障国家税收收入,保护纳税人的合法权益,促进经济和社会发展,制定本法。

第二条　凡依法由税务机关征收的各种税收的征收管理,均适用本法。

第三条　税收的开征、停征以及减税、免税、退税、补税,依照法律的规定执行;法律授权国务院规定的,依照国务院制定的行政法规的规定执行。

任何机关、单位和个人不得违反法律、行政法规的规定,擅自作出税收开征、停征以及减税、免税、退税、补税和其他同税收法律、行政法规相抵触的决定。

第四条　法律、行政法规规定负有纳税义务的单位和个人为纳税人。

法律、行政法规规定负有代扣代缴、代收代缴税款义务的单位和个人为扣缴义务人。

纳税人、扣缴义务人必须依照法律、行政法规的规定缴纳税款、代扣代缴、代收代缴税款。

第五条 国务院税务主管部门主管全国税收征收管理工作。各地国家税务局和地方税务局应当按照国务院规定的税收征收管理范围分别进行征收管理。

地方各级人民政府应当依法加强对本行政区域内税收征收管理工作的领导或者协调,支持税务机关依法执行职务,依照法定税率计算税额,依法征收税款。

各有关部门和单位应当支持、协助税务机关依法执行职务。

税务机关依法执行职务,任何单位和个人不得阻挠。

第六条 国家有计划地用现代信息技术装备各级税务机关,加强税收征收管理信息系统的现代化建设,建立、健全税务机关与政府其他管理机关的信息共享制度。

纳税人、扣缴义务人和其他有关单位应当按照国家有关规定如实向税务机关提供与纳税和代扣代缴、代收代缴税款有关的信息。

第七条 税务机关应当广泛宣传税收法律、行政法规,普及纳税知识,无偿地为纳税人提供纳税咨询服务。

第八条 纳税人、扣缴义务人有权向税务机关了解国家税收法律、行政法规的规定以及与纳税程序有关的情况。

纳税人、扣缴义务人有权要求税务机关为纳税人、扣缴义务人的情况保密。税务机关应当依法为纳税人、扣缴义务人的情况保密。

纳税人依法享有申请减税、免税、退税的权利。

纳税人、扣缴义务人对税务机关所作出的决定,享有陈述权、申辩权;依法享有申请行政复议、提起行政诉讼、请求国家赔偿等权利。

纳税人、扣缴义务人有权控告和检举税务机关、税务人员的违法违纪行为。

第九条 税务机关应当加强队伍建设,提高税务人员的政治业务素质。

税务机关、税务人员必须秉公执法,忠于职守,清正廉洁,礼貌待人,文明服务,尊重和保护纳税人、扣缴义务人的权利,依法接受监督。

税务人员不得索贿受贿、徇私舞弊、玩忽职守、不征或者少征应征税款;不得滥用职权多征税款或者故意刁难纳税人和扣缴义务人。

第十条 各级税务机关应当建立、健全内部制约和监督管理制度。

上级税务机关应当对下级税务机关的执法活动依法进行监督。

各级税务机关应当对其工作人员执行法律、行政法规和廉洁自律准则的情况进行监督检查。

第十一条 税务机关负责征收、管理、稽查、行政复议的人员的职责应当明确，并相互分离、相互制约。

第十二条 税务人员征收税款和查处税收违法案件，与纳税人、扣缴义务人或者税收违法案件有利害关系的，应当回避。

第十三条 任何单位和个人都有权检举违反税收法律、行政法规的行为。收到检举的机关和负责查处的机关应当为检举人保密。税务机关应当按照规定对检举人给予奖励。

第十四条 本法所称税务机关是指各级税务局、税务分局、税务所和按照国务院规定设立的并向社会公告的税务机构。

第二章　税务管理

第一节　税务登记

第十五条 企业，企业在外地设立的分支机构和从事生产、经营的场所，个体工商户和从事生产、经营的事业单位（以下统称从事生产、经营的纳税人）自领取营业执照之日起三十日内，持有关证件，向税务机关申报办理税务登记。税务机关应当于收到申报的当日办理登记并发给税务登记证件。

工商行政管理机关应当将办理登记注册、核发营业执照的情况，定期向税务机关通报。

本条第一款规定以外的纳税人办理税务登记和扣缴义务人办理扣缴税款登记的范围和办法，由国务院规定。

第十六条 从事生产、经营的纳税人，税务登记内容发生变化的，自工商行政管理机关办理变更登记之日起三十日内或者在向工商行政管理机关申请办理注销登记之前，持有关证件向税务机关申报办理变更或者注销税务登记。

第十七条 从事生产、经营的纳税人应当按照国家有关规定，持税务登记证件，在银行或者其他金融机构开立基本存款账户和其他存款账户，并将其全部账号向税务机关报告。

银行和其他金融机构应当在从事生产、经营的纳税人的账户中登录税务登记证件号码，并在税务登记证件中登录从事生产、经营的纳税人的账户账号。

税务机关依法查询从事生产、经营的纳税人开立账户的情况时，有关银行和其他金融机构应当予以协助。

第十八条 纳税人按照国务院税务主管部门的规定使用税务登记证件。税务登记证件不得转借、涂改、损毁、买卖或者伪造。

第二节　账簿、凭证管理

第十九条　纳税人、扣缴义务人按照有关法律、行政法规和国务院财政、税务主管部门的规定设置账簿,根据合法、有效凭证记账,进行核算。

第二十条　从事生产、经营的纳税人的财务、会计制度或者财务、会计处理办法和会计核算软件,应当报送税务机关备案。

纳税人、扣缴义务人的财务、会计制度或者财务、会计处理办法与国务院或者国务院财政、税务主管部门有关税收的规定抵触的,依照国务院或者国务院财政、税务主管部门有关税收的规定计算应纳税款、代扣代缴和代收代缴税款。

第二十一条　税务机关是发票的主管机关,负责发票印制、领购、开具、取得、保管、缴销的管理和监督。

单位、个人在购销商品、提供或者接受经营服务以及从事其他经营活动中,应当按照规定开具、使用、取得发票。

发票的管理办法由国务院规定。

第二十二条　增值税专用发票由国务院税务主管部门指定的企业印制;其他发票,按照国务院税务主管部门的规定,分别由省、自治区、直辖市国家税务局、地方税务局指定企业印制。

未经前款规定的税务机关指定,不得印制发票。

第二十三条　国家根据税收征收管理的需要,积极推广使用税控装置。纳税人应当按照规定安装、使用税控装置,不得损毁或者擅自改动税控装置。

第二十四条　从事生产、经营的纳税人、扣缴义务人必须按照国务院财政、税务主管部门规定的保管期限保管账簿、记账凭证、完税凭证及其他有关资料。

账簿、记账凭证、完税凭证及其他有关资料不得伪造、变造或者擅自损毁。

第三节　纳税申报

第二十五条　纳税人必须依照法律、行政法规规定或者税务机关依照法律、行政法规的规定确定的申报期限、申报内容如实办理纳税申报,报送纳税申报表、财务会计报表以及税务机关根据实际需要要求纳税人报送的其他纳税资料。

扣缴义务人必须依照法律、行政法规规定或者税务机关依照法律、行政法规的规定确定的申报期限、申报内容如实报送代扣代缴、代收代缴税款报告表以及税务机关根据实际需要要求扣缴义务人报送的其他有关资料。

第二十六条　纳税人、扣缴义务人可以直接到税务机关办理纳税申报或者报送代扣代缴、代收代缴税款报告表,也可以按照规定采取邮寄、数据电文或者其他方式办理上述申报、报送事项。

第二十七条 纳税人、扣缴义务人不能按期办理纳税申报或者报送代扣代缴、代收代缴税款报告表的,经税务机关核准,可以延期申报。

经核准延期办理前款规定的申报、报送事项的,应当在纳税期内按照上期实际缴纳的税额或者税务机关核定的税额预缴税款,并在核准的延期内办理税款结算。

第三章 税款征收

第二十八条 税务机关依照法律、行政法规的规定征收税款,不得违反法律、行政法规的规定开征、停征、多征、少征、提前征收、延缓征收或者摊派税款。

农业税应纳税额按照法律、行政法规的规定核定。

第二十九条 除税务机关、税务人员以及经税务机关依照法律、行政法规委托的单位和人员外,任何单位和个人不得进行税款征收活动。

第三十条 扣缴义务人依照法律、行政法规的规定履行代扣、代收税款的义务。对法律、行政法规没有规定负有代扣、代收税款义务的单位和个人,税务机关不得要求其履行代扣、代收税款义务。

扣缴义务人依法履行代扣、代收税款义务时,纳税人不得拒绝。纳税人拒绝的,扣缴义务人应当及时报告税务机关处理。

税务机关按照规定付给扣缴义务人代扣、代收手续费。

第三十一条 纳税人、扣缴义务人按照法律、行政法规规定或者税务机关依照法律、行政法规的规定确定的期限,缴纳或者解缴税款。

纳税人因有特殊困难,不能按期缴纳税款的,经省、自治区、直辖市国家税务局、地方税务局批准,可以延期缴纳税款,但是最长不得超过三个月。

第三十二条 纳税人未按照规定期限缴纳税款的,扣缴义务人未按照规定期限解缴税款的,税务机关除责令限期缴纳外,从滞纳税款之日起,按日加收滞纳税款万分之五的滞纳金。

第三十三条 纳税人依照法律、行政法规的规定办理减税、免税。

地方各级人民政府、各级人民政府主管部门、单位和个人违反法律、行政法规规定,擅自作出的减税、免税决定无效,税务机关不得执行,并向上级税务机关报告。

第三十四条 税务机关征收税款时,必须给纳税人开具完税凭证。扣缴义务人代扣、代收税款时,纳税人要求扣缴义务人开具代扣、代收税款凭证的,扣缴义务人应当开具。

第三十五条 纳税人有下列情形之一的,税务机关有权核定其应纳税额:

(一)依照法律、行政法规的规定可以不设置帐簿的;

(二)依照法律、行政法规的规定应当设置帐簿但未设置的;

(三)擅自销毁帐簿或者拒不提供纳税资料的;

(四)虽设置帐簿,但帐目混乱或者成本资料、收入凭证、费用凭证残缺不全,难以查帐的;

(五)发生纳税义务,未按照规定的期限办理纳税申报,经税务机关责令限期申报,逾期仍不申报的;

(六)纳税人申报的计税依据明显偏低,又无正当理由的。

税务机关核定应纳税额的具体程序和方法由国务院税务主管部门规定。

第三十六条 企业或者外国企业在中国境内设立的从事生产、经营的机构、场所与其关联企业之间的业务往来,应当按照独立企业之间的业务往来收取或者支付价款、费用;不按照独立企业之间的业务往来收取或者支付价款、费用,而减少其应纳税的收入或者所得额的,税务机关有权进行合理调整。

第三十七条 对未按照规定办理税务登记的从事生产、经营的纳税人以及临时从事经营的纳税人,由税务机关核定其应纳税额,责令缴纳;不缴纳的,税务机关可以扣押其价值相当于应纳税款的商品、货物。扣押后缴纳应纳税款的,税务机关必须立即解除扣押,并归还所扣押的商品、货物;扣押后仍不缴纳应纳税款的,经县以上税务局(分局)局长批准,依法拍卖或者变卖所扣押的商品、货物,以拍卖或者变卖所得抵缴税款。

第三十八条 税务机关有根据认为从事生产、经营的纳税人有逃避纳税义务行为的,可以在规定的纳税期之前,责令限期缴纳应纳税款;在限期内发现纳税人有明显的转移、隐匿其应纳税的商品、货物以及其他财产或者应纳税的收入的迹象的,税务机关可以责成纳税人提供纳税担保。如果纳税人不能提供纳税担保,经县以上税务局(分局)局长批准,税务机关可以采取下列税收保全措施:

(一)书面通知纳税人开户银行或者其他金融机构冻结纳税人的金额相当于应纳税款的存款;

(二)扣押、查封纳税人的价值相当于应纳税款的商品、货物或者其他财产。

纳税人在前款规定的限期内缴纳税款的,税务机关必须立即解除税收保全措施;限期期满仍未缴纳税款的,经县以上税务局(分局)局长批准,税务机关可以书面通知纳税人开户银行或者其他金融机构从其冻结的存款中扣缴税款,或者依法拍卖或者变卖所扣押、查封的商品、货物或者其他财产,以拍卖或者变卖所得抵缴税款。

个人及其所扶养家属维持生活必需的住房和用品,不在税收保全措施的范围之内。

第三十九条 纳税人在限期内已缴纳税款,税务机关未立即解除税收保全措施,使纳税人的合法利益遭受损失的,税务机关应当承担赔偿责任。

第四十条 从事生产、经营的纳税人、扣缴义务人未按照规定的期限缴纳或者解缴税款,纳税担保人未按照规定的期限缴纳所担保的税款,由税务机关责令限期缴纳,逾期仍未缴纳的,经县以上税务局(分局)局长批准,税务机关可以采取下列强制执行措施:

(一)书面通知其开户银行或者其他金融机构从其存款中扣缴税款;

(二)扣押、查封、依法拍卖或者变卖其价值相当于应纳税款的商品、货物或者其他财产,以拍卖或者变卖所得抵缴税款。

税务机关采取强制执行措施时,对前款所列纳税人、扣缴义务人、纳税担保人未缴纳的滞纳金同时强制执行。

个人及其所扶养家属维持生活必需的住房和用品,不在强制执行措施的范围之内。

第四十一条 本法第三十七条、第三十八条、第四十条规定的采取税收保全措施、强制执行措施的权力,不得由法定的税务机关以外的单位和个人行使。

第四十二条 税务机关采取税收保全措施和强制执行措施必须依照法定权限和法定程序,不得查封、扣押纳税人个人及其所扶养家属维持生活必需的住房和用品。

第四十三条 税务机关滥用职权违法采取税收保全措施、强制执行措施,或者采取税收保全措施、强制执行措施不当,使纳税人、扣缴义务人或者纳税担保人的合法权益遭受损失的,应当依法承担赔偿责任。

第四十四条 欠缴税款的纳税人或者他的法定代表人需要出境的,应当在出境前向税务机关结清应纳税款、滞纳金或者提供担保。未结清税款、滞纳金,又不提供担保的,税务机关可以通知出境管理机关阻止其出境。

第四十五条 税务机关征收税款,税收优先于无担保债权,法律另有规定的除外;纳税人欠缴的税款发生在纳税人以其财产设定抵押、质押或者纳税人的财产被留置之前的,税收应当先于抵押权、质权、留置权执行。

纳税人欠缴税款,同时又被行政机关决定处以罚款、没收违法所得的,税收优先于罚款、没收违法所得。

税务机关应当对纳税人欠缴税款的情况定期予以公告。

第四十六条 纳税人有欠税情形而以其财产设定抵押、质押的,应当向抵押权人、质权人说明其欠税情况。抵押权人、质权人可以请求税务机关提供有关的欠税情况。

第四十七条 税务机关扣押商品、货物或者其他财产时,必须开付收据;查封商品、货物或者其他财产时,必须开付清单。

第四十八条 纳税人有合并、分立情形的,应当向税务机关报告,并依法缴清税款。纳税人合并时未缴清税款的,应当由合并后的纳税人继续履行未履行的纳税义务;纳税人分立时未缴清税款的,分立后的纳税人对未履行的纳税义务应当承担连带责任。

第四十九条 欠缴税款数额较大的纳税人在处分其不动产或者大额资产之前,应当向税务机关报告。

第五十条 欠缴税款的纳税人因怠于行使到期债权,或者放弃到期债权,或者无偿转让财产,或者以明显不合理的低价转让财产而受让人知道该情形,对国家税收造成损害的,税务机关可以依照合同法第七十三条、第七十四条的规定行使代位权、撤销权。

税务机关依照前款规定行使代位权、撤销权的,不免除欠缴税款的纳税人尚未履行的纳税义务和应承担的法律责任。

第五十一条 纳税人超过应纳税额缴纳的税款,税务机关发现后应当立即退还;纳税人自结算缴纳税款之日起三年内发现的,可以向税务机关要求退还多缴的税款并加算银行同期存款利息,税务机关及时查实后应当立即退还;涉及从国库中退库的,依照法律、行政法规有关国库管理的规定退还。

第五十二条 因税务机关的责任,致使纳税人、扣缴义务人未缴或者少缴税款的,税务机关在三年内可以要求纳税人、扣缴义务人补缴税款,但是不得加收滞纳金。

因纳税人、扣缴义务人计算错误等失误,未缴或者少缴税款的,税务机关在三年内可以追征税款、滞纳金;有特殊情况的,追征期可以延长到五年。

对偷税、抗税、骗税的,税务机关追征其未缴或者少缴的税款、滞纳金或者所骗取的税款,不受前款规定期限的限制。

第五十三条 国家税务局和地方税务局应当按照国家规定的税收征收管理范围和税款入库预算级次,将征收的税款缴入国库。

对审计机关、财政机关依法查出的税收违法行为,税务机关应当根据有关机关的决定、意见书,依法将应收的税款、滞纳金按照税款入库预算级次缴入国库,并将结果及时回复有关机关。

第四章　税　务　检　查

（略）

第五章　法　律　责　任

（略）

第六章　附　　　则

（略）

附录6 "十四五"国家审计工作发展规划

《中华人民共和国国民经济和社会发展第十四个五年规划和2035年远景目标纲要》(以下简称国家"十四五"规划纲要)是我国开启全面建设社会主义现代化国家新征程的宏伟蓝图,是全国各族人民共同的行动纲领。为深入贯彻落实习近平总书记关于审计工作的重要讲话和重要指示批示精神,更好发挥审计在党和国家监督体系中的重要作用,根据国家"十四五"规划纲要,结合审计工作实际,制定"十四五"国家审计工作发展规划。

第一部分 发展环境和指导方针

做好"十四五"时期的审计工作,必须深刻认识审计工作面临的发展环境,牢牢把握审计工作的指导方针。

一、发展环境

党的十八大以来,党中央将审计作为党和国家监督体系的重要组成部分,作出一系列重大决策部署。习近平总书记亲自谋划、亲自部署、亲自推动审计领域重大工作,为审计事业发展指明了前进方向、提供了根本遵循。"十三五"时期,全国审计机关坚持以习近平新时代中国特色社会主义思想为指导,围绕《中华人民共和国国民经济和社会发展第十三个五年规划纲要》的主要目标、任务和重大举措,认真贯彻党中央、国务院重大决策部署,扎实推进审计管理体制改革,稳步推进审计全覆盖,做好常态化"经济体检"工作,累计审计50多万个单位,促进增收节支和挽回损失2.2万多亿元,推动建立健全规章制度3.7万多项,移送重大问题线索3.9万多件,为促进中央令行禁止、维护国家经济安全、推动全面深化改革、促进全面依法治国、推进廉政建设等作出了积极贡献。

"十四五"时期是我国全面建成小康社会、实现第一个百年奋斗目标之后,乘势而上开启全面建设社会主义现代化国家新征程、向第二个百年奋斗目标进军的第一个五年,审计工作面临新的形势、任务和机遇。

——国际国内环境对审计工作提出新挑战。当今世界正经历百年未有之大变局,国际环境的不稳定性不确定性明显增加,经济全球化遭遇逆流。我国已转向高质量发展阶段,同时发展不平衡不充分问题仍然突出,重点领域关键环节改革任务仍然艰巨。审计机关要深刻认识我国社会主要矛盾变化带来的新特征新要求,深刻认识错综复杂的国际环境带来的新矛盾新挑战,增强机遇意识和风险意识,认识和把握发展规律,发扬斗争精神,增强斗争本领,树立底线思维,准确识变、科学应变、主动求变,不断开创审计工作新局面。

——新时代赋予审计工作新职责新使命。审计工作涉及党和国家事业全局,必须在党中央集中统一领导下开展。党的十九大作出改革审计管理体制的决定,党的十九届三中全会决定组建中央审计委员会,要求构建集中统一、全面覆盖、权威高效的审计监督体系,更好发挥审计监督作用。审计机关要深刻认识和准确把握新时代的新特点、新使命、新部署、新要求,自觉在思想上政治上行动上同以习近平同志为核心的党中央保持高度一致,认真落实党中央对审计工作的部署要求,在审计理念、审计手段、审计管理的改革创新上下功夫,不断完善审计制度,使中国特色社会主义审计制度更加成熟、更加定型。

——审计工作还存在一些短板。审计运行体制机制与党中央对审计工作集中统一领导的要求还不完全适应;审计作用发挥与党中央部署要求仍有差距,全国审计工作发展还不平衡;审计全覆盖的质量和水平需要提高,审计成果的质量、层次和水平有待提升;主责主业聚焦不够,审计工作任务重与力量不足的矛盾较突出,干部队伍能力素质不能完全适应审计事业发展需要,审计信息化建设需进一步加强,审计组织方式需进一步优化。审计机关要坚持问题导向,精准施策,力补短板,推动审计工作高质量发展。

二、指导思想

审计作为党和国家监督体系的重要组成部分,要坚持以习近平新时代中国特色社会主义思想为指导,深入贯彻党的十九大和十九届二中、三中、四中、五中全会精神,增强"四个意识"、坚定"四个自信"、做到"两个维护",坚持党中央对审计工作的集中统一领导,坚持稳中求进工作总基调,立足新发展阶段,贯彻新发展理念,构建新发展格局,以推动高质量发展为主题,围绕统筹推进"五位一体"总体布局和协调推进"四个全面"战略布局,依法全面履行审计监督职责,深化审计制度改革,加强全国审计工作统筹,加快构建集中统一、全面覆盖、权威高效的审计监督体系,更好发挥审计在推进国家治理体系和治理能力现代化中的作用,为全面建设社会主义现代化国家开好局、起好步提供监督保障。

三、基本原则

——坚持党的全面领导。深入学习贯彻习近平总书记关于审计工作的重要讲话和重要指示批示精神,坚持和完善党领导审计工作的制度机制,坚持和完善中国特色社会主义审计制度,全面落实党中央对审计工作集中统一领导的各项要求,不断提高贯彻新发展理念的能力和水平,为构建新发展格局、实现高质量发展发挥好监督保障作用。

——坚持依法审计、客观公正。依法全面履行审计监督职责,始终做到法定职责必须为、法无授权不可为,聚焦主责主业,依照法定职责、权限和程序行使审计监督权。坚持原则、恪尽职守、勤勉尽责,始终做到查真相、说真话、报实情。全面辩证地看待审计发现的问题,按照"三个区分开来"要求,客观审慎作出评价和结论。

——坚持以人民为中心。坚持人民主体地位,站稳人民立场,坚持把促进实现好、维护好、发展好最广大人民根本利益作为审计工作的出发点和落脚点,紧扣我国社会主要矛盾变化,把改善人民生活品质、推动共同富裕作为审计工作的切入点和着力点,推动党中央、国务院各项惠民富民政策落到实处。

——坚持改革创新。与时俱进,推进审计理念、思路、方法、制度、机制创新,及时揭示和反映经济社会各领域的新情况、新问题、新趋势。坚持用改革的视角发现问题,以改革的思路推动解决问题,做到揭示问题与推动解决问题相统一,揭示问题、规范管理、促进改革一体推进。

——坚持系统观念。立足审计工作全国一盘棋,强化党委审计委员会对本地区审计工作的统筹协调、整体推进、督促落实,强化上级审计机关对下级审计机关的领导,强化审计工作的前瞻性、整体性和协同性。增强政治意识,围绕"国之大者"谋划和开展审计工作,善于从政治上看问题,善于把握政治大局,不断提高政治判断力、政治领悟力、政治执行力。

四、主要目标

按照国家"十四五"规划纲要确定的经济社会发展目标,结合审计工作实际,确定以下主要目标。

——健全集中统一的审计工作体制机制。把加强党对审计工作的领导落实到审计工作全过程各环节,构建完成覆盖全国、上下贯通、执行有力的组织体系,健全党中央关于审计工作的重大决策部署落实机制、军地联合审计工作机制；健全各级党委审计委员会关于审计领域重大事项请示报告制度，形成审计工作全国一盘棋。

——着力构建全面覆盖的审计工作格局。统筹各级审计力量，拓展审计监督的广度和深度，消除监督盲区，形成多层次、全方位的审计监督体系，确保党中央重大政策措施部署到哪里、国家利益延伸到哪里、公共资金运用到哪里、公权力行使到哪里，审计监督就跟进到哪里。实现审计全覆盖纵向与横向相统一、有形与有效相统一、数量与质量相统一。

——推动形成权威高效的审计工作运行机制。坚持依法审计，用事实和数据说话，维护审计监督的权威性和公信力。坚持党政同责、同责同审，促进权力规范运行。建立健全审计查出问题整改长效机制。着力构建审计计划、组织实施、复核审理、督促整改等既相互分离又相互制约的审计工作机制，不断提升审计管理的制度化、规范化、信息化水平。

第二部分　依法全面履行审计监督职责

做好"十四五"时期的审计工作，必须围绕国家经济社会发展主要目标，把党的领导落实到审计工作全过程各环节，依法全面履行审计监督职责，治已病、防未病，发挥好审计机关对推进国家"十四五"规划纲要实施的监督作用。

五、政策落实跟踪审计

以贯彻落实党中央、国务院重大决策部署，促进政令畅通为目标，明确政策落实跟踪审计定位，加大对经济社会运行中各类风险隐患揭示力度，及时发出预警；加大对重点民生资金和项目审计力度，维护人民利益。改进项目组织实施方式，做实政策落实跟踪审计项目，按照中央重大决策部署安排审计，一个方面政策落实跟踪审计内容原则上列为一个项目。强化审计成果运用，拓展审计监督的广度和深度。

——构建覆盖中央部门、省本级、市县基层全链条跟踪审计机制。对党中央、国务院确定的重大决策部署，要顺着政策落实的全链条、各环节开展跟踪审计，全面掌握政策落实中各利益攸关方的意见建议，对市县基层落实情况要有一定的抽审面，客观反映政策落实的实际效果。

——建立各专业审计与国家重大政策措施有效对接机制。审计机关各专业审计职能部门应将自身职责与党中央、国务院和地方各级党委、政府制定的重大政策措施有效对接,每年选择若干项关系经济社会发展大局的政策措施,集中力量开展专项审计,发挥专业优势,确保审深审透。

——明确各级审计机关的职责定位。审计署及省级审计机关重在加强政策分析研究,提出政策落实跟踪审计项目库意见建议,研究审计重点事项和审计思路,完成项目组织和自身承担的实施工作,综合汇总政策落实情况的审计结果,反映重要审计情况。审计机关的派出机构和市县审计机关重在抓好审计实施,掌握被审计地区相关政策措施落实情况,揭示政策落实中的突出问题,提出需要上级部门完善政策措施的意见建议。

六、财政审计

以增强预算执行和财政收支的真实性、合法性和效益性,推进预算规范管理、建立现代财税体制、优化投资结构为目标,加强对预算执行、重点专项资金和重大公共工程投资等的审计。

——财政预算执行及决算草案审计。围绕财政预算执行过程和结果,每年对各级政府预算执行及决算草案进行审计,重点关注预算收入统筹、预算支出管理和财政支出标准化推进、预算编制的合规性和完整性、预算执行和绩效管理、政府财务报告体系建设及实施等情况,促进加强财政资源统筹,优化财政支出结构,增强国家重大战略任务财力保障。

——部门预算执行及决算草案审计。围绕部门预算的完整性、规范性、真实性,重点关注预算执行、中央八项规定精神落实以及财经法纪执行等情况,对各级党政工作部门、事业单位、人民团体等部门预算执行和决算草案 5 年内至少审计 1 次,重点部门和单位每年安排审计,深入揭示预算执行中各类违规和管理不规范问题,促进各预算单位规范管理,增强预算约束。

——重点专项资金审计。围绕重点领域预算绩效管理,重点关注科技、文化、网络安全和信息化等专项资金分配、管理和使用情况,以及相关的政策目标实现情况,推动中央与地方政府事权和支出责任划分改革,促进完善转移支付制度和重点专项资金提质增效。

——政府债务审计。围绕党中央、国务院关于防范化解地方政府债务风险的部署,重点关注地方政府债务风险防控、隐性债务化解和地方政府债券资金使用绩效等情况,推动健全政府债务管理制度,遏制地方政府隐性债务增量、稳妥化解存量,提高政府债券资金使用绩效。

——税收、非税收入和社会保险费征管审计。围绕税务、海关等部门职责履行和权力运行,重点关注税费征管真实性完整性、税费优惠政策落实、口岸通关便利化、进出境货物监管、征管风险防范,以及收入征管制度改革推进等情况,推动健全收入征管制度,提升收入征管质效,完善税务海关执法制度和机制,规范执法行为。

——重大公共工程投资审计。围绕重大公共工程项目预算执行、决算和建设运营,重点关注交通、能源、水利等行业专项规划落实、项目建设管理、资金筹集及管理使用、生态环境保护、建设用地和征地拆迁等情况,持续开展北京冬奥会、川藏铁路等基础设施建设跟踪审计,促进国家"十四五"规划纲要确定的重大工程项目及相关政策落实,提高投资绩效,推动投融资体制改革。

——国外贷援款项目审计。围绕我国政府与国际金融组织和外国政府签订协议约定的职责,在项目执行期内每年开展1次审计,重点关注国外贷援款项目财务收支、项目执行和绩效情况,以及债务管理情况,促进提高项目质量和外资使用效益,推动实现高水平对外开放。

认真履行联合国审计委员会委员工作职责,切实做好联合国审计。

七、国有企业审计

以推动深化国资国企改革、加快国有经济布局优化和结构调整、健全管资本为主的国有资产监管体制为目标,加强对国有及国有资本占控股或主导地位的国有企业以及国有资本监管部门的审计。

——国有企业资产负债损益审计。围绕国有企业资产负债损益的真实性、合法性、效益性,重点关注国有企业重大投资项目、资产处置以及风险防控等情况,促进企业提升财务管理水平和会计信息质量,提高经营管理绩效和国有资产(资本)保值增值。

——国有企业改革审计。围绕国企改革"1+N"制度体系和三年行动方案决策部署,重点关注混合所有制改革和自然垄断行业改革、国有企业法人治理结构和健全市场化经营机制、国有企业科研投入、科技成果转化和核心技术创新攻关等情况,促进完善中国特色现代企业制度,推动提升企业技术创新能力。

——国有资本投资、运营和监管审计。围绕"管企业"向"管资本"转变,重点关注国资监管部门履行监管职责、国有资本投资运营情况,推动监管部门职能转变、优化管资本方式,提升国有资本经营预算执行绩效,促进优化国有资本布局、规范国有资本运作、提高国有资本配置和运行效率。

——境外投资和境外国有资产审计。围绕境外投资和境外国有资产安全、规范、高效运营,重点关注国有企业贯彻落实党中央、国务院关于"走出去"和"一带一路"建设决策部署、境外重大投资风险防范和重大项目建设管理、境外国有资产经营绩效和安全完整等情况,促进提升企业国际化经营和抗风险能力,实现安全、规范、高效走出去,更好服务国家发展大局。

八、金融审计

以防范化解重大风险、促进金融服务实体经济,推动深化金融供给侧结构性改革、建立安全高效的现代金融体系为目标,加强对金融监管部门、金融机构和金融市场运行的审计。

——防范化解金融风险情况审计。围绕统筹发展与安全、守住不发生系统性风险底线,持续关注重点地区、重点领域、金融机构、金融市场以及跨机构、跨市场的风险状况,促进健全金融风险防控、预警、处置、问责的制度体系,维护金融市场健康平稳运行。

——金融监管部门职能履行情况审计。围绕金融监管部门职能履行,重点关注利率市场化改革和货币政策执行效果,多层次资本市场体系建设,宏观及微观审慎监管的框架、措施和规则的制定和执行,金融基础设施建设完善等情况,促进健全金融监管制度,提升金融监管效能,推动建设现代中央银行制度和完善现代金融监管体系。

——金融机构经营管理情况审计。围绕金融机构资产负债损益的真实性、合法性、效益性,重点关注金融机构资产质量、经营管理、风险防控、公司治理及内部管控等情况,促进金融机构完善公司治理,依法合规经营,增强竞争能力。

——金融服务实体经济情况审计。围绕深化金融供给侧结构性改革和扩大开放,重点关注金融服务实体经济重点领域和薄弱环节的情况,促进信贷结构优化、提高直接融资比重、降低实体经济融资成本、服务创新驱动发展战略、增强金融普惠性,推动构建金融有效支持实体经济的体制机制。

九、农业农村审计

以促进提高农业质量效益和竞争力,保障国家粮食安全,推动巩固拓展脱贫攻坚成果和全面推进乡村振兴为目标,聚焦惠农政策落实和涉农资金安全绩效,加强对农业农村相关专项资金、项目和政策落实情况的审计。

——粮食和重要农产品稳产保供相关政策落实情况审计。围绕藏粮于地、藏粮于技任务落实、种质资源和耕地保护,重点关注高标准农田建设、黑土地保护、农业水利设施建设、农业科技和现代种业发展、农业结构调整等情况,推动强化耕地数量保护和质量提升,保护种粮积极性,促进增强农业综合生产能力和深化农业供给侧结构性改革。

——乡村建设行动实施情况审计。围绕乡村建设规划提出的目标任务、重要项目和措施等,重点关注乡村产业发展、农村人居环境整治和农业废弃物综合利用、乡村基础设施建设,以及改善乡村公共服务情况,推动健全城乡融合发展体制机制和建设美丽宜居宜业乡村,促进农民增收。

——农业农村改革任务推进情况审计。围绕深化农业农村改革、加强农业农村发展要素保障等,重点关注农村集体产权制度改革以及完善农业补贴、农业保险等政策落实情况,促进巩固完善农村基本经营制度、健全农业农村投入保障制度。

——巩固拓展脱贫攻坚成果同乡村振兴有效衔接情况审计。围绕扶贫项目资金资产管理使用、农村社会保障和救助、易地扶贫搬迁后续帮扶、脱贫地区特色种养业提升等,重点关注脱贫地区产业可持续发展、农村低收入人口和欠发达地区帮扶政策落实等情况,促进健全防止返贫动态监测和精准帮扶机制,推动巩固拓展脱贫攻坚成果与乡村振兴有效衔接,提升脱贫地区整体发展水平。

十、资源环境审计

以加快推动绿色低碳发展,改善生态环境质量,提高资源利用效率,助力美丽中国建设为目标,全面深化领导干部自然资源资产离任审计,加强对生态文明建设领域资金、项目和相关政策落实情况的审计。

——领导干部自然资源资产离任审计。围绕中央关于加强领导干部自然资源资产离任审计的决策部署,重点关注自然资源资产管理、国土空间规划、碳达峰碳中和、污染防治攻坚战等重大任务落实情况,加快建立健全审计评价标准和指标体系,促进领导干部落实生态文明建设责任制。

——资源环境专项资金审计。围绕节能减排、污染防治、生态保护修复、资源开发利用等财政专项资金投入、分配、管理和使用情况,重点关注生态环境保护修复重大工程、环境基础设施、资源循环利用等重点项目的实施效果,保障资金安全,促进政策目标实现。

——生态文明建设政策落实情况审计。围绕国家"十四五"规划纲要中生态文明建设目标任务,重点关注碳排放碳达峰行动推进、绿色发展政策体系构建、"绿色生态"约束性指标完成、生态保护补偿机制建设、生态安全和环境风险防控等情况,促进经济社会发展全面绿色转型。

十一、民生审计

以提高保障和改善民生水平,确保兜牢基本民生底线,推动民生领域相关改革任务落实落地,促进健全多层次社会保障体系,维护好最广大人民根本利益为目标,加强对就业、社会保障、住房、教育和卫生健康等重点民生资金、项目和相关政策落实情况的审计。

——就业优先政策落实情况审计。围绕减负、稳岗、扩就业等资金管理使用情况,重点关注职业技能提升行动、创业带动就业、就业帮扶等就业保障政策落实情况,推动落实高校毕业生、退役军人、农民工、灵活就业人员、新业态就业人员等重点群体就业保障,促进提高就业补助资金使用效益,健全就业公共服务体系。

——社会保险基金审计。围绕养老、医疗等社会保险基金和积极应对人口老龄化相关资金管理使用情况,重点关注社会保险基金筹集使用和运行风险,推动实现基本养老保险全国统筹和基本医疗、失业、工伤保险省级统筹等改革任务目标,完善养老服务体系,促进社会保险制度公平和可持续发展。

——社会救助、社会福利等兜底保障政策落实和资金使用情况审计。围绕最低生活保障、特困人员供养、医疗救助、残疾人补贴、优抚安置、彩票公益金等专项资金管理使用情况,重点关注资金申请、审核、分配、使用等环节存在的突出问题,推动特殊困难群体基本生活保障到位,促进完善优化分层分类、城乡统筹的社会救助体系。

——住房保障体系建设和改革推进情况审计。围绕保障性安居工程、住房公积金、住宅专项维修资金等住房保障资金管理情况,重点关注城镇老旧小区改造、保障性租赁住房和共有产权住房建设、住房制度改革等政策落实情况,促进完善住房市场体系和住房保障体系,提高住房保障有效供给,推动城市更新建设,有效解决困难群众和大城市新市民、青年人等重点群体住房困难问题。

——高质量教育体系建设和改革推进情况审计。围绕基础教育、职业教育、普通高等教育等领域专项资金管理使用情况,重点关注学前教育普及普惠优质发展、义务教育均衡发展和城乡一体化、职业教育改革、高校"双一流"建设等政策落实情况,推动教育经费保障机制、教师队伍建设、人才培养等方面深化改革,落实"立德

——卫生健康体系建设和改革推进情况审计。围绕公共卫生体系建设、医疗服务与保障能力提升、国家基本药物制度等资金投入和管理使用情况,重点关注重大疫情防控救治体系、基层公共卫生体系、应对突发公共卫生事件能力和分级诊疗体系等建设,以及医药卫生体制改革推进情况,促进提升公共卫生服务水平和医疗资源有效配置,推动健康中国战略贯彻落实。

十二、经济责任审计

以强化干部管理监督,促进干部履职尽责、担当作为为目标,加强对各级党政主要领导干部和国有企事业单位主要领导人员经济责任审计。

——科学确定经济责任审计计划和审计重点。科学制定经济责任审计计划,以任中审计为主,坚持党政同责、同责同审。围绕领导干部权力运行和责任落实,根据不同类别、不同级次、不同地区(部门、单位)领导干部的履职特点,进一步规范经济责任审计重点内容,重点关注贯彻落实党和国家重大经济方针政策和决策部署,地区(部门、单位)重要发展规划制定、执行和效果,重大经济决策,财政财务收支和经济运行风险防范,以及在经济活动中落实党风廉政建设责任和遵守廉洁从政(从业)规定等情况。

——规范经济责任审计评价。以查清的事实为依据,以法律法规和政策制度为准绳,在审计范围内,对被审计领导干部履行经济责任情况进行评价,认真贯彻落实"三个区分开来"要求,考虑历史情况,着眼长远发展,准确界定责任,力求审计结论客观公正、问题处理实事求是,鼓励探索创新,支持担当作为。

——推动深化经济责任审计结果运用。加强与经济责任审计工作联席会议成员单位及有关部门协作配合,发挥监督合力,健全完善联合反馈审计结果、联合督查审计整改等工作机制,及时向被审计领导干部及其所在单位反馈审计情况、提出整改要求、开展整改督查,推动将经济责任审计结果以及整改情况作为考核、任免、奖惩被审计领导干部的重要参考。

十三、督促审计查出问题全面整改落实

深入贯彻落实习近平总书记关于审计整改工作的重要指示批示精神,坚持以推动审计查出问题有效整改、巩固和拓展审计整改效果为目标,坚持揭示问题与推动解决问题相统一,推动建立健全审计查出问题整改长效机制,做实审计监督后半

篇文章。

——强化审计整改责任落实。各级党委审计委员会要及时研究审计查出重大问题的处理意见,统筹协调并督促落实。审计机关要推动被审计单位压实整改主体责任,强化主管部门对其管辖行业领域的监督管理责任。及时组织对审计整改情况进行跟踪督促检查,以后年度审计中也要重点关注以前年度审计整改情况,重点核实整改结果的真实性和完整性,防止敷衍整改、虚假整改。推进审计监督与人大预算决算审查监督、国有资产管理情况监督有机结合,形成监督合力。

——健全审计整改工作机制。对审计查出的问题,形成问题清单,逐项分解到有关地区、部门和单位,明确整改责任主体,整改要求要科学合理、分类施策:对于能够立行立改的,提出明确、具体、可操作、标准统一的整改要求;涉及体制机制或相关法规政策不完善的,提出深化改革、完善制度的意见建议,督促有关部门单位研究改进。加强审计整改信息化建设,采取网上追踪和现场检查相结合、对账销号等方式,推动提升整改效果,实现审计整改由治标多治本少向标本兼治转变。

——推动审计整改结果运用。加强与有关部门的沟通联动,推动把审计监督与党管干部、纪律检查、追责问责结合起来,将审计整改情况作为考核、任免、奖惩领导干部的重要参考。推动健全审计整改约谈和责任追究机制,对拒不整改、推诿整改、敷衍整改、虚假整改的,审计机关可提出处理意见建议,按照干部管理权限提请纪检监察机关、组织人事部门或主管部门研究处理。

第三部分 落实各项保障措施

做好"十四五"时期的审计工作,必须把坚持党中央对审计工作的集中统一领导细化、实化、制度化,加强审计业务管理、干部队伍建设和信息化建设,不断彰显中国特色社会主义审计的政治优势和制度优势。

十四、坚持党中央对审计工作的集中统一领导

进一步巩固和深化审计管理体制改革成果,认真落实党中央对审计工作集中统一领导的各项要求,确保审计工作有序高效,党中央关于审计工作的决策部署及时传导、不折不扣得到落实,切实做到"两个维护"。

——健全各级党委审计委员会工作运行机制。地方各级党委审计委员会要加强对本地区审计工作的领导,立足区域发展战略和本地区实际,增强审计工作的针

对性和有效性。上级党委审计委员会要加强对下级党委审计委员会工作的领导。各级党委审计委员会办公室要认真履职尽责,加强研究谋划、沟通协调、服务保障、督察督办,确保各项部署要求落到实处。

——完善推动党中央关于审计工作的重大决策部署落实机制。各级党委审计委员会要及时传达学习党中央关于审计工作的重大决策部署、习近平总书记关于审计工作的重要讲话和重要指示批示精神、中央审计委员会的议定事项,结合实际研究制定贯彻落实的具体措施。各级党委审计委员会办公室要建立健全审计监督重大事项督察督办制度,建立定期"回头看"和报告、通报、问责制度,加大督察督办力度,确保党中央决策部署有效落实。

——严格执行审计领域重大事项请示报告制度。对重要审计情况、重要审计报告、重大违纪违法问题线索及其处理意见等,审计机关要首先向本级党委审计委员会请示报告,经批准后再按法定程序办理。下级党委审计委员会重大事项要向上级党委审计委员会请示报告,委员会主要负责同志为第一责任人,对请示报告工作负总责。制定审计领域重大事项请示报告清单,实行重大事项请示报告责任追究制度。

——加强对全国审计工作的领导。坚持审计工作全国一盘棋,强化上级审计机关对下级审计机关的领导,上级审计机关要加强审计项目计划的统筹和管理,优化审计组织方式,合理配置审计资源,加强对下级审计机关的考核和干部管理。优化审计机关内部机构设置,增强派出审计机构力量。健全完善军地联合审计工作机制,积极稳妥推进军地联合审计工作。加强对内部审计工作的指导和监督,依法核查社会审计机构出具的审计报告,增强审计监督合力。

十五、全面加强审计业务管理

加大审计创新力度,在盘活用好审计资源上下功夫、挖潜力,向统筹要效率,靠创新提效能。

——创新审计理念思路。积极开展研究型审计,系统深入研究和把握党中央、国务院重大经济决策部署的出台背景、战略意图、改革目标等根本性、方向性问题,不断提升审计工作政治性和前瞻性。转变审计思路,既要善于发现问题,更要注重解决问题,发挥审计的建设性作用。根据审计实践需要,强化审计理论研究,推动审计理论、审计实践和审计制度创新。

——创新审计组织方式。根据审计项目性质,综合运用上审下、交叉审、同级审等审计组织方式,对涉及全国的大项目,统一调度兵力打好决战;对急难险重的任务,集中优势兵力打好歼灭战;对党中央临时交办、时效性强的任务,快速集合兵力打好闪击战;对历史遗留问题和体制机制问题,善于坚守阵地,打好持久战,不断提高审计工作质量和效率。

——优化审计流程管理。坚持严谨务实,所有内部流程以保障审计业务顺利开展为前提。加强审计项目计划管理,实现年度计划和五年规划有机衔接,建立中长期审计项目库,原则上每年确定的审计项目应在中长期审计项目库中筛选确定。在开展试审或审前调查的基础上,科学制定审计工作方案、实施方案。厘清各环节质量控制责任,提高复核审理效率,更好服务审计业务开展。加强审计项目过程控制,规范延伸调查行为。

——健全审计质量控制体系。推动审计法及其实施条例修订工作。加强全流程审计质量管控,建立与信息化相适应的审计质量控制体系,切实防范审计风险。编写、修订各专业领域的审计指南、法规向导,加强对审计工作的实务指引,加强对审计法律法规执行情况的检查,严格落实分级质量控制责任。发挥优秀审计项目对审计质量的示范引领作用。

——加强审计结果运用。建立健全各级审计机关之间审计结果和信息共享机制,加强审计结果跨年度、跨地域、跨行业、跨领域的综合分析,提炼普遍性、规律性、倾向性、苗头性问题,提出有针对性的意见建议。加大审计结果公开和审计整改情况公告力度。强化与其他监督部门和主管部门的沟通协调,健全完善重大问题线索移送和重要问题转送机制。

十六、加强审计干部队伍建设

全面落实"以审计精神立身、以创新规范立业、以自身建设立信"的总要求,加强审计干部思想淬炼、政治历练、实践锻炼、专业训练,锻造信念坚定、业务精通、作风务实、清正廉洁的高素质专业化审计干部队伍。

——大力弘扬和践行审计精神。深入贯彻习近平总书记关于审计精神的重要论述,教育引导审计干部树立对法律的信仰和对法治的崇尚,保持客观公正的工作立场;践行脚踏实地、扎实苦干、与时俱进、开拓创新的精神,始终保持对审计事业的忠诚和对审计职业的操守,当好国家财产的"看门人"、经济安全的"守护者"。

——加强专业能力建设。建立健全审计职业教育培训体系,针对审计干部特点开展分级分类培训。改进审计实务导师制,通过以审代训等途径强化培训效果。

坚持在审计一线锤炼干部过硬本领,提高能查、能说、能写能力。推进干部轮岗交流,完善交流学习机制,提高综合素质。

——健全完善选人用人机制。认真贯彻落实新时代党的组织路线,严格按照新时期好干部标准选人用人,按规定条件、程序开展干部考录、调任、聘任、遴选、选调等工作,严把干部入口关,树立重实干重实绩的用人导向,推动落实能上能下的用人机制。注重在工作一线考察识别干部,落实和完善精准考核、奖惩分明的激励约束机制,保护干部干事创业的积极性。

——持续加强政治机关建设。健全不忘初心、牢记使命长效机制,深入开展党史学习教育,落实意识形态工作责任制,认真履行全面从严治党主体责任和监督责任,推动机关党建与审计业务融合发展。严格落实中央八项规定及其实施细则精神,严格执行审计"四严禁"工作要求和审计"八不准"工作纪律,准确运用监督执纪"四种形态"。加强审计机关内部审计和领导干部经济责任审计,自觉接受纪检监察、人大监督、民主监督、社会监督、舆论监督等各方面监督。

十七、坚持科技强审

全面贯彻落实习近平总书记关于科技强审的要求,加强审计技术方法创新,充分运用现代信息技术开展审计,提高审计质量和效率。

——提升信息化支撑业务能力。推动金审工程三期项目建设应用和持续优化,完成国产化技术改造和部署。完善审计业务网络,实现与副省级以上地方审计机关数据分析网联通。建设完善电子数据备份中心。完善网络安全管理制度,建立健全网络安全责任、统一的网络安全防护标准、协调联动的网络安全协作等体系,开展网络安全常态化检查,持续提升网络安全防御和应急处置能力。

——提升数据管理水平。健全数据采集和定期报送机制,推动被审计单位统一数据接口,认真履行国内外标准化组织技术机构秘书处职责,持续推进数据标准化。健全数据集中管理制度规范,保障数据安全。推动提高省级审计数据分中心的数据存储、处理和分析能力,实现署、省两级审计机关集中管理审计业务数据。

——加强数据资源分析利用。坚持以用为本,完善数据管理制度规范。充分利用地方政府数据平台,扎实开展业务数据与财务数据、单位数据与行业数据以及跨行业、跨领域数据的综合比对和关联分析,促进审计工作从现场审计为主向后台数据分析和现场审计并重转变。加强数据和分析模型共享共用。

十八、抓好规划实施

各地区各部门要加强对审计工作的领导,积极主动支持配合审计工作。凡是管理分配使用公共资金、公共资产、公共资源的部门和单位,凡是行使公共权力、履行经济责任的领导干部,都要依法自觉接受审计监督,认真做好审计查出问题整改工作,建立健全解决问题的长效机制。

各级审计机关要根据本规划要求,研究制定具体落实措施,加强组织领导,落实规划实施责任,抓好规划实施,确保目标任务顺利完成。审计署要组织开展规划实施情况的监督检查和效果评估,确保各项任务落实到位。

参 考 文 献

阿克顿,2011.自由与权力[M].侯健,范亚峰,译.南京:译林出版社.

财政部干部教育中心,2017.现代预算制度研究[M].北京:经济科学出版社.

蔡春,2001.审计理论结构研究[M].大连:东北财经大学出版社.

蔡春,李江涛,2009.经济权力审计监控研究——审计理论研究的一个新领域[J].审计与经济研究,24(5):3-8.

蔡春,杨彦婷,2015.法治精神与审计理论创新[J].审计研究,(5):3-7.

蔡春,朱荣,蔡利,2012.国家审计服务国家治理的理论分析与实现路径探讨——基于受托经济责任观的视角[J].审计研究,(1):6-11.

陈荣高,2011.党政主要领导干部经济责任同步审计探索[J].审计研究,(3):8-11,7.

陈希晖,邢祥娟,2005.论审计制约权力的局限性[J].审计与经济研究,(2):20-24.

陈英姿,2012.国家审计推动完善国家治理的作用研究[J].审计研究,(4):16-19,25.

程莹,2015.双重领导管理体制下影响地方政府审计质量的因素分析[J].审计与经济研究,30(4):67-76.

池国华,陈汉文,2017.国家审计推进现代预算管理的路径探讨[J].审计研究,(3):30-35,73.

池国华,杨金,谷峰,2018.媒体关注是否提升了政府审计功能?——基于中国省级面板数据的实证研究[J].会计研究,(1):53-59.

崔云,朱荣,2015.政府审计监督与腐败治理[J].财经科学,(6):133-140.

董大胜,2007.深化中央部门预算执行审计的初步思考[J].中国审计,(24):12-14.

董大胜,2018.深化审计基本理论研究,推动审计管理体制改革[J].审计研究,

(2):3-6.

董延安,2007.受托责任·审计·权力控制——审计对权力进行控制的动因分析[J].当代财经,(5):112-116.

董延安,2008.国家审计质量的影响因素及其路径分析——基于我国财政财务收支审计的视角[J].审计与经济研究,(1):40-45.

方宝璋,2006.中国审计史稿[M].福州:福建人民出版社.

冯志峰,2918.地方党委书记权力运行与制约机制研究[D].北京:中共中央党校.

高前善,2010.政府党政领导经济责任审计评价指标框架的构建[J].财经问题研究,(12):124-128.

高晓霞,2018.论党和国家监督体系中的审计监督:政治逻辑、治理功能与行动路向[J].江海学刊,(6):122-128,255.

桂建平.2004.关于当前经济责任审计若干问题的探讨[J].中国审计,(9):21-22.

郭志英,2012.公共权力监督视角下国家审计质量影响因素分析及应用[J].生产力研究,(10):234-236.

胡俊杰,2014.探析国家审计本质研究的最新成果"免疫系统"论[J].管理观察,(31):18-20.

胡志华,吴松华,2014.寻租理论、政府权力监督与公共责任视角下的经济责任审计[J].中国内部审计,(10):39-42.

黄溶冰,王跃堂,2010.我国省级审计机关审计质量的实证分析(2002—2006)[J].会计研究,(6):70-76.

黄溶冰,乌天玥,2016.国家审计质量与财政收支违规行为[J].中国软科学,(1):165-175.

姜明安,2011.《行政强制法》的基本原则和行政强制设定权研究法学杂志,32(11):6-11,144.

姜迎雪,2016.国家审计制约公共经济权力的功能和实现路径初探——基于公众参与治理的视角[J].审计月刊,(4):8-10.

蒋尧明,杨嘉逸,唐衍军,2021."区块链+国家审计"助力大数据反腐研究[J].北京工商大学学报(社会科学版),36(1):37-45.

靳思昌,2020.国家治理现代化中的国家审计公告研究[J].宏观经济研究,

(12):142-151.

靳思昌,2021.审计信息公共服务促进公众参与国家治理研究[J].会计之友,(11):144-149.

李汉江,刘更新,2014.经济责任审计治理功能相关问题探讨[J].会计之友,(13):78-81.

李嘉明,杨流,2018.国家审计与国家监察服务腐败治理的路径探索——基于协同视角的思考[J].审计与经济研究,33(2):1-9.

李江涛,2009.经济权力审计监控研究[D].成都:西南财经大学.

李江涛,苗连琦,梁耀辉,2011.经济责任审计运行效果实证研究[J].审计研究,(3):24-30.

李坤,2012.国家治理机制与国家审计的三大方向[J].审计研究,(4):20-25.

李明辉,刘笑霞,2013.政府审计在国家治理中的作用[J].政治学研究,(3):35-50.

李守庸,彭敦文,2001.特权论纲[J].武汉大学学报(社会科学版),(6):645-653.

李向辉,张庆龙,2013.宪政思维视角下的国家审计权力简析[J].财政研究,(5):73-75.

李笑雪,2016.经济责任审计治理权力"期权化"研究[J].审计与经济研究,(1):38-45.

李越冬,2018.国家审计、市场化进程与腐败治理[J].财会月刊,(20):116-124.

梁芬莲,方进喜,2005.国家审计对权力监督的特征与形式[J].中国审计,(21):32-33.

梁平汉,高楠,2017.实际权力结构与地方政府行为:理论模型与实证研究[J].经济研究,52(4):135-150.

廖义刚,陈汉文,2012.国家治理与国家审计:基于国家建构理论的分析[J].审计研究,(2):9-13.

林斌,刘瑾,2014.市场化进程、财政状况与审计绩效[J].审计与经济研究,29(3):31-39.

林放为,曹栩,游苏,等,2021.权责清单视野下经济责任审计发展对策研究[J].会计之友,(15):139-144.

刘博,金静,孙国萍,2014.基于国家治理的国家审计职能定位及实现路径[J].兰州商学院学报,30(3):72-78.

刘更新,2010.经济权力审计监控研究经济责任审计的运行机制及其治理效率研究[D].成都:西南财经大学.

刘更新,李明,2013.经济责任审计结果公告制度研究[J].中南财经政法大学学报,(5):102-108.

刘国常,罗佩铨,2021.地方审计机关审计治理能力评价指标体系的构建[J].财会月刊,(10):101-107.

刘寰,2012.国家审计人力资源价值评估研究[J].审计与经济研究,27(3):16-24.

刘家义,2008.构筑国家"免疫系统"[J].瞭望东方周刊,2008(13):8-11.

刘家义,2009.树立科学审计理念、发挥审计监督"免疫系统"功能[J].求是,2009(10):28-30.

刘家义,2012.论国家治理与国家审计[J].中国社会科学,(6):60-72.

刘静,2015.审计结果公告的公民参与策略研究[J].审计研究,(2):48-55.

刘静,2016.完善扶贫资金审计的对策研究[J].审计研究,(5):38-43.

刘静,蔡春,2021.审计结果公告对审计移送处理效率的影响研究[J].财会月刊,(18):82-89.

刘诗林,2020."不敢腐、不能腐、不想腐"视角下的腐败治理成效与对策建议[J].学校党建与思想教育,(9):44-46.

刘泽照,梁斌,2015.政府审计可以抑制腐败吗?——基于1999—2012年中国省级面板数据的检验[J].上海财经大学学报,(1):42-51.

卢佳,2017.论构建公共经济权力审计监控机制[J].中国内部审计,(10):80-83.

马志娟,2013.腐败治理、政府问责与经济责任审计[J].审计研究,(6):52-56.

马志娟,韦小泉,刘世林,2015.我国国家审计信息需求研究——基于行政权力制衡视角[J].会计研究,(12):81-86,97.

苗丰涛,叶勇,2016.公共权力的来源研究[J].牡丹江大学学报,25(5):3-5,12.

苗连琦,2011.公共经济权力审计监控机理研究[D].成都:西南财经大学.

苗连琦,刘春燕,胡亚敏,等,2016.国家审计监控公共经济权力运行——基于道德维度的探讨[J].财经理论与实践,(6):81-84.

南京市审计局课题组,储永宏,2008.我国政府审计风险的产生及其规制研究[J].审计与经济研究,(1):20-24.

倪星,原超,2014.经济发展、制度结构与腐败程度——基于2006—2010年G省21个地级市面板数据的分析[J].浙江大学学报(人文社会科学版),44(4):134-145.

倪毅英,2012.国有企业内部经济责任审计评价指标体系的构建[J].商业会计.2012(10):66-68.

欧阳程,程庆,2008.领导干部经济责任审计绩效化的思考[J].经济问题,(10):51-53.

彭华彰,刘晓靖,黄波,2013.国家审计推进腐败治理的路径研究[J].审计研究,(4):63-68.

彭华彰,刘誉泽,2010.论我国审计权的法律保障[J].审计研究,(1):23-28.

彭华彰,戚振东,刘军,等,2020.审计发挥经济体检作用研究[J].审计研究,(5):3-9.

彭韶兵,周兵,2009.公共权力的委托代理与政府目标经济责任审计[J].会计研究,(6):18-22.

蒲丹琳,王善平,2011.政府审计、媒体监督与财政安全[J].当代财经,(3):47-53.

戚振东,曹小春,2018.国家审计与国家治理体系:一个理论分析框架[J].东南大学学报(哲学社会科学版),20(4):25-32,146.

戚振东,尹平,2013.经济责任审计产生的动因和权力监督特征研究[J].审计研究,(1):15-19.

戚振东,张权,尹平,2017.国家审计与国家治理能力:一个理论分析框架[J].审计与经济研究,(5):1-9.

齐守印,2002.公共经济责权在各级国家机构之间的纵向配置[J].财政研究,(4):2-6.

秦荣生,2007.深化政府审计监督完善政府治理机制[J].审计研究,(1):3-9.

曲光华,2014.政治生态视域下公共权力转型的路径分析[J].领导科学,(20):15-16.

饶翠华,2012.政府公共权力国家审计监控研究[D].成都:西南财经大学.

阮滢,赵旭,2016.经济责任审计在腐败治理中的角色定位及功能实现——基于国家治理框架[J].财会通讯,(22):73-75.

塞缪尔·P.亨廷顿,1988.变化社会中的政治秩序[M].北京:华夏出版社.

尚兆燕,2011.国家审计判断绩效:实证调查和分析[J].审计与经济研究,26(1):30-39.

申付建,2017.政治权力腐败现象产生的原因及策略研究[J].法制博览,(20):293-294.

审计署长沙特派办理论研究会课题组,赵保林,申博文,等,2019.新时代地方党政主要领导干部经济责任审计创新研究[J].审计研究,(2):11-17.

审计署科研所课题组,2003.论国家审计对权力的监督[J].审计研究,(5):22-26.

审计署上海特派办理论研究会课题组,杨建荣,董学成,2019.新时代经济责任审计发展战略研究[J].审计研究,(1):3-9.

《审计研究》编辑部,2016.《关于完善审计制度若干重大问题的框架意见》学习笔谈摘要[J].审计研究,(1):3-10.

盛宇明,2000.腐败的经济学分析[J].经济研究,(5):52-59.

宋常,胡家俊,陈宋生,2006.政府审计二十年来实践成果之经验研究[J].审计研究,(3):33-37.

宋常,周长信,赵懿清,等,2010.政府审计信息披露质量及其评价研究[J].当代财经,(7):112-118.

苏珊·罗斯·艾克曼,2000.腐败与政府[M].王江,程文浩,译.北京:新华出版社.

孙柏瑛,2002.我国政府权运行机制设计的初步建议[J].中国行政管理,(4):18-19.

谭劲松,宋顺林,2012.国家审计与国家治理:理论基础和实现路径[J].审计研究,(2):3-8.

谭雅妃,齐荻,2016.高校经济责任审计评价研究——基于模糊数学及层次分析法的指标体系构建[J].经济师,(5):200-202.

唐大鹏,李鑫瑶,刘永泽,等,2015.国家审计推动完善行政事业单位内部控制的路径[J].审计研究,(2):56-61.

唐雪松,罗莎,王海燕,2012.市场化进程与政府审计作用的发挥[J].审计研究,(3):25-31.

田冠军,2013."三公"经费的控制与审计探讨[J].审计研究,(4):74-78,84.

托马斯·海贝勒,君特·舒耕德,2009.从群众到公民——中国的政治参与[M].张文红,译.北京:中央编译出版社.

汪锦军,2011.公共服务中的公民参与模式分析[J].政治学研究,(4):51-58.

王爱国,2019.环境审计服务生态文明建设的理论探讨与体系重构——兼论生态文明审计的本质内涵[J].理论学刊,(3):49-55.

王彪华,2020.新形势下国家审计职能定位研究[J].中国软科学,(11):162-171.

王传利,2001.1990年至1999年中国社会的腐败频度分析[J].政治学研究,(1):3855.

王翠琳,李嘉,李莉,2016.党政领导干部经济责任审计评价机制的构建[J].南京审计学院学报,(2):85-93.

王翠琳,蔺全录,李莉,2015.基于经济责任审计的我国党政领导干部责任履行情况研究[J].南京审计学院学报,12(3):53-61.

王芳,2009.政府审计质量的影响因素研究——基于需求方与供给方视角的分析[D].上海:复旦大学.

王芳,周红,2010.政府审计质量的衡量研究:基于程序观和结果观的检验[J].审计研究,(2):24-29.

王国俊,周洁,2020.国家审计在监督体系中的作用机制和路径:述评及展望[J].现代经济探讨,(8):18-23.

王海明,2010.权力概念辨难[J].西南民族大学学报(人文社科版),(5):71-75.

王沪宁,1989.论中国产生政治腐败现象的特殊条件[J].上海社会科学院学术季刊,(3):72-80.

王会金,2013.治理视角下的国家审计协同——内容框架与模式构建研究[J].审计研究,(4):57-62.

王会金,2015.反腐败视角下政府审计与纪检监察协同治理研究[J].审计与经济研究,30(6):3-10.

王会金,马修林,2017.政府审计与腐败治理——基于协同视角的理论分析与经验数据[J].审计与经济研究,32(6):1-10.

王会金,戚振东,2013.社会嵌入视角下的国家审计治理作用机制研究[J].会计研究,(9):84-89.

王会金,王素梅,2010.国家审计"免疫系统"建设:目标定位与路径选择[J].审计与经济研究,(2):17-22.

王慧敏,王会金,2014.新媒体背景下政府审计与媒体监督的关系协调[J].会计之友,(19):50-53.

王家新,晏维龙,尹平,等,2016.《关于完善审计制度若干重大问题的框架意见》学习笔谈纪要[J].审计与经济研究,(1):3-17.

王家新等,2013.国家审计的政治经济分析[M].上海:上海三联书店.

王景东,2003.国家审计在权力制约机制中发挥作用的主要环节[J].中国审计信息与方法,(10):24-25.

王静,包翰林,2018.国家审计是否带来了财政资金安全?——来自地方审计机关的经验证据[J].南京审计大学学报,15(6):10-19.

王克稳,2015.论行政审批的分类改革与替代性制度建设[J].中国法学,(2):5-28.

王立彦,杨松,2003.环境事项影响财务信息的审计问题——解读国际性标准和审计意见[J].审计研究,(5):16-21.

王攀艺,徐文燚,尤龙,2013.政府审计与公共权力制衡关系和强化路径浅析[J].科技广场,(12):108-114.

王鹏,2008.扩大公众参与是构建民主执政的基础[J].理论探讨,(6):28-31.

王生花,2009.论经济责任审计评价方法[J].山西财经大学学报,(S1):183.

王生花,2009.论经济责任审计评价方法论经济责任审计评价方法[J].山西财经大学学报,(S1):183.

王姝,2012.国家审计如何更好地服务国家治理——基于公共政策过程的分析[J].审计研究,(6):34-39.

王素梅,2013.论国家审计对公共经济权力的监督[J].中南财经政法大学学报,(2):124-128.

王素梅,郭道扬,2013.国家治理框架下金融审计的发展研究[J].财政研究,(3):53-56.

王小鲁,樊纲,余静文,2017.中国分省份市场化指数报告(2016)[M].北京:社会科学文献出版社.

王学龙,2012.试论国家审计在国家治理中的作用及路径[J].财会研究,(16):64-68.

王砚书,郭颖董,丽英,等,2014.国家审计与国家治理关系的深度透视[J].经济研究导刊,(27):119-121.

王雍君,2010.公共预算管理[M].2版.北京:经济科学出版社.

韦德洪,覃智勇,唐松庆,2010.政府审计效能与财政资金运行安全性关系研究——基于审计年鉴数据的统计和实证研究[J].审计研究,(3):9-14.

韦小泉,王立彦,2015.地方党政主要领导干部经济责任审计评价指标体系构建[J].审计研究,(5):20-27.

卫建国,李洪斌,2009.经济责任审计风险模型及其应用[J].财会研究,(8):62-64.

魏星河,陈洪生,欧阳兵,等,2007.当代中国公民有序政治参与研究[M].北京:人民出版社.

文硕,1996.世界审计史[M].北京:企业管理出版社.

吴昊洋,2016.党政领导干部经济责任同步审计的探索和实践——以吉林省为例[J].会计之友,(8):105-108.

吴焕亮,文华宜,2003.论国家审计对权力的制约和监督[J].中国审计,(20):41-43.

吴敬琏,2006.市场规范是治理腐败的硬道理[J].决策探索,(1):11-12.

吴军宏,2014.政府治理与公共服务供给的同一性[J].重庆行政(公共论坛),15(4):65-67.

吴联生,2002.政府审计机构隶属关系评价模型——兼论我国政府审计机构隶属关系的改革[J].审计研究,(6):14-18.

吴秋生,2007.政府审计职责[M].北京:中国经济出版社.

吴秋生,2009.论经济责任审计职责的落实[J].会计之友,(9):77-78.

吴秋生,王婉婷,2019.国家审计影响社会审计收费的机理是寻租吗——来自央企及其控股上市公司的经验证据[J].山西财经大学学报,41(1):98-110.

吴雁平,2015.论建立和推行档案行政权力清单制度[J].档案管理,(6):10-12.

肖文八,刘寰,2008.强化军队审计对权力的制约和监督[J].审计研究,(3):44-47.

肖霞,2016.探索构建街道(乡镇)领导干部经济责任审计评价指标体系[J].经济师,(3):119-121.

《新中国税收70年》编写组,2020.新中国税收70年[M].北京:中国税务出版社.

许百军,2005.寻租理论、政府权力的监督与公共责任视角下的经济责任审计[J].审计研究,(4):84-88.

许家林,申慧慧,2006.关于国家审计结果公告制度建设的研究与分析[J].财会通讯(综合版),(5):10-14.

许天翔,2019.功能性分权与中国特色权力制约监督理论的探索——评《权力法治与廉政治理》[J].公共行政评论,(2):183-190.

许义生,2004.国家审计对权力的制约与监督探讨[J].天津财经学院学报,(12):45-47.

薛芬,2012.政府预算变革与政府预算执行审计战略转型——基于国家治理的视角[J].审计与经济研究,27(6):42-48.

晏维龙,韩峰,汤二子,2016.新常态下的国家审计变革与发展[J].审计与经济研究,(2):3-13.

杨肃昌,2012.对构建国家审计理论体系的思考[J].审计与经济研究,(2):11-19.

杨肃昌,肖泽忠,2004.论宪法思想对审计制度的影响[J].审计研究,(1):44-51.

杨涛,2014.公权腐败的人性与社会根源探究[D].长春:吉林大学.

杨晓磊,2010.经济责任审计中目标经济责任的确定与经济责任履行报告研究[D].成都:西南财经大学.

姚爱然,2006.国家审计在加强和改进宏观调控中的角色定位[J].审计研究,(5):15-18,84.

姚先国,2014.权力清单与政府转型[J].今日浙江,(5):38-39.

叶忠明,2011.论政府审计信息公开的法理基础与现实[J].会计之友,(2):115-117.

叶子荣,马东山,2012.我国国家审计质量影响因素研究——基于2002—2007年省际面板数据的分析[J].审计与经济研究,(6):12-24.

易丽丽,2012.监督大变革:从控制走向治理——当代中国政府审计功能演进

[M].北京:国家行政学院出版社.

尹平,2001.现行国家审计体制的利弊权衡与改革决择[J].审计研究,(4):43-46.

于忠泊,田高良,齐保垒,等,2011.媒体关注的公司治理机制——基于盈余管理视角的考察[J].管理世界,(9):127-140.

俞可平.公民参与的几个理论问题[N].学习时报,2006-12-18(5).

郁建兴,许梦曦,2014.权力清单:地方政府公共权力监管的新起点[J].浙江经济,(7):23-24.

约翰·克莱顿·托马斯,2005.公共决策中的公民参与[M].孙柏瑛,等,译.北京:中国人民大学出版社.

约瑟夫·莫瑟罗泉,罗泉,2012.世界审计组织和最高审计机关的职责及贡献[J].审计与经济研究,27(3):3-8.

张冰,2004.国家审计对权力的监督和制约财会研究[J].财会监督,(8):59-60.

张川,娄祝坤,朱梦娇,2015.国家审计人员职业道德控制机制有效吗?——以审计廉政承诺、岗位轮换和违规处罚为例[J].审计研究,(6):37-46.

张立民,崔雯雯,2014.国家审计推动完善国家治理的路径研究——基于国家审计信息属性的分析[J].审计与经济研究(3):13-22.

张立民,聂新军,2006.构建和谐社会下的政府审计结果公告制度——基于政府审计信息产权视角分析[J].审计研究,(2):7-13.

张立民,许钊,2014.审计人员视角下的国家审计推动完善国家治理路径研究[J].审计研究,(1):9-17.

张龙平,李璐,2009.我国政府审计质量控制的改进问题研究[J].管理世界,(5):176-177.

张鹏,张佳春,2010.经济责任审计对高校行政权力的作用[J].会计之友,(8):92-93.

张琦,孙旭鹏,2021.政府审计独立性提升的治理效应——以审计机关人财物改革对公务接待行为的影响为例[J].会计研究,(1):167-178.

张文秀,郑石桥,2012.国家治理、问责机制和国家审计[J].审计与经济研究,27(6):25-32.

张献勇,2008.预算权研究[M].北京:法律出版社.

张延人,顾江,2001.官僚体制中的契约与激励机制——对转轨经济中官员腐败的一个新解释[J].经济研究,(10):3-12,28-95.

张勇,2009.经济责任导向审计模式研究[D].成都:西南财经大学.

张勇,毕铭悦,2012.论经济责任导向审计模式的概念框架[J].会计之友,(9):100-103.

张源,赵磊,赵佳,2014.经济责任审计监控权力运行的风险积聚效应[J].中国内部审计,(8):80-82.

张章,王安国,2017.权力清单制下经济责任审计全覆盖的路径和对策研究[J].审计与理财,(6):10-12.

赵保卿,盛君,姚长存,2010.成本预算视角下的国家审计质量控制[J].审计与经济研究,25(4):8-15.

赵彩霞,曹丽梅,2017.新常态下经济责任审计与政府治理[J].会计之友,(13):112-115.

赵劲松,2005.关于我国政府审计质量特征的一个分析框架[J].审计研究,(4):65-68.

赵军锋,金太军,2019.论中国特色社会主义审计政治学的理论建设——基于国家治理视角[J].社会科学研究,(3):1-7.

赵军锋,金太军,2020.国家审计与国家监察的协同监督:现实基础与实践路径[J].江海学刊.2020(5):136-140.

赵彦锋,2009.审计"免疫系统"论:演进过程、作用机理与实现路径[J].审计与经济研究,24(3):21-26.

赵艳红,2016.经济责任审计、权力监督与廉洁政府建设[J].财政监督,(16):72-75.

浙江省审计厅课题组,2003.审计在权力制约和监督中的作用[J].中国审计,(24):39-41.

郑石桥,2012.审计机关组织模式和审计效果——以规制俘获理论为研究视角[J].审计与经济研究,27(2):26-32.

郑石桥,2014.政府审计对公共权力的制约与监督:基于信息经济学的理论框架[J].审计与经济研究,(1):11-18.

郑小荣,2012.公告质量、质量特征与策略性行为——基于第53号审计公告与3市调查的中国政府审计结果公告研究[J].会计研究,(10):79-86.

郑小荣,2017.政府审计结果公开对腐败普遍性信念的作用及机制——基于认知心理学的理论分析[J].中南财经政法大学学报,(4):35-45.

周迪,2015.马克思恩格斯公共权力异化思想研究[J].传承,(9):82-83.

周曦,2011.基于经济责任的环境审计路径选择——浅析经济责任审计中的环境保护责任审计[J].审计研究,(5):24-27.

周亚荣,张丽芳,康倩倩,2016."一拖N"审计模式在经济责任审计中的应用及启示——以AT单位为例[J].财会通讯,(1):89-92.

朱光磊.公共服务型政府的构建主持者言[J].南开学报(哲学社会科学版),2008(1):46.

朱天飚,2014.国家治理与新自由主义[J].学术月刊,46(7):16-20.

宗建岳,2012.如何在经济责任审计中发挥内审增值功能[J].财会研究,(4):67-68.

ARTHUR A, RYDLAND L T, AMUNDSEN K, 2011. The User Perspective in Performance Auditing — A Case Study of Norway[J]. American Journal of Evaluation,7(5):43-47.

BERNARD C C, 1963. The Press and Foreign Policy[M]. Princeton: Princeton University Press.

CARSTENSEN M B,SCHMIDT V A, 2018. Power and Changing Modes of Governance in the Euro Crisis[J]. Governance, 31(4):609-624.

David F, 1988. The philosophy and Principles of Auditing : An Introduction[M]. London:Macmillan Education Ltd.

DEANGELO L E, 1981. Auditor Independence,Low-balling,and Disclosure Regulation[J]. Journal of Accounting & Economics, 3(2):113-127.

DOWLEY K M, 2006. Local Government Transparency in East Central Europe[J]. Local Government Studies, 32(5): 563-583.

DYCK A, ZINGALES L, 2002. The Corporate Governance Role of the Media[R]. Working Paper, National Bureau of Economic Research.

DYCK A, VOLCHKOVA N, ZINGALES L, 2008. The Corporate Governance Role of the Media: Evidence from Russia[J]. The Journal of Finance, 63(3):1093-1135.

FERRAZ C,FINAN F, 2011. Electoral Accountability and Corruption: Evidence from the Audits of Local Governments[J]. American Economic

Review, 101(4):313-352.

FLORA S, 2019. The National Supervision Commission: A History of Power Limitations and Untapped Possibilities[J]. SSRN:4.

HAMBURGER P, 1989. Efficiency Auditing by the Australian Audit Office: Reform and Reaction under Three Auditors-General[J]. Accounting, Auditing & Accountability Journal, 2(3):36-89.

HERBST S, 1998. Reading Public Opinion: How Political Actors View the Political Process[M]. Chicago and London: University of Chicago Press.

KAYRAK M, 2008. Evolving Challenges for Supreme Audit Institutions in Struggling with Corruption[J]. Journal of Financial Crime, 15(1):60-70.

KJAER P F, 2017. European Crises of Legally-constituted Public Power: From the "Law of Corporatism" to the "Law of Governance."[J]. European Law Journal, 23(5):417-430.

LEONE A J, ROCK S, 2002. Empirical Tests of Budget Ratcheting and Its Effect on Managers' Discretionary Accrual Choices. Journal of Accounting and Economics, 33(1):43-67.

LIU J, LIN B, 2012. Government Auditing and Corruption Control: Evidence from China's Provincial Panel Data[J]. China Journal of Accounting Research, 5(02):161-184.

MONG S, ROEBUCK P, 2005. Effect of audit report disclosure on auditor litigation risk[J]. Accounting & Finance, 45(1):145-169.

MULGAN R, 2000. 'Accountability': An Ever-Expanding Concept?[J]. Public Administration, 78(3):555-573.

NAUGHTON B, 1994. Growing Out of the Plan: Chinese Economic Reform, 1978-1993[M]. Cambridge: Cambridge University Press.

PATTON J, 1992. Accountability and Governmental Financial Reporting[J]. Financial Accountability and Management, 8(3):165-180.

PIOTROWSKI S J, BERTELLI A M, 2010. Measuring Municipal Transparency[C]. 14th IRSPM Conference.

POLLITT C, 2003. Performance Audit in Western Europe: Trends and Choices[J]. Critical Perspectives on Accounting, 14(1-2):157-170.

RECHARD A, DANIEL T, 2001. Managing Public Expenditure: a Reference Book for Transition Countries[M]. OECD Publishing.

REN Y, 2018. The Far-Reaching Impact of the EU Supervision System on Global Governance[J]. Open Journal of Social Sciences, 6(7):74-83.

SHANNON C E, WEAVER W, 1949. The Mathematical Theory of Communication[M]. Illinois: University of Illinois Press.

SOROKA S N, 2006. Good News and Bad News: Asymmetric Responses to Economic Information[J]. Journal of Politics, 68(2):372-385.

WALKER D M, 1999. The Accountability Profession Faces Enormous Challenges and Opportunities[J]. The Government Accountants Journal:8-11.

WALTERS L C, AYDELOTTE J, MILLER J, 2000. Putting More Public in Policy Analysis. Public Administrative Review, 60(4):349-359.